BIBLIOTECA DE DERECHO ADMINISTRATIVO

Luigi Garofalo
(Director)

Carlos Antonio Agurto Gonzáles
Sonia Lidia Quequejana Mamani
Benigno Choque Cuenca
(Coordinadores Generales)

COLECCIÓN ALLAN R. BREWER-CARÍAS

Allan R. Brewer-Carías
Profesor emérito de la Universidad Central de Venezuela
Vicepresidente de la Academia Internacional de
Derecho Comparado (La Haya) (1982-2010)

Principios del procedimiento administrativo en América Latina

Prólogo a la primera edición de
Jesús González Pérez
Catedrático de Derecho Administrativo
Universidad Complutense de Madrid

Ediciones Olejnik

Título: Principios del procedimiento administrativo
en América Latina

Huérfanos 611, Santiago - Chile
E-mail: contacto@edicionesolejnik.com
Web site: http://www.edicionesolejnik.com

Segunda edición en Ediciones Olejnik: 2020

ISBN: 978-956-392-804-4

Diseño de Carátula: Ena Zuñiga
Diagramación: Luis A. Sierra Cárdenas

ÍNDICE

DÉCIMA PARTE
LOS PRINCIPIOS SOBRE LOS ACTOS ADMINISTRATIVOS

DÉCIMA PRIMERA
PRINCIPIOS SOBRE LA EJECUCIÓN
DE LOS ACTOS ADMINISTRATIVOS

DÉCIMA SEGUNDA PARTE
PRINCIPIOS SOBRE LOS VICIOS DE LOS ACTOS ADMINISTRAYIVOS
Y LAS NULIDADES

DÉCIMA TERCERA PARTE
EL PRINCIPIO DEL CONTROL INTERNO:
EL DERECHO A RECURSOS

DÉCIMA CUARTA PARTE
EL PRINCIPIO DEL AGOTAMIENTO DE LA VÍA ADMINISTRATIVA
Y LA TUTELA JUDICIAL EFECTIVA

NOTA EXPLICATIVA A LA SEGUNDA EDICIÓN

La primera edición de este libro sobre los «Principios del procedimiento administrativo en América Latina» fue publicada en 2002 por la Universidad de El Rosario, en Bogotá, en un texto que recogió, básicamente, el contenido del Curso que dicté sobre el mismo tema en la Maestría de Derecho Administrativo de dicha Universidad entre 1998 y 2000.

Aquel Curso bogotano y, en consecuencia, el libro, se basó en los estudios que desde 1989 había venido realizando sobre las leyes de procedimiento administrativo que entonces estaban vigente de nuestros países, y que eran las de Argentina, Uruguay, Costa Rica, Venezuela, Colombia, Honduras, Brasil, México y Perú.

Con posterioridad, en los 20 años que han transcurrido desde entonces, nuevas e importantes leyes reguladoras del procedimiento administrativo se han dictado en el Continente destacándose, en particular, las Leyes de Panamá, Bolivia, Chile, República Dominicana, Ecuador y El Salvador.

Con la aparición de todas estas nuevas leyes resultaba necesario, en consecuencia, proceder a la actualización del libro con el objeto de mostrar el panorama completo sobre los principios del procedimiento administrativo en el derecho comparado de América latina, que es lo que se pretende con este volumen.

Una característica de este libro, es que ese panorama de los principios que he querido mostrar es el resultado del estudio directo de las fuentes de su regulación, es decir, de los textos de las leyes, algunas de las cuales he comentado específicamente en trabajos aislados en estos últimos años, cuya consulta complementa lo aquí expresado, y que son, por orden cronológico, los siguientes:

Costa Rica: *«Comentarios sobre los principios generales de la Ley General de la Administración Pública de Costa Rica» en* ***Revista del Seminario Internacional de Derecho Administrativo, Colegio de Abogados de Costa Rica****, San José 1981, pp. 31-57; y en* ***Revista Internacional de Ciencias Administrativas****, Vol. XLVIII, Institut International des Sciences Administratives, Bruselas 1982, Nº 1, pp. 47-58;*

Perú: *«La regulación del procedimiento administrativo en América Latina (con ocasión de la primera década de la Ley Nº 27.444 del Procedimiento Administrativo General del Perú 2001-2011)», en* ***Derecho PUCP, Revista de la Facultad de Derecho, No 67, El procedimiento administrativo a los 10 años de entrada en vigencia de la LPAG****, Fondo Editorial, Pontificia Universidad Católica del Perú, Lima 2011, pp. 47-77;*

Colombia: *«Los principios del procedimiento administrativo en el Código de Procedimiento Administrativo y de lo Contencioso Administrativo de Colombia (Ley 1437 de 2011)», en* ***Congreso Internacional de Derecho Administrativo, X Foro Iberoamericano de Derecho Administrativo****. El Salvador, 2011, pp. 879-918; y en* ***Visión actual de los***

Procedimientos Administrativos, III Congreso de Derecho Administrativo *Margarita 2011, Centro de Adiestramiento Jurídico «CAJO» y Editorial Jurídica Venezolana, Caracas 2011, pp. 13-48;*

Argentina, *en el estudio: «La Ley de Procedimientos Administrativos de Argentina de 1972 en el inicio del proceso de positivización de los principios del procedimiento administrativo en América Latina», en Héctor M. Pozo Gowland, David A. Halperin, Oscar Aguilar Valdez, Fernando Juan Lima, Armando Canosa (Coord.),* ***Procedimiento Administrativo. Tomo II. Aspectos generales del procedimiento administrativo. El procedimiento Administrativo en el derecho Comparado****, Buenos Aires 2012, pp. 959-993;*

República Dominicana: *«Principios del procedimiento administrativo en la Ley N° 107-13 de la República Dominicana sobre procedimientos administrativos de 6 de agosto de 2013», en* ***Revista de Derecho Público****, No. 135 (julio-septiembre 2013), Editorial Jurídica Venezolana, Caracas 2013, pp. 59-72.*

El Salvador: *«Comentarios sobre la Ley de Procedimientos Administrativos de 15 de diciembre de 2017 de El Salvador, en perspectiva histórica y comparada», en* ***Revista de Derecho Público,*** *Nº 155-156, julio-diciembre 2018, Editorial Jurídica Venezolana, Caracas, pp. 249-296; y en el libro* ***Comentarios a la Ley de procedimientos Administrativos. Homenaje al Profesor José Meilán Gil,*** *(Jaime Rodríguez Arana-Muñoz y Henry Alexander Mejía, Directores), Cuadernos legislación Comentada y Relacionada No. 2, Editorial Cuscatleca, El Salvador 2019, pp. 63-80.*

Algunos de esos trabajos se recogieron en mi libro: ***Procedimiento administrativo. América Latina. Estudios.*** *Biblioteca de Derecho Administrativo, Ediciones Olejnik, Buenos Aires, Santiago de Chile, Madrid 2019, 214 pp.*

Sobre **Venezuela**, *al estudio de la Ley Orgánica de Procedimiento Administrativo de 1981 he dedicado muchos estudios y, en particular, los siguientes: «Comentarios a la Ley Orgánica de Procedimientos Administrativos» en* ***Revista de Derecho Público****, Nº 7, Editorial Jurídica Venezolana, Caracas, julio-septiembre 1981, pp. 115-117; «Comentarios sobre el alcance y ámbito de la Ley Orgánica de Procedimientos Administrativos en Venezuela» en* ***Revista Internacional de Ciencias Administrativas****, Vol. XLIX, Nº 3, Institut International des Sciences Administratives, Bruselas 1983, pp. 247-258, y en* ***Revista de Control Fiscal****, Nº 104, Contraloría General de la República, Caracas 1982, pp. 113-133; «Introducción al régimen de la Ley Orgánica de Procedimientos Administrativos», en Allan R. Brewer-Carías (Coordinador-editor), Hildegard Rondón de Sansó y Gustavo Urdaneta,* ***Ley Orgánica de Procedimientos Administrativos****, Colección Textos Legislativos, N° 1, Editorial Jurídica Venezolana, Caracas 1981, pp. 7-51; y* ***El derecho administrativo y la Ley Orgánica de Procedimientos Administrativos. Principios del procedimiento administrativo****, Editorial Jurídica Venezolana, 6ª edición ampliada, Caracas 2002.*

En cuanto al sentido general de las leyes, por otra parte, una visión general de las mismas la expuse en dos trabajos publicados después de la primera edición de este libro: «Principios del Procedimiento Administrativo. Hacia un estándar continental», en Christian Steiner (Ed), ***Procedimiento y Justicia Administrativa en América Latina****, Konrad Adenauer Stiftung, n F. Konrad Adenauer, México 2009, pp. 163-199; e «Introducción General sobre la positivización de los Principios del Procedimiento Administrativo en América Latina», que precedió a la edición costarricense de mi libro:* ***Principios del procedimiento administrativo*** *(Prólogo de Eduardo García de Enterría), Editorial Investigaciones Jurídicas/ Editorial Jurídica Venezolana, San José, Costa Rica 2012, pp. 31-80.*

La actualización del libro de 2002 que conforma este volumen, al igual que me sucedió con la preparación del libro inicial, como lo dije entonces, ahora también me tomó mucho, pero mucho tiempo, muchas horas y muchos días de trabajo, particularmente de concentración para poder guardar el panorama general.

En circunstancias normales, este trabajo me hubiera tomado muchas semanas. En tiempos de Cuarentena por la pandemia del Coronavirus, por el encierro forzoso, afortunadamente solo me tomó algunas semanas de concentración total, en un trabajo académico que tuve que desarrollar totalmente en solitario, solo interrumpido para ayudar a Beatriz, de cuando en vez – no tanto como ella lo necesitaba -, en atender las consecuencias del aislamiento en nuestro apartamento en Nueva York, afortunadamente bien luminoso.

Como siempre, en todo caso, sin su amor, comprensión y apoyo, incluso en estos tiempos de emergencia, no hubiera podido acometer y terminar este trabajo de actualizar este libro, lo que era un viejo proyecto académico.

La pandemia del Coronavirus, por otra parte, como ya ha venido ocurriendo, va a continuar teniendo gran impacto en todos los aspectos de la vida en el mundo, y por mucho tiempo, por lo que también tendrá impacto directo en el comportamiento de la Administración Pública y sus relaciones con los administrados y, por tanto, en el régimen y efectividad de las normas del procedimiento administrativo, sobre cuyos cambios hay que estar atentos para estudiar en el futuro.

La incertidumbre, en todo caso, es lo que ahora prevalece, pues ciertamente no sabemos qué y cómo es lo que vamos a encontrar en el mundo cuando todo esto pase, y sepamos incluso cómo evadir el síndrome de La Cabaña. Como leí en alguna parte, estamos como si fuésemos pasajeros de un barco en medio de una tormenta perfecta, y de seguro llegaremos a puerto, lo único es que realmente no sabemos qué es lo que vamos a encontrar.

Lo cierto, sin embargo, es que todo pasará. Como le dijo el Quijote a Sancho:

> «Todas estas borrascas que nos suceden son señales de que presto ha de serenar el tiempo y han de sucedernos bien las cosas, porque no es posible que el mal ni el bien sean durables, y de aquí se sigue que, habiendo durado mucho el mal, el bien está ya cerca» (*El Ingenioso Hidalgo Don Quijote de la Mancha*, Primera parte, Capítulo XVIII).

En Nueva York, en tiempos de Cuarentena
por la pandemia del Coronavirus,
22 de mayo de 2020.

ALLAN R. BREWER-CARÍAS

NOTA EXPLICATIVA A LA PRIMERA EDICIÓN (2002)

Este libro tiene su origen en el curso que dicte sobre «Principios del procedimiento administrativo en la legislación de América Latina» en la Maestría de Derecho Administrativo de la Universidad Colegio Mayor Nuestra Señora del Rosario, en 1998 y 2000. Para su preparación, asumí el reto de analizar las leyes de procedimiento administrativo que se han dictado en nuestros países para, precisamente, identificar los principios que las rigen. De ese estudio sale este libro, por lo que agradezco a la Universidad la oportunidad y el motivo de haberlo emprendido.

El tiempo que he dedicado al tema del procedimiento administrativo ha sido largo, y coincide con las décadas de desarrollo del derecho administrativo contemporáneo en nuestros países en la segunda mitad del siglo XX.

Hace más de 40 años publiqué lo que sería mi primer estudio jurídico dedicado, precisamente, al tema del procedimiento administrativo. En 1960 se había sancionado la Ley de Regulación de Alquileres (G.O. Nº 26.319 de 01-08-60) y en la misma se reguló por primera vez en Venezuela, con criterio moderno, un procedimiento administrativo especial.

En ese año estudiaba tercer año de derecho y ya mi inclinación por el derecho administrativo estaba delineada. El Centro de Estudiantes de Derecho ya había publicado los ***Esquemas de Derecho Administrativo I*** *(Universidad Central de Venezuela, (multigrafiado), Caracas 1960, 96 páginas), que había preparado con motivo del Curso de Derecho Administrativo I que nos había dado el Profesor Gonzalo Pérez Luciani. Por tanto, al promulgarse la Ley de Regulación de Alquileres, en el Curso de Prácticas de Derecho estudié la regulación del procedimiento administrativo que establecía dicha ley. El trabajo «Estudio sobre la Ley de Regulación de Alquileres de 1960» fue entonces publicado en la* ***Revista del Colegio de Abogados del Distrito Federal, N° 113****, como colaboración estudiantil (Año XXIII, Caracas, julio septiembre 1960, páginas 217 a 232).*

En esos años el procedimiento administrativo, en realidad, comenzaba a ser objeto de estudio en el derecho administrativo contemporáneo, como consecuencia de la sanción de la Ley de Procedimiento Administrativo en España en 1958 y de la Ley de Régimen Jurídico de la Administración de 1957. Para ese entonces ya Jesús González Pérez se ocupaba del tema, como se ha seguido ocupando en el curso de las últimas cuatro décadas, con su obra ***El Procedimiento Administrativo*** *cuya primera edición fue de 1964, y la* ***Revista de Administración Pública*** *que se inició en Madrid en 1950 bajo la dirección de Eduardo García de Enterría, contenía muchos trabajos sobre el tema.*

Sobre el procedimiento administrativo me volví a ocupar varios años después, en 1964, con ocasión de la elaboración del Proyecto de Ley de Procedimientos Administrativos para el

Ministerio de Justicia, en el cual trabajé conjuntamente con los Profesores Sebastián Martín Retortillo, quien ese año estuvo con nosotros en el Instituto de Derecho Público de la Universidad Central de Venezuela y Francisco Rubio Llorente, quien trabajaba con el Profesor Manuel García Pelayo en el Instituto de Estudios Políticos de la misma Universidad. Varios años pasaron y, en 1972, retomé el Proyecto, el cual con algunas modificaciones lo incorporé al ***Informe sobre la Reforma de la Administración Pública Nacional*** *(Caracas 1972, Tomo 2, págs. 505 a 524) que presenté al gobierno como Presidente de la Comisión de Administración Pública de la Presidencia de la República, cargo que ocupé entre 1969 y 1972.*

En 1981 se sancionó en Venezuela la ***Ley Orgánica de Procedimientos Administrativos*** *y con ocasión de ello, publiqué el texto de la Ley en la Colección de Textos Legislativos N° 1 de la Editorial Jurídica Venezolana (Caracas 1981, 160 páginas, (12 ediciones) con estudios de Hildegard Rondón de Sansó, Gustavo Urdaneta y mío propio. Con ocasión de la promulgación de la Ley dicté muchas conferencias y dirigí múltiples seminarios sobre la misma, el más importante de los cuales dio origen al libro* ***Procedimiento Administrativo*** *que como obra colectiva publiqué en los Archivos de Derecho Público y Ciencias de la Administración (Tomo IV, Caracas 1983, 500 páginas) del Instituto de Derecho Público, institución que dirigí entre 1978 y 1987.*

En 1982, además, apareció mi libro ***El derecho administrativo y la Ley Orgánica de Procedimientos Administrativos*** *que ya cuenta con 3 reimpresiones. (Colección Estudios Jurídicos, N° 16, Editorial Jurídica Venezolana; la edición, Caracas 1982, 448 páginas; 2a. edición, Caracas 1985; 3ª edición, Caracas 2002, 570 páginas).*

Con motivo del Curso que me correspondió dictar, como Profesor asociado en el Tercer Ciclo de Derecho Administrativo de la Universidad de París II, en el marco del Curso de Derecho Administrativo Comparado a cargo de los Profesores Rolando Drago y De Forges, me volví a ocupar del tema. El curso sobre los Principios del Procedimiento Administrativo en Francia, España y algunos países de América Latina lo dicté en el año académico 1989-1990, y su texto fue publicado en París, ***Les Principes de la Procedure Administrative non Contentieuse. Études de Droit Comparé (France, Espagne, Amérique Latine)****, con prólogo de Frank Moderne, (Editorial Económica, París 1992, 167 páginas), y en Madrid,* ***Principios del Procedimiento****, con prólogo de Eduardo García de Enterría, (Editorial Civitas, Madrid 1990, 200 páginas).*

Por último, como señalaba al inicio en 1998, la Universidad Colegio Mayor Nuestra Señora del Rosario me invitó como profesor de la Maestría de Derecho Administrativo a dictar un curso sobre los «Principios del Procedimiento Administrativo en la legislación de América Latina». Dicho curso lo dicté, de nuevo, en el 2000. Desde el inicio, el curso lo enfoque con un criterio completamente diferente al que había seguido en el curso de París de 1990, analizando tales principios exhaustivamente en las leyes de procedimiento administrativo de América Latina: Argentina, Brasil, Colombia, Costa Rica, Honduras, México, Perú, Uruguay y Venezuela.

La preparación del curso de Bogotá tomó mucho tiempo, muchas horas y deliberadamente pedí a la Universidad que lo grabara, lo que se hizo en video, para poder transcribirlo posteriormente y preparar un texto escrito. La trascripción del curso tomó un buen tiempo y el trabajo fundamental en ello lo hizo mi asistente legal en 1999-2000, la ahora abogado María Fernanda Valdés, entonces estudiante de los últimos años de su carrera de derecho. De nuevo, y ahora por escrito, quiero expresarle mi profundo agradecimiento por su dedicación, pues su trabajo de trascripción y complementación de la versión inicial con mis notas originales, constituyen la base de este libro.

Posteriormente, al texto le he hecho múltiples revisiones y correcciones e, incluso, lo he complementado con referencias a leyes dictadas en nuestro continente con posterioridad al dictado de los cursos, como la Ley de Brasil (1999) y la Ley peruana (2001).

He estado vinculado a la Universidad del Rosario de Bogotá por muchos años, desde la época en la cual Carlos Holguin Holguin, era Rector; Alvaro Tafur, Decano de la Facultad de Jurisprudencia y Consuelo Sarriá su colaboradora destacada. Ellos abrieron la Universidad al ámbito latinoamericano como quizás ninguna otra Universidad lo ha hecho en nuestro continente.

Por ello, además, en mi condición de Profesor Honorario de dicha Universidad (1978), cuando el coordinador de la Maestría de Derecho Administrativo William Zambrano Cetina me pidió que dictara el curso que ahora se publica, acepté gustosamente. En la actualidad dirige la Maestría mi amigo de tantos años, casi como los que tenemos dedicados al estudio del derecho administrativo, Jaime Vidal Perdomo; razón de más para considerar un honor que la Universidad publique este libro.

Por último, no puedo dejar de agradecer a mis secretarias Arelis Torres Amaro, Francis Gil y Mirna Pinto todas las múltiples trascripciones de este texto, el cual una y otra vez he revisado y actualizado y lo han corregido consecuentemente. Sin su constancia y dedicación, por tanto, este libro no sería tal.

Isla de Margarita, enero de 2002

ALLAN R. BREWER-CARÍAS

PRÓLOGO

Cuando se llega a mi edad, después de 56 años dedicado al Derecho administrativo, estudiándolo -y explicándolo en las aulas universitarias-, aplicándolo -litigando ante los Tribunales del orden jurisdiccional contencioso-administrativo- y creándolo -colaborando en las tareas legislativas-, se acumulan los recuerdos de hechos que constituyen hitos de la historia del Derecho administrativo.

Al pedirme Allan R. Brewer-Carías unas letras para este su nuevo libro sobre el procedimiento administrativo, me insistió en que no quería unos de esos prólogos dedicados a ensalzar al autor. Ni tampoco de los que tratan dar una idea del contenido del libro y destacar su significado en la Ciencia del Derecho, pues de esto ya se encargaba él en la nota explicativa. Quería que hablara del procedimiento administrativo. Por lo que pensé que nada mejor para atender a sus deseos que evocar aquí algunos de aquellos recuerdos sobre la evolución de la legislación reguladora del procedimiento administrativo.

El Instituto de Estudios Políticos, que fue durante muchos años fue el centro de investigación más importante sobre las Ciencias políticas y sociales que ha habido en España, editaba, aparte de una revista general (la ***Revista de Estudios políticos****), algunas especializadas. En 1948, la Sección de Administración pública propuso a la Dirección del Instituto la edición de una nueva Revista que se dedicara a lo que constituía el objeto de estudio de la Sección. Javier Conde, Director del Instituto, dudó de la viabilidad del proyecto. Al final, ante nuestra insistencia, accedió a que, por vía de ensayo, se encargara la Sección de Administración pública de redactar un número monográfico de la* ***Revista de Estudios políticos****, con todas las Secciones habituales, dedicadas exclusivamente a temas de la Administración pública. Y así se elaboró y apareció en 1949 el número 48 de la* ***Revista de Estudios Políticos****. Precedente que olvida Eduardo García de Enterría en la completa y emotiva historia que hace de la* ***Revista de Administración pública*** *en su número 150, al conmemorarse el 50 aniversario de su nacimiento.*

En la Sección de aquel número de la Revista dedicada a Estudios aparecían trabajos de los entonces tres viejos maestros del Derecho administrativo: José Gascón y Marín, Luis Jordana de Pozas y Segismundo Royo-Villanova. Y dos de ellos estaban dedicados al procedimiento administrativo: el de Gascón y Marín llevaba el título expresivo ***Necesidad de un Código de procedimiento administrativo****, y el de Royo-Villanova,* ***El procedimiento administrativo como garantía jurídica.***

En la Sección dedicada al «Mundo hispánico» (una de las Secciones fijas de la Revista) se incluía un trabajo mío sobre ***El proceso contencioso-administrativo argentino*** *(páginas 250 a 280), en el que examinaba uno de los muchos proyectos de una Ley nacional reguladora del proceso administrativo, que todavía no existe en Argentina. En aquel, uno de mis primeros trabajos en letra impresa, decía:*

«Al hacer la exposición de los distintos puntos del proceso contencioso argentino, nos referiremos al Derecho español, resaltando, en los casos de divergencia entre ambas legislaciones, cuál de los criterios es preferible, pues creemos que esta labor de Derecho comparado es altamente interesante para llegar a sentar unos principios jurídicos que puedan inspirar a los distintos pueblos de la comunidad hispánica en la regulación de sus instituciones fundamentales, pues si la existencia de una comunidad nacional implica un conjunto normativo que sea expresión de la vida que anime a esa comunidad (Derecho nacional), la existencia de una comunidad hispánica ha de implicar la existencia de una idea de la vida que debe plasmar en las normas de los distintos pueblos de la misma, no solo en aquellas de sus normas que, por estar más íntimamente ligadas a la vida íntima del pueblo, reflejen mejor el espíritu común, sino también en aquellas otras que, por su carácter más técnico y formal, se encuentran más alejadas de ese vivir íntimo; en éstas, como en aquéllas, debe encontrarse también la expresión de unos mismos principios de Derecho: la expresión de cómo un conjunto de pueblos entiende y realiza el Derecho natural para regular sus relaciones».

Su publicación constituyó para mí una de las más grandes satisfacciones de mi vida, al constituir el inicio de unas relaciones con los administrativistas de los pueblos de América que fueron intensificándose con los años. Porque con motivo de aquel artículo publicó un elogioso trabajo Jorge Tristan Bosch (a cuyo hijo, también administrativista, tuve ocasión de conocer personalmente años más tarde en Tucumán) y recibí una carta efusiva de felicitación del gran maestro argentino Rafael Bielsa, que fue el comienzo de una correspondencia epistolar bastante frecuente y de un intercambio de publicaciones, en el que yo resultaba claramente favorecido, porque Bielsa era mucho más prolífico que yo. En mi biblioteca ocupan un lugar destacado sus libros, con sus muy expresivas dedicatorias.

El número 48 de la **Revista de Estudios políticos** *constituyó un éxito, lo que satisfizo plenamente a Javier Conde. Y poco después aparecía el número 1 de la* **Revista de Administración pública**, *en el que se incluía un trabajo de VILLAR PALASÍ sobre* **La Federal Administrative Procedure Act de Estados Unidos**. *Y comenzó la que se ha llamado «década prodigiosa» del Derecho administrativo español. Porque en ella se promulgaron tres leyes, con las que se culminó la construcción del Estado de Derecho: la Ley de expropiación forzosa de 1954, que instauró en los términos más amplios la responsabilidad patrimonial de la Administración pública; la Ley de la Jurisdicción contencioso-administrativa de 1956, que garantizó –salvo de pocas pero importantes materias– el pleno control de la actuación administrativa por órganos jurisdiccionales especializados encuadrados en el Poder judicial, y la Ley de procedimiento administrativo de 1958, que reguló los cauces formales a que debía sujetarse la actividad del Estado, haciendo posible la satisfacción de las necesidades públicas, sin detrimento del derecho de defensa de los administrados.*

Una regulación uniforme de los procedimientos que se tramitan ante las Administraciones es tarea imposible. La diversidad de los fines a realizar y las modalidades de la función administrativa se traducen en la exigencia de tal número de procedimientos adecuados a cada una de ellas, que se resisten a una ordenación sistemática. Pretender que una Ley de procedimiento contuviera la regulación de todas las funciones administrativas sería tanto como una codificación de la legislación administrativa desde la perspectiva formal. Y hace ya mucho tiempo que se constató que la codificación administrativa constituía un ideal inaccesible. Los procedimientos administrativos, cada procedimiento, ha de regularse en la ordenación de cada una de las funciones administrativas, sea de provisión de medios o de realización de fines. El procedimiento de selección de funcionarios vendrá regulado en el ordenamiento de la función pública; el de adquisición de bienes, en las leyes sobre el patrimonio de los entes públicos y, en su caso, en la legislación expropiatoria; los procedimientos de gestión, liquidación y recaudación de tributos, en las leyes de los respectivos impuestos, además de en la reglamentación sobre procedimientos recaudatorios; los procedimientos para el otorgamiento de concesión de aprovechamiento de aguas en la legislación de aguas; los de aprobación, modificación y revisión de planes de urbanismo, en la legislación sobre ordenación del suelo y sus reglamentos, etcétera. En cada uno de estos bloques normativos, en atención a la finalidad perseguida, se articulará el procedimiento idóneo en cada caso.

Esto supuesto, ¿hasta dónde puede llegar una regulación uniforme del procedimiento administrativo? A tal efecto puede ser útil la distinción entre los que se han llamado procedimientos formalizados y procedimientos no formalizados.

Porque el legislador, al regular una actuación administrativa, puede adoptar uno de estos dos criterios: establecer el cauce formal que ha de seguirse determinando en qué orden y en qué momento han de realizarse todos y cada uno de los trámites que integran el procedimiento de que se trata, o dejar al instructor en libertad para seguir el procedimiento que estime idóneo, atendiendo a las ideas de simplicidad, eficacia y garantía.

Pues bien, ¿cuál ha de ser el contenido de una ley de procedimiento administrativo respecto de cada una de estas categorías de procedimiento administrativo?.

Existen, por supuesto, una serie de normas de la ley de procedimiento administrativo que deben tener -y realmente tienen- una aplicación general, cualquiera que fuera el tipo de procedimiento. Son normas que regulan aspectos, incluso estrictamente procedimentales, respecto de los que no tiene la menor relevancia el objeto sobre el que incida el procedimiento. Pensemos, como ejemplo típico, el de las normas reguladoras de la actividad de ordenación. No tiene sentido que los actos por ellas regulados deban estar sujetos a régimen distinto en función de la materia. Los actos de notificación, comunicación entre órganos, certificación, desglose de documentos y todos los estrictos de ordenación deben ser idénticos y, por tanto, una sola la regulación: las normas sobre ellos de la ley de procedimiento administrativo serán aplicables cualquiera que sea el procedimiento.

Pero, en general, la función de una ley de procedimiento administrativo será muy distinta según la categoría de los procedimientos.

Respecto de los procedimientos no formalizados, una ley general de procedimiento administrativo ha de contener la regulación de las exigencias mínimas a las que en todo caso ha de ajustarse aquél al que corresponde la instrucción del procedimiento, así como los instrumentos jurídicos que necesita para realizar la función administrativa encomendada. La ley general regulará -y regulará detalladamente- cada uno de los instrumentos que puede utilizarse -alegaciones, prueba, información pública, audiencia y vista, etcétera-. Y el instructor utilizará en cada caso aquellos que sean necesarios, y prescindirá de todo trámite inútil. Reducido al mínimo el principio de preclusión, se realizarán solo todos los que sean estrictamente indispensables para cumplir con la debida eficacia los fines perseguidos.

Respecto de los procedimientos formalizados, se impone una elemental distinción. Porque si bien la naturaleza de la función ejercitada y la materia sobre la que recae condicionan decisivamente el cauce formal al que debe ajustarse la actividad administrativa, esto es así en líneas generales. Pero existen procedimientos que no están condicionados por el objeto. No influye para nada la materia sobre la que puedan versar. El ejemplo típico lo constituyen los procedimientos de revisión de los actos administrativos. Los trámites que han de seguirse para la decisión de un recurso administrativo no variarán en absoluto por el hecho de que el acto objeto de impugnación sea una licencia de construcción, una liquidación tributaria o el acto de destitución de un funcionario. Cuando de lo que se trata es de verificar la legalidad de un acto, su conformidad con el ordenamiento jurídico, es irrelevante su contenido. Como también es irrelevante en los procedimientos sancionadores: podrá variar, según la materia, el cuadro de las faltas y el de las sanciones aplicables a cada una de las faltas tipificadas por la ley. Pero el procedimiento para imponer la sanción debe ser el mismo, en cuanto viene informado por las garantías constitucionales frente al ejercicio de la potestad sancionadora de la Administración, que deben ser las mismas que la Constitución establece frente al ejercicio de la potestad penal.

En este supuesto, resulta evidente que la función de una ley de procedimiento administrativo ha de ser distinta respecto de unos y otros procedimientos.

Si la razón por la cual estimamos que una ley de procedimiento administrativo no puede –ni debe- ser una ley de procedimiento no es otra que la diversidad de procedimientos impuestos por la materia sobre la que versen; en los supuestos en que no ocurra así y sea posible una reglamentación al margen de la función administrativa ejercitada y materia sobre la que recae, debe ser una ley de procedimiento administrativo la que regule el procedimiento. Estamos ante procedimientos formalizados, y formalizados en la propia ley general. No tiene sentido, por ejemplo, que en cada uno de los bloques normativos, al regular las diversas funciones administrativas, se articule un sistema de recursos o, en general, de revisión de los actos administrativos.

Respecto de aquellos procedimientos que están condicionados por el objeto, en los que se estima que no debe quedar la tramitación al criterio del instructor, la reglamentación detallada corresponderá al ordenamiento de la función administrativa respectiva.

Pero ello no supone que esta reglamentación detallada no guarde la menor conexión con la ley de procedimiento administrativo. Pues, aun cuando ésta es una ley ordinaria –y, por tanto, no tiene fuerza vinculante respecto de otra norma ulterior del mismo rango jerárquico-, al contener los principios y garantías que, dimanantes de la Constitución, deben informar los procedimientos administrativos, constituye la ley cabeza de grupo de las normas sobre procedimiento de las distintas ordenaciones sectoriales.

Por otro lado, al formalizarse el procedimiento en cada uno de estos Ordenamientos, no será necesario que reiteren, reproduciendo la normativa de la ley general, la regulación de los distintos trámites. Sino que podrán –y lo lógico y procedente es que así se haga- remitirse a la regulación general. Así, una ley de ordenación urbanística o de otorgamiento de una concesión administrativa de servicio público o cualquier otra pueden estimar necesario que en un determinado procedimiento exista un trámite de información pública; pero si este trámite está regulado con carácter general entre los instrumentos previstos en la ley general de procedimiento administrativo, bastará que la ordenación sectorial establezca el trámite, remitiéndose a aquélla.

España ha sido la primera Nación que ha tenido una ley de procedimiento administrativo, la ley de 19 de octubre de 1889; pero se trataba de una ley de bases que había de desarrollarse por los distintos Departamentos ministeriales a través de los correspondientes Reglamentos, que se aprobaron en fechas muy distintas, dando lugar a un conjunto heterogéneo de disposiciones en pugna con la idea directriz que había presidido la promulgación de la ley. De aquí la necesidad de una ley que superara el caos normativo existente. A esta necesidad se refería Gascón y Marín en aquel trabajo publicado en el número 48 de la ***Revista de Estudios políticos****, en estos términos:*

> *«Se impone el ir a la promulgación de un Código único de procedimiento administrativo. La diversidad de materias sobre que versan las reclamaciones o peticiones formula-*

das por los particulares no debe llevar a la variedad de plazo, de denominaciones y naturaleza de recursos que se advierten en los Reglamentos en vigor. Partiendo de una nueva Ley de Bases, y realizando, no una mera recopilación o refundición de los diversos Reglamentos, sino una verdadera obra de codificación sistemática y revisora del vario Derecho existente, debe ser publicado un Código de procedimiento administrativo para la Administración central, partiendo de la necesaria separación entre las disposiciones orgánicas de estructuración burocrática de cada Departamento ministerial y las verdaderas de procedimiento administrativo. Derecho procesal administrativo que debe ser uniforme. Cabe, sí, establecer inicialmente una delimitación de los diversos órganos administrativos que existen por igual en los diversos Departamentos ministeriales, dejando la organización interna de cada uno de los servicios a normas singulares de los mismos; debe aparecer determinada concretamente la competencia de cada uno de los órganos de intervención en el proceso administrativo. Señalada y definida también la diversa naturaleza y alcance de las decisiones de trámite y de resolución que puedan adoptar las autoridades administrativas, la posibilidad y casos de adoptar el procedimiento oral y el escrito obligatorio; unificar todo lo relativo a incoación de expedientes, a la condición de interesados en los mismos, a la comparecencia personal o por modo de representantes, a señalar la diferencia entre reclamantes e interesados, los casos de posibilidad de reclamaciones colectivas, simplificando el procedimiento, tanto en única como en ulterior instancia; unificando lo relativo a plazos, paralización, caducidad de expedientes, incidencias, notificaciones, recursos ordinarios y extraordinarios, potestad correctiva en los casos de anormalidades en la tramitación, diferenciando la acción que pueda ejercitar el interesado, para obtener la normalidad de procedimiento, de la correspondiente a los Jefes jerárquicos de quien dirige el procedimiento para imponer la normalidad en el mismo; significación del silencio administrativo; acción del particular para obtener decisión de la autoridad, incorporando en libros especiales al Código general lo especial de ciertos procedimientos, como el económico administrativo y el sancionador»[1].

Respondiendo a esta demanda unánime, se hicieron varios intentos de elaboración de una ley, hasta que, siendo Secretario General Técnico de la Presidencia del Gobierno Laureano López Rodó, se nombró una Comisión encargada de la redacción de un anteproyecto de ley de procedimiento administrativo. Cuando, ya ultimado el trabajo, nos despedíamos con motivo de las vacaciones de Semana Santa de 1958, López Rodó nos dijo, a Manuel Ballbé y a mí –que habíamos tenido una importante participación en la Comisión- que quería tener la Exposición de Motivos de la Ley el lunes de Pascua. Recordándole que ese día era fiesta en Barcelona, logramos que nos prorrogara el plazo hasta el martes. Día en que me reuní con Ballbé para ensamblar las partes que habíamos redactado cada uno, el en Barcelona, y yo en Madrid precisamente el día de Viernes Santo, lo que resultó fácil dada la coincidencia de criterios. Y pudimos entregar el texto en el plazo fijado. De este modo, pudo repartirse el anteproyecto al día siguiente, y en el primer Consejo de Ministros, convertirse en proyecto, al ser aprobado y remitido a las Cortes [2].

La ley respondía a los principios antes resumidos. No trataba de regular un procedimiento administrativo al que hubiera de ajustarse la actuación administrativa de las distintas

1 *Revista de Estudios Políticos*, núm. 48, pp. 39 y ss.

2 Así lo recuerdo en mi trabajo «Laureano López Rodó, in memoriam», que sirve de introducción al libro *El procedimiento administrativo y el control jurisdiccional*, INAP, 2001, pp. 11 y ss., que recoge las intervenciones en las *VI Jornadas hispano-argentinas de Derecho administrativo en homenaje al Profesor Laureano López Rodó*, celebradas en Santiago de Compostela en marzo de 2000.

Administraciones públicas, siempre que la legislación aplicable no tuviera previsto un procedimiento especial. La ley reguló los distintos aspectos del procedimiento administrativo comunes a todos -formalizados y no formalizados-, así como aquellos procedimientos formalizados en cuya tramitación no incidía el objeto, como los de revisión -de oficio y recursos administrativos- y los ejecutivos; los instrumentos de los que podrían hacer uso los sujetos que intervienen en el procedimiento para su normal desarrollo cuando no existiera un procedimiento formalizado, y las garantías esenciales que habría que respetar en todo caso. Pero los aspectos procedimentales constituían solo una parte -y no la más importante- de la regulación en ella contenida. La ley regulaba el régimen jurídico de la acción administrativa en sus diversos aspectos, y no solo el procedimental. En consecuencia, en ella se encontraba el ordenamiento jurídico de los sujetos de la acción administrativa -órgano administrativo y administrados-; del objeto; de los actos, no solo los de trámite que integran el procedimiento, sino del régimen general del acto, administrativo -requisitos, validez y efectos-, y del procedimiento administrativo en el sentido antes expuesto, como la regulación de los procedimientos formalizados no condicionada por el objeto y, muy especialmente, los de revisión.

La influencia de la ley española de procedimiento administrativo en los Ordenamientos jurídicos americanos ha sido destacada por el Prof. Brewer-Carías en uno de los libros que, según nos dice en la «Nota explicativa», constituye uno de los precedentes del que ahora aparece. Esta ley -dice- «ha tenido una enorme importancia, no solo en el propio desarrollo del derecho administrativo español, el cual es, precisamente, a partir de finales de la década de los cincuenta que comienza a renovarse y a alcanzar los extraordinarios niveles de excelencia de la actualidad, sino en el desarrollo del derecho administrativo contemporáneo de América Latina pues, puede decirse, que en una u otra forma dichas leyes han inspirado las leyes reguladoras de la actividad administrativa que se han dictado en nuestros países, en las últimas cuatro décadas»[3].

La primera reglamentación americana del procedimiento administrativo con influencia de la ley española fue el «Reglamento de Normas Generales de Procedimientos administrativos» de Perú, aprobado por Decreto Supremo número 006-67,56, de 11 de noviembre de 1967, a las que se otorgó fuerza de ley por el Decreto-ley nº 26111, que distaba mucho de lo que debía ser una reglamentación básica del procedimiento administrativo, tal y como se configuraba en la ley española. De aquí las críticas de que fue objeto, así como las modificaciones ulteriores[4]*, hasta llegar a la ley nº 2744 titulada* ***Ley de procedimiento administrativo general****, publicada en el DO de 11 de abril de 2001, en cuya elaboración la Comisión tuvo en cuenta, aparte de los precedentes iberoamericanos -en España ya estaba vigente la ley 30/1992, de régimen jurídico de las Administraciones públicas y del procedimiento administrativo común-, la legislación alemana y la italiana, como reconoce uno de los más relevantes miembros de la Comisión*[5]*. El significado de la ley queda reflejado en el art. 159.1, reproducción casi literal del art. 78.1 de la ley española de 1992, que, a su vez, reitera el art. 81.1 de la ley de 1958. El art. 159.1 de la ley peruana, dice:*

> *«Los actos de instrucción necesarios para la determinación, conocimiento y comprobación de los datos en virtud de los cuales deba pronunciársela resolución, serán realizados de*

---

3 *Principios del procedimiento administrativo*, Editorial Civitas, Madrid, 1990, p. 24. En términos análogos, Vidal Perdomo, en Danos y otros, *Comentarios a la Ley del procedimiento administrativo general. Ley 27444*, Ara Editores, Lima, 2001, p. 85.

4 Críticas que se reflejan en la Obra de Morón Urbina, *Derecho procesal administrativo*, 2ª ed., Lima, 1999, I, pp. 115 y ss.

5 Jorge Danos Ordóñez, en el estudio preliminar de la primera edición oficial de la Ley, agosto 2001.

oficio por la autoridad a cuyo cargo se tramita el procedimiento de evaluación previa, sin perjuicio del derecho de los administrados a proponer actuaciones probatorias».

Teniendo en cuenta el rango reglamentario y ámbito de la Reglamentación peruana de 1967, puede considerarse que la primera Ley americana en el que tuvo reflejo el procedimiento español, fue la ley de procedimientos administrativos argentina nº 19.549 de 1972 la que, después de un Título I, en el que, además de delimitar el ámbito de aplicación, se consagran los principios generales informantes del procedimiento administrativo y los requisitos generales de la actuación administrativa, se regula: el régimen de la competencia y de los titulares del órgano administrativo en el Título II; los requisitos y efectos del acto administrativo y del silencio, en el Título III, y la impugnación de los actos en el Título IV. Como afirmaba Tomas Hutchinson, al comentar la ley varios años después, «la ley nacional de procedimientos administrativos es un cuerpo legal que, además de organizar recursos contra ciertos actos administrativos, establece normas respecto de la actuación de los funcionarios en lo que atañe a compaginación de expedientes, un trámite interno al margen de todo petitorio del particular y, en general, a ciertas formas procedimentales que deben observarse por quienes ejercen funciones administrativas. Como dijimos, contiene también normas de fondo. Es un instrumento político-arquitectónico útil para una buena conducción del Estado actual»[6].

La parquedad de la ley nacional argentina, contrasta con la extensión de la ley nº 27444 de Perú (243 artículos, 7 disposiciones finales y 5 transitorias), y de las ***Normas Generales de actuación administrativa en la Administración central****, de Uruguay, aprobadas por el D. 500/991, con sus 239 artículos, que sustituyó al D. 640/973, que si bien constituye norma básica que modifica los reglamentos sobre procedimientos especiales o técnicos a que se refiere su artículo 1º, en cuanto «contradigan con la naturaleza de estos procedimientos», solo se aplicará supletoriamente a los procedimientos administrativos sometidos a regímenes particulares en razón a la especialidad de las reparticiones en las que se aplican», en los puntos en que esos regímenes especiales carezcan de regulación*[7].

Costa Rica rompió la tradición legislativa con su ***Ley General de la Administración pública****, en la que se reflejan las genialidades del gran jurista que fue Eduardo Ortiz Ortiz. Ley elaborada con una tan depurada técnica, que al promulgarse me planteé serias dudas sobre su viabilidad, y así se lo hice ver a Eduardo. No obstante, funcionó. Lo que refleja el alto nivel del funcionariado de aquella Nación. Me lo comentaba años después, cuando coincidimos en Toledo con motivo de unas Jornadas sobre el* ***Derecho político a finales del siglo, una perspectiva iberoamericana****, unos meses antes de su muerte. Como dice Brewer-Carías, esta ley constituye casi un «Manual» de Derecho administrativo redactado en forma de artículos, en los «que se encuentra explicado el Derecho administrativo como si se tratarse del desarrollo de un programa de un curso sobre esta disciplina, expuesto en un muy hermoso y rico texto».*

En Colombia se aprovechó la reforma del Código Contencioso-administrativo de 1984 para llenar uno de los más grandes vacíos de su legislación que radicaba en la ausencia casi total de regulación de los procedimientos administrativos con la incorporación a aquel de un libro (el primero) dedicado a los procedimientos administrativos[8].

---

6 *Ley nacional de procedimientos administrativos. Ley 19549. Comentada, anotada y concordada con las normas provinciales*, Buenos Aires, 1985, I, p. 7.

7 Cajarville, *Procedimiento administrativo en el D. 500/991*, Montevideo, 1992, p. 15.

8 Aunque en estricto rigor de técnica legislativa la regulación no encuadra exactamente dentro de un Código contencioso-administrativo, «las críticas que pueden hacerse a dicha

La ley de Honduras (Decreto nº 152-87), de 28 de septiembre de 1987 es, sin duda, la que en su estructura y contenido sigue más fielmente el modelo de la española.

Méjico no tuvo una ley de procedimiento administrativo a nivel federal ni al de las entidades federativas hasta la ley federal de procedimiento administrativo de 14 de julio de 1994. Un importante precedente fue un proyecto elaborado por la Coordinación General Jurídica del D.F. (integrada por Fix-Zamudio, García Ramírez, Gutiérrez De Velasco, Ovalle, Soberanes y Vázquez Alfaro) que pude conocer y comentar en unas conferencias que pronuncié en el Instituto de Investigaciones Jurídicas de la UNAM, a las que sugirieron unos interesantes coloquios en los que intervinieron los redactores del proyecto y cualificados funcionarios del Distrito Federal. La nueva Ley de 1994 no fue muy bien recibida por la doctrina[9]*, ni positivos los comentarios posteriores, al destacar la vaguedad e imprecisión de su articulado y llegarse a dudar de la constitucionalidad para la denegación global y tácita de leyes anteriores que en ella se contenía y por la violación de las garantías de seguridad jurídica y de legalidad*[10]*. No obstante, constituyó un paso importante en la estructuración de esta pieza esencial que es el procedimiento administrativo en un sistema de justicia administrativa*[11]*. Y dio lugar a que los Estados de la República vayan promulgando sus leyes de*

---

inexactitud formal no pueden desmerecer la bondad, la utilidad y la oportunidad de un Ordenamiento jurídico cuya existencia se venía echando de menos de vieja data». Así, Ezquerra Portocarrero, en «El campo de aplicación de los procedimientos administrativos», en la Obra colectiva *Comentarios al Código contencioso*, 2ª ed., Biblioteca de la Cámara de Comercio de Bogotá, 1986, p. 48.

9 Así, en *Boletín jurídico*, Despacho de Emilio Margáin y Asociados, núm. 200, octubre de 1994, p. 6, dice: «De la lectura del articulado de la Ley Federal de Procedimiento administrativo, que entrará en vigor el 1° de julio de 1995, se observan grandes confusiones, aclaraciones innecesarias, omisiones, etcétera, que indican la intervención de numerosas personas -se sostiene que el proyecto fue modificado por el grueso de las Direcciones Generales Jurídicas de las Secretarías de Estado y hasta por la Unidad Jurídica de la Presidencia- que terminaron por desnaturalizar lo que inicialmente redactaron sus autores.

Si buen número de los directores de las unidades jurídicas de las Secretarías de Estado poco conocen del Derecho administrativo, volviéndose prácticos de las leyes que corresponden a sus dependencias, piénsese en el problema con que se enfrentarán los nuevos directores de esas unidades que tomarán posesión con el nuevo Poder Ejecutivo que entrará a gobernar al país el 1° de diciembre próximo y que se van a encontrar con esta ley que trabajo les costará entenderla».

Nava Negrete, *Derecho administrativo mexicano*, México, 1995, p. 290, dice que «debiera revisarse con gran acuciosidad, pues fue una ley producida sin debate, sin una mínima apreciación por los legisladores, indudablemente más preocupados por sus futuras posiciones políticas y personales».

10 Acosta Romero, Herrán y Venegas, *Ley Federal de Procedimiento Administrativo y Ley de Procedimiento Administrativo del Distrito Federal, comentadas*, México, Porrúa, 1996, pp. 105 y ss. y 167 y ss.

11 Así, en mi trabajo *Procedimiento administrativo federal*, Editorial Porrúa y UNAM, 2000, pp. XIV y ss. Se aparta en cierto modo de esta opinión general Lucero Espinosa, al decir en su trabajo *Ley federal de procedimiento administrativo comentada*, México, 1998, p. X, que «aunque la promulgación de la Ley Federal de Procedimiento administrativo representa un avance que se había buscado, sin lograrlo, durante un buen número de años, el ordenamiento en estudio adolece de obscuridad, imprecisiones y contradicciones, y hasta faltas gramaticales. Si la ley está promulgada, con sus fallas y deficiencias; ahora nos toca a nosotros, los integrantes de asociaciones jurídicas, profesores de la materia y profesionales del derecho en general, hacer las observaciones correspondientes para depurar lo que ya está hecho, a fin de lograr una mejor regulación en este ámbito. Es cierto que hubiera sido

procedimiento, después de que el Distrito Federal promulgara la suya de 14 de diciembre de 1995. Concretamente, el Estado de México promulgó, el llamado Código de procedimientos administrativos el 6 de febrero de 1997, en el que, después de un Título primero dedicado a las disposiciones comunes al procedimiento y al proceso administrativo, dedica el Título segundo al procedimiento administrativo (arts. 106 a 198) y otro, el Título tercero, al proceso administrativo (arts. 199 a 293). Y el 9 de febrero de 1999, el Estado de Aguascalientes publicó su ley de procedimiento administrativo.

En Brasil, el 29 de enero de 1999 se sancionó la ***Ley nº 9.784 que regula el procedimiento administrativo en el ámbito de la Administración pública Federal****, en la que se nota la influencia del Código de procedimiento administrativo portugués aprobado por Decreto-ley nº 442/91, de 15 de noviembre, en cuya exposición de motivos se reconoce que en su elaboración se han tenido en cuenta las enseñanzas del Derecho comparado y la larga experiencia de la aplicación de «leyes de procedimiento administrativo en países con sistemas político-administrativos tan dispares como Argentina, los Estados Unidos de América, España, Yugoslavia y Polonia, por citar algunos de los más importantes sobre este punto de vista», mereciendo «particular atención la ley de procedimiento administrativo de la República Federal Alemana publicada en 1976». El Profesor Freitas Do Amaral destacaría después la «marcada influencia de la ley de procedimiento administrativo española de 1958, de la ley norteamericana de 1946 y del Código alemán de 1976*[12].

Del elenco de leyes de procedimiento administrativo de lengua española merece destacarse la Ley Orgánica de procedimientos administrativos de Venezuela, que publicó el nº 2818 extraordinario de la Gaceta Oficial de 1º de julio de 1981. Y entró en vigor el 1º de enero siguiente. En la introducción que redactó Brewer-Carías para la publicación de su texto en la Colección de textos legislativos de la Editorial Jurídica venezolana, decía:

> *«Esta Ley Orgánica, sin duda, producirá un impacto fenomenal en el funcionamiento de nuestra Administración Pública, similar a una revolución administrativa, pues cambia radicalmente la situación anterior. En efecto, en primer lugar, producirá un cambio de carácter jurídico, al transformar la informalidad administrativa anterior en un formalismo procedimental positivizado, y la situación anterior de los administrados, de impotencia y sujeción, en una situación colmada de garantías y derechos; y en segundo lugar, producirá un cambio de carácter administrativo, al transformar la irracionalidad anterior por normas y procedimientos técnicos racionales. Queremos insistir brevemente en estos dos aspectos en los cuales incidirá la Ley Orgánica de Procedimientos Administrativos sobre el funcionamiento de nuestra Administración Pública, pues en ellos es que la Ley Orgánica provocará un cambio radical respecto de la situación anterior, que solo su aplicación sucesiva consolidará. Las revoluciones administrativas, estamos convencidos, no se producen de un plumazo, sino que solo pueden resultar de un esfuerzo deliberado y consciente de transformación continuada, el cual sin embargo,*

---

mejor que previamente a la promulgación de la ley, las Comisiones legislativas consultaran escuelas y facultades de derecho y asociaciones jurídicas, para lograr un mejor instrumento legal; pero como ya había sucedido antes, también existía el riesgo de que las buenas intenciones nuevamente se quedaran en el camino. En lo particular, en los últimos 10 años nos tocó conocer tres diversos anteproyectos de Ley de Procedimiento Administrativo, que solo lograron alcanzar ese nivel. Hoy el paso está dado; vayamos adelante con la depuración que nos toca proponer para mejorar esta ley».

12 En «A Codificáo do procedimento administrativo em Portugal: razão de ser. Tradicoes e enquadramento constitucional», en *Procedimiento administrativo. Ponencias del I Coloquio hispano-portugués*, Santiago de Compostela, 1995, p. 32.

debe iniciarse mediante un acto formal. La Ley Orgánica, en este sentido, es el inicio de un proceso de transformación que dará sus frutos, dentro de algo más que una década, siempre que se defina una política adecuada para su aplicación permanente»[13].

Precisamente por la revolución que suponía, a fin de facilitar el proceso de transformación, el Gobierno venezolano fletó un avión en el que viajaron a España altos funcionarios cualificados que habrían de tener una intervención decisiva en la aplicación de la nueva ley, para que durante unas semanas participaran en un curso intensivo que se organizó en la entonces Escuela Nacional de Administración pública de Alcalá de Henares, en el que intervinimos los que habíamos colaborado en la elaboración de la ley española de 1958 y la aplicábamos diariamente, como funcionarios o como abogados de los administrados. La experiencia acumulada durante los más de veinte años de vigencia de nuestra ley nos permitiría dar a conocer a nuestros colegas venezolanos las dificultades con que nos habíamos encontrado – que serían análogas a las que ellos se encontrarían- y el modo de poder superarlas para que pudieran cumplirse las finalidades de todo Ordenamiento del procedimiento administrativo. Aquellos días de gratísima convivencia, tan útiles para todos –siempre se aprovecha mucho en los cambios de impresiones entre quienes tienen preocupaciones comunes- culminaron en una cena que nos ofreció el Embajador de Venezuela, a la que asistió como testigo cualificado Manuel García Pelayo, a la sazón Presidente del Tribunal Constitucional español.

Las leyes de procedimiento administrativo objeto del estudio del Prof. Brewer-Carías consagran, de forma más o menos expresa, los principios que informan la regulación del procedimiento administrativo, reiterando a veces las normas de las Constituciones respectivas. Principios que tienen valor muy distinto, pues no pueden ser en modo alguno homologables los de «economía, celeridad y eficacia», que figuraban en el artículo 29 de la ley española de 1958 y se han reiterado en casi todas las americanas con más o menos variantes, con los de legalidad, debido procedimiento o de confianza legítima. Mientras estos son auténticos principios generales del Derecho, aquellos son más bien principios de organización. Y así lo ha destacado la doctrina. Ya ***Hildegard Rondón de Sansó****, en el estudio preliminar que, con la introducción de Brewer-Carías, se incluye en el texto de la ley orgánica de Venezuela publicada por la Editorial Jurídica Venezolana, distinguía entre los «principios relativos a las garantías jurídicas (****audire alteram partem****, principio de imparcialidad, principio de publicidad)», y los «principios relativos a la eficacia administrativa (economía procedimental, racionalización, actuación de oficio)»*[14]*. Y Cajarville, al estudiar las* ***Normas Generales de actuación administrativa de la Administración central*** *de Uruguay, dice que los principios generales por los que se rige el procedimiento administrativo -que enumera el artículo 2º del D. 500/91, indiscriminadamente- pueden agruparse en dos grandes categorías: «Unos, –dice– son, realmente, principios generales del Ordenamiento en su conjunto, que como tales se aplican también en esta materia; otros, son específicos del procedimiento administrativo y derivan de las características de la función que en él se ejercita».*

Incluye entre los primeros a los siguientes[15]*:*

- Debido procedimiento o derecho a defenderse. -Derecho al honor y a la dignidad. Presunción de inocencia.-Imparcialidad.-Derecho a la seguridad.-Buena fe, lealtad y producción de verdad, salvo prueba en contrario. -Incluye entre los segundos a estos otros:

- Legalidad objetiva. -Verdad material. -Impulsión de oficio. -Delegación material. -Principios relativos a las formalidades. -Gratuidad.

---

[13] Págs. 10 y ss. de la 8ª edición

[14] Págs. 63 y ss. de la edición citada.

[15] *Procedimiento administrativo, cit.*, pp. 20 y ss.

Clasificación que no responde al criterio diferencial señalado, porque algunos de estos últimos -legalidad objetiva y antiformalismo- son auténticos principios generales del Derecho y, como tales, sirven de fundamento al Ordenamiento, orientan la labor interpretativa y se aplicarán para llenar las lagunas de la ley. Y es que el art. 2° de las Normas, después de enumerar indiscriminadamente los principios, establece que «servirán también de criterio interpretativo para resolver las cuestiones que puedan suscitarse en la aplicación de las reglas de procedimiento».

El problema de la delimitación de lo que constituyen auténticos principios generales de Derecho que informan la regulación del procedimiento administrativo de los principios de organización ha preocupado especialmente a ***Eloy Espinosa-Saldaña*** *al estudiar la ley del Perú n° 27444. Ya Danós, al estudiar el proyecto, había explicado que deliberadamente la Comisión redactora solo había incorporado los principios que regulan la actuación administrativa y que tenían repercusión en los distintos procedimientos, no habiendo considerado los que configuraban la organización de la Administración pública*[16]*. Espinosa-Saldaña estima que debió haberse determinado cuándo estamos o no ante un principio general según que se fundamentase en el reconocimiento de mandatos constitucionales que presiden e informan toda la actuación administrativa o la garantía de los derechos y libertades fundamentales de los administrados*[17]*.*

Principios del procedimiento administrativo en América Latina *es el título del libro que tengo el honor de prologar. Pero el libro es mucho más. Estudia, efectivamente -y exhaustivamente- los principios que informan los Ordenamientos jurídicos de estas Naciones. Pero, partiendo de cada uno de ellos, va examinando las reglamentaciones respectivas, con sus similitudes y diferencias, ofreciendo un ejemplo de lo que debe ser un estudio de Derecho comparado. Y como el procedimiento administrativo es el cauce de la función administrativa y las leyes de procedimiento administrativo extienden su regulación al régimen jurídico de la actividad en que se concreta tal función, este nuevo libro del Prof. Brewer-Carías viene a ser un Manual, un excelente Manual de Derecho administrativo, del que puede decirse lo que él dijo de la Ley General de la Administración pública de Costa Rica de Eduardo Ortiz Ortiz: que en él se encuentra explicado el Derecho administrativo, como si se tratase del desarrollo de un programa de un curso sobre esta disciplina expuesto en un muy hermoso y rico texto.*

Recordaba al principio que el día de Viernes Santo de 1958 escribía la parte que me correspondió de la Exposición de Motivos de la ley española de 1958. Y es precisamente el Viernes Santo de este año 2002 cuando termino de escribir estas líneas que servirán de introducción a este precioso libro de Allan Randolph Brewer-Carías. Al que debemos expresar nuestra gratitud por esta importante aportación a la Ciencia del Derecho administrativo iberoamericano.

JESÚS GONZÁLEZ PÉREZ
Catedrático de Derecho Administrativo
Universidad Complutense de Madrid

16 Danos, *Comentarios al Proyecto de la Nueva Ley de Normas Generales de Procedimientos administrativos*, «Themis», núm. 39. Pontificia Universidad Católica del Perú, pp. 237 y ss.

17 En la Obra colectiva *Comentarios a la Ley de procedimiento administrativo general*, Ara Editores, Lima, 2001, pp. 262 y ss.

INTRODUCCIÓN

LA CODIFICACIÓN DEL PROCEDIMIENTO ADMINISTRATIVO Y SUS PRINCIPIOS

I. LAS LEYES LATINOAMERICANAS REGULADORAS DEL PROCEDIMIENTO ADMINISTRATIVO

El signo más importante de la evolución del derecho administrativo en América Latina durante las últimas décadas ha sido el proceso de su codificación, particularmente a través de la sanción de leyes reguladoras del procedimiento administrativo en general. En la actualidad, casi todos los países de la región cuentan con leyes de esta naturaleza, y en todos ellos, el derecho administrativo, sin duda, puede siempre dividirse en dos grandes etapas en su evolución, referidas a antes y después de la sanción de dichas leyes.

Las leyes de procedimiento administrativo, por tanto, en todos los países, comenzaron a darle un nuevo enfoque al objeto de la disciplina, la Administración Pública, comenzándose a regular con amplitud y precisión tanto su actividad sustantiva como los aspectos centrales de su relación con los administrados. Estas leyes difirieron de las que antes existían relativas básicamente a la organización interna de la Administración, regulándose entonces el conjunto de situaciones jurídicas en las cuales se encuentran tanto la Administración como los administrados en sus relaciones recíprocas, es decir, el conjunto de poderes, prerrogativas y obligaciones de la Administración, por una parte; y por la otra, los derechos y obligaciones de los particulares en sus relaciones con aquella.

Siendo ese el sentido central de la regulación de las leyes, las mismas cambiaron totalmente la situación tradicional de estas relaciones entre Administración y particular, en la cual el balance estaba a favor de la Administración, con amplias regulaciones sobre sus poderes, potestades y prerrogativas y las obligaciones de los administrados, y pocas sobre sus derechos. Ese balance fue el que cambió sustancialmente a partir de la sanción de las leyes de procedimiento administrativo buscándose entonces una situación de equilibrio entre poderes de la Administración y derechos de los particulares, que se garantizan. Ello, por otra parte, es la esencia del principio de la legalidad y de las regulaciones jurídicas sobre la Administración: el equilibrio que tiene que existir entre poderes y prerrogativas administrativas y derechos de los particulares.

Al cambiar totalmente el balance de esos dos extremos y establecerse un equilibrio, las leyes de procedimiento administrativo, al establecer formas generales de la actuación de la Administración, originaron en todos los países un cambio de actitud y de forma y método de actuar de la Administración, a los efectos de lograr que dejara de ser la Administración prepotente que solo concedía dádivas o favores al administrado, quien por su parte, no tenía derechos, ni cómo reclamarlos y era aplastado y a veces vejado por la Administración. Con las nuevas leyes se sentaron las bases para que ello cambiara, pues del administrado que la Administración iba a enfrentar ya no era uno indefenso, sino uno bien armado con muchos derechos legales y con muchos mecanismos jurídicos para garantizar esos derechos y controlar cualquier actitud que significara la desmejora de esas garantías.

Otro dato importante de la transformación que ha provocado la sanción de las leyes de procedimiento administrativo, deriva del hecho de que en su concepción tuvo una influencia particular la legislación española, en particular, las viejas Ley de Régimen Jurídico de la Administración del Estado de 1957 y la Ley de Procedimiento Administrativo de 1958, refundidas y reformadas en 1992 con la Ley 30/ 1992 de 26 de noviembre sobre el Régimen Jurídico de las Administraciones Públicas y el Procedimiento Administrativo Común.[1] Por ello, el derecho administrativo latinoamericano, de haber estado influido en sus inicios solo por los principios del derecho administrativo francés, a partir de la sanción de todas estas leyes ha pasado a estar también influido significativamente por el derecho administrativo español y su doctrina contemporánea.

Este proceso de transformación del derecho administrativo en América Latina, - dejando aparte un importante *Reglamento de Normas Generales de Procedimiento Administrativo* de Perú, dictado por Decreto Supremo N° 006-67-56 de 1967,[2] - puede decirse que inició en **Argentina** donde se sancionó la primera de las leyes nacionales sobre procedimientos administrativos de nuestros países, que fue la Ley de Procedimientos Administrativos, N° 19.549 de 1972, reformada por la Ley N° 21.682.[3] Con la sanción de dicha Ley, como ha ocurrido con todas las otras sancionadas en los países latinoamericanos, puede decirse que cuando se estudia la evolución del derecho administrativo, es posible dividirlo en dos grandes etapas referidas al antes y al después de la sanción de dichas leyes.[4]

---

1 V. *Boletín Oficial* del Estado No. 285 de 27 de noviembre de 1992.

2 V. Reglamento de Normas Generales de Procedimiento Administrativo dictado mediante Decreto Supremo N° 006-67-56 de 11 de noviembre de 1967. Este fue el primer texto comprehensivo que reguló el procedimiento administrativo en América Latina con evidentes influencias de la Ley española de 1958, a cuyo texto debía ajustarse la actuación administrativa de los órganos del Poder Ejecutivo, de los establecimientos públicos y de los gobiernos locales, «siempre que no se opusieran a las leyes o sus reglamentos especiales» (art. 1). En esta forma, si bien se establecieron principios generales de la acción administrativa, ello se hizo con un texto de rango reglamentario y supletorio, lo que implicó, en la práctica, que dicho texto no hubiera tenido mayor influencia en el desarrollo del derecho administrativo peruano.

3 *V. Boletín Oficial* N° 22411 del 27 de abril de 1972. Sobre la Ley argentina nuestros comentarios en Allan R. Brewer-Carías, «La Ley de Procedimientos Administrativos de Argentina de 1972 en el inicio del proceso de positivización de los principios del procedimiento administrativo en América Latina», en Héctor M. Pozo Gowland, David A. Halperin, Oscar Aguilar Valdez, Fernando Juan Lima, Armando Canosa (Coord.), *Procedimiento Administrativo.* Tomo II. *Aspectos generales del procedimiento administrativo. El procedimiento Administrativo en el derecho Comparado,* Buenos Aires 2012, pp. 959-993.

4 *V.* Allan R. Brewer-Carías, *Principios del procedimiento administrativo,* Prólogo de Eduardo García de Enterría, Editorial Civitas, Madrid 1990; «Principios del Procedimiento Admi-

Con leyes como la de Argentina, en efecto, se comenzó a dar un nuevo enfoque al objeto central de nuestra disciplina, que es la Administración Pública y su actividad, al comenzarse a regular en el derecho positivo, y no solo como consecuencia de principios generales, tanto los aspectos formales y sustantivos de la actividad administrativa, como los aspectos centrales de la relación de la Administración con los administrados. Dicha Ley, por tanto, superó el alcance limitado de las que la precedieron y que se referían básicamente a la organización interna de la Administración y sus prerrogativas, o a los recursos administrativos (por ejemplo, el recurso jerárquico). Con la entonces nueva ley, y las que le siguieron en los demás países de América Latina, se pasó a regular, además, el conjunto de las situaciones jurídicas en las cuales se encuentran no solo la Administración sino los mismos administrados en sus relaciones recíprocas, buscando establecer el balance de siempre que persigue nuestra disciplina entre el conjunto de poderes, prerrogativas y obligaciones de la Administración, por una parte; y por la otra, los derechos y obligaciones de los particulares en sus relaciones con aquella.

Siendo ese el sentido central de la regulación de las leyes de procedimientos administrativos, las mismas buscaron cambiar totalmente la situación tradicional de estas relaciones entre la Administración y los administrados, signada por la existencia de un desbalance a favor de la Administración, con amplias regulaciones sobre sus poderes, potestades y prerrogativas y las obligaciones de los administrados, y pocas sobre sus derechos. Ese desbalance fue el que comenzó a cambiar sustancialmente a partir de la sanción de las leyes de procedimiento administrativo buscándose entonces una situación de equilibrio entre los poderes de la Administración y los derechos de los particulares, que se garantizan.

Este cambio en el balance de esos dos extremos motorizado por las leyes de procedimiento administrativo, originaron en todos los países un cambio de actitud y de forma y método de actuar de la Administración, a los efectos de lograr que dejara de ser la Administración prepotente que solo concedía dádivas o favores al administrado, quien, por su parte, no tenía derechos, ni cómo reclamarlos y era aplastado y a veces vejado por la Administración. Con las nuevas leyes se sentaron las bases para que ello comenzara a cambiar, pues del administrado que la Administración iba a enfrentar ya no era uno indefenso, sino uno bien armado con muchos derechos legales y con muchos mecanismos jurídicos para garantizar esos derechos y controlar cualquier actitud que significara la desmejora de esas garantías.

Ahora bien, específicamente en relación con el Decreto-Ley N° 19.549/72 de 3 de abril de 1972 de Argentina, con dicho texto puede decirse que en ese país culminó un largo proceso de regulación provincial sobre normas de procedimiento administrativo y de regulación nacional sobre los recursos administrativos, particularmente, sobre el recurso jerárquico y que se remontan a los años treinta (Decreto 20003/33 sustituido por Decreto N° 7520/44).

---

nistrativo en España y América Latina», en *200 Años del Colegio de Abogados, Libro Homenaje*, T. I, Colegio de Abogados del Distrito Federal, Avila Arte/Impresores, Caracas 1990, pp. 255-435; *Les principes de la procédure administrative non contentieuse. Études de Droit Comparé (France, Espagne, Amérique Latine)*, Prólogo de Franck Moderne, Editorial Económica, París 1992; también publicado en *Etudes de droit public comparé*, Académie International de Droit Comparé, Ed. Bruylant, Bruxelles 2001, pp. 161-274; y *Principios del Procedimiento en América Latina*, Universidad del Rosario, Editorial Legis, Bogotá 2003.

El Decreto-Ley N° 19.549/72, en todo caso, es claro que no solo estableció los principios básicos a que deben ajustarse los procedimientos administrativos desarrollados ante la Administración Pública Nacional, centralizada y descentralizada, inclusive entes autónomos, en cuanto tiendan a asegurar a los interesados las garantías constitucionales del debido proceso, sino que reguló las normas fundamentales relativas a los requisitos esenciales del acto administrativo, su estructura, validez y eficacia.

En particular en materia relativa al debido proceso administrativo, la ley argentina fue también pionera en establecer su alcance (art. 1.f), indicando que comprende: *primero*, el derecho a ser oído, con la posibilidad para el administrado de exponer las razones de sus pretensiones y defensas antes de que la Administración emita actos administrativos que se refieren a sus derechos subjetivos o intereses legítimos, así como de interponer recursos y hacerse patrocinar y representar profesionalmente; *segundo*, el derecho a ofrecer y producir pruebas, y que las mismas se produzca, si fuere pertinente, dentro del plazo que la administración fije en cada caso, atendiendo a la complejidad del asunto y a la índole de la que deba producirse, debiendo la administración requerir y producir los informes y dictámenes necesarios para el esclarecimiento de los hechos y de la verdad jurídica objetiva; todo ello «con el contralor de los interesados y sus profesionales, quienes podrán presentar alegatos y descargos una vez concluido el período probatorio;» y *tercero*, el derecho a una decisión fundada, en el sentido de que el acto administrativo decisorio haga expresa consideración de los principales argumentos y de las cuestiones propuestas, en tanto fueren

La Ley argentina, por tanto, tiene el rasgo común que luego se siguió en las otras leyes latinoamericanas, de abarcar todo el proceso de producción de las decisiones administrativas, lo que conduce a una muy importante regulación en relación con los actos administrativos.

Además, como todas las leyes, regula el desarrollo de la actividad de la Administración para obtener la adecuada satisfacción de los intereses públicos, y además, busca que los derechos de los administrados estén debidamente garantizados; de lo que deriva otro rasgo común de las mismas en el sentido de establecer las formas de la actuación de la Administración en sus relaciones con los particulares, de manera que se desarrollen con el menor formalismo posible, evitando la realización o exigencias de trámites, formulismos o recaudos innecesarios o arbitrarios que compliquen o dificulten la acción administrativa.

En esa tendencia, a dicha Ley argentina, le siguió en América Latina el Decreto con fuerza de Ley N° 640/973, sobre Procedimientos Administrativos, dictado en **Uruguay** en 1973, sustituido por el Decreto 500/991 de 1991, sobre Normas Generales de Actuación Administrativa y Regulación del Procedimiento en la Administración Central.[5]

Un lustro más tarde se sancionó la Ley General de la Administración Pública de **Costa Rica** de 2 de mayo de 1978,[6] la cual no solo reguló el procedimiento administrativo, sino materialmente todos los aspectos esenciales del derecho administrativo, por lo que siempre la he considerado como una especie de «manual» de

---

5 Alcance N° 90 *La Gaceta* N° 102 de 30 de mayo de 1978.

6 Diario Oficial de 3 de octubre de 1991.

esta rama del derecho, redactado en forma de artículos.[7] En ellos se encuentra explicado el derecho administrativo como si se tratase del desarrollo de un programa de un curso sobre esta disciplina, expuesto en un muy hermoso y rico texto, en cuya redacción contribuyó mi recordado amigo el profesor de derecho administrativo Eduardo Ortíz Ortíz, quien dejó en ella una huella importante.

En ellos se encuentra explicado el derecho administrativo como si se tratase del desarrollo de un programa de un curso sobre esta disciplina, expuesto en un muy hermoso y rico texto. Es un ejemplo claro de la codificación, no solo del procedimiento administrativo sino, como se dijo, de todo el derecho administrativo.

A la Ley costarricense, siguió cronológicamente, la Ley Orgánica de Procedimientos Administrativos de 10 de julio de 1982, de **Venezuela**,[8] texto que se comenzó a elaborar desde 1965.[9] Esta Ley Orgánica, influenciada directamente por la Ley española, recogió todos los principios fundamentales relativos a la actividad administrativa desarrollada por los órganos de la Administración Pública Nacional y aplicable supletoriamente a las administraciones estadales[10] y municipales; y en particular, los principios relativos a los actos administrativos (elaboración, formas y formalidades, efectos, revisión), que la jurisprudencia había establecido, habiendo contribuido ampliamente, desde su entrada en vigencia, a afianzar el principio de la legalidad administrativa.[11] La Ley fue luego complementada, con la Ley sobre Simplificación de Trámites Administrativos (Decreto-Ley N° 368 de 05 de octubre

---

7 *V.* Allan R. Brewer-Carías, «Comentarios sobre los principios generales de la Ley General de la Administración Pública de Costa Rica» en *Revista del Seminario Internacional de Derecho Administrativo*, Colegio de Abogados de Costa Rica, San José 1981, pp. 31-57; y en *Revista Internacional de Ciencias Administrativas*, Vol. XLVIII, Institut International des Sciences Administratives, Bruselas 1982, N° 1, pp. 47-58; reproducido en mi libro: *Los principios fundamentales del derecho público* (Con una Introducción General sobre los Principios del Derecho Administrativo en la Ley General de la Administración Pública de Costa Rica), Editorial Investigaciones Jurídicas/ Editorial Jurídica Venezolana, San José, Costa Rica 2012, 222 pp.

8 *Gaceta Oficial* N° 2.818 Extraordinario de 1 de julio de 1981. *V.* sobre la Ley Orgánica en Allan R. Brewer-Carías et al., *Ley Orgánica de Procedimientos Administrativos*, Editorial Jurídica Venezolana, Caracas, 1982.

9 *V. Informe sobre la Reforma de la Administración Pública Nacional*, Comisión de Administración Pública, Caracas, 1972, Vol. 2, p. 392.

10 A lo largo de este libro utilizaré el venezolanismo «estadal» y «estadales» para referirme a lo que concierne a los Estados de la federación.

11 Sobre la ley venezolana, *V.*, Allan R. Brewer-Carías, «Comentarios a la Ley Orgánica de Procedimientos Administrativos» en *Revista de Derecho Público*, N° 7, Editorial Jurídica Venezolana, Caracas, julio-septiembre 1981, pp. 115-117; «Comentarios sobre el alcance y ámbito de la Ley Orgánica de Procedimientos Administrativos en Venezuela» en *Revista Internacional de Ciencias Administrativas*, Vol. XLIX, N° 3, Institut International des Sciences Administratives, Bruselas 1983, pp. 247-258; «Comentarios sobre el alcance y ámbito de la Ley Orgánica de Procedimientos Administrativos en Venezuela», en *Revista de Control Fiscal*, N° 104, Contraloría General de la República, Caracas 1982, pp. 113-133; «Introducción al régimen de la Ley Orgánica de Procedimientos Administrativos», en Allan R. Brewer-Carías (Coordinador-editor), Hildegard Rondón de Sansó y Gustavo Urdaneta, *Ley Orgánica de Procedimientos Administrativos*, Colección Textos Legislativos, N° 1, Editorial Jurídica Venezolana, Caracas 1981, pp. 7-51; y *El derecho administrativo y la Ley Orgánica de Procedimientos Administrativos. Principios del procedimiento administrativo*, Editorial Jurídica Venezolana, 6ª edición ampliada, Caracas 2002.

de 1999, reformada en 2008) y con la Ley Orgánica de la Administración Pública de 17 de octubre de 2001, también reformada en 2008 y 2014.[12]

Unos años más tarde, en 1984, se produjo la reforma del Código Contencioso Administrativo de **Colombia**, al cual se le incorporó un nuevo «Libro» Primero sobre «Procedimientos Administrativos», también complementado con las disposiciones del Decreto Nº 266 de 2000 de Normas para la Simplificación Administrativa. Con este Código se dio un paso de avance en la codificación del derecho administrativo, al haberse regulado en un texto que sigue siendo único en el continente, todos los aspectos del procedimiento administrativo y del proceso contencioso administrativo. Debe recordarse que Colombia fue el único país de América Latina que adoptó el modelo francés de la dualidad de jurisdicciones: una jurisdicción judicial que tiene en su cúspide a la Corte Suprema de Justicia, y una jurisdicción contencioso-administrativa que tiene en su cúspide al Consejo de Estado. Dada esta peculiar situación, desde 1941 se había dictado un Código Contencioso-Administrativo (Ley 167/1941), en el cual se reguló exclusivamente el procedimiento judicial ante la jurisdicción contencioso-administrativa. Con base en la labor de la jurisprudencia, en 1980 se propuso la reforma y adaptación del Código, lo cual condujo a la sanción del Decreto N° 01 de 1984, mediante el cual se le agregó al Código un nuevo «Libro» relativo al «procedimiento administrativo», diferenciado del «procedimiento ante la jurisdicción en lo contencioso-administrativo».[13] Esta importante legislación nacional reguladora del procedimiento administrativo y del proceso contencioso administrativo, luego de la reforma constitucional de 1991, fue reformado en 2011, mediante la Ley 1437 contentiva del nuevo Código de Procedimiento Administrativo y de lo Contencioso Administrativo.[14]

En 1987, por otra parte, se dictó la Ley de Procedimiento Administrativo de **Honduras** (Decreto Nº 152-87, de 28 de septiembre de 1987), la cual fue posteriormente reformada parcialmente mediante la Ley para Optimizar la Administración Pública, Mejorar los Servicios a la Ciudadanía y Fortalecimiento de la Transparencia en el Gobierno.[15]

En el mismo año de 1987, se dictó en **Ecuador** el Estatuto del Régimen Jurídico Administrativo de la Función Ejecutiva (Decreto Ejecutivo 1634 de 1994, reformado por Decreto Ejecutivo No 2428 de 2002), que solo reguló aspectos del procedimiento administrativo, lo que se completó con las previsiones del Código Orgánico Admi-

---

[12] *V.* sobre esta Ley, Allan R. Brewer Carías et al., *Ley Orgánica de la Administración Pública,* Editorial Jurídica Venezolana, Caracas, 2008.

[13] El Decreto 01 se dictó con base en la Ley 58 de 1982. Posteriormente con base en la Ley 30 de 1987, mediante Decreto 2304, de 7 de octubre de 1989, se introdujeron reformas al Código Contencioso Administrativo.

[14] *V. Diario Oficial* N° 47.956 de 18 de enero de 2011. *V.* algunos comentarios sobre dicha reforma en Allan R. Brewer-Carías, «Los principios del procedimiento administrativo en el Código de Procedimiento Administrativo y de lo Contencioso Administrativo de Colombia (Ley 1437 de 2011)», en *Congreso Internacional de Derecho Administrativo, X Foro Iberoamericano de Derecho Administrativo.* El Salvador, 2011, pp. 879-918; «Los principios generales del procedimiento administrativo en la Ley 1437 de 2011 contentiva del Código de Procedimiento Administrativo y de lo Contencioso Administrativo de Colombia» en *Visión actual de los Procedimientos Administrativos, III Congreso de Derecho Administrativo Margarita 2011,* Centro de Adiestramiento Jurídico «CAJO» y Editorial Jurídica Venezolana, Caracas 2011, pp. 13-48

[15] *V.* Diario Oficial *la Gaceta* N° 33,336 de fecha 23 de enero de 2014.

nistrativo, de 20 de junio de 2017.[16] Antes, en Ecuador, se había dictado la Ley N° 50 de Modernización del Estado, Privatizaciones y Prestación de Servicios Públicos por parte de la Iniciativa Privada de 1993, que contuvo normas de racionalización administrativa.

Posteriormente, luego de un período de casi diez años, en 1994 se dictó en **México**, la Ley Federal de Procedimiento Administrativo,[17] cuya última reforma es de 2 de mayo de 2017. A dicha Ley la siguió la Lei N° 9.784, de 29 de janeiro de 1999 de **Brasil**, que regula el proceso administrativo en el ámbito de la Administración Pública Federal.[18]

En 2000, se dictó en **Panamá** la Ley No. 38 de 31 de julio de 2000[19] mediante la cual se aprobó el (De 31 de julio de 2000)Estatuto Orgánico de la Procuraduría de la Administración, y se reguló el Procedimiento Administrativo General.

El 10 de abril de 2001, se publicó en el **Perú** la Ley N° 27.444 del Procedimiento Administrativo General,[20] promulgada precisamente por uno de los destacados profesores de derecho administrativo de América Latina, el recordado amigo y entonces presidente Valentín Paniagua. Con dicha Ley, redactada por un importante equipo de profesores peruanos, el Perú se incorporó definitivamente en la corriente contemporánea de la codificación formal del procedimiento administrativo, siendo la peruana, en su momento, un texto realmente único en el Continente, habiéndose recogido en el mismo, enriquecidos, todos los principios del procedimiento administrativo que se habían venido conformando en las décadas anteriores en nuestros países por la doctrina, la jurisprudencia y la legislación.[21]

Luego en **Bolivia**, se dictó la Ley N° 2341 de 23 de abril de 2002 sobre Ley de Procedimiento Administrativo; y en **Chile**, la Ley N° 19.880 de 29 de mayo de 2003, de Ley de Procedimientos Administrativos.[22]

El 13 de enero de 2013 mediante Ley No. 290 se dictó en Nicaragua la Ley de Organización, Competencia y Procedimientos del Poder Ejecutivo, reformada luego en 2016,[23] la cual sin embargo, solo cuenta con muy escasas y precarias normas sobre procedimiento administrativo.

El mismo año 2013 se dictó en la **República Dominicana** la Ley N° 107-17 de 6 de agosto de 2013 sobre los derechos de las personas en sus relaciones con la

16 *V. Registro Oficial* de 7 de julio de 2017.

17 *V.* Diario Oficial de la Federación de 4 de agosto de 1994.

18 *V. Diario Oficial* de la Uniao del 1 de fevereiro de 1999.

19 *V. Gaceta Oficial* No. 24,109, de 2 de agosto de 2000 G.O. No. 24,109, de 2 de agosto de 2000

20 *V.* Texto único ordenado de la Ley 27444, de 17 de marzo de 2017, de Procedimiento Administrativo General, publicado en el *Diario Oficial* de 20 de marzo de 2017 G.O. No. 24,109, de 2 de agosto de 2000

21 Sobre la Ley peruana *V.* nuestros comentarios en Allan R. Brewer-Carías, «La regulación del procedimiento administrativo en América Latina (con ocasión de la primera década de la Ley N° 27.444 del Procedimiento Administrativo General del Perú 2001-2011)», en *Derecho PUCP, Revista de la Facultad de Derecho,* No 67, *El procedimiento administrativo a los 10 años de entrada en vigencia de la LPAG*, Fondo Editorial, Pontificia Universidad Católica del Perú, Lima 2011, pp. 47-77.

22 *Diario Oficial* de 29 de mayo de 2003.

23 Publicada en *La Gaceta* de 22 de febrero de 2013, con reformas publicadas en *La Gaceta* de 25 de mayo de 2016.

Administración y procedimiento administrativo,[24] el cual se nutrió de la vasta experiencia en la materia desarrollada en nuestros países durante los últimos cincuenta años, desde que se dictó, en 1972, en la Argentina, la Ley 19.549 de Procedimientos Administrativos.

Por último, debe indicarse que en **El Salvador** se dictó con fecha 15 de diciembre de 2017, la Ley de Procedimientos Administrativos (Decreto 856).[25]

Todos estos textos, por otra parte y en una forma u otra, tienen un rasgo común y es la influencia de la legislación española a través de las ya derogadas Ley de Régimen Jurídico de la Administración del Estado de 1957 y Ley de Procedimientos Administrativos de 1958, las cuales fueron sustituidas por la Ley 30/1992 de Régimen Jurídico de las Administraciones Públicas y del Procedimiento Administrativo Común (modificada por Ley 4/1999 de 13 de enero de 1999), la cual, por su parte, por ejemplo influyó en la redacción de la Ley peruana de 2001 y en la Ley de la República Dominicana de 2013.

Este proceso de codificación del procedimiento administrativo en América Latina[26] ha originado, también, el *Reglamento de Procedimientos Administrativos de la Secretaría General de la Comunidad Andina*, de 1997, en el cual se recogen todos los principios generales desarrollados por las legislaciones nacionales.

---

24 V. sobre esta Ley los comentarios en Allan R. Brewer-Carías, «*Principios del procedimiento administrativo en la Ley N° 107-13 de la República Dominicana sobre procedimientos administrativos de 6 de agosto de 2013*», en *Revista de Derecho Público, No. 135 (julio-septiembre 2013), Editorial Jurídica Venezolana, Caracas 2013, pp. 59-72*. Trabajo reproducido en mi libro: *Principios del procedimiento administrativo Estudio de derecho comparado*, (Presentación de Olivo Rodríguez Huertas, Prólogos de Eduardo García de Enterría y Frank Moderne),. Asociación Dominicana de Derecho Administrativo, Colección Estudios de Derecho Administrativo, Volumen II, Editorial Jurídica Venezolana International, Santo Domingo, 2016 . 332 pp.

25 V. sobre esta Ley los comentarios en Allan R. Brewer-Carías, «Comentarios sobre algunos principios generales del régimen de la Ley de procedimientos administrativos de El Salvador», *Revista de Derecho Público*, N° 155-156, julio-diciembre 2018, Editorial Jurídica Venezolana, Caracas, pp. 249-296; y en: «Comentarios sobre la Ley de Procedimientos Administrativos de 15 de diciembre de 2017 de El Salvador, en perspectiva histórica y comparada», en el libro *Comentarios a la Ley de procedimientos Admministrativos. Homenaje al Profesor José Meilán Gil*, (Jaime Rodríguez Arana-Muñoz y Henry Alexander Mejía, Directores), Cuadernos legislación Comentada y Relacionada No. 2, Editorial Cuscatleca, El Salvador 2019, pp. 63-80.

26 En general, sobre las leyes de procedimiento administrativo en América Latina, *V.* Allan R. Brewer-Carías, «Principios del Procedimiento Administrativo. Hacia un estándar continental», en Christian Steiner (Ed), *Procedimiento y Justicia Administrativa en América Latina*, Konrad Adenauer Stiftung, n F. Konrad Adenauer, México 2009, pp. 163-199. *V.* en general nuestros trabajos sobre el procedimiento administrativo con una perspectiva de derecho comparado: Allan R. Brewer-Carías, «Principios del procedimiento administrativo en España y América Latina», en el libro *200 Años del Colegio de Abogados. Libro Homenaje*, T. I, Colegio de Abogados del Distrito Federal, Caracas 1989, pp. 255-435; *Principios del procedimiento administrativo* (Prólogo de Eduardo García de Enterría), Editorial Civitas, Madrid 1990; *Les principes de la procédure administrative non contentieuse. Études de Droit Comparé (France, Espagne, Amérique Latine)* (Prólogo de Franck Moderne), Editorial Economica, París 1992; también publicado en Allan R. Brewer-Carías, *Etudes de droit public comparé*, Académie International de Droit Comparé, Ed. Bruylant, Bruxelles 2001, pp. 161-274.

Los comentarios que a continuación formulamos sobre los principios del procedimiento administrativo en América Latina, en todo caso, los hemos elaborado teniendo como base los quince textos normativos anteriormente mencionados, y en particular un rasgo común del conjunto normativo que es que abarcan todo el proceso de producción de las decisiones administrativas, lo que conduce a una muy importante regulación en relación con los actos administrativos. Por ello puede considerarse que casi todas estas leyes, son básicamente, leyes relativas al régimen jurídico del acto administrativo. Así se resume en la Ley del Perú, en cuyo artículo 29, al definir el procedimiento administrativo, se lo entiende como el:

> «Conjunto de actos y diligencias tramitados en las entidades, conducentes a la emisión de un acto administrativo que produzca efectos jurídicos individuales o individualizables sobre intereses, obligaciones o derechos de los administrados».

En similar sentido, el artículo 15 de la Ley de la República Dominicana, y el artículo 18 de la Ley de Chile define el procedimiento administrativo como:

> «una sucesión de actos trámite vinculados entre sí, emanados de la Administración y, en su caso, de particulares interesados, que tiene por finalidad producir un acto administrativo terminal».

En todo caso, estas regulaciones legales sobre el procedimiento administrativo han tenido en toda América Latina, la enorme importancia de haber contribuido al desarrollo del derecho administrativo formal, al punto de que podría decirse que en cada uno de los países, su evolución puede dividirse en dos etapas: antes y después de la respectiva *Ley de Procedimientos Administrativos*. Así también ocurrió en España, donde la evolución y desarrollo del derecho administrativo puede dividirse en las mismas dos etapas: antes y después de la *Ley de Régimen Jurídico de la Administración* y de la *Ley de Procedimientos Administrativos* de 1957-1958.

No hay duda de que esta positivización de los principios generales del derecho administrativo ha sido lo que más ha contribuido al desarrollo de nuestra disciplina y al afianzamiento del principio de la legalidad.

II. LA MOTIVACIÓN DE LAS LEYES

En todos los países de América Latina, puede decirse que, en general, la motivación de estos cuerpos normativos reguladores tanto del procedimiento como de los actos administrativos, ha sido, por una parte, el establecimiento de un régimen de la acción de la Administración para la producción de sus actos administrativos y por la otra, la previsión de un régimen de garantías de los administrados frente a la Administración. Estas leyes reflejan, por ello, la lucha permanente que ha caracterizado al propio derecho administrativo, dirigida a la búsqueda de un balance entre los privilegios de la Administración y los derechos de los particulares. Estas leyes, por ello, constituyen una suerte de equilibrio entre ambos motivos, regulando, por un lado, el desarrollo de la actividad de la Administración para obtener la adecuada satisfacción de los intereses públicos, pero buscando por el otro, la garantía de los particulares.

Por ello, por ejemplo, en los *Considerandos* de la Ley de Honduras de 1987 se señala que en el Estado Moderno:

> «La satisfacción de los *intereses públicos* exige el respeto de las formas creadas como *garantía de los derechos* de los particulares frente a la actividad administrativa».

Asimismo, en los *Considerandos* del Decreto 500/991 de Uruguay, se precisa la motivación de todo su conjunto normativo, al establecer que tiene por objeto regular la actuación de la Administración:

> «A fin de servir con objetividad los *intereses generales* con sometimiento pleno al Derecho y para mejor tutelar los *derechos e intereses legítimos* de los administrados».

La Ley de la República Dominicana comienza con la indicación expresa de su objeto en su artículo 1, disponiendo que la misma «tiene por objeto regular los derechos y deberes de las personas en sus relaciones con la Administración Pública, los principios que sirven de sustento a esas relaciones y las normas de procedimiento administrativo que rigen a la actividad administrativa».

Igual hace la Ley de Bolivia al indicar en su primer artículo:

> «ARTICULO 1°.- (Objeto de la Ley).- La presente Ley tiene por objeto: a) Establecer las normas que regulan la actividad administrativa y el procedimiento administrativo del sector público; b) Hacer efectivo el ejercicio del derecho de petición ante la Administración Pública; c) Regular la impugnación de actuaciones administrativas que afecten derechos subjetivos o intereses legítimos de los administrados; y, d) Regular procedimientos especiales».

Y en igual sentido, el artículo 1 de la Ley de El Salvador también indica que:

> «Art 1. Las disposiciones de la presente ley tienen por objeto regular: 1. Los requisitos de validez y eficacia de las actuaciones administrativas de toda la Administración Pública.2. Los derechos de los ciudadanos frente a la Administración Pública. 3. El régimen de responsabilidad patrimonial de la Administración Pública y de sus funcionarios. 4. El ejercicio de la potestad normativa, así como los principios y garantías del procedimiento administrativo sancionador».

De todas estas previsiones resulta este rasgo común de las regulaciones sobre procedimientos administrativos, de buscar el mejor cumplimiento de los fines de la Administración y servir con objetividad los intereses generales y, a la vez, tutelar los derechos e intereses de los particulares. Eso también lo señala expresamente, por ejemplo, tanto el artículo 1° de la Ley 9.784 de Brasil, como el artículo III (finalidad) del Título Preliminar de la Ley 27.444 del Perú.

Y de allí que en las Leyes más recientes sobre procedimientos administrativos se hayan incorporado específicamente provisiones enumerativas de los derechos de las personas o administrados. Es el caso de la Ley de Chile (art. 17), de Bolivia (art. 17), de El Salvador (art. 16) y de República Dominicana, en la cual se ha incorporado el que quizás sea el listado más completo de derechos. Ello está es su artículo 4, que comienza reconociendo «*el derecho de las personas a una buena Administración Pública*», el cual se concreta, en todos los «derechos subjetivos de orden administrativo» que conforman el procedimiento administrativo, a los que nos referimos más adelante.

Además, también puede identificarse como otra motivación general de las leyes de procedimiento administrativo la de procurar que la actuación de la Administración en sus relaciones con los particulares se realice con el menor formalismo posible. Por ello, en los mismos *Considerandos* del Decreto uruguayo se señala, también, que el texto tiene por objeto agilizar y dar flexibilidad al procedimiento administrativo, «evitando la realización o exigencias de trámites, formulismos o recaudos innecesarios o arbitrarios que compliquen o dificulten su desenvolvimiento».

Esta, sin duda, es una finalidad cuya consecución ha motivado la sanción de estas Leyes, la cual, sin embargo, en la práctica, no puede decirse que se haya logrado concretar siempre. En muchas Administraciones pervive la tensión entre el funcionario o la Administración que tiene el poder, y que lo ejerce, y el ciudadano o particular que se enfrenta al poder; tensión que, en general, no se resuelve precisamente a favor del administrado. Incluso, a pesar de las recientes leyes sobre simplificación de trámites administrativos de Colombia o Venezuela, por ejemplo, el administrado no siempre tiene los mecanismos para poder exigir, realmente, que se apliquen estos elementos de flexibilidad, de reducción del formalismo y de eliminación de trámites innecesarios. De ello resulta que al no existir un efectivo instrumento de protección, como sucede en muchos países, el funcionario con frecuencia utiliza estos mecanismos para imponerle al particular, en definitiva, la voluntad de la Administración, incluso a veces arbitrariamente.

Un ejemplo concreto de esta tensión se evidencia en muchas Administraciones, en el contraste entre el principio de la publicidad y el principio del secreto: para el funcionario, en general, todo es secreto y reservado; en cambio, el particular lo que necesita es que se le permita tener acceso a los documentos de la Administración. Por ello, en muchos países se han venido haciendo esfuerzos para abrir el acceso de los particulares a los archivos y a los recaudos de la Administración, y se lo ha consagrado incluso, como derecho constitucional, como sucedió en la Constitución de Venezuela de 1999 (art. 143).

III. LA ENUMERACIÓN DE LOS PRINCIPIOS DEL PROCEDIMIENTO ADMINISTRATIVO EN LAS LEYES

Otra característica que tiene el régimen del procedimiento administrativo en América Latina, es la de la enumeración *expressis verbis* de los propios principios que deben guiar el procedimiento administrativo. Por ello, en nuestros países, el tema de los principios del procedimiento no solo es un tema teórico, de sola elaboración doctrinal, sino que deriva de su enumeración y desarrollo expreso en los textos normativos, incluso en algunos casos, con rango constitucional. Es el caso, por ejemplo, de la Constitución de Venezuela de 1999, en cuyo artículo 141 se precisa que:

> «*Artículo 141*: La Administración Pública está al servicio de los ciudadanos y se fundamenta en los principios de honestidad, participación, celeridad, eficacia, eficiencia, transparencia, rendición de cuentas y responsabilidad en el ejercicio de la función pública, con sometimiento pleno a la ley y al derecho».

Pero en general, ha sido en las leyes de procedimiento administrativo donde se han enumerado estos principios.

Así, salvo el caso de Costa Rica, en cuyo texto normativo no hay un artículo específico destinado a enumerar los principios del procedimiento administrativo, en el resto de la legislación latinoamericana, las leyes sobre procedimiento administrativo destinan normas expresamente a regularlos.

Se destaca, como ejemplo la Ley de Honduras, en cuyos *Considerandos* se precisa que «la actividad administrativa debe estar presidida por principios de *economía, simplicidad, celeridad y eficacia* que garanticen la buena marcha de la Administración», a fin de lograr una pronta y efectiva satisfacción del interés general (art. 19).

Asimismo, la Ley argentina expresamente señala en su artículo 1,b, los principios que rigen en el procedimiento administrativo, los cuales son la «*celeridad, economía, sencillez y eficacia en los trámites*».

En el caso de Venezuela, además de los principios de celeridad, *economía, sencillez y eficacia,* la Ley Orgánica de Procedimientos Administrativos agrega el principio de *imparcialidad* (art. 30) y, adicionalmente, la Ley de Simplificación de Trámites Administrativos enumera los siguientes principios conforme a los cuales se deben elaborar los planes de simplificación, que son:

> «1. La presunción de buena fe del ciudadano. 2. La simplicidad, transparencia, celeridad y eficacia de la actividad de la Administración Pública. 3. La actividad de la Administración Pública al servicio de los ciudadanos. 4. La desconcentración en la toma de decisiones por parte de los órganos de dirección».

Estos principios los repite el artículo 12 de la LOAP al precisar que la actividad de la Administración Pública se desarrollará con base en «los principios de economía, celeridad, simplicidad administrativa, eficacia, objetividad, imparcialidad, honestidad, transparencia, buena fe y confianza». Asimismo, se efectuará dentro de parámetros de racionalidad técnica y jurídica.

En el Código de Colombia, además de todos estos principios, se agregan otros como los de *publicidad, contradicción y conformidad* con el propio *Código* (art. 3); es decir, el principio de legalidad objetiva.

En la Ley Federal de México, se sigue la misma orientación del texto colombiano, y se agrega a la enumeración, también, el principio de la *buena fe* (art. 13).

La Ley de Panamá en su artículo 34 dispone que Las actuaciones administrativas en todas las entidades públicas se efectuarán con arreglo a normas de informalidad, imparcialidad, uniformidad, economía, celeridad y eficacia, garantizando la realización oportuna de la función administrativa, sin menoscabo del debido proceso legal, con objetividad y con apego al principio de estricta legalidad.

La Ley de Chile enumera en su artículo 4, como «principios del procedimiento», los siguientes:

> «principios de escrituración, gratuidad, celeridad, conclusivo, economía procedimental, contradictoriedad, imparcialidad, abstención, no formalización, inexcusabilidad, impugnabilidad, transparencia y publicidad».

Hay otros textos, como el Decreto del Uruguay, donde la enunciación de los principios es muy extensa y comprensiva, como resulta del artículo 2, conforme al cual la Administración Pública debe servir con objetividad los intereses generales con sometimiento pleno al derecho y debe actuar de acuerdo a los siguientes principios generales:

> «a) Imparcialidad; b) Legalidad objetiva; c) Impulsión de oficio; d) Verdad material; e) Economía, celeridad y eficacia; f)Informalismo en favor del administrado; g) Flexibilidad, materialidad y ausencia de ritualismos; h) Delega-

ción material; i) Debido procedimiento; j) Contradicción; k) Buena fe, lealtad y presunción de verdad salvo prueba en contrario; l) Motivación de la decisión; m) Gratuidad».

En el mismo sentido se destaca la Ley de Brasil, la cual destina al tema de los principios del procedimiento administrativo un extenso artículo, con el siguiente texto:

> «*Artículo* 2° A Administraçao Pública obedecerá, dentre outros, aos principios da legalidade, finalidade, motivaçao, razoabilidade, proporcionalidade, moralidade, ampla defesa, contraditório, segurança juridica, interesse público e eficiência.
>
> *Parágrafo único.* Nos processos administrativos serão observados, entre outros, os critérios de: I. atuação conforme a lei e o direito; II. atendimento a fins de interesse geral, vedada a reúncia total ou parcial de poderes ou competências, salvo autorizaçã em lei; III. objetividade no atendimento do interesse público, vedada a promoção pessoal de agentes ou autoridades; IV. atuação segundo padrões éticos de probidade, decoro e boa-fé; V. divulgação oficial dos atos administrativos, ressalvadas as hipóteses de sigilo previstas na Constituição; VI. adequação entre meios e fins, vedada a imposição de obrigações, restrições e sanções em medida superior àquelas estritamente necessárias ao atendimento do interesse público; VII. indicação dos pressupostos de fato e de direito que determinarem a decisão; VIII. observância das formalidades essenciais a garantia dos direitos dos administrados; IX. adoção de formas simples, suficientes para propiciar adequado grau de certeza, segurança e respeito aos direitos dos administrados; X. garantia dos direitos à comunicação, à apresentações de alegações finais, à produção de provas e à interposição de recursos, nos processos de que possam resultar sanções e nas situações de litigio; XI. proibição de cobrança de despesas processuais, ressalvadas as previstas em lei; XII. impulsão, de oficio, do processo administrativo, sem prejuízo da atuação dos interessados; XIII. interpretação da norma administrativa da forma que melhor garanta o atendimento do fim público a que se dirige, vedada aplicação retroactiva de nova interpretação».

En todo casen esa misma línea enumerativa de positivización de los principios del procedimiento administrativo, la Ley del Perú de 2001 fue un hito importante al precisar en el artículo IV del Título Preliminar que el procedimiento administrativo, sin perjuicio de la vigencia de otros principios general del derecho administrativo, se sustenta fundamentalmente en los siguientes principios, que se enumeran a título enunciativo y no taxativo:

> «principio de legalidad; principio del debido procedimiento; principio del impulso de oficio; principio de razonabilidad; principio de imparcialidad; principio de informalismo; principio de presunción de veracidad; principio de conducta procedimental; principio de celeridad; principio de eficacia; principio de verdad material; principio de participación; principio de simplicidad; principio de uniformidad; principio de predictibilidad; principio de privilegio de controles posteriores».

En Ecuador, igualmente, la Ley de Modernización del Estado precisó que los procesos de modernización se sujetarán a los principios de eficiencia, agilidad, transparencia, coparticipación en la gestión pública y solidaridad social. Estos principios se recogieron también en el Código Orgánico Administrativo, en cuyos artículos 2 a 17 se agregaron los siguientes otros principios:

> «Principio de calidad; Principio de jerarquía. Principio de desconcentración. Principio de descentralización. Principio de coordinación. Principio de participación. Principio de planificación. Principio de transparencia. Principio de evaluación. Principio de juridicidad. Principio de responsabilidad. Principio de proporcionalidad. Principio de buena fe».

El mismo Código Orgánico Administrativo de Ecuador, agregó otros «principios de la actividad administrativa en relación con las personas», que enumeró en sus artículos 18 a 24:

> «Principio de interdicción de la arbitrariedad. Principio de imparcialidad e independencia. Principio de control. Principio de ética y probidad. Principios de seguridad jurídica y confianza legítima. Principio de racionalidad. Principio de protección de la intimidad».

La Ley de Bolivia, siguió la línea enumerativa extensa de «Generales de la Actividad Administrativa, listando los siguientes, luego de indicar como «Principio fundamental» que «el desempeño de la función pública está destinado exclusivamente a servir los intereses de la colectividad»:

> «Principio de autotutela; Principio de sometimiento pleno a la ley; Principio de verdad material; Principio de buena fe, la confianza, la cooperación y la lealtad; Principio de imparcialidad; Principio de legalidad y presunción de legitimidad; Principio de jerarquía normativa; Principio de control judicial; Principio de eficacia; Principio de economía, simplicidad y celeridad; Principio de informalismo; Principio de publicidad; Principio de impulso de oficio».

La Ley de la Republica Dominicana destinó su artículo 3 a establecer los «Principios de la actuación administrativa», disponiendo que en el marco «del respeto al ordenamiento jurídico en su conjunto, la Administración Pública sirve y garantiza con objetividad el interés general y actúa, especialmente en sus relaciones con las personas, de acuerdo con los siguientes principios:

> «Principio de juridicidad; Principio de servicio objetivo a las personas; Principio promociona; Principio de racionalidad; Principio de igualdad de trato; Principio de eficacia; Principio de publicidad de las normas, de los procedimientos y del entero quehacer administrativo; Principio de seguridad jurídica, de previsibilidad y certeza normativa; Principio de proporcionalidad; Principio de ejercicio normativo del poder; Principio de imparcialidad e independencia; Principio de relevancia; Principio de coherencia; Principio de buena fe; Principio de confianza legítima; Principio de asesoramiento; Principio de responsabilidad; Principio de facilitación; Principio de celeridad; Principio de protección de la intimidad; Principio de ética; Principio de debido proceso».

Por último, en la Ley de El Salvador, su artículo 3 dispone que la Administración Pública debe servir con objetividad a los intereses generales, y sus actuaciones están sujetas a los siguientes principios:

> «Legalidad; Proporcionalidad; Antiformalismo; Eficacia; Celeridad e impulso de oficio; Economía; Coherencia; Verdad material; Buena fe».

Estos principios, además, como lo señala el artículo 2 de la Ley de Brasil, deben servir como *criterio interpretativo* para resolver las cuestiones que puedan suscitarse en la aplicación de las normas de procedimiento. En el mismo sentido, se regula en la Ley de Honduras (art. 19 y 114) y la Ley del Perú (artículo IV del Título preliminar), donde se señala no solo que los principios deben servir de criterio interpretativo para resolver las cuestiones que puedan suscitarse en la aplicación de las reglas de procedimiento, sino además, como parámetros para la generación de otras disposiciones administrativas de carácter general, y para suplir los vacíos en el ordenamiento administrativo.

Por ello, una enumeración extensísima de principios del procedimiento administrativo, como la contenida en las leyes de Brasil, de Uruguay, de Perú, de Bolivia, de Ecuador, de República Dominicana y de El Salvador, por ejemplo, sin duda tiene la ventaja de permitir al juez contencioso-administrativo ejercer un control más efectivo y con mayor amplitud en relación con la actividad administrativa; y más aún cuando en dichas leyes, los principios no solo se enumeran si que cada uno de ellos se define con precisión.

Por ello, por supuesto, mucho más importante que la sola enumeración de los principios que traen todas las leyes, es la definición, en los textos legales del contenido de los mismos. Es lo que hacen, por ejemplo, además de las leyes antes indicadas, el Código colombiano, siendo esa la orientación que siguió el Reglamento sobre procedimientos administrativos de la Secretaría General de la Comunidad Andina.

Por ejemplo, en relación con el principio de *economía* enumerado en todas las Leyes, el Código colombiano, en su artículo 2, señala que en virtud del mismo se debe tener en cuenta:

> «Que las normas de procedimiento se utilicen para agilizar las decisiones; que los procedimientos se adelanten en el menor tiempo y con la menor cantidad de gastos de quienes intervengan en ellos; que no se exijan más documentos y copias que los estrictamente necesarios, ni autenticaciones ni notas de presentación personal sino cuando la ley lo ordene en forma expresa.

En relación, por ejemplo, con el principio del *debido procedimiento*, la Ley del Perú dispone en el artículo IV, 1.2 del Título Preliminar, que los administrados gozan de todos los derechos y garantías inherentes al debido procedimiento administrativo, que se rige por los principios de derecho administrativo, que comprende el derecho a exponer sus argumentos, a ofrecer y producir pruebas y a obtener una decisión motivada y fundada en derecho.

Por otra parte, al referirse al principio de *celeridad*, el mi artículo 3.19 de la ley de República Dominicana señala que en virtud del mismo:

> «las actuaciones administrativas se realizarán optimizando el uso del tiempo, resolviendo los procedimientos en plazo razonable que, en todo caso, no podrá superar los dos meses a contar desde la presentación de la solicitud en el órgano correspondiente, salvo que la legislación sectorial indique un plazo mayor. En especial, las autoridades impulsarán oficiosamente los procedimientos e incentivarán el uso de las tecnologías de la información y las comunicaciones a los efectos de que los procedimientos se tramiten con diligencia y sin dilaciones injustificadas, de manera escrita o a través de técnicas y medios electrónicos».

La Ley del Perú, por su parte, en relación con este mismo principio de *celeridad*, dispone en el artículo IV, 1.9 del Título Preliminar, como obligación para quienes participan en el procedimiento, el que deben ajustar su actuación de tal modo que:

> «Se dote al trámite de la máxima dinámica posible, evitando actuaciones procesales que dificulten su desenvolvimiento o constituyan meros formalismos, a fin de alcanzar una decisión en tiempo razonable, sin que ello releve a las autoridades del respeto al debido procedimiento o vulnere el ordenamiento».

Por otra parte, en cuanto al principio de la *eficacia*, la norma del Código colombiano señala que el mismo tiene por objeto lograr la finalidad del procedimiento «removiendo de oficio los obstáculos puramente formales y evitando decisiones inhibitorias; « siendo más explícita la Ley de El Salvador al indicar sobre dicho principio en su artículo 3.4, que:

> «La Administración, antes de rechazar el inicio del procedimiento o recurso, su conclusión anormal o la apertura de un incidente, debe procurar la reparación o subsanación de cualquier defecto que haya advertido, incluso sin necesidad de prevención al interesado».

La Ley del Perú, en relación con este mismo principio de la *eficacia*, en el mismo artículo IV del Título Preliminar, es aún más explícita, al señalar:

> «1.10. Principio de eficacia. Los sujetos del procedimiento administrativo deben hacer prevalecer el cumplimiento de la finalidad del acto procedimental, sobre aquellos formalismos cuya realización no incida en su validez, no determinen aspectos importantes en la decisión final, no disminuyan las garantías del procedimiento, ni causen indefensión a los administrados.
>
> En todos los supuestos de aplicación de este principio, la finalidad del acto que se privilegie sobre las formalidades no esenciales deberá ajustarse al marco normativo aplicable y su validez será una garantía de la finalidad pública que se busca satisfacer con la aplicación de este principio».

En sentido similar sobre el principio de la eficacia, se expresa el Código de Ecuador (art. 3), y la Ley de la República Dominicana (art. (art. 3.6). Por su parte, la Ley de Bolivia dispone también en su artículo 4.p, que conforme al mismo:

> «La Administración Pública actuará con sometimiento a los fines establecidos en la presente Ley y utilizará los medios adecuados para su cumplimiento».

En todos estos casos, sin duda, al precisarse el contenido de los principios, el Juez contencioso-administrativo dispone de mayores elementos para poder ejercer su competencia de control sobre la actuación de la Administración.

Muchas de estas normas nacionales relativas a la enumeración y definición de los principios del procedimiento administrativo fueron, precisamente las que influyeron en la sanción del Reglamento de procedimientos administrativos que rige para la Secretaría General de la Comunidad Andina, en el cual también se precisa que en los procedimientos que se sigan ante la Secretaría General, ésta se debe regir por los siguientes principios:

> «Legalidad, economía procesal, celeridad, eficacia, igualdad de trato a las partes, transparencia, uso de los procedimientos y formalidades para lograr el cumplimiento de los objetivos de la norma y racionalización de la actividad administrativa».

No debe olvidarse, sin embargo, que en América Latina, antes de que se comenzaran a dictar las leyes generales sobre procedimientos administrativos, los principios antes mencionados habían venido construyéndose con la ayuda de la doctrina, por obra del juez contencioso-administrativo, sin texto normativo expreso. Por ello es que el derecho administrativo en América Latina puede dividirse en las dos etapas mencionadas: antes y después de las leyes que han regulado todos esos principios, los cuales, antes, habían venido siendo creados por la jurisprudencia y delineados por la doctrina. En todo caso, a medida que estos principios se han ido estableciendo en texto expreso, se han reforzado los instrumentos que le han permitido al juez ejercer con mayor precisión el control de legalidad, catapultándose, en consecuencia, tanto la jurisprudencia como la doctrina.

Por ejemplo, el que se encuentre en el Decreto uruguayo y en las Leyes de Perú y Venezuela, la enunciación expresa del principio de la buena fe puede considerarse como una revolución en el régimen jurídico de la Administración Pública, porque en la práctica de algunas Administraciones, lamentablemente, lo que el funcionario busca normalmente es la manera de obstaculizar las pretensiones del interesado, y el administrado, a su vez, la manera de engañar a la Administración.

El principio de la *buena fe*, al contrario, tiene que convertirse en el instrumento que pueda garantizarle al particular que puede confiar en la Administración y en el funcionario, y viceversa. En consecuencia, encontrar este principio expresamente consagrado en el derecho positivo permite al Juez poder controlar más la actuación de la Administración.

En relación con este principio de la *buena fe*, la Ley del Perú lo enuncia, dentro del principio de conducta procedimental (art. IV, Título Preliminar), así:

> «1.8. Principio de conducta procedimental. La autoridad administrativa, los administrados, sus representantes o abogados y, en general, todos los partícipes del procedimiento, realizan sus respectivos actos procedimentales guiados por el respeto mutuo, la colaboración y la buena fe. Ninguna regulación del procedimiento administrativo puede interpretarse de modo tal que ampare alguna conducta contra la buena fe procesal».

Incluso, en la Ley venezolana sobre Simplificación de Trámites Administrativos se formula el principio de que:

> «Artículo 9: De acuerdo con la presunción de buena fe, los trámites administrativos deben mejorarse o rediseñarse para lograr el objetivo propuesto en la generalidad de los casos y no para cubrir posibles excepciones al comportamiento normal del ciudadano. En consecuencia, en todas las actuaciones que se realicen ante la Administración Pública, se debe tener como cierta la declaración del administrado, salvo prueba en contrario».

Este principio, por otra parte, se recoge como «presunción de veracidad» en el artículo 3° del Decreto N° 266 de 2000 de Colombia sobre simplificación de trámites; y también se enuncia, por ejemplo en la Ley de Bolivia, en cuyo artículo 4.e se dispone sobre el mismo que:

> «Principio de buena fe: En la relación de los particulares con la Administración Pública se presume el principio de buena fe. La confianza, la cooperación y la lealtad en la actuación de los servidores públicos y de los ciudadanos; orientarán el procedimiento administrativo».

También, en la Ley de la República Dominicana, en su artículo 3.14 se indica sobre el principio de la *buena fe,* que:

> «en cuya virtud las autoridades y los particulares presumirán el comportamiento legal de unos y otros en el ejercicio de sus competencias, derechos y deberes».

También en la Ley de El Salvador se enunció el principio de la *buena fe* (art. 3.9), indicándose que:

> «todos los participantes en el procedimiento deben ajustar sus comportamientos a una conducta honesta, leal y conforme con las actuaciones que podrían esperarse de una persona correcta, la cual se presume respecto de todos los intervinientes».

Además, debe tenerse en cuenta que en Europa y, particularmente, en España, derivado del principio de la *confianza legítima,* que es uno de los principios contemporáneos desarrollados por el derecho alemán y el derecho de la Comunidad Europea, se han venido desarrollando nuevos mecanismos para regular la actividad de la Administración en relación con los particulares y respecto de la relación jurídica que surge siempre entre ambos. Por ello, encontrar este principio, no ya derivado de la jurisprudencia, sino en el derecho positivo, sin duda, puede permitir un avance y un enriquecimiento posterior de gran importancia en nuestra disciplina.

Y en tal sentido, precisamente, debe destacarse la Ley de la República Dominicana que dispone (art. 3.15) en relación con el dicho principio de la confianza legítima que en virtud del mismo:

> «la actuación administrativa será respetuosa con las expectativas que razonablemente haya generado la propia Administración en el pasado».

En similar sentido, con mayor desarrollo, el Código de Ecuador, dispone en su artículo 22, al referirse a los *«principios de seguridad jurídica y confianza legítima»,* que:

> «Las administraciones públicas actuarán bajo los criterios de certeza y previsibilidad. La actuación administrativa será respetuosa con las expectativas que razonablemente haya generado la propia administración pública en el pasado. La aplicación del principio de confianza legítima no impide que las administraciones puedan cambiar, de forma motivada, la política o el criterio que emplearán en el futuro. Los derechos de las personas no se afectarán por errores u omisiones de los servidores públicos en los procedimientos administrativos, salvo que el error u omisión haya sido inducido por culpa grave o dolo de la persona interesada».

Una norma apuntando en sentido similar, respecto de los cambios de criterios dispuestos por la Administración y sus límites, se estableció en la ley venezolana, al disponer:

> «Artículo 11. Los criterios establecidos por los distintos órganos de la Administración Pública podrán ser modificados, pero la nueva interpretación no podrá aplicarse a situaciones anteriores, salvo que fuere más favorable a los administrados. En todo caso, la modificación de los criterios no dará derecho a la revisión de los actos definitivamente firmes».

IV. PLAN DEL ESTUDIO

Ahora bien, el conjunto de principios a través de los cuales puede realizarse un análisis comparativo de todas las leyes de procedimientos administrativo existentes en América Latina, puede agruparse en los siguientes once grandes principios, que constituyen las partes fundamentales de este estudio:

I. *El principio de la buena administración,* como fundamento de todos los principios del procedimiento administrativo.

II. *El principio de la legalidad,* en el cual se agrupan el principio del sometimiento al derecho y paralelismo de las formas, el principio de la jerarquía de los actos y el régimen de la discrecionalidad.

III. *Los principios de la organización administrativa,* entre ellos, los de jerarquía, desconcentración, descentralización, coordinación, cooperación y lealtad interinstitucional.

IV. *El principio de la eficacia,* el cual, a su vez, agrupa un conjunto de principios como el principio de la instrumentalidad, el principio de la economía procesal, el principio del informalismo, el principio *favor acti,* el principio *conservatio acti* o de la finalidad, el principio de la presunción de legalidad, el principio *pro actione* y el principio de la caducidad.

V. *El principio de la participación,* que informa todo lo relativo al derecho de petición, al principio de la legitimación, al principio de igualdad y al principio de la publicidad.

VI. *El principio de la oficialidad,* donde se incluyen el principio inquisitivo, el principio de la objetividad, el principio de la imparcialidad y de la transparencia, el principio de celeridad y el principio ejecutivo.

VII. *El principio de la celeridad.*

VIII. *El principio del debido procedimiento,* que comprende el principio del contradictorio, el derecho a la defensa, el principio de gratuidad, el principio de motivación, y los principios de confianza legítima, de la buena fe, de la lealtad y de verdad material.

IX. *Los principios sobre la terminación del procedimiento.*

X. *Los principios sobre los actos administrativos,* relativos al régimen de los requisitos de legalidad y de las nulidades de los mismos.

XI *Los principios sobre la ejecución de los actos administrativos.*

XII. *Los principios sobre los vicios de los actos administrativos y las nulidades*

XIII. *El principio del control interno,* que corresponde todo el sistema de recursos administrativos; y

XIV. *El principio del agotamiento de la vía administrativa y la tutela judicial efectiva.*

Este último aspecto tiene un peso importante en el régimen de los procedimientos administrativos, al punto de que puede decirse que las primeras leyes que regularon estos temas en América Latina fueron las referidas a los recursos administrativos, tanto en las leyes especiales como en forma general. Como ejemplo debe mencionarse el caso de Argentina en los años treinta, donde se reguló legislativamente al recurso jerárquico, siendo, sin duda, los decretos y leyes relativos al mismo el antecedente de los primeros cuerpos normativos relativos al pro-

PRIMERA PARTE

EL PRINCIPIO DE LA BUENA ADMINISTRACIÓN

La *Carta de Derechos Fundamentales de la Unión Europea* adoptada por el Parlamento Europeo, el Consejo de la Unión Europea y la Comisión Europea el 7 de diciembre de 2000 en Niza, estableció en su artículo 41 como uno de los derechos reconocidos en la Unión, lo que se denominó como el «derecho a una buena administración» englobándose en dicho acápite, una serie de derechos que son clásicos en el campo del procedimiento administrativo que se ha venido desarrollando en los Estados.

En particular, dicho artículo 41 se refirió al «derecho de toda persona a que las instituciones y órganos de la Unión traten sus asuntos imparcial y equitativamente y dentro de un plazo razonable», incluyendo en particular, «el derecho de toda persona a ser oída antes de que se tome en contra suya una medida individual que le afecte desfavorablemente, el derecho de toda persona a acceder al expediente que le afecte, dentro del respeto de los intereses legítimos de la confidencialidad y del secreto profesional y comercial, la obligación que incumbe a la administración de motivar sus decisiones». Igualmente se englobó en dicho derecho a una buena administración, el que tiene toda persona «a la reparación por la Comunidad de los daños causados por sus instituciones o sus agentes en el ejercicio de sus funciones, de conformidad con los principios generales comunes a los Derechos de los Estados miembros».

Este concepto de «buena administración» a pesar de su origen en el marco de la Comunidad europea, ha sido desarrollado en todos los s de la Unión, particularmente en España, habiendo permeado hacia América Latina, al punto de haberse incorporado en algunas de las Leyes más recientemente dictadas,

Es el caso, por ejemplo, de la Ley de El Salvador, en la cual, sin perjuicio de los derechos reconocidos en la Constitución y las leyes, las personas, en sus relaciones con la Administración Pública, son titulares, entre otros, del derecho:

> «A la buena Administración, que consiste en que los asuntos de naturaleza pública sean tratados con equidad, justicia, objetividad e imparcialidad y que sean resueltos en un plazo razonable y al servicio de la dignidad humana» (art. 16.1).

En el mismo sentido, en el Código de Ecuador se declara que las personas son titulares del «derecho fundamental a la buena administración pública», el cual se concreta «en la aplicación de la Constitución, los instrumentos internacionales, la ley y este Código» (Art. 31).

Y en la misma línea, la Ley de la República Dominicana, en su artículo 4 dedicado a regular el «derecho a la buena administración y derechos de las personas en sus relaciones con la Administración Pública», reconoce precisamente «el derecho de las personas a una buena Administración Pública, que se concreta, entre otros, en los siguientes derechos subjetivos de orden administrativo», que se configuran ,en definitiva, como principios del procedimiento administrativo como se analiza en este libro:

> «1. Derecho a la tutela administrativa efectiva. 2. Derecho a la motivación de las actuaciones administrativas. 3. Derecho a una resolución administrativa en plazo razonable. 4. Derecho a una resolución justa de las actuaciones administrativas. 5. Derecho a presentar por escrito peticiones. 6. Derecho a respuesta oportuna y eficaz de las autoridades administrativas. 7. Derecho a no presentar documentos que ya obren en poder de la Administración Pública o que versen sobre hechos no controvertidos o no relevantes. 8. Derecho a ser oído siempre antes de que se adopten medidas que les puedan afectar desfavorablemente. 9. Derecho de participación en las actuaciones administrativas en que tengan interés, especialmente a través de audiencias y de informaciones públicas. 10. Derecho a una indemnización justa en los casos de lesiones de bienes o derechos como consecuencia de la actividad o inactividad de la Administración. 11. Derecho a acceder a servicios públicos en condiciones de universalidad y calidad, en el marco del principio de subsidiaridad. 12. Derecho a elegir y acceder en condiciones de universalidad y calidad a los servicios de interés general de su preferencia. 13. Derecho a opinar sobre el funcionamiento de los servicios a cargo de la Administración Pública. 14. Derecho a conocer las obligaciones y compromisos que se deriven de los servicios a cargo de la Administración Pública. 15. Derecho a formular alegaciones en cualquier momento del procedimiento administrativo. 16. Derecho a presentar quejas, reclamaciones y recursos ante la Administración. 17. Derecho a interponer recursos ante la autoridad judicial sin necesidad de agotar la vía administrativa previa. 18. Derecho a conocer las evaluaciones de los entes públicos y a proponer medidas para su mejora permanente. 19. Derecho de acceso a los expedientes administrativos que les afecten en el marco del respeto al derecho a la intimidad y a las declaraciones motivadas de reserva que en todo caso habrán de concretar el interés general al caso concreto. 20. Derecho a una ordenación racional y eficaz de los archivos, registros y bases de datos administrativos físicos o digitales. 21. Derecho de acceso a la información de la Administración, en los términos establecidos en la ley que regula la materia. 22. Derecho a copia sellada de los documentos que presenten a la Administración Pública. 23. Derecho a ser informado y asesorado en asuntos de interés general. 24. Derecho a ser tratado con cortesía y cordialidad. 25. Derecho a conocer el responsable de la tramitación del procedimiento administrativo. 26. Derecho a conocer el estado de los procedimientos administrativos que les afecten. 27. Derecho a ser notificado por escrito o a través de las nuevas tec-

nologías de las resoluciones que les afecten en el más breve plazo de tiempo posible, que no excederá de los cinco días hábiles. 28. Derecho a participar en asociaciones o instituciones de usuarios de servicios públicos o de interés general. 29. Derecho a actuar en los procedimientos administrativos a través de representante. 30. Derecho a exigir el cumplimiento de las responsabilidades del personal al servicio de la Administración Pública y de los particulares que cumplan funciones administrativas. 31. Derecho a recibir atención especial y preferente si se trata de personas en situación de discapacidad, niños, niñas, adolescentes, mujeres gestantes o adultos mayores, y en general de personas en estado de indefensión o de debilidad manifiesta».

SEGUNDA PARTE

EL PRINCIPIO DE LA LEGALIDAD

Las leyes de procedimiento administrativo, ante todo, tienden a reforzar el principio de legalidad, es decir, el sometimiento pleno de la Administración al derecho, o como lo indica la ley de la República Dominicana «al ordenamiento jurídico del Estado» (art. 3.3), de manera de garantizar la situación jurídica de los particulares frente a la misma. En consecuencia, como lo indica la Ley peruana en el artículo IV, 1.1 del Título Preliminar:

> «Las autoridades administrativas deben actuar con respeto a la Constitución, la ley y al derecho, dentro de las facultades que le estén atribuidas y de acuerdo con los fines para los que les fueron conferidas».

O como lo declara la Ley de El Salvador:

> «Art. 3.1. Legalidad: la Administración Pública actuará con pleno sometimiento al ordenamiento jurídico, de modo que solo puede hacer aquello que esté previsto expresamente en la ley y en los términos en que esta lo determine».

Con estas disposiciones se precisa con claridad, no solo que la Administración solo puede actuar sometida al derecho, sino además dentro del preciso marco de las competencias que las normas le asignan, y siempre en acuerdo con los fines para los cuales le fueron conferidas dichas competencias. Este es el principio universal en la materia, y que puede analizarse en el ámbito de las leyes latinoamericanas, haciendo referencia a las modalidades del sometimiento de la Administración al derecho, y al significado que tienen las leyes de procedimiento administrativo en esa tarea.

En general, todas las leyes de procedimiento administrativo puede decirse que refuerzan este principio de legalidad para garantizar el sometimiento de la Administración a la totalidad de las fuentes del derecho; principio que se puede analizar comparativamente, desglosándolo en cuatro otros principios fundamentales: el principio del sometimiento de la Administración al derecho; el principio de la jerarquía, que por vía interpretativa de las leyes permite afianzar la legalidad, los principios de la organización administrativa que configuran también un marco de la legalidad; y, por último, el principio de los límites a la discrecionalidad, es decir, la reducción de la arbitrariedad que también encuentra consagración positiva.

I. EL PRINCIPIO DEL SOMETIMIENTO DE LA ADMINISTRACIÓN AL DERECHO

1. *El sometimiento al derecho y sus fuentes*

El solo hecho de que se dicte una ley de procedimientos administrativos puede considerarse como un enunciado formal de que la Administración tiene que someterse al derecho y, a su vez, de que ese sometimiento puede ser objeto de control por los tribunales contencioso-administrativos. Se trata, nada más y nada menos, que de uno de los signos de afianzamiento del Estado de derecho.

Ahora bien, ese sometimiento al derecho, como principio del Estado de derecho, tiene diverso alcance según los órganos del Estado y los diversos actos estatales. Por ejemplo, las leyes dictadas por el Congreso o Parlamento y los *interna corporis* son actos estatales que solo están sometidos a la Constitución en cuanto que se dictan en ejecución directa e inmediata de la misma; asimismo, los llamados «actos de gobierno» del Ejecutivo Nacional son también actos dictados en ejecución directa e inmediata de la Constitución, por lo que el derecho que los condiciona es el que contiene la Constitución. En esos casos, por ello, no puede haber una ley que se interponga entre la Constitución y un *interna corporis* o un acto de gobierno. Por ello, el ámbito de derecho aplicable a un acto del Estado depende de la posición del órgano que lo dicta y de la forma en que emana en relación con la Constitución.

En cuanto a la actividad administrativa, ésta, al ser de rango sublegal, por supuesto que no solo está sometida a la Constitución sino también a todas las otras fuentes del ordenamiento jurídico, respetándose «la jerarquía normativa» de las fuentes, como lo indica la Ley de Honduras (art. 2) e, incluso, a las fuentes no escritas. De allí la importancia de los principios generales del derecho administrativo que han guiado la elaboración de las leyes de procedimiento administrativo formulados inicial y paulatinamente a través de su aplicación jurisprudencial, y que han terminado siendo positivizados en las leyes.

Como consecuencia de ello, al analizar el sometimiento de la Administración al principio de legalidad, conforme a las leyes de procedimiento administrativo se constata que ya no se trata solo de un principio general del derecho, pues el mismo tiene cada vez con más frecuencia y precisión una expresión formal en los textos. Uno de estos enunciados está, por ejemplo, en la Ley de Brasil que impone como criterio a ser observado en los procedimientos administrativos, «la actuación conforme a la Ley y al derecho» (art. 2, Parágrafo Único, I); y en el Reglamento de la Comunidad Andina, al disponer su artículo 5° que precisamente en virtud del *principio de legalidad:*

> «La Secretaría deberá someterse en su actuación a las normas del ordenamiento jurídico de la Comunidad» ajustándose a lo establecido «en el Acuerdo de Cartagena, en el Tratado de Creación del Tribunal de Justicia del Acuerdo de Cartagena, y en las Decisiones de la Comisión de la Comunidad Andina y del Consejo Andino de Ministros de Relaciones Exteriores» (art. 8).

Otras leyes nacionales también enuncian este principio en forma expresa. Por ejemplo, la Ley General de Costa Rica señala que: «La Administración Pública actuará sometida al ordenamiento jurídico...» (art. 11,1); agregando, en otro artículo (art. 13), que:

«La Administración estará sujeta, en general, a todas las normas escritas y no escritas del ordenamiento administrativo y al derecho privado supletorio del mismo, sin poder derogarlos ni desaplicarlos para casos concretos».

La Ley de Bolivia, también se refiere al «principio de sometimiento pleno a la ley» de los actos de la Administración Pública, «asegurando a los administrados el debido proceso» (art. 4.c).

Este principio de *legalidad* o de actuación en conformidad con el derecho, por tanto, implica que las actividades que realicen todos los órganos que ejercen el Poder Público y no solo los que conforman la Administración Pública, deben someterse a la Constitución y a las leyes. La consecuencia de ello, en un Estado de derecho como el que organiza la Constitución venezolana de 1999, es que las actividades contrarias al derecho están sometidas al control tanto de la jurisdicción constitucional (art. 334) como de la jurisdicción contencioso administrativa (art. 259), cuyos tribunales pueden anularlos.

En relación con la Administración Pública, la Ley Orgánica de la Administración Pública de Venezuela expresa formalmente el principio, vinculándolo a la competencia, para lo cual, además, precisa la jerarquía de las fuentes del derecho aplicable a la Administración, así:

Artículo 4º. La Administración Pública se organiza y actúa de conformidad con el principio de legalidad, por el cual la asignación, distribución y ejercicio de sus competencias se sujeta a la Constitución de la República Bolivariana de Venezuela, a las leyes y a los actos administrativos de carácter normativo, dictados formal y previamente conforme a la ley, en garantía y protección de las libertades públicas que consagra el régimen democrático a las personas».

Se destaca de esta norma, como se dijo, la indicación formal de la jerarquía de las fuentes del derecho: 1) la Constitución, 2) las leyes y 3) los actos administrativos normativos; y la referencia al principio teleológico de la sumisión a la ley, cuyo fin es la garantía y protección de las libertades públicas propias del régimen democrático. Las fuentes del derecho, además, para ser tales, deben haberse dictado formal y previamente a la actividad que se regule, lo que implica la proscripción de la retroactividad de la ley.

El principio de la *legalidad*, además, se erige como un principio en el cual se fundamenta la Administración Pública, definiéndose en la Constitución venezolana como «el sometimiento pleno a la ley y al derecho» (art. 141), y es una de las misiones fundamentales de los órganos del Poder Ciudadano, consistente en velar por «la aplicación del principio de la legalidad en toda la actividad administrativa del Estado» (art. 274).

Adicionalmente, el artículo 8 de la la Ley Orgánica de la Administración Pública de Venezuela recoge la previsión del artículo 7 de la Constitución, y precisa que «todos los funcionarios de la Administración Pública están en la obligación de cumplir y hacer cumplir la Constitución». Toda autoridad, por tanto, deriva y debe ejecutarse conforme a la Constitución.

Por otra parte, la Ley General de Costa Rica, consagra en su propio texto no solo la sujeción de la Administración a la ley escrita, sino también las diversas fuentes, es decir, las normas no escritas del ordenamiento jurídico. Incluso llega a enumerar con precisión y expresamente la jerarquía de las fuentes, las cuales el artículo 6,1 sujeta al siguiente orden:

> «a) La Constitución Política; b) Los tratados internacionales y las normas de la Comunidad Centroamericana; c) Las leyes y los demás actos con valor de ley; d) Los decretos del Poder Ejecutivo que reglamentan las leyes de los otros Supremos Poderes en la materia de su competencia; e) Los demás reglamentos del Poder Ejecutivo, los estatutos y los reglamentos de los entes descentralizados; y f) Las demás normas subordinadas a los reglamentos, centrales y descentralizadas».

Además, en la Ley General, se enumeran las siguientes fuentes no escritas: «la costumbre, la jurisprudencia y los principios generales de derecho», que deben servir para interpretar, integrar y delimitar el campo de aplicación del ordenamiento escrito y tendrán el rango de la norma que interpretan, integran o delimitan (art. 7).

Esta identificación de las fuentes también se encuentra por ejemplo en el Código de Ecuador, al enunciar como «principio de juridicidad», el orden jerárquico de las mismas, así:

> «La actuación administrativa se somete a la Constitución, a los instrumentos internacionales, a la ley, a los principios, a la jurisprudencia aplicable y al presente Código. La potestad discrecional se utilizará conforme a Derecho».

En Panamá, el orden jerárquico de las disposiciones que deben ser aplicadas y que se define en la ley es: «la Constitución Política, las leyes o decretos con valor de ley y los reglamentos» (art. 35).

La Ley del Perú también fue precisa en este proceso de positivización de las fuentes del derecho administrativo, como fuentes del procedimiento administrativo, al indicar que «el ordenamiento jurídico-administrativo integra un sistema orgánico que tiene autonomía respecto de otras ramas del derecho» (art. V, Título Preliminar), consagrando así la autonomía del derecho administrativo para lo cual precisa el mismo artículo V,1 que «el ordenamiento jurídico administrativo integra un sistema orgánico que tiene autonomía respecto de otras ramas del Derecho». Por otra parte, enumera las siguientes fuentes del derecho administrativo:

> «2.1. Las disposiciones constitucionales. 2.2. Los tratados y convenios internacionales incorporados al Ordenamiento Jurídico Nacional. 2.3. Las leyes y disposiciones de jerarquía equivalente. 2.4. Los Decretos Supremos y demás normas reglamentarias de otros poderes del Estado. 2.5. Los demás reglamentos del Poder Ejecutivo, los estatutos y reglamentos de las entidades, así como los de alcance institucional o provenientes de los sistemas administrativos. 2.6. Las demás normas subordinadas a los reglamentos anteriores. 2.7. La jurisprudencia proveniente de las autoridades jurisdiccionales que interpreten disposiciones administrativas. 2.8. Las resoluciones emitidas por la Administración a través de sus tribunales o consejos regidos por leyes especiales, estableciendo criterios interpretativos de alcance general y debidamente publicadas. Estas decisiones generan precedente administrativo, agotan la vía administrativa y no pueden ser anuladas en esa sede.2.9. Los pronunciamientos vinculantes de aquellas entidades facultadas expresamente para absolver consultas sobre la interpretación de normas administrativas que apliquen en

su labor, debidamente difundidas. 2.10. Los principios generales del derecho administrativo».

Sin embargo, en cuanto a la jurisprudencia, a los precedentes, a las consultas interpretativas y a los principios generales del derecho administrativo, señala la ley que: «sirven para interpretar y delimitar el campo de aplicación del ordenamiento positivo al cual se refieren». (art. V, 3, Título Preliminar).

Por otra parte, para completar el proceso de positivización del principio de la legalidad, el artículo 8 de la Ley General de Costa Rica agrega también este enunciado:

> «El ordenamiento administrativo se entenderá integrado por las normas no escritas necesarias para garantizar un equilibrio entre la eficiencia de la Administración y la dignidad, la libertad y los otros derechos fundamentales del individuo».

Con ello también encuentra consagración en el derecho positivo el enunciado del principio del necesario equilibrio entre el Poder de la Administración (la eficiencia de la Administración) y los derechos de los particulares.

Aparte de esto, la Ley costarricense señala otros principios a los cuales queda sometida la Administración, como son los relativos al servicio público, «para asegurar su continuidad, su eficiencia, su adaptación a todo cambio en el régimen legal o en la necesidad social que satisfacen y la igualdad en el trato de los destinatarios, usuarios o beneficiarios» (art. 4).

Ahora bien, este principio del sometimiento de la Administración al derecho encuentra en este conjunto de leyes una consagración expresa en tres aspectos que hay que destacar: en primer lugar, en el carácter siempre sublegal de la actividad de la Administración y del acto administrativo; en segundo lugar, en la regulación misma del régimen de los procedimientos, que tiene carácter obligatorio, proscribiéndose las vías de hecho; y, en tercer lugar, aún cuando no haya regulación general del procedimiento, en la importancia del principio del paralelismo de las formas como un elemento que debe guiar la actuación de la Administración.

2. *El carácter sublegal de la actividad administrativa*

A. *El respeto a la legalidad*

Toda actividad administrativa es de carácter y rango sublegal; por ello, el acto administrativo se distingue del acto de gobierno del Ejecutivo Nacional y de los actos del Parlamento, que son siempre de rango legal, por ser dictados en ejecución directa e inmediata de la Constitución y sometidos, por tanto, al solo control de la Jurisdicción Constitucional. En cambio, los actos administrativos, al ser siempre de rango sublegal, están sometidos al control de la conformidad con el derecho (y no solo con la Constitución) que ejercen los tribunales de la Jurisdicción Contencioso Administrativa.

Ahora bien, el carácter sublegal de la actividad administrativa que implica el sometimiento o sujeción de la Administración a la ley, exige precisar el esquema de relaciones entre la Ley y el acto normativo de la Administración (reglamento).

En tal sentido puede decirse que, con carácter general en América Latina, al contrario de lo que sucede en el sistema constitucional francés, no hay áreas normativas reservadas a la Administración. La función normativa por excelencia corresponde al legislador, órgano que tiene la posibilidad de ejercer con los solos límites constitucionales, su potestad normativa. Por tanto, el principio del derecho francés de la existencia de áreas reservadas al Poder Ejecutivo para ser reglamentadas, que limitan la potestad reguladora del legislador, no existe en América Latina. Al contrario, en nuestros países, la potestad normativa del legislador en principio es ilimitada en cuanto a las materias que puede abarcar, por lo que puede regular todo dentro del marco de la Constitución. Es decir, la competencia normal de carácter normativo corresponde al Parlamento, no habiendo áreas reservadas al reglamento; al contrario, lo que sí puede haber y existen son áreas reservadas al legislador, lo que configuran la reserva legal como limitación a la potestad reglamentaria.

En consecuencia, el primer principio que deriva del carácter sublegal de la actividad administrativa es el del necesario respeto a la ley; cuyo antecedente normativo, en todo caso, se encuentra en la legislación española, específicamente en la Ley de Procedimientos Administrativos de 1957, que estableció el principio de que «la Administración no podrá dictar disposiciones contrarias a las leyes...» (art. 57). En sentido similar, la Ley de Honduras precisa que los órganos de la Administración no pueden, mediante actos de carácter general «alterar el espíritu de la ley, variando el sentido y alcance de ésta» (art. 40.a). Esta ha sido un principio tradicional del constitucionalismo venezolano que impone a la potestad reglamentaria el límite de que con ella no se puede «alterar el espíritu, propósito y razón de la Ley» (art. 236,10).

B. *El respeto a la reserva legal*

De lo anterior resulta, por tanto, que si bien no existen áreas de regulación normativa reservadas al Reglamento, que siempre está sometido y subordinado a la ley; en cambio, sí existen áreas que están reservadas al legislador, que implican una limitación a la potestad reglamentaria y al acto administrativo normativo. Estas áreas de la reserva legal derivan tanto de principios constitucionales como de normas expresas de la Constitución.

En efecto, no es infrecuente encontrar en las Constituciones reservas legislativas expresas, por ejemplo, en materia de organización administrativa, como sucede en el caso venezolano, donde la Constitución precisa, por ejemplo, que «La Ley determinará lo relativo a la organización y funcionamiento de la Contraloría General de la República...» (art. 290); o que «La organización de los Municipios y demás entidades locales se regirá... por las normas que para desarrollar los principios constitucionales establezcan las leyes orgánicas nacionales, y por las disposiciones legales que en conformidad con aquéllas dicten los Estados» (art. 169). Por lo tanto, en materia de organización, en estos casos, es la Constitución la que establece expresamente la reserva legal.

Estas materias de reserva legal, por tanto, no pueden ser objeto de regulación mediante reglamentos. Como lo precisa la Ley de Honduras, los órganos de la Administración no pueden mediante actos de carácter general, «regular, salvo autorización expresa de una Ley, materias que sean de la exclusiva competencia del Poder Legislativo» (art. 40.b).

En otros casos, la reserva legal deriva de principios constitucionales que comienzan a encontrar su expresión positiva en las leyes. En efecto, las áreas reservadas al Legislador y que implican un límite a la potestad reglamentaria normativa, derivan de tres ámbitos clásicos de regulaciones constitucionales: el régimen de los derechos y garantías constitucionales, es decir, la limitación de los derechos humanos; el establecimiento de sanciones e infracciones; y el establecimiento de tributos y contribuciones; todas áreas de regulación reservadas al legislador.

Estos ámbitos de reserva legal, si bien se han ido construyendo por la jurisprudencia, es decir, tanto por el juez administrativo como por el juez constitucional, ahora comienzan a encontrar su expresión concreta en textos normativos, como las leyes de procedimientos administrativos.

En particular, en cuanto al régimen de derechos y garantías constitucionales, la Ley General de la Administración de Costa Rica establece que: el mismo «está reservado a la ley» (art. 19,1).

En el caso de Venezuela, en cuanto al régimen sancionatorio e impositivo, la Ley Orgánica de Procedimientos Administrativos establece que:

> «Ningún acto administrativo podrá crear sanciones, ni modificar las que hubieran sido establecidas en las leyes, crear impuestos u otras contribuciones de derecho público, salvo dentro de los límites determinados por la Ley» (art. 10).

En esta forma se regula la reserva legal en materia de sanciones, lo cual se corrobora en la Ley de Honduras, que establece que los órganos de la Administración no pueden, mediante actos de carácter general, «establecer penas, ni prestaciones personales obligatorias, salvo aquellos casos en que expresamente lo autorice la Ley» (art. 40.c).

En sentido similar, la Ley General de la Administración Pública de Costa Rica dispone que:

> «Los reglamentos, circulares, instrucciones y demás disposiciones administrativas de carácter general no podrán establecer penas ni imponer penas, exacciones, tasas, multas ni otras cargas similares» (art. 124).

Se encuentran así, en la legislación de Costa Rica, las tres clásicas áreas constitucionales de reserva legal consagradas en forma expresa en la Ley General: el régimen de los derechos constitucionales, el régimen de las sanciones e infracciones, y el régimen de los tributos o exacciones, que solo pueden establecerse por ley.

II. LA REGULACIÓN DEL PROCEDIMIENTO ADMINISTRATIVO

1. *El régimen legal del procedimiento*

A. *El ámbito de aplicación*

Otro signo del desarrollo legislativo del principio del sometimiento de la Administración al derecho es el hecho de la regulación formal expresa del procedimiento mismo, lo que ha dado origen a un cuerpo de enunciados sobre el ámbito de aplicación de estas leyes, basado en su obligatoria aplicación y acatamiento; habiendo incluso algunas leyes, como la Ley 27.444 del Perú, definido el propio procedimiento administrativo, como:

> «Conjunto de actos y diligencias tramitados en las entidades, conducentes a la emisión de un acto administrativo que produzca efectos jurídicos individuales

o individualizables sobre intereses, obligaciones o derechos de los administrados» (art. 29).

a. *El principio de la generalidad*

El principio fundamental que rige en esta materia es el de la generalidad, es decir, dictada una ley de procedimiento administrativo, ésta establece un régimen básico, común (de allí la nueva denominación de la ley española como ley de «Régimen Común») o general que se aplica a toda la Administración Pública, salvo excepciones siempre expresas.

Por supuesto, hablar de la Administración Pública exige precisar si ésta debe definirse desde el punto de vista orgánico o funcional, y lo cierto, en general, es que las leyes de procedimiento administrativo han optado por un criterio orgánico para definir su ámbito de aplicación, siendo la excepción la definición de dicho ámbito de aplicación mediante criterios funcionales.

Esta excepción se da, sin embargo, en el caso de Brasil y Colombia. La Ley de Brasil, en efecto, prescribe que los preceptos de la misma «se aplican a los órganos de los Poderes Legislativos o Judicial de la Unión, cuando desempeñen la *función administrativa*» (art. 1, Parágrafo 1°). Por su parte, en Colombia, el Código Contencioso Administrativo, en el libro sobre Procedimientos Administrativos, prescribe que sus normas se aplican al *ejercicio de la función administrativa,* sea cual sea el órgano o entidad que la ejerza: puede tratarse de los órganos de todas las ramas del Poder Público, de entidades descentralizadas, de órganos desconcentrados de rango constitucional y de entidades privadas «cuando unos y otros cumplan funciones administrativas» (art. 1).

Por ello, la definición del ámbito de aplicación del Código de Colombia es funcional; sea quien sea que ejerza la función administrativa se rige por sus normas, trátese de un órgano del Congreso, de la Administración, o de las entidades particulares cuando dictan actos administrativos.

En esta misma orientación se ubica la Ley del Perú, en la cual si bien se dispone que «será de aplicación para todas las entidades de la Administración Pública, la misma entiende por «entidad» o «entidades» de la Administración Pública para los fines de su aplicación, las siguientes:

> 1. El Poder Ejecutivo, incluyendo Ministerio y Organismos Públicos Descentralizados; 2. El Poder Legislativo; 3. El Poder Judicial; 4. Los Gobiernos Regionales; 5. Los Gobiernos Locales; 6. Los Organismos a los que la Constitución Política del Perú y las leyes confieren autonomía. 7. Las demás entidades y organismos, proyectos y programas del Estado, cuyas actividades se realizan en virtud de potestades administrativas y, por tanto se consideran sujetas a las normas comunes de derecho público, salvo mandato expreso de ley que las refiera a otro régimen; y 8. Las personas jurídicas bajo el régimen privado que prestan servicios públicos o ejercen función administrativa, en virtud de concesión, delegación o autorización del Estado, conforme a la normativa de la materia» (art. 1).

Esta norma se complementa con lo dispuesto en el artículo II, según el cual la ley «regula las actuaciones de la función administrativa del Estado y el procedimiento administrativo común desarrollados en las entidades» (art. II, 1, Título Preliminar).

Pero, como antes se dijo, esta definición funcional es excepcional, en cuanto al ámbito de aplicación de las leyes de procedimiento administrativo, pues en el resto de los países latinoamericanos se ha optado por el criterio orgánico. Normalmente se aplican a la Administración Pública Centralizada (Venezuela, art. 1), en el decreto 500/991 sobre Normas Generales de actuación administrativa y regulación del procedimiento en la Administración Central de Uruguay (1991) (art. 1°), en la Ley Federal de Procedimiento Administrativo de México (art. 1°) y en la Ley argentina de Procedimientos administrativos (art. 1°); y en algunos casos, la aplicación de las leyes se extiende a la Administración Pública Descentralizada funcionalmente, como sucede en las leyes de Venezuela y Argentina.

b. ***El principio de extensión***

Ahora bien, una consecuencia del criterio orgánico para precisar el ámbito de aplicación de las leyes de procedimiento administrativo, es la previsión en general, en su texto, de la posibilidad de extensión de su aplicación a otros órganos no comprendidos en dicho ámbito orgánico, como norma supletoria, siempre que haya posibilidad de su aplicación.

En aquellos países de régimen federal, (por ejemplo, Argentina, Brasil, México y Venezuela), la distribución territorial del Poder Público en forma vertical hace que los órganos políticos de los Estados y municipales tengan autonomía, inclusive para regular los procedimientos administrativos, no existiendo una sola y general ley nacional de procedimientos administrativos. Por ello, en México y en Brasil, la Ley se denomina «ley federal» de procedimientos administrativos, para distinguirla de las leyes de cada uno de los Estados de la Federación sobre procedimientos administrativos. En el caso argentino, la «ley nacional» de procedimientos administrativos es distinta e independiente de las leyes provinciales sobre procedimientos administrativos, las cuales, incluso, históricamente son anteriores a la ley nacional.

En el caso de Venezuela sucede lo mismo: siendo la forma del Estado la de un Estado federal, la Ley Orgánica de Procedimientos Administrativos nacional en principio no está destinada a los Estados y Municipios, entidades que tienen autonomía normativa para regular sus propios procedimientos administrativos. Sin embargo, por el principio de la extensión, la propia Ley Orgánica nacional señala que las disposiciones de la misma rigen respecto de los Estados y Municipios, «en cuanto les sea aplicable» (art. 1°). En esta forma, a través de este principio de extensión se permite, a nivel de los principios del procedimiento, controlar la legalidad de la actuación de los Estados y los Municipios, hayan ellos dictado o no sus propias leyes u ordenanzas sobre procedimientos administrativos, lo que por la tendencia centralizadora ha sido excepcionalísimo.

En Venezuela, incluso, el principio de extensión condujo a prever la aplicabilidad de la Ley Orgánica a lo que eran las Administraciones Públicas funcionalmente autónomas de rango constitucional, como la Contraloría General de la República, el Consejo de la Judicatura y el Ministerio Público; entidades que han sido configuradas, en la Constitución de 1999, como órganos que forman parte de la penta división del Poder Público. Por ello, a la Contraloría General de la República y a la Fiscalía General de la República habría que agregar, entre esas entidades a las cuales se aplicaría la ley «en cuanto su normativa les sea aplicable», a la Defensoría del Pueblo, al Consejo Nacional Electoral e, incluso, a la Dirección Ejecutiva de la Magistratura del Tribunal Supremo de Justicia, creada con la eliminación del Consejo de la Judicatura.

Puede decirse, que este principio de la extensión ha adquirido una nueva dimensión en la Constitución venezolana de 1999 al haber establecido no solo la forma federal del Estado sino al haber dispuesto a nivel nacional (Poder Público Nacional) la antes mencionada penta división del Poder Público (Legislativo, Ejecutivo, Judicial, Ciudadano y Electoral) y haber regulado a la Administración Pública. En efecto, la Constitución de 1999 contiene un extenso Título IV relativo al «Poder Público», cuyas normas se aplican a todos los órganos que ejercen el Poder Público tal como lo indica el artículo 136: en su distribución vertical o territorial (Poder Municipal, Poder de los Estados y Poder Nacional); y, en el nivel Nacional, en su distribución horizontal (Legislativo, Ejecutivo, Judicial, Ciudadano y Electoral).

En dicho Título se incorporó una sección relativa a «la Administración Pública», cuyas normas se aplican a todos los órganos y entes que ejercen esos Poderes Públicos. De allí que lo primero que debe determinarse es cuáles son los órganos estatales que ejercen el Poder Público y que pueden considerarse como tal «Administración Pública».

Ante todo, por supuesto, están los órganos de los diversos niveles del Poder Público (Nacional, Estadal y Municipal) que ejercen el Poder Ejecutivo. En consecuencia, las normas que contiene la sección se aplican a todas las «Administraciones Públicas» *ejecutivas* de la República (administración pública nacional), de los Estados (administración pública estadal), de los Municipios (administración pública municipal) y de las otras entidades políticas territoriales que establece el artículo 16 de la Constitución, entre las cuales se destacan los Distritos Metropolitanos cuyos órganos ejercen el Poder Municipal.

Pero la Administración Pública del Estado venezolano, en los tres niveles territoriales de distribución vertical del Poder Público, no se agota en los órganos y entes de la Administración Pública *ejecutiva* (que ejercen el Poder Ejecutivo), pues también comprende los otros órganos de los Poderes Públicos que desarrollan las funciones del Estado de carácter sublegal. En tal sentido, en el nivel nacional, los órganos que ejercen el Poder Ciudadano (Fiscalía General de la República, Contraloría General de la República y Defensoría del Pueblo) y el Poder Electoral (Consejo Nacional Electoral), sin la menor duda, son órganos que integran la Administración Pública del Estado, organizados con autonomía funcional respecto de los órganos que ejercen otros poderes del Estado. En cuanto a los órganos que ejercen el Poder Judicial, los que conforman la Dirección Ejecutiva de la Magistratura mediante la cual el Tribunal Supremo de Justicia ejerce la dirección, gobierno y administración del Poder Judicial, también son parte de la Administración Pública del Estado.

En consecuencia, en los términos de la sección segunda del Título IV de la Constitución, la Administración Pública del Estado no solo está conformada por órganos que ejercen el Poder Ejecutivo, sino por los órganos que ejercen el Poder Ciudadano y el Poder Electoral, y por la Dirección Ejecutiva de la Magistratura que en ejercicio del Poder Judicial tiene a su cargo la dirección, el gobierno y la administración del Poder Judicial.

Para desarrollar los principios constitucionales relativos a la Administración Pública, se ha dictado la Ley Orgánica de la Administración Pública, la cual, como lo indica su artículo 1°, tiene por objeto general:

> «1°) Establecer los principios y bases que rigen la organización y el funcionamiento de la Administración Pública; 2°) Establecer los principios y lineamientos de la organización y funcionamiento de la Administración Pública Nacional y de la administración descentralizada funcionalmente; 3°) Regular los compromisos de gestión; 4°) Crear mecanismos para promover la participación y el control sobre las políticas y resultados públicos; y 5°) Establecer las normas básicas sobre los archivos y registros públicos».

Siendo una ley nacional, por supuesto, sus disposiciones son básicamente «aplicables a la Administración Pública Nacional» (art. 2). La Ley, sin embargo, no define qué ha de entenderse por ello; pero de su normativa se deduce que abarca la Administración Pública que conforman los órganos que ejercen el Poder Ejecutivo Nacional y aquéllos que conforman la Administración Pública nacional descentralizada sometida al control de aquél, con forma de derecho público.

En cuanto a la Administración Pública que conforman los demás órganos del Poder Público Nacional, es decir, los que a nivel nacional ejercen el Poder Judicial, el Poder Ciudadano y el Poder Electoral, las disposiciones de la Ley Orgánica solo se les aplican «supletoriamente» (art. 2). En cuanto a los órganos que ejercen el Poder Legislativo, respecto de las funciones administrativas que realicen, conforme al artículo 2 de la Ley Orgánica, también se les podrán aplicar sus disposiciones supletoriamente.

En relación con los órganos de los Poderes Públicos que derivan de la distribución territorial del Poder Público, conforme al artículo 2 de la LOAP «los principios y normas (de la Ley Orgánica) que se refieran en general a la Administración Pública, o expresamente a los Estados, Distritos metropolitanos y Municipios, serán de obligatoria observancia por éstos, quienes desarrollarán los mismos dentro del ámbito de sus respectivas competencias».

En cuanto a las demás regulaciones de la Ley Orgánica, rige el mismo principio de su posible aplicación supletoria a las Administraciones Públicas de los Estados y Municipios (art. 2).

c. *Los procedimientos excluidos*

Como excepción al principio de la generalidad, muchas leyes de procedimiento administrativo establecen excepciones expresas y precisas respecto de su aplicabilidad a determinados procedimientos. En Venezuela, por ejemplo, quedan excluidos de la aplicación de la Ley Orgánica de Procedimientos Administrativos, «los procedimientos concernientes a la seguridad y defensa del Estado» (art. 106).

En sentido similar, el Código colombiano precisa que sus normas:

> «No se aplicarán en los procedimientos militares o de policía que por su naturaleza, requieren decisiones de aplicación inmediata, para evitar o remediar una perturbación de orden público en los aspectos de defensa nacional, seguridad, tranquilidad, salubridad y circulación de personas y cosas» (art. 1).

En Colombia también se excluyen de la aplicación del Código los procedimientos «para ejercer la facultad de libre nombramiento y remoción» (art. 1).

En Argentina, en esta materia, la Ley de Procedimientos Administrativos autoriza al Poder Ejecutivo para dictar el procedimiento administrativo que regirá respecto de los organismos militares y de defensa y seguridad, a propuesta de éstos, adoptando los principios básicos de la Ley y su reglamento. (art. 2).

En México, la Ley federal establece una amplia exclusión de la aplicabilidad de la Ley, al disponer que la misma no será aplicable a:

> «Las materias de carácter fiscal, financiero, responsabilidades de los servidores públicos, electoral, competencia económica, justicias agraria y laboral, así como al Ministerio Público en ejercicio de sus funciones constitucionales» (art. 1).

B. *Los procedimientos especiales y el principio de supletoriedad*

Otro principio derivado de la regulación del procedimiento administrativo es el principio de supletoriedad vinculado al régimen de los procedimientos especiales.

En efecto, en todas las leyes de procedimiento administrativo se señala que pueden haber procedimientos especiales, que serían los aplicables en el caso concreto, conforme al principio de la especialidad. Paralelamente, sin embargo, se regula el principio de la supletoriedad, en el sentido de que en estos procedimientos especiales se aplica el régimen general de la Ley, en todo lo no regulado en los referidos procedimientos especiales.

Es el caso del Código Colombiano, en cuyo artículo 1° se prescribe que los procedimientos administrativos regulados por leyes especiales, se rigen por éstas y, en todo lo no previsto en ellas, se aplican las disposiciones del Código. En igual sentido, el régimen venezolano de la Ley Orgánica de Procedimientos Administrativos señala que si hay procedimientos regulados en leyes especiales, estos se aplican con preferencia al procedimiento ordinario previsto en la Ley, en las materias de su especialidad (art. 47). La supletoriedad también la regula con precisión la Ley peruana, al disponer que los procedimientos especiales creados y regulados como tales por ley expresa, atendiendo a la singularidad de la materia:

> «Se rigen supletoriamente por la presente ley en aquellos aspectos no previstos y en los que no son tratados expresamente de modo distinto» (art. II, 2).

En esta forma, el principio supletorio es un rasgo común de estas leyes de procedimiento administrativo, que también recogen las leyes de México (art. 2), de Argentina (art. 2), de Brasil (art. 68) y de Honduras (art. 2).

C. *El régimen supletorio del procedimiento civil*

Otro principio general supletorio que se puede identificar en el régimen de las leyes de procedimiento administrativo, es el relativo a la aplicabilidad de las normas procesales generales respecto de los procedimientos administrativos. Entre las leyes de procedimiento administrativo que regulan este aspecto están las de Costa Rica, México, Honduras y Perú.

En efecto, la Ley General de Costa Rica destinada a regular los procedimientos que se desarrollan ante la Administración, precisa que en ausencia de disposición expresa de su texto se deban aplicar «supletoriamente», en lo que fueren compatibles, las otras leyes que contengan normas procesales, que son, la Ley de la Jurisdicción Contencioso Administrativa y el Código de Procedimiento Civil (art. 229). En sentido similar, el artículo 150 de la Ley de Honduras dispone que:

«*Artículo* 150. Para la resolución de cuestiones no previstas expresamente en esta Ley, serán de aplicación supletoria los principios generales del procedimiento administrativo y, en su defecto, las normas del Código de Procedimientos Civiles siempre que no fueren incompatibles con el régimen establecido por la misma».

En el Perú, la Ley del Procedimiento Administrativo General dispone que «la regulación propia del derecho procesal civil es aplicable solo en cuanto sea compatible con el régimen administrativo» (art. IV,2); y en México, la Ley Federal también prescribe que el Código Federal de Procedimiento Civil se aplicará, supletoriamente a esta Ley, en lo conducente (art. 2).

En todo caso, éste ha sido uno de los temas tradicionalmente más discutidos en relación al régimen procesal administrativo. Las leyes administrativas están regidas por el principio del informalismo y el principio de la flexibilización de la acción administrativa, por lo que, como principio, el Código de Procedimiento Civil no debería aplicarse al procedimiento administrativo. Incluso en países como Venezuela, los tribunales contencioso-administrativos han tenido un rechazo sistemático respecto de admitir la aplicación de los principios del Código de Procedimiento Civil al procedimiento administrativo, precisamente, entre otros factores, por los principios del informalismo y antiritualismo que deben regir al procedimiento administrativo.

Por ello, en los casos de Costa Rica y de México, donde sí se remite expresamente al Código de Procedimiento Civil para lo no previsto en la ley, podría identificarse una fuerte contradicción entre el antiformalismo del procedimiento administrativo y el excesivo formalismo que caracteriza las normas de procedimiento civil.

D. *El principio de exclusividad*

Ahora bien, regulado un procedimiento administrativo, sea en una ley especial o en una ley general de procedimiento administrativo, dicho procedimiento es el que debe aplicarse exclusivamente, siendo el único válido y admisible.

Por tanto, una vez regulado un procedimiento administrativo, puede decirse que queda eliminado todo ámbito de discrecionalidad de la Administración respecto de poder escoger o aplicar un procedimiento cualquiera.

Este es uno de los principios claves derivados de la garantía de los particulares frente a la Administración, el que exclusivamente se aplique el procedimiento que regula la ley, no teniendo el funcionario poder discrecional alguno para aplicar cualquier otro procedimiento. Lo contrario atentaría contra el régimen mismo del procedimiento.

Por tanto, como garantía de los particulares, en materia de procedimiento administrativos, el principio de exclusividad conduce, en relación a la Administración al principio de obligatoriedad.

2. *La obligatoriedad del procedimiento*

A. *El principio de la imperatividad*

En efecto, regulado legalmente un procedimiento, el mismo es de obligatoria aplicación. Así lo señala la Ley Federal mexicana, al prescribir que las disposiciones sobre procedimiento administrativo:

«Son aplicables a la actuación de los particulares ante la Administración Pública Federal, así como a los actos a través de los cuales se desenvuelve la función administrativa» (art. 12)

Sin embargo, en las leyes de procedimiento administrativo se pueden identificar algunos supuestos en los que si bien se regula el procedimiento administrativo, el mismo podría no ser obligatorio. Es el caso, por ejemplo, de procedimientos que no afecten a los particulares. El procedimiento administrativo en último término, es una garantía de los particulares, por lo que, en definitiva, como lo señala la Ley de Honduras, los órganos y entidades de la Administración Pública.

«Estarán sujetos a la presente Ley, cuando declaren, reconozcan o limiten los derechos de los particulares» (art. 1).

Por su parte, la Ley General de Costa Rica también establece expresamente, en su artículo 308, que el procedimiento ordinario que regula será de observancia obligatoria en cualquiera de los siguientes casos:

«a) Si el acto final puede causar perjuicio grave al administrado, sea imponiéndole obligaciones, suprimiéndole o denegándole derechos subjetivos, o por cualquier otra forma de lesión grave y directa a sus derechos o intereses legítimos; y b) Si hay contradicción o concurso de interesados frente a la Administración dentro del expediente».

Por ello, también agrega la Ley General de Costa Rica que el trámite que regula, se aplica «cuando el acto final haya de producir efectos en la esfera jurídica de otras personas» (art. 215), es decir, pueda causar perjuicios o afectar a otros particulares, o cuando exista una contradicción o participación de particulares.

B. *Las clases de procedimiento*

Lo antes dicho permite distinguir los procedimientos administrativos según sus efectos y, entre ellos, los que afecten a los particulares y los que no los afecten, de lo que deriva su obligatoriedad.

Por ello, si el procedimiento es de efectos internos exclusivamente respecto de los órganos de la Administración, la Ley de Costa Rica prescribe que la Administración puede regularlo discrecionalmente. En consecuencia, la obligatoriedad es total cuando el procedimiento implique actos o acciones que vayan a afectar a los administrados, como lo señala la Ley de Honduras. Al contrario, cuando ésta afectación a los particulares no existe, la Administración tendría la libertad de escoger cualquier otra modalidad de procedimiento.

Una excepción a la obligatoriedad se encuentra en la Ley Federal mexicana cuando se refiere a aquellos casos en que «medie una situación de emergencia o urgencia, debidamente fundada y motivada», supuesto en el cual la autoridad puede emitir el acto administrativo sin las formalidades del procedimiento, pero siempre respetando las garantías individuales (art. 61). Con ello, en situaciones excepcionales podría obviarse el principio de la obligatoriedad, así como también el procedimiento, y dictarse el acto sin regirse por la norma preestablecida, pero siempre respetando las garantías de los particulares.

C. *El principio de la responsabilidad*

La obligatoriedad del procedimiento trae como consecuencia, en todas las leyes, la aplicación del principio de la responsabilidad; por tanto, la mora o la no aplicación del procedimiento o trámites compromete la responsabilidad tanto de la Administración como del funcionario. Así, la Ley de El Salvador dispone que «los funcionarios que tuvieran a su cargo la tramitación de los asuntos, serán responsables de esta y adoptarán las medidas oportunas para que no sufra retraso. Por ello, dispondrán lo conveniente para eliminar toda anormalidad en los expedientes y en la atención al público (art. 91).

Por otra parte, así está expresamente regulado en la ley venezolana (art. 6), y en la ley peruana. En la primera, se declara responsable al funcionario por «retardo, omisión, distorsión o incumplimiento de cualquier disposición, procedimiento, trámite o plazo» establecido en la Ley (art. 100). La responsabilidad disciplinaria, en estos casos, en general, origina la aplicación de sanciones pecuniarias como se dispone en el art. 151 de la ley de Honduras; en el art. 68 de la ley de Brasil; y en el art. 100 de la ley de Venezuela.

En la ley del Perú, además, se detallan los supuestos de responsabilidad de los funcionarios por falta administrativa en el procedimiento administrativo, en los siguientes casos:

> «1. Negarse a recibir injustificadamente solicitudes, recursos, declaraciones, informaciones o expedir constancia sobre ellas. 2. No entregar, dentro del término legal, los documentos recibidos a la autoridad que deba decidir u opinar sobre ellos. 3. Demorar injustificadamente la remisión de datos, actuados o expedientes solicitados para resolver un procedimiento o la producción de un acto procesal sujeto a plazo determinado dentro del procedimiento administrativo. 4. Resolver sin motivación algún asunto sometido a su competencia. 5. Ejecutar un acto que no se encuentre expedito para ello. 6. No comunicar dentro del término legal la causa de abstención en la cual se encuentre incurso. 7. Dilatar el cumplimiento de mandatos superiores o administrativo o contradecir sus decisiones.8. Intimidar de alguna manera a quien desee plantear queja administrativa o contradecir sus decisiones. 9. Incurrir en ilegalidad manifiesta. 10. Difundir de cualquier modo o permitir el acceso a la información confidencial».

En la reforma del Código Colombiano de 2011, se estableció como uno de los nuevos principios del procedimiento administrativo enumerados en el mismo siguiendo la normativa de la Constitución de 1991, el principio de responsabilidad, en virtud del cual, conforme al artículo 3.7, las autoridades y sus agentes deben asumir «las consecuencias por sus decisiones, omisiones o extralimitación de funciones, de acuerdo con la Constitución, las leyes y los reglamentos».

Con ello, se formaliza en el Código el principio constitucional de la responsabilidad de los funcionarios, y no solo del Estado, tan ampliamente desarrollado en Colombia; responsabilidad que se compromete frente a los administrados y también frente a la propia Administración por los daños causados en sus actuaciones.

En la Ley de Honduras, por su parte, se regula el procedimiento de queja ante el superior inmediato del presunto responsable, en relación con «los retrasos injustificados o defectos de tramitación durante el procedimiento», a los efectos de la determinación de la responsabilidad disciplinaria, con intervención de la Contraloría General de la República (art. 117). La ley del Perú también regula en detalle el procedimiento de queja contra los defectos de tramitación (art. 158).

El resultado del principio de la responsabilidad, es por tanto, que los daños y perjuicios que se causen deben ser resarcidos por la Administración. Como lo dispuso el Código de Ecuador:

> «Art. 15.- Principio de responsabilidad. El Estado responderá por los daños como consecuencia de la falta o deficiencia en la prestación de los servicios públicos o las acciones u omisiones de sus servidores públicos o los sujetos de derecho privado que actúan en ejercicio de una potestad pública por delegación del Estado y sus dependientes, controlados o contratistas. El Estado hará efectiva la responsabilidad de la o el servidor público por actos u omisiones dolosos o culposos. No hay servidor público exento de responsabilidad».

En igual sentido, la Ley de la República Dominicana dispone:

> «Art. 3.17. Principio de responsabilidad: Por el que la Administración responderá de las lesiones en los bienes o derechos de las personas ocasionados como consecuencia del funcionamiento de la actividad administrativa. Las autoridades y sus agentes asumirán las consecuencias de sus actuaciones de acuerdo con el ordenamiento jurídico».

3. *El principio del paralelismo de las formas*

Un principio que también se debe indicar como consecuencia de la regulación del procedimiento administrativo, es el principio del paralelismo de las formas.

Es decir, regulado un procedimiento para la producción de actos administrativos, cualquier modificación posterior del acto dictado, aun cuando no esté regulada expresamente, debe seguir las mismas formas y formalidades prescritas para la producción del acto inicial. Este principio puede tener una aplicación importante, porque muchas veces el ordenamiento solo regula el procedimiento para la emisión del acto, pero no sus modificaciones. El principio del paralelismo de las formas obliga a que las modificaciones también se rijan por los mismos principios que guiaron la emisión.

La consagración de este principio, por ejemplo, está en la ley del Perú, la cual al regular la potestad de la Administración para rectificar los errores materiales o aritméticos en los actos administrativos indica que «la rectificación adopta las formas y modalidades de comunicación o publicación que corresponda para el acto original» (art. 201,2).

En todo caso, se trata de un principio que ha sido admitido por la jurisprudencia con mucha frecuencia, el cual puede conducir a nuevos ámbitos de control de la legalidad.

4. *La proscripción de las vías de hecho*

La consecuencia de la regulación del procedimiento y del necesario sometimiento a la ley que lo regula es la necesidad de que la Administración, en su actuación, tenga que seguir siempre las vías legales. Por ello la Ley de El Salvador exige que «Toda actuación material de ejecución debe tener como fundamento un acto administrativo y ajustarse a los límites y alcances definidos por este» (art. 34).

La consecuencia de esto es que quedan proscritas las vías de hecho, las cuales existirían en toda actuación de la Administración que se aparte del procedimiento legalmente establecido o cuando la Administración pretenda adoptar una decisión sin que exista un acto previo que la autorice.

Este principio se encuentra regulado, por ejemplo, en la Ley Orgánica venezolana, en materia de ejecución de actos administrativos, al establecer que:

> «Ningún órgano de la Administración podrá realizar actos materiales que menoscaben o perturben el ejercicio de los derechos de los particulares, sin que previamente haya sido dictada la decisión que sirva de fundamento a los actos» (art. 78)

En sentido similar, la Ley de Honduras prescribe que:

> Ninguna actuación material que límite derechos de los particulares podrá iniciarse sin que previamente haya sido adoptada y legalmente comunicada la decisión que le sirva del fundamento jurídico» (art. 20)

Por ello, la actuación de la Administración mediante actos materiales se considera como una vía de hecho si no tiene su fundamento en un acto administrativo formal previo de la propia Administración.

En el caso de la Ley de Argentina, la regulación de las «vías de hecho» es expresa al imponer a la Administración la abstención de «comportamientos que importen vías de hecho administrativas lesivas de un derecho o garantía constitucionales» (art. 9,a).

Incluso se califica como «vía de hecho» la actuación consistente en poner en ejecución un acto administrativo cuando está pendiente algún recurso administrativo de los que impliquen efectos respecto de la ejecución del acto; o cuando habiéndose resuelto, no hubiere sido notificado (art. 9.b).

III. EL PRINCIPIO DE LA JERARQUÍA DE LOS ACTOS

1. *El respeto a la jerarquía de los actos administrativos*

El segundo principio del procedimiento administrativo derivado del principio de la legalidad es el de la jerarquía, que también tiene su antecedente formal en la Ley española de Régimen Jurídico de la Administración del Estado, de 1957, que prescribía que «ninguna disposición administrativa podrá vulnerar los preceptos de otra de grado superior». (art. 23, 1)

Esa norma fue recogida textualmente en la legislación venezolana, al establecer el artículo 13 de la Ley Orgánica que «ningún acto administrativo podrá violar lo establecido en otro de superior jerarquía». Consecuente con esta prescripción, el ordenamiento venezolano, además, establece el orden jerárquico de los actos administrativos, así: «decretos, resoluciones, órdenes, providencias y otras decisiones dictadas por órganos y autoridades administrativas» (art. 14)

Por tanto, el principio de jerarquía en la organización administrativa rige en materia de legalidad, obligando a que los actos administrativos de los órganos inferiores se sometan a los dictados por los superiores. Tal como lo precisó la Ley de Bolivia:

> «Artículo 4.h) Principio de jerarquía normativa: La actividad y actuación administrativa y, particularmente las facultades reglamentarias atribuidas por

esta Ley, observarán la jerarquía normativa establecida por la Constitución Política del Estado y las leyes».

2. *El principio de la inderogabilidad singular de los reglamentos*

El segundo principio derivado del principio de la jerarquía es el que en España se ha llamado «principio de la inderogabilidad singular de los reglamentos», es decir, la obligación que tiene la Administración de respetar los actos normativos cada vez que se dicte un acto individual o de efectos particulares. No solo se trata de que el órgano inferior respete el acto normativo dictado por el órgano superior, sino de que el mismo órgano que dictó un acto normativo lo respete al dictar un acto de efectos particulares e, incluso, que el órgano superior respete el acto normativo del inferior al dictar un acto administrativo de efectos particulares.

Este principio también tiene relación con el principio del paralelismo de las formas: el reglamento solo puede ser modificado por otro reglamento, dictado por la misma autoridad que produjo el primero, conforme al mismo procedimiento. Por tanto, dictado un acto administrativo normativo en una determinada área de competencia, el mismo no puede ser modificado o derogado singularmente cuando se dicte un acto administrativo individual, aún cuando éste lo dicte un órgano superior, el mismo órgano, o uno inferior.

Este principio encuentra regulación expresa en la Ley Orgánica venezolana, en cuyo artículo 13 se señala que los actos administrativos de carácter particular no pueden «vulnerar lo establecido en una disposición administrativa de carácter general, aún cuando fueren dictados por autoridad igual o superior a la que dictó la disposición general». En igual sentido se reguló en la Ley de El Salvador:

> «Art. 29. Las resoluciones administrativas de carácter particular no podrán contradecir lo establecido en una disposición de carácter general, aunque aquellas procedan de un órgano de igual o mayor jerarquía al que dictó la disposición general».

En el caso de la Ley General de Costa Rica, su artículo 13 establece que:

> «La Administración estará sujeta en general a todas las normas escritas y no escritas del ordenamiento administrativo, y al derecho privado supletorio del mismo, sin poder derogarlos ni desaplicarlos para casos concretos.
>
> La regla anterior se aplicará también en relación con los reglamentos, sea que éstos provengan de la misma autoridad, sea que provengan de otra superior o inferior competente».

En consecuencia, dictada una norma reglamentaria ésta no puede derogarse singularmente mediante un acto individual, sino que tiene que ser modificada por la misma autoridad, mediante otro acto reglamentario.

El enunciado de este principio también se encuentra en el Reglamento de la Comunidad Andina cuando precisa que «los actos de la Secretaría General que generen efectos particulares no podrán vulnerar lo establecido en las Resoluciones de carácter normativo» (art. 9).

En Honduras, la Ley es todavía más precisa al prescribir que los órganos de la Administración, incluso mediante actos de carácter general, no pueden «vulnerar los preceptos de otro acto de carácter general dictado por un órgano de grado superior» (art. 40,d).

En Panamá, el principio se enuncia en el artículo 36 de la Ley, indicando que «ningún acto podrá emitirse o celebrarse con infracción de una norma jurídica vigente, aunque éste provenga de la misma autoridad que dicte o celebre el acto respectivo».

IV. EL RÉGIMEN DE LA DISCRECIONALIDAD

Así como Adolf Merkl definió el derecho administrativo como «el derecho del procedimiento administrativo» y Maurice Horiou lo había definido como el derecho relativo a las personas jurídico públicas; Marcel Waline, por su parte, también definió esta disciplina jurídica como «el derecho relativo al poder discrecional» con lo que se pone de manifiesto la importancia que tiene el ejercicio del poder discrecional en relación con los procedimientos administrativos.

En efecto, la discrecionalidad se dà, como lo ha señalado la jurisprudencia venezolana, cuando el ordenamiento jurídico le otorga al funcionario cierta libertad para elegir entre uno y otro curso de acción, para hacer una u otra cosa, o hacerla de una u otra manera, apreciando la oportunidad o conveniencia de la medida a tomarse. En los casos de ejercicio de poderes discrecionales, es la Ley la que permite a la Administración apreciar la oportunidad o conveniencia del acto según los intereses públicos, sin predeterminar cuál es la situación de hecho. En esos casos, la Administración tiene la elección, sea de las circunstancias ante las cuales dictará el acto, sea del acto que se dictará ante una situación de hecho, por lo que es posible afirmar que «la potestad discrecional es más una libertad de elección entre alternativas igualmente justas» (Corte Primera de lo Contencioso Administrativo, sentencia de 1-6-2001).

Por ello, en algunas de las leyes de procedimientos administrativos se ha regulado el ejercicio de la potestad discrecional, entendida como la posibilidad que da la ley al funcionario de adoptar decisiones según su apreciación de la oportunidad y conveniencia, pudiendo normalmente adoptar varias decisiones que de acuerdo a la apreciación de los hechos y a la finalidad de la norma, todas, si se aplican, podrían ser igualmente justas. Es decir, como lo precisó la Ley de El Salvador, «de acuerdo con el principio de legalidad, solo podrán dictarse actos discrecionales, *cuando así lo autorice el ordenamiento jurídico*» (Art. 25)

1. *La reducción de la discrecionalidad: los conceptos jurídicos indeterminados*

En todo caso, si algo ha caracterizado al derecho administrativo en las últimas décadas en todos nuestros países, como lo enunció hace años Eduardo García de Enterría en un célebre trabajo sobre *La lucha contra las inmunidades del poder*; es el proceso de redefinición del ámbito de la discrecionalidad y de limitación de la misma. Este puede decirse que es uno de los signos comunes del derecho administrativo y, en particular, de las leyes de procedimiento administrativo.

El esfuerzo de la doctrina y de la jurisprudencia de las últimas décadas ha consistido, entonces, en deslastrar a los funcionarios de ciertas áreas de actuación que antes se consideraban como parte del poder discrecional y que, progresivamente, se han ido eliminando de dicho ámbito, como es el caso de la utilización de «conceptos jurídicos indeterminados» en la atribución de competencias. El tema deriva de la doctrina alemana y se ha desarrollado por la doctrina española, permitiendo sacar del ámbito de la discrecionalidad actuaciones que no lo son, porque son más bien parte de la legalidad, del sometimiento estricto a la ley. Los «conceptos jurídicos indeterminados», en realidad, no le dejan a la Administración la libertad de optar entre varias posibilidades en su actuación, sino que al tener la Administración una sola posibilidad justa de actuar, ya no hay poder discrecional. Es lo que en Italia se ha denominado la «discrecionalidad técnica», así llamada precisamente para indicar que no es discrecionalidad porque el juicio depende de elementos técnicos, y al depender de ellos, solo es viable una solución y no múltiples.

Por su interés estimamos que debe destacarse una sentencia de 1993 de la Sala Político-Administrativa de la antigua Corte Suprema de Justicia de Venezuela, en la que se analizó con precisión el tema de los conceptos jurídicos indeterminados, al decidir sobre la impugnación de una decisión ministerial basada en el Reglamento de Radiodifusión Audiovisual, el cual, en uno de sus artículos establecía que las estaciones televisoras solo podían transmitir programas recreativos que contribuyeran a la sana diversión, «sin ofender la moral pública ni exaltar la violencia y el delito» (art. 1).

Con fundamento en esta norma, el Ministerio correspondiente decidió clausurar un programa de televisión, arguyendo que en determinado horario se había proyectado «una escena de una obra de teatro en la cual se ofende la moral pública, por cuanto apareció la figura de un hombre desprovisto de vestimenta», con lo cual se habría infringido, en esta forma, la norma antes mencionada. Se trataba de una escena de una obra de teatro brasileña que personificaba el nacimiento de un héroe mitológico indígena.

Dicho acto administrativo fue impugnado en la oportunidad pertinente, y la Sala Político-Administrativa de la antigua Corte Suprema de Justicia, en fecha 19-5-83, razonó como sigue en la decisión que dictó:

> «El presupuesto de hecho -ofensa a la moral pública- incorpora a la norma uno de aquellos elementos que la doctrina administrativa ha denominado conceptos jurídicos indeterminados, y que se diferencian claramente de las llamadas potestades discrecionales. Mientras éstas dejan al funcionario la posibilidad de escoger según su criterio una entre varias soluciones justas, no sucede lo mismo cuando se trata de la aplicación de un concepto jurídico indeterminado. Se caracterizan estos últimos por ser conceptos que resulta difícil delimitar con precisión en su enunciado, pero cuya aplicación no admite sino una sola solución justa y correcta, que no es otra que aquélla que se conforme con el espíritu, propósito y razón de la norma.
>
> La aplicación del concepto jurídico indeterminado por la Administración Pública constituye una actividad reglada y por consiguiente sujeta al control de legalidad por parte del órgano jurisdiccional competente. De allí la importancia que tiene de establecer la significación y el alcance del concepto moral pública empleada por la norma y que ha sido invocada como fundamento de la Resolución impugnada»...
>
> Luego entró la Corte a analizar el concepto de moral pública así:
>
> «6. La moral es el conjunto de valores que distinguen a una civilización, a un pueblo o a un individuo. El respeto y preservación de algunos de estos valores conciernen solo al individuo y constituyen un problema de conciencia y de propia satisfacción espiritual. En cambio existen otros valores individuales

cuya conservación y acatamiento son considerados necesarios por una determinada colectividad o por un pueblo. Son aquellas reglas de conducta que deben ser observadas como garantías del orden público y de la convivencia social.

El empleo por la norma de la expresión moral pública, evidencia en primer lugar que lo que con ella se trata de preservar no son reglas atinentes a la moral individual, sino aquéllas cuya violación podría afectar de alguna manera el buen orden social y la pacífica convivencia de los ciudadanos.

La determinación de tales reglas no puede ser el producto de la concepción individual o subjetiva de algún funcionario. Configurando una manifestación de la cultura general de un pueblo en un momento de su evolución histórica, su determinación tiene que ser el resultado de una investigación objetiva acerca de la conducta, sentimiento, opiniones y reacciones de la colectividad frente a determinados hechos.

7. La moral pública es dinámica. Cambia con el correr de los tiempos y la evolución de las costumbres. De aquí que para juzgar si una determinada actuación ofende efectivamente a la moral pública, menester es atenerse al criterio dominante en el medio social en que aquella se realizó.

En el estado actual de la evolución cultural de Venezuela, sería inexacto sostener que toda manifestación del cuerpo humano desprovisto de vestimenta que afecte a la moral pública o constituya objeto de escándalo o de repudio por parte de la colectividad» (*Revista de Derecho Público,* N° 34, Caracas, 1988, p. 69).

Con este razonamiento, la Corte anuló la decisión impugnada.

Otro ejemplo en esta materia es el concepto de «utilidad pública» para que proceda la expropiación de bienes. En relación con el mismo, la situación es que hay o no hay utilidad pública, pero no la puede haber a medias. Así mismo sucede con la noción de «precio justo», también en materia de expropiación; lo que implica que el mismo es justo o no lo es, y para ello es que hay elementos técnicos para determinarlo.

El tema, en todo caso, es el de la reducción a la libertad de apreciación cuando hay una sola solución justa, aplicándose entonces la noción de los conceptos jurídicos indeterminados. Este principio se encuentra consagrado en la legislación de Costa Rica al disponer la Ley General, que la actuación de la Administración «en ningún caso podrá consistir en dictar actos contrarios a reglas unívocas de la ciencia o de la técnica» (art. 16). Se destaca, entonces, esta remisión a los principios de la ciencia y de la técnica, que no pueden violarse al dictarse un acto administrativo.

2. *Los límites a la discrecionalidad y la proscripción de la arbitrariedad*

Por otra parte, en las leyes de procedimiento administrativo debe destacarse un esfuerzo legislativo encomiable por establecer límites a la discrecionalidad. En tal sentido, las leyes de Venezuela (art. 12), Honduras (art. 19) y Costa Rica (art. 15,1) y el Reglamento de la Comunidad Andina (art. 10), establecen el principio de que en el caso de actos discrecionales, siempre debe haber una adecuación a los fines de la norma y el acto debe ser proporcional a los hechos o causa que lo originen, conformándose, así, los principios de racionalidad, razonabilidad, justicia, equidad, igualdad, proporcionalidad y finalidad, como límites a la discrecionalidad.

Conforme a la Ley de El Salvador: «Los actos discrecionales se considerarán ilegales, cuando incurran en desviación de poder o de cualquier otro modo contravengan las leyes» (art. 25).

La Ley General de Costa Rica establece, en efecto, de manera expresa que un acto discrecional es inválido, «cuando viole reglas elementales de lógica, de justicia o de conveniencia, según lo indiquen las circunstancias de cada caso» (art. 160). En todo caso, la Administración debe adoptar sus resoluciones en el caso de las actuaciones discrecionales con apego, «a los límites de racionalidad y razonabilidad implícitos en aquél» (art. 261,1).

En la misma orientación, el artículo 16 de la misma Ley General agrega que en ningún caso pueden dictarse actos contrarios «a principios elementales de justicia, lógica o conveniencia». En todo caso, el Juez puede controlar la conformidad con estas reglas no jurídicas de los elementos discrecionales del acto, como si ejerciera contralor de legalidad.

El Código de Ecuador bajo el acápite de «Principio de interdicción de la arbitrariedad», en su artículo 18 dispone:

> «Los organismos que conforman el sector público, deberán emitir sus actos conforme a los principios de juridicidad e igualdad y no podrán realizar interpretaciones arbitrarias. El ejercicio de las potestades discrecionales, observará los derechos individuales, el deber de motivación y la debida razonabilidad».

En la Ley venezolana, también se destaca este principio general de la limitación al poder discrecional al disponerse en el artículo 12 lo siguiente:

> «Artículo 12. Aún cuando una disposición legal o reglamentaria deje alguna medida o providencia a juicio de la autoridad competente, dicha medida o providencia deberá mantener la debida proporcionalidad y adecuación con el supuesto de hecho y con los fines de la norma, y cumplir los trámites, requisitos y formalidades necesarios para su validez y eficacia».

El mismo principio se encuentra en el Código colombiano, así

> «Artículo 36. En la medida en que el contenido de una decisión, de carácter general o particular, sea discrecional, debe ser adecuada a los fines de la norma que la autoriza, y proporcional a los hechos que le sirven de causa».

Por su lado, en la Ley del Perú, entre los principios del procedimiento administrativo que enumera y describe el artículo IV del Título Preliminar, se destaca el de *razonabilidad* señalándose, al efecto, que:

> «Las decisiones de la autoridad administrativa, cuando creen obligaciones, califiquen infracciones, impongan sanciones, o establezcan restricciones a los administrados, deben adaptarse dentro de los límites de la facultad atribuida y manteniendo la debida proporción entre los medios a emplear y los fines públicos que deba tutelar, a fin de que respondan a lo estrictamente necesario para la satisfacción de su cometido» (art. IV, 1.4).

Debe señalarse, particularmente, que este principio de la razonabilidad se encuentra muy desarrollado en Argentina donde se originó, tanto para control de la constitucionalidad de las leyes como en materia de control de la actividad de la Administración particularmente en el ámbito del poder discrecional. En tal sentido, el principio de la razonabilidad, con términos como equivalencia, proporción, adecuación, igualdad, paridad, justa distribución, dar a cada quien lo que le corresponde, se ha utilizado con frecuencia por la jurisprudencia en Argentina y Uruguay para definir los límites a la discrecionalidad.

Por último, debe señalarse que una norma similar a la colombiana y a la venezolana se ha recogido en el Reglamento sobre Procedimientos Administrativos de la Secretaría General de la Comunidad Andina, que establece que (art. 10):

> «Cuando una norma del ordenamiento jurídico de la Comunidad Andina disponga la aplicación de alguna medida por parte de la Secretaría General, dicha medida o providencia deberá mantener la debida proporción con los supuestos de hecho y con los fines de la norma y cumplir los trámites, requisitos y formalidades necesarios para su validez y eficacia».

En todo caso, con enunciados de esta naturaleza en una ley y, en particular, en una ley de procedimiento administrativo, sin duda el juez contencioso administrativo dispone de efectivas herramientas para controlar la legalidad de la actuación de la Administración, más allá de los aspectos formales de tal actuación.

TERCERA PARTE

LOS PRINCIPIOS DE LA ORGANIZACIÓN ADMINISTRATIVA

I. EL PRINCIPIO DE JERARQUÍA

1. *La organización jerárquica y la potestad de dirección*

Los órganos de la Administración Pública deben estar jerárquicamente ordenados y relacionados de conformidad con la distribución vertical de atribuciones en niveles organizativos. Es decir, como lo indica el artículo 6 del Código de Ecuador, «los organismos que conforman el Estado se estructuran y organizan de manera escalonada» de manera que «los órganos superiores dirigen y controlan la labor de sus subordinados y resuelven los conflictos entre los mismos;» previsión que también encontramos en el artículo 28 de la Ley Orgánica de la Administración Pública de Venezuela, al prever que los órganos de inferior jerarquía están sometidos a la dirección, supervisión y control de los órganos superiores de la Administración Pública con competencia en la materia respectiva (art. 28).

En consecuencia, los órganos administrativos pueden dirigir las actividades de sus órganos jerárquicamente subordinados mediante instrucciones y órdenes.

Cuando una disposición específica así lo establezca o se estime conveniente por razón de los destinatarios o de los efectos que puedan producirse, la Ley venezolana indica que las instrucciones y órdenes de servicio se deben publicar en la *Gaceta Oficial* que corresponda (art. 43).

De lo anterior deriva entonces que una de las consecuencias esenciales del principio jerárquico es la posibilidad que tiene el órgano superior de dar instrucciones y directrices, así como de coordinar y vigilar la actuación de los órganos inferiores. Estos principios se encuentran enunciados en leyes como la de Uruguay, que da la potestad al jerarca de:

> «Dirigir con carácter general la actividad de sus funcionarios, en todo cuanto no haya sido objeto de regulación por los órganos jerárquicos, mediante instrucciones que harán conocer a través de circulares» (art. 10).

En esta materia, la Ley General de Costa Rica trae una extensa regulación sobre relaciones interorgánicas (relaciones de dirección, de jerarquía y de obediencia) que deben destacarse. En efecto, precisa que la jerarquía implica la potestad de dirección:

«Cuando dos órganos de administración activa tengan diversa competencia por razón de la materia y uno de ellos pueda ordenar la actividad del otro, imponiéndole las metas de la misma y los tipos de medios que habrá de emplear para realizarlas, dentro de una relación de confianza incompatible con órdenes, instrucciones o circulares» (art. 99).

En cuanto a la relación jerárquica, es la que existe:

«Entre superior e inferior cuando ambos desempeñen funciones de la misma naturaleza y la competencia del primero abarque la del segundo por razón del territorio y de la materia» (art. 101).

A tal efecto, el superior jerárquico tiene las siguientes potestades (art. 102):

«a) Dar órdenes particulares, instrucciones o circulares sobre el modo de ejercicio de las funciones por parte del inferior, tanto en aspectos de oportunidad y conveniencia como de legalidad, sin otras restricciones que las que se establezcan expresamente;

b) Vigilar la acción del inferior para constatar su legalidad y conveniencia, y utilizar todos los medios necesarios o útiles para ese fin que no estén jurídicamente prohibidos;

c) Ejercer la potestad disciplinaria;

d) Adoptar las medidas necesarias para ajustar la conducta del inferior a la ley y a la buena administración, revocándola, anulándola o reformándola de oficio, o en virtud de recurso administrativo;

e) Delegar sus funciones y avocar las del inmediato inferior, así como sustituirlo en casos de inercia culpable, o subrogarse a él ocupando temporalmente su plaza mientras no regrese o no sea nombrado un nuevo titular, todo dentro de los límites y condiciones señalados por esta ley; y

f) Resolver los conflictos de competencia o de cualquier otra índole que se produzcan entre órganos inferiores».

La Ley del Perú también establece estas competencias del superior jerárquico, al disponer en su artículo VII, Título Preliminar, que las autoridades superiores pueden dirigir u orientar con carácter general la actividad de los subordinados a ellas mediante circulares, instrucciones y otros análogos. Dichos instrumentos, sin embargo, no pueden crear obligaciones nuevas a los administrados. En todo caso, estos sí pueden invocar a su favor estas disposiciones, en cuanto establezcan obligaciones a los órganos administrativos en su relación con los administrados.

2. *El principio de la obediencia debida*

Vinculado al principio de la jerarquía también está el *principio de la obediencia debida*, es decir, el deber de obediencia que tiene el funcionario inferior en relación con las ordenes o instrucciones del superior; y el tema de la excusa debida, es decir, los supuestos en los cuales un funcionario no está obligado a acatar la decisión del superior.

Dispone el artículo 28 de la Ley Orgánica de la Administración Pública de Venezuela que el incumplimiento por parte de un órgano inferior de las órdenes e instrucciones de su superior jerárquico inmediato obliga a la intervención de éste y acarrea la responsabilidad de los funcionarios o funcionarias a quienes sea imputable dicho incumplimiento, «salvo lo dispuesto en el artículo 8 de esta Ley» (art. 28).

Este artículo 8 recoge el principio del artículo 25 de la Constitución venezolana de 1999 en el sentido de establecer la responsabilidad de los funcionarios públicos por las violaciones de los derechos garantizados en la Constitución «sin que les sirvan de excusa órdenes superiores». En consecuencia, si la orden del superior implica una violación de un derecho constitucional, y si el funcionario inferior la cumple, compromete su propia responsabilidad. La «salvedad» que parece implica la norma del artículo 28 de la Ley Orgánica sería que el funcionario inferior no incurriría en responsabilidad por incumplimiento de una orden superior, cuando la misma implique violación de un derecho constitucional.

Este tipo de normas, sin embargo, no es frecuente en las leyes de procedimiento administrativo, salvo en la Ley General de Costa Rica, la cual establece expresamente que todo servidor público está obligado a obedecer las órdenes particulares, instrucciones o circulares del superior, siempre que el acto provenga de un superior jerárquico, sea o no inmediato (art. 107), agregando que «deberá desobedecer las órdenes que contengan actos manifiestamente arbitrarios o que constituyan abuso de autoridad u otro delito o que comporten realizar actos extraños a la competencia del inferior» (art. 108,1).

En ese caso se regula la excusa debida, por lo que el funcionario tiene la posibilidad y el deber de no cumplir las órdenes arbitrarias.

3. *La jerarquía y la centralización*

Una de las premisas de la jerarquía, respecto de la relación entre los diversos órganos, es la centralización, la cual fue definida en el artículo 4 de la Ley de Nicaragua, como:

> «una forma de organización administrativa, integrada en un régimen jerarquizado, en la que un conjunto de órganos se estructuran, unos respecto a otros, de arriba hacia abajo, formando una unidad que se logra y se mantiene en virtud de las determinaciones del presidente de la República. Los Ministerios de Estado son entes centralizados, no tienen autonomía de ningún tipo, patrimonio ni personalidad jurídica propia».

Por ello, por ejemplo, al clasificarse la Administración Pública Nacional en Venezuela, por ejemplo, siempre se distingue entre la Administración Pública Central conformada por los Ministerios, incluso con sus desconcentrados, y la Administración Pública Descentralizada, conformada por los diversos entes dotados de personalidad jurídica de derecho público o de derecho privado creados por el Estado, por ley o por decisión ejecutiva.

Otros principios vinculados al de la jerarquía y a su desviación y atenuación son por tanto, los clásicos relativos a la organización administrativa, como la desconcentración o la descentralización.

II. EL PRINCIPIO DE DESCONCENTRACIÓN

En primer lugar, está el principio de la desconcentración, mediante la cual dentro de una misma organización general se transfieren competencias del superior al inferior jerárquico, quien las ejerce plenamente. Mediante la desconcentración se rompe con la jerarquía o el grado, porque normalmente al desconcentrarse una función, se pone fin a la vía administrativa en el órgano en el cual se desconcentra la competencia.

La Ley del Perú regula el régimen de la desconcentración, al establecer en su artículo 74, que:

> «A los órganos jerárquicamente dependientes se les transfiere competencia para emitir resoluciones, con el objeto de aproximar a los administrados las facultades administrativas que conciernan a sus intereses».

El principio de desconcentración se encuentra también definido en el Código de Ecuador, al disponer:

> «La función administrativa se desarrolla bajo el criterio de distribución objetiva de funciones, privilegia la delegación de la repartición de funciones entre los órganos de una misma administración pública, para descongestionar y acercar las administraciones a las personas» (art. 7).

Igualmente, en materia de definiciones, l Ley de Nicaragua define con toda precisión a la «desconcentración administrativa» como:

> «una forma de organización administrativa en la cual un órgano centralizado confiere autonomía técnica a un órgano de su dependencia para que ejerza una competencia limitada a cierta materia o territorio. El ente gubernamental que tiene administración desconcentrada no tiene patrimonio propio ni personalidad jurídica su status legal y presupuesto devienen del Ministerio al que están vinculados jerárquicamente» (art. 4)

Esta materia ha sido también regulada con precisión en Venezuela, en la Ley Orgánica de la Administración Pública, cuyo artículo 31 dispone que para el cumplimiento de las metas y objetivos de la Administración Pública, se puede adaptar la organización a determinadas condiciones de especialidad funcional y de particularidad territorial, transfiriendo atribuciones de sus órganos superiores a sus órganos inferiores, mediante acto normativo de conformidad con la presente Ley.

En todo caso, la desconcentración funcional o territorial, transfiere únicamente la atribución. La persona jurídica en cuyo nombre actúe el órgano desconcentrado será responsable patrimonialmente por el ejercicio de la atribución o el funcionamiento del servicio público correspondiente, sin perjuicio de la responsabilidad que corresponda a los funcionarios y funcionarias que integren el órgano desconcentrado y se encuentren encargados de la ejecución de la competencia o de la gestión del servicio público correspondiente (art. 32).

La Ley Orgánica de la Administración Pública precisa, además, que los ministerios u otros órganos de control, nacionales, estadales, de los distritos metropolitanos o municipales, respecto de los órganos desconcentrados, tienen las siguientes atribuciones numeradas en el artículo 177:

> «1. Definir la política a desarrollar por tales entes, a cuyo efecto formularán las directivas generales que sean necesarias.
>
> 2. Ejercer permanentemente funciones de coordinación, supervisión y control.
>
> 3. Evaluar en forma continua el desempeño y los resultados de su gestión e informar oportunamente al Presidente o Presidenta de la República, gobernador o gobernadora, alcalde o alcaldesa, según corresponda.

4. Informar trimestralmente al organismo u órgano nacional, estadal, del distrito metropolitano o municipal, encargado de la planificación acerca de la ejecución de los planes por parte de los entes.

5. Proponer al Presidente o Presidenta de la República, gobernador o gobernadora, o alcalde o alcaldesa, según corresponda, las reformas necesarias a los fines de crear, modificar o eliminar las entidades descentralizadas funcionalmente que respectivamente le estén adscritas.

6. Las demás que determinen las leyes nacionales, estadales y las ordenanzas y sus reglamentos».

Por último, el artículo 31 de la misma Ley Orgánica de la Administración Pública aclara que la desconcentración de atribuciones en órganos inferiores de los entes públicos también puede revertirse mediante la modificación o derogación del instrumento jurídico que le dio origen.

III. EL PRINCIPIO DE LA DESCENTRALIZACIÓN

En segundo lugar, está el principio de descentralización, con el cual también se rompe la jerarquía, pero en el sentido de que la competencia sale de la organización general que la tenía y se atribuye a una persona jurídica distinta, surgiendo un sujeto de derecho como entidad descentralizada funcionalmente.

En esta materia, también, el artículo 4 de la Ley de Nicaragua se define el término «descentralización administrativa», indicándose en general que:

> «es una forma de organización administrativa en la cual se confiere a través de una Ley a un órgano, autonomía técnica y administrativa para ejercer determinada competencia administrativa. Se le otorga patrimonio propio y personalidad jurídica, existiendo control o tutela del Presidente de la República o del Ministerio al que estén vinculados. El Director del ente es nombrado por el Presidente de la República o por la autoridad establecida de acuerdo a su Ley Creadora».

La Ley Orgánica de la Administración Pública de Venezuela también es precisa en esta materia, distinguiendo dos tipos de descentralización: la territorial y la funcional.

En cuanto a la descentralización político territorial, con el propósito de profundizar la democracia y de incrementar la eficiencia y eficacia de la gestión de la Administración Pública, el artículo 30 de la Ley Orgánica dispone que se pueden descentralizar competencias y servicios públicos de la República a los Estados y Municipios, y de los Estados a los Municipios, de conformidad con la Constitución y la ley. Recoge, así, esta norma los principios descentralizadores que están establecidos en los artículos 157, 158 y 165 de la Constitución.

En cuanto a la descentralización funcional, el artículo 29 de la Ley Orgánica dispone que los titulares de la potestad organizativa pueden crear entes descentralizados funcionalmente cuando el mejor cumplimiento de los fines del Estado así lo requiera, en los términos y condiciones previstos en la Constitución y en la Ley.

El mismo artículo 29 de la Ley Orgánica establece los siguientes dos tipos de entes descentralizados funcionalmente.

En primer lugar, los entes descentralizados funcionalmente *con forma de derecho privado*, los cuales están conformados por las personas jurídicas constituidas y regidas de acuerdo a las normas del derecho privado en los términos de la Ley Orgánica, las cuales podrán adoptar o no la forma empresarial de acuerdo a los fines y objetivos para los cuales fueron creados y en atención a si la fuente fundamental de sus recursos proviene de su propia actividad o de los aportes públicos, respectivamente.

En segundo lugar, están los entes descentralizados funcionalmente *con forma de derecho público*, conformados por aquellas personas jurídicas creadas y regidas por normas de derecho público, las cuales pueden perseguir fines empresariales o no empresariales, al igual que pueden tener atribuido el ejercicio de potestades públicas.

En relación con estos últimos, solo por ley pueden crearse las personas jurídicas de derecho público; principio que deriva de lo dispuesto en el artículo 142 de la Constitución al prever que los institutos autónomos solo pueden crearse por ley; y que tales instituciones, así como los intereses públicos en corporaciones o entidades de cualquier naturaleza, están sujetos al control del Estado, en la forma que la ley establezca.

Conforme al mismo artículo 29 de la LOAP la descentralización funcional puede revertirse por medio de la modificación del acto que le dio origen.

La Ley Orgánica de la Administración Pública de Venezuela, además, se refirió al «principio de descentralización territorial», disponiendo que «la Administración Pública Nacional, con el propósito de incrementar la eficiencia y eficacia de su gestión, podrá descentralizar competencias y servicios públicos en los estados, distritos metropolitanos y municipios, de conformidad con la Constitución de la República Bolivariana de Venezuela y la ley. Así mismo, los estados podrán descentralizar competencias y servicios públicos, en los distritos metropolitanos y los municipios».

En todo caso, tanto la descentralización funcional como territorial transfiere la titularidad de la competencia y, en consecuencia, transfiere cualquier responsabilidad que se produzca por el ejercicio de la competencia o de la gestión del servicio público correspondiente, en la persona jurídica y en los funcionarios y funcionarias del ente descentralizado (art. 32).

IV EL PRINCIPIO DE LA COORDINACIÓN

Además, está el principio de la coordinación, esencial para integrar la voluntad de órganos inferiores situados en distintos planos.

Conforme al artículo 23 de la Ley Orgánica de la Administración Pública de Venezuela, las actividades que desarrollen los órganos y entes de la Administración Pública deben estar orientadas al logro de los fines y objetivos del Estado, para lo cual deben coordinar su actuación bajo el principio de unidad orgánica. Es lo que el Código de Ecuador denomina «principio de colaboración» indicando que «las administraciones trabajarán de manera coordinada, complementaria y prestándose auxilio mutuo. Acordarán mecanismos de coordinación para la gestión de sus competencias y el uso eficiente de los recursos» (art. 28).

A tal efecto el Código de Ecuador sobre el «principio de coordinación» dispone que «las administraciones públicas desarrollan sus competencias de forma racional y ordenada, evitan las duplicidades y las omisiones» (art. 9).

Es por ello que la organización de la Administración Pública debe comprender la asignación de competencias, relaciones, instancias y sistemas de coordinación necesarios para mantener su orientación institucional de conformidad con la Constitución y la ley.

V EL PRINCIPIO DE COOPERACIÓN

Conforme al principio establecido en el artículo 136 de la Constitución venezolana, la Administración Pública Nacional, la de los Estados, la de los Distritos metropolitanos y la de los Municipios deben colaborar entre sí y con las otras ramas de los Poderes Públicos en la realización de los fines del Estado (art. 24).

VI. EL PRINCIPIO DE LEALTAD INTERINSTITUCIONAL

Dispone el artículo 25 del Código de Ecuador sobre el «principio de lealtad institucional», que «las administraciones públicas respetarán, entre sí, el ejercicio legítimo de las competencias y ponderarán los intereses públicos implicados». A tal efecto, las administraciones deberán facilitar a otras, la información que precise sobre la actividad que desarrollen en el ejercicio de sus propias competencias.

En Venezuela, el artículo 25 de la Ley Orgánica de la Administración Pública dispone que la Administración Pública Nacional, la de los Estados, la de los Distritos metropolitanos y la de los Municipios deben actuar y relacionarse de acuerdo con el principio de lealtad institucional y, en consecuencia, deben:

«1. Respetar el ejercicio legítimo de sus competencias por parte de las otras administraciones.

2. Ponderar, en el ejercicio de las competencias propias, la totalidad de los intereses públicos implicados y, en concreto, aquellos cuya gestión esté encomendada a las otras administraciones.

3. Facilitar a las otras administraciones la información que precisen sobre la actividad que desarrollen en el ejercicio de sus propias competencias.

4. Prestar, en el ámbito propio, la cooperación y asistencia activas que las otras administraciones pudieran requerir para el ejercicio de sus competencias».

CUARTA PARTE

EL PRINCIPIO DE LA EFICACIA

El segundo de los principios del procedimiento administrativo que incluyen en su enumeración todas las leyes de procedimiento administrativo de América Latina, es el principio de la *eficacia*. Así sucedió, desde el inicio, en las leyes de Argentina (art. 1), de Venezuela (art. 30), de Honduras (art. 19), de Brasil (art. 2) y de México (art. 13), y en el Decreto de Uruguay (art. 2); y así lo enuncia de forma general la Ley de Bolivia al disponer que el principio fundamental en el procedimiento administrativo es «el desempeño de la función pública está destinado exclusivamente a servir los intereses de la colectividad» (art. 4.a);

Otra definición precisa del principio de la eficacia se encuentra tanto en el Código colombiano (art. 3), como en la Ley de Perú (art. IV, 10,1), como principio de interpretación del procedimiento; textos a los cuales hemos hecho referencia anteriormente. En ellos se privilegia, en el procedimiento administrativo, el logro de su finalidad (para lo cual deben removerse todos los obstáculos formales y dilaciones innecesarias); el cual debe prevalecer sobre los formalismos cuya realización no incida en su validez ni disminuyan las garantías de los administrados.

En el Código colombiano, el artículo 3.11 establece respecto a este principio, que en virtud del mismo:

> «Las autoridades buscarán que los procedimientos logren su finalidad y, para el efecto, removerán de oficio los obstáculos puramente formales, evitarán decisiones inhibitorias, dilaciones o retardos y sanearán, de acuerdo con este Código las irregularidades procedimentales que se presenten, en procura de la efectividad del derecho material objeto de la actuación administrativa».

La Ley del Perú, en relación con este principio de la eficacia, la norma del artículo IV del Título Preliminar, es aún más explícita, al señalar:

> «1.10 Principio de eficacia. Los sujetos del procedimiento administrativo deben hacer prevalecer el cumplimiento de la finalidad del acto procedimental, sobre aquellos formalismos cuya realización no incida en su validez, no determinen aspectos importantes en la decisión final, no disminuyan las garantías del procedimiento, ni causen indefensión a los administrados.
>
> En todos los supuestos de aplicación de este principio, la finalidad del acto que se privilegie sobre las formalidades no esenciales deberá ajustarse al marco normativo aplicable y su validez será una garantía de la finalidad pública que se busca satisfacer con la aplicación de este principio».

En el mismo sentido, la Ley de Bolivia, es precisa al definir en su artículo 4.j, el «principio de eficacia» en el sentido de que «todo procedimiento administrativo debe lograr su finalidad, evitando dilaciones indebidas».

Sobre este principio de la eficacia, el artículo 19 de Ley Orgánica de la Administración Pública de Venezuela dispone que la actividad de los órganos y entes de la Administración Pública debe perseguir el cumplimiento eficaz de los objetivos y metas fijados en las normas, planes y compromisos de gestión, bajo la orientación de las políticas y estrategias establecidas por el Presidente de la República, por el gobernador, el alcalde según el caso (art. 19).

Para ello, el funcionamiento de los órganos y entes de la Administración Pública, se debe sujetar a las políticas, estrategias, metas y objetivos que se establezcan en los respectivos «planes estratégicos, compromisos de gestión y lineamientos dictados conforme a la planificación centralizada», y debe comprender el seguimiento de las actividades, así como la evaluación y control del desempeño institucional y de los resultados alcanzados (art. 18).

Por su parte, en relación con este principio, la Ley de Honduras prescribe que «las cuestiones incidentales que se suscitaren en el procedimiento, incluso las que se refieren a la nulidad de actuaciones, no suspenderán el curso del procedimiento, salvo la recusación» (art. 39), lo que es esta materia conlleva al principio de la conservación, del saneamiento o de la convalidación de los actos administrativos, a los efectos de que los procedimientos puedan lograr su finalidad.

Incluso para garantizar la eficacia, se destaca cómo el Código de Ecuador reguló lo que calificó como principio de subsidiariedad» en el ámbito de la propia Administración, al disponer que:

> «Las administraciones de nivel territorial superior intervendrán cuando los objetivos de la actuación pretendida no puedan ser alcanzados en los niveles inferiores, con arreglo a los principios de eficacia, eficiencia, efectividad y economía. Cuando ejerzan competencias concurrentes sobre la misma materia, actuará la administración pública más cercana al domicilio de las personas» (art. 27).

En consecuencia, el logro del fin propuesto es lo que siempre debe orientar el desarrollo del procedimiento; fin que está vinculado tanto al interés general, como al interés de la Administración y al del administrado. El objetivo del procedimiento administrativo, en definitiva, es la satisfacción de esos fines en el menor tiempo y con el menor costo posible.

Este principio de interpretación del procedimiento administrativo, por tanto, implica varios principios que las leyes latinoamericanas recogen y que analizaremos comparativamente a continuación: el principio de la instrumentalidad; el principio de simplicidad y de la economía procedimental; el principio de la presunción de la legalidad y validez, es decir, el del logro de los efectos de los actos, comenzando por presumir que son válidos y eficaces; el principio *favor acti*; el principio de la conservación del acto; el principio *pro actione* o de la interpretación más favorable a lo solicitado, a la acción o al requerimiento, cuando se trate de procedimientos que se inicien a petición de parte; y el principio de la caducidad del procedimiento cuando no se cumplen las obligaciones por parte del interesado en la continuación del mismo, así como el de la prescripción de la actuación administrativa.

I. EL PRINCIPIO DE LA INSTRUMENTALIDAD: EL OBJETO Y LA FINALIDAD DEL PROCEDIMIENTO

El principio de la instrumentalidad exige interpretar el procedimiento administrativo, no como un fin en sí mismo, sino como un instrumento o cauce para alcanzar un fin. Lo que importa en el tratamiento del procedimiento, por tanto, es la finalidad perseguida. Es lo que la ley de Republica Dominicana califica como «principio de ejercicio normativo del poder», indicando que en virtud del mismo:

> «la Administración Pública ejercerá sus competencias y potestades dentro del marco de lo que la ley les haya atribuido, y de acuerdo con la finalidad para la que se otorga esa competencia o potestad, sin incurrir en abuso o desviación de poder, con respeto y observancia objetiva de los intereses generales» (art. 3.10).

Esa finalidad, como se dijo, puede desdoblarse en tres, tal y como lo precisan las leyes de procedimiento administrativo: primero, el interés general; segundo, el interés del ciudadano, y tercero, el interés de la propia Administración en la relación jurídica (principios de racionalización del procedimiento administrativo).

1. *El cumplimiento de la acción administrativa*

El procedimiento administrativo, ante todo, tiene por finalidad «establecer el régimen jurídico aplicable para que la actuación de la administración sirva a la protección del interés general» (art. III, Título Preliminar, Ley del Perú), o en otras palabras, tiene por objeto asegurar el cumplimiento de la acción administrativa, vinculada al logro de un interés general (art. 209 Código de Colombia).

Por ello, la Ley de Honduras establece que los principios del procedimiento administrativo buscan «garantizar la buena marcha de la Administración» (*Considerandos*); y la Ley General de Costa Rica precisa que «el procedimiento administrativo servirá para asegurar el mejor cumplimiento posible de los fines de la Administración» (art. 214,1); agregando que «la norma administrativa deberá ser interpretada en la forma que mejor garantice la realización del fin público a que se dirige» (art. 10).

Por su parte, el Código colombiano exige que:

> «Los funcionarios tendrán en cuenta que la actuación administrativa tiene por objeto el cumplimiento de los cometidos estatales como lo señalan las leyes, la adecuada prestación de los servicios públicos y la efectividad de los derechos e intereses de los administrados, reconocidos por la ley» (art. 2).

2. *La protección y garantía de los derechos de los administrados*

Pero además del logro de los fines propios del interés general que orientan la acción administrativa, el procedimiento tiene por finalidad la protección de los derechos e intereses de los administrados. Esto está expresado en la Constitución de Venezuela al establecer que la Administración está al servicio de los administrados (art. 141); en la propia Ley General de Costa Rica, donde se precisa que el procedimiento administrativo debe desarrollarse, «con respeto para los derechos subjetivos e intereses legítimos del administrado» (art. 10,1 y 214,1); y en la de Honduras, la cual establece que el procedimiento se regula «como garantía de los derechos de los particulares frente a la actividad administrativa» (*considerandos*). En igual sentido, se expresa el artículo III, Título Preliminar de la Ley del Perú

De lo anterior resulta que la satisfacción de los «derechos de los particulares» también constituye un elemento central de la finalidad del procedimiento administrativo. De allí ese principio de interpretación, que recoge el artículo 2° del Código colombiano, al exigir de los funcionarios que en su actuación también tengan en cuenta «la efectividad de los derechos e intereses de los administrados» (art. 2).

Como se dijo, la Constitución venezolana de 1999 en forma expresa establece que «la Administración Pública está al servicio de los ciudadanos» (art. 141); lo que reitera el artículo 3° de la Ley Orgánica de la Administración Pública, sustituyendo, sin embargo, la expresión ciudadanos por «particulares», agregando que en su actuación la Administración Pública debe dar preferencia a la atención de los requerimientos de la población y a la satisfacción de sus necesidades (art. 5).

Por su parte, el artículo 3 de dicha Ley Orgánica, señala que el «principal objetivo» de la organización y funcionamiento de la Administración Pública, es dar eficacia a los principios, valores y normas consagrados en la Constitución y, en especial, conforme se indica en el artículo 19 de la Constitución, «garantizar a todas las personas, conforme al principio de progresividad y sin discriminación alguna, el goce y ejercicio irrenunciable, indivisible e interdependiente de los derechos humanos».

La Administración Pública, agrega el artículo 5 de la Ley Orgánica de la Administración Pública, debe asegurar a los particulares la efectividad de sus derechos cuando se relacionen con ella; además, debe tener entre sus objetivos, la continua mejora de los procedimientos, servicios y prestaciones públicas, de acuerdo con las políticas fijadas y teniendo en cuenta los recursos disponibles, determinando al respecto las prestaciones que proporcionan los servicios de la Administración Pública, sus contenidos y los correspondientes estándares de calidad.

3. *La enumeración de los derechos de los administrados en relación con el procedimiento administrativa*

A mayor abundamiento, las leyes más recientes de procedimiento administrativo en América latina, han enumerade en forma exhaustiva, un electo de derechos de los administrados específicamente en relación con los procedimientos administrativos, que la Administración debe respetar y garantizar:

Ya nos hemos referido al exhaustivo listado de derechos que la ley de la República Dominicana establece como consecuencia general del «derecho a la buena administración» que ya hemos analizado. Otras leyes que declaran específicamente dichos derechos son también la Ley de Chile y la de Bolivia.

La Ley chilena, en efecto, precisa en su artículo 17, sobre los «derechos de las personas», que éstas, en sus relaciones con la Administración, tienen derecho a:

> «a) Conocer, en cualquier momento, el estado de la tramitación de los procedimientos en los que tengan la condición de interesados, y obtener copia autorizada de los documentos que rolan en el expediente y la devolución de los originales, salvo que por mandato legal o reglamentario éstos deban ser acompañados a los autos, a su costa; b) Identificar a las autoridades y al personal al servicio de la Administración, bajo cuya responsabilidad se tramiten los procedimientos; c) Eximirse de presentar documentos que no correspondan al procedimiento, o que ya se encuentren en poder de la Administra-

ción; d) Acceder a los actos administrativos y sus documentos, en los términos previstos en la ley; e) Ser tratados con respeto y deferencia por las autoridades y funcionarios, que habrán de facilitarles el ejercicio de sus derechos y el cumplimiento de sus obligaciones. Los actos de instrucción que requieran la intervención de los interesados habrán de practicarse en la forma que resulte más cómoda para ellos y sea compatible, en la medida de lo posible, con sus obligaciones laborales o profesionales; f) Formular alegaciones y aportar documentos en cualquier fase del procedimiento anterior al trámite de audiencia, que deberán ser tenidos en cuenta por el órgano competente al redactar la propuesta de resolución; g) Exigir las responsabilidades de la Administración Pública y del personal a su servicio, cuando así corresponda legalmente; h) Obtener información acerca de los requisitos jurídicos o técnicos que las disposiciones vigentes impongan a los proyectos, actuaciones o solicitudes que se propongan realizar; e i) Cualesquiera otros que les reconozcan la Constitución y las leyes».

En sentido similar, la Ley de Bolivia, en su artículo 16, regula los «derechos de las personas», en su relación con la Administración Pública», enumerando los siguientes:

«a) A formular peticiones ante la Administración Pública, individual o colectivamente; b) A iniciar el procedimiento como titular de derechos subjetivos e intereses legítimos; c) A participar en un procedimiento ya iniciado cuando afecte sus derechos subjetivos e intereses legítimos; d) A conocer el estado del procedimiento en que sea parte; e) A formular alegaciones y presentar pruebas; f) A no presentar documentos que estuviesen en poder de la entidad pública actuante; g) A que se rectifiquen los errores que obren en registros o documentos públicos, mediante la aportación de los elementos que correspondan; h) A obtener una respuesta fundada y motivada a las peticiones y solicitudes que formulen; i) A exigir que las actuaciones se realicen dentro de los términos y plazos del procedimiento; j) A obtener certificados y copias de los documentos que estén en poder de la Administración Pública, con las excepciones que se establezcan expresamente por ley o disposiciones reglamentarias especiales; k) A acceder a registros y archivos administrativos en la forma establecida por ley; l) A ser tratados con dignidad, respeto, igualdad y sin discriminación; y, m) A exigir que la autoridad y servidores públicos actúen con responsabilidad en el ejercicio de sus funciones».

4. *Los principios de la simplicidad, de la uniformidad y de la racionalidad administrativa*

Pero además de los fines anteriores, también podría identificarse un tercer fin que guía la interpretación del procedimiento y que tiene que ver con la racionalización de la actividad administrativa, es decir, con los principios de la simplicidad, de la normalización o de la uniformización que se han querido establecer en muchos procesos de reforma administrativa y que regulan algunas leyes.

Estos principios del procedimiento administrativo los define la Ley del Perú, en el artículo IV del Título Preliminar, así:

«1.13 Principio de simplicidad. Los trámites establecidos por la autoridad administrativa deberán ser sencillos, debiendo eliminarse toda complejidad innecesaria; es decir, los requisitos exigidos deberán ser racionales y proporcionales a los fines que se persigue cumplir.

1.14 Principio de uniformidad. La autoridad administrativa deberá establecer requisitos similares para trámites similares, garantizando que las excepciones a los principios generales no serán convertidos en la regla general. Toda diferenciación deberá basarse en criterios objetivos debidamente sustentados».

En esta misma orientación se expresa el artículo 6 de la Ley de El Salvadoras, y la Ley Orgánica de Procedimientos Administrativos venezolana que establece como obligación general, el que «la Administración *racionalizará* sus sistemas y métodos de trabajo y vigilará su cumplimiento» (art. 32), regulando además, la uniformización de los documentos y expedientes, y el desarrollo de procedimientos en serie a los efectos de simplificar y racionalizar la actividad. (art. 35).

Por su parte, el artículo 12 de la Ley Orgánica de Administración Pública de Venezuela dispone que la simplificación de los trámites administrativos será tarea permanente de los órganos y entes de la Administración Pública, así como la supresión de los que fueren innecesarios, todo de conformidad con los principios y normas que establezca la ley correspondiente.

Por ello, estando la Administración Pública al servicio de los ciudadanos y, en general, de los particulares o administrados, la misma, debe desarrollar su actividad y organizarse de manera que los particulares:

«1. Puedan resolver sus asuntos, ser auxiliados en la redacción formal de documentos administrativos, y recibir información de interés general por medios telefónicos, informáticos y telemáticos.

2. Puedan presentar reclamaciones sin el carácter de recursos administrativos, sobre el funcionamiento de la Administración Pública.

3. Puedan acceder fácilmente a información actualizada sobre el esquema de organización de los órganos y entes de la Administración Pública, así como a guías informativas sobre los procedimientos administrativos, servicios y prestaciones que ellos ofrecen» (art. 6)

A tal efecto en muchos de los países latinoamericanos, se dictaron leyes de simplificación administrativa o de simplificación de trámites, como la que se dictó en Venezuela en 1999, destinada específicamente a desarrollar, en detalle este principio de la simplificación con el objeto de racionalizar las tramitaciones que realizan los particulares ante la Administración Pública; mejorar su eficiencia, pertinencia y utilidad, a fin de lograr mayor celeridad y funcionalidad en las mismas; reducir los gastos operativos; obtener ahorros presupuestarios; cubrir insuficiencias de carácter fiscal y mejorar las relaciones de la Administración Pública con los ciudadanos.

La Ley de Brasil, además, expresamente dispone que:

«Artículo 7ª Los órganos y entidades administrativas deberán elaborar modelos y formularios uniformes para asuntos que impliquen pretensiones equivalentes».

Otro ejemplo de esta orientación normativa, puede encontrarse en el Reglamento de la Secretaría General Andina, el cual recoge en su artículo 5 estos principios, así:

«En virtud del principio de uso de los procedimientos y formalidades para lograr el cumplimiento de los objetivos de la norma y de racionalización de la actividad administrativa, la Secretaría General deberá asegurarse de que las exigencias normativas en materia de procedimientos administrativos y de formalidades sean interpretadas en forma razonable y usadas solo como instrumentos para alcanzar los objetivos de la norma».

En esta forma, por tanto, la expresión formal del principio de la instrumentalidad, es decir, del procedimiento como instrumento, como principio que debe guiar la interpretación y la aplicación de las normas por la Administración y por el juez administrativo, puede considerarse como un rasgo común en todas las normas de América Latina.

5. *El principio de la sujeción a los planes, metas y objetivos*

De acuerdo con la Ley Orgánica de la Administración Pública de Venezuela, los órganos y entes de la Administración Pública, en su funcionamiento, deben sujetarse a las políticas, estrategias, metas y objetivos que se establezcan en los respectivos planes estratégicos y compromisos de gestión (art. 18).

En particular, en cuanto a la actividad de las unidades administrativas sustantivas de los órganos y entes de la Administración Pública, se debe corresponder y ceñir a su misión, y la actividad desarrollada por las unidades administrativas de apoyo técnico y logístico se debe adaptar a la de aquéllas (art. 19).

6. *El principio de la adecuación de los medios financieros a los fines*

La Ley Orgánica de la Administración Pública establece en esta materia un conjunto de principios que deben destacarse:

La asignación de recursos a los órganos y entes de la Administración Pública se debe ajustar estrictamente a los requerimientos de su funcionamiento para el logro de sus metas y objetivos. En todo caso, el funcionamiento de la Administración Pública debe propender a la utilización racional de los recursos humanos, materiales y presupuestarios (art. 20).

La Administración Pública, además, debe procurar que sus unidades de apoyo administrativo no consuman un porcentaje del presupuesto destinado al sector correspondiente mayor que el estrictamente necesario. A tales fines, los titulares de la potestad organizativa de los órganos y entes de la Administración Pública, previo estudio económico y con base en los índices que fueren más eficaces de acuerdo al sector correspondiente, deben determinar los porcentajes mínimos de gasto permitido en unidades de apoyo administrativo (art. 20).

Por otra parte, conforme al artículo 21 de la misma Ley Orgánica el tamaño y la estructura organizativa de los órganos y entes de la Administración Pública deben ser proporcionales y consistentes con los fines y propósitos que les han sido asignados. Las formas organizativas que adopte la Administración Pública deben ser suficientes para el cumplimiento de sus metas y objetivos y deben propender a la utilización racional de los recursos del Estado.

Sin perjuicio de sus unidades estratégicas propias, el artículo 20 de la Ley Orgánica autoriza a los órganos de la Administración Pública para incluir oficinas técnicas de carácter estratégico, integradas por un cuerpo multidisciplinario de asesores cuya remuneración se puede establecer por vía contractual con base en honorarios profesionales u otras modalidades fijadas de conformidad con la ley, al margen de la escala de los sueldos y salarios de la Administración Pública, con el objeto de obtener una asesoría técnica de máxima calidad y eficiencia.

7. *El principio de la privatización*

Como lo señala el artículo 20 de la Ley Orgánica de la Administración Pública de Venezuela, en los casos en que las actividades de los órganos y entes de la Administración Pública, en ejercicio de potestades públicas que por su naturaleza lo permitan, fueren más económicas y eficientes mediante la gestión del sector privado o de las comunidades, dichas actividades deben ser transferidas a éstos, de conformidad con la ley, reservándose la Administración Pública la supervisión, evaluación y control del desempeño y de los resultados de la gestión transferida (art. 20).

Esta previsión, perdida en esa ley, podría considerarse como la formulación, en forma indirecta, del principio de la subsidiariedad en la relación entre la actuación de la Administración Pública y la que corresponde al ámbito privado.

8. *La desviación del procedimiento administrativo*

La consecuencia del principio de la instrumentalidad referido a la finalidad del procedimiento conduce a plantear lo que la jurisprudencia francesa, desde hace varias décadas, venía identificando como un vicio específico del acto administrativo, derivado del viejo vicio de la desviación de poder, el cual, por ejemplo, en la Ley de Panamá, fue definido específicamente así:

> «se entiende por desviación de poder la emisión o celebración de un acto administrativo con apariencia de estar ceñido a derecho, pero que se ha adoptado por motivos o para fines distintos a los señalados en la ley» (art. 162).

Aplicado este vicio al procedimiento, resultaría el «vicio de desviación de procedimiento». Si los procedimientos se establecen para una determinada finalidad, la consecuencia es que la utilización de un procedimiento para fines distintos a los establecidos en las normas origina, no ya un vicio de desviación de poder en el resultado, es decir, en el solo acto administrativo, sino un vicio propio de desviación del procedimiento, que afecta el acto resultante.

En el derecho venezolano, el tema se planteó en diversas ocasiones ante la antigua Corte Suprema de Justicia en relación con el procedimiento expropiatorio. Si el procedimiento expropiatorio tiene por objeto y finalidad lograr el apoderamiento forzoso de la propiedad privada para un fin determinado, que tiene que estar previamente declarado en la ley como de utilidad pública o interés social, de acuerdo a los principios generales de la materia, es evidente que este procedimiento no se puede desarrollar para cumplir otros fines. Sin embargo, no era infrecuente hace algunas décadas, por ejemplo, la utilización del procedimiento expropiatorio para congelar la propiedad urbana: se decretaba la expropiación de un área de una ciudad, no para expropiarla efectivamente ni para que el Estado se apoderara de esa tierra e hiciera un desarrollo social, sino para congelar el desarrollo urbanístico. En esos casos, el Estado muchas veces ni siquiera tenía los recursos necesarios para ejecutar la expropiación, ni los planos de las obras, por lo cual el Decreto de afectación de un área urbana, en realidad, no tenía por objeto ejecutar expropiación alguna, sino otros fines de ordenamiento urbanístico indirecto, a través del congelamiento del uso de la propiedad. La consecuencia era que decretada una afectación a los efectos de expropiación de un área importante de la ciudad, las autoridades municipales no otorgaban los permisos o autorizaciones urbanísticas necesarias, lo que ponía en evidencia, una clara desviación del procedimiento. En más de una ocasión, este tema se planteó ante la jurisdicción contencioso-administrativa, mediante la impugnación de Decretos de afectación que no tenían por objeto expropiar sino otros fines distintos a los previstos en la norma.

Esta aproximación al tema confirma el principio general de interpretación del procedimiento administrativo, de su instrumentalidad, que debe guiar tanto la actividad del juez como la de la Administración, en la aplicación de los procedimientos administrativos.

II. PRINCIPIOS RELATIVOS AL GOBIERNO ELECTRÓNICO

En la Administración Pública del siglo XXI se ha venido regulando en leyes especiales la aplicación de las tecnologías de la información y la comunicación al funcionamiento de la Administración Pública, con el objetivo de hacer más eficiente la prestación de los servicios a los ciudadanos, asegurando mayor transparencia y participación ciudadana.

Es lo que se ha denominado «gobierno electrónico» o «*e-government*» que específicamente ha encontrado regulación en el Código Administrativo de Ecuador, al prever que:

Las actividades a cargo de las administraciones pueden ser ejecutadas mediante el uso de nuevas tecnologías y medios electrónicos, en la medida en que se respeten los principios señalados en este Código, se precautelen la inalterabilidad e integridad de las actuaciones y se garanticen los derechos de las personas» (art. 90).

A tales efectos, en el Código se regularon los siguientes aspectos:

> «Art. 91.- *Sede electrónica.* Es la dirección electrónica única disponible para las personas a través de redes de telecomunicación. Su titularidad y gestión corresponde a la administración pública, así como la responsabilidad con respecto a la integridad, veracidad y actualización de la información y los servicios a los que se pueda acceder, corresponde a la máxima autoridad administrativa, en el ejercicio de sus competencias.
>
> La publicación en la sede electrónica de información, servicios y transacciones respetará los principios de accesibilidad y usabilidad de acuerdo con las normas previstas al respecto, estándares abiertos y, en su caso, aquellos otros que sean de uso generalizado por los ciudadanos. Dispondrán de sistemas que permitan el establecimiento de comunicaciones seguras.
>
> Art. 92.- *Información electrónica.* Las administraciones públicas proporcionarán, a través de medios electrónicos, la siguiente información:
>
> 1. Los procedimientos y trámites necesarios para acceder a las actividades de servicio y para su ejercicio.
>
> 2. Los medios y condiciones de acceso a los registros y bases de datos públicos relativos a prestadores de servicios.

Art. 93.- *Servicios electrónicos.* Las administraciones habilitarán canales o medios para la prestación de servicios electrónicos. Garantizarán su acceso, con independencia de sus circunstancias personales, medios o conocimiento.

Los servicios electrónicos contarán, al menos, con los siguientes medios: 1. Oficinas de atención presencial. 2. Puntos de acceso electrónico. 3. Servicios de atención telefónica.

Art. 94.- *Firma electrónica y certificados digitales.* La actividad de la administración será emitida mediante certificados digitales de firma electrónica.

Las personas podrán utilizar certificados de firma electrónica en sus relaciones con las administraciones públicas».

III. EL PRINCIPIO DE ECONOMÍA PROCEDIMENTAL

El principio de la *economía procedimental* está expresamente definido en el artículo 9 de la Ley de Chile, en el cual se mencionan todos sus elementos esenciales, indicando que:

«La Administración debe responder a la máxima economía de medios con eficacia, evitando trámites dilatorios.

Se decidirán en un solo acto todos los trámites que, por su naturaleza, admitan un impulso simultáneo, siempre que no sea obligatorio su cumplimiento sucesivo.

Al solicitar los trámites que deban ser cumplidos por otros órganos, deberá consignarse en la comunicación cursada el plazo establecido al efecto.

Las cuestiones incidentales que se susciten en el procedimiento, incluso las que se refieran a la nulidad de actuaciones, no suspenderán la tramitación del mismo, a menos que la Administración, por resolución fundada, determine lo contrario».

Más abreviadamente, la Ley de El Salvador define el principio de la economía, indicando que: «la actividad administrativa debe desarrollarse de manera que los interesados y la Administración incurran en el menor gasto posible, evitando la realización de trámites o !a exigencia de requisitos innecesarios»(art. 3.6).

1. *La reducción de los trámites e instancias*

Como consecuencia del principio de la eficacia, el principio de la economía procedimental también informa el procedimiento administrativo, a los efectos de que el cumplimiento del fin propuesto, se logre con el menor costo y en la forma más rápida posible. Es con este principio de la economía con el que se busca evitar trámites inútiles e innecesarios; agilizar las diligencias; y eliminar las demoras innecesarias.

De allí el principio general, que deriva del artículo 116 de la Ley de Honduras, así:

«Artículo 116. Los funcionarios responsables de la tramitación de los expedientes adoptarán las medidas que conduzcan a evitar todo entorpecimiento o demora por innecesarias diligencias».

Además, del principio de la economía procesal deriva el de la concentración de los actos procesales (principio de la concentración), que la Administración debe seguir, a los efectos, por ejemplo, de aproximar actos procesales de manera que puedan cumplirse en forma simultánea para evitar dilaciones.

Por ello, expresamente, las leyes de Brasil (art. 8), del Perú (art. 149) y de Honduras regulan por ejemplo, la acumulación de expedientes; esta última indicando que:

> «Artículo 66. Cuando se tramiten dos o más expedientes separados que, no obstante, guarden una íntima conexión entre sí y puedan ser resueltos por un mismo acto, el órgano competente, de oficio o a petición de los interesados, podrá disponer su acumulación».

Del principio de la economía procedimental, también deriva todo el régimen regulador de las instancias administrativas de revisión, a los efectos de que, por ejemplo, existan solo dos instancias de revisión: la que corresponde a la autoridad que dicta el acto y la que corresponde a una autoridad superior que lo revise; siendo contrarios al principio de economía procesal aquellos procedimientos administrativos que establecen una larga cadena de recursos en vía administrativa.

Es el caso, lamentablemente, de la Ley Orgánica de Procedimientos Administrativos de Venezuela, que estableció de manera inconveniente una larga cadena de recursos administrativos, que antes no existían, cuando se trata de la impugnación de actos administrativos dictados por las autoridades de un Instituto Autónomo. En estos casos, conforme a dicha Ley Orgánica, si se trata de un acto administrativo dictado por una autoridad inferior de un Instituto Autónomo, debe acudirse en reconsideración ante la misma autoridad; luego, en vía jerárquica, ante la autoridad superior del Instituto, y luego, para poder acudir al contencioso administrativo, se debe agotar la vía administrativa ante el Ministro de adscripción. Por lo cual, la impugnación de actos administrativos emanados de institutos autónomos se convierte en una tarea casi imposible, dado el régimen contrario al principio de la economía procedimental que, al contrario, lo que busca es la simplificación y el desarrollo del procedimiento en la forma menos costosa.

Debe destacarse, de nuevo, que en el Código colombiano también se encuentra una definición del principio de economía, al exigirse que:

> «Las normas de procedimiento se utilicen para agilizar las decisiones, que los procedimientos se adelanten en el menor tiempo y con la menor cantidad de gastos de quienes intervienen en ellos, que no se exijan más documentos y copias que los estrictamente necesarios, ni autenticaciones ni notas de presentación personal sino cuando la ley lo ordene en forma expresa». (art. 3).

El mismo principio lo recoge el Reglamento de la Comunidad Andina en el cual, a pesar de la influencia de la legislación colombiana, se lo califica como principio de economía procesal; al disponer su artículo 5° lo siguiente:

> «En virtud del principio de economía procesal, la Secretaría General tendrá en cuenta que las normas de procedimiento se utilicen para agilizar la adopción de Resoluciones, que los procedimientos se adelanten en el menor tiempo y con la menor cantidad de gastos de quienes intervienen en ellos, y que no se exijan mas documentos y copias que los estrictamente necesarios».

Estos son los dos únicos cuerpos normativos que definen en detalle el principio de economía en el procedimiento administrativo. En cambio, en la generalidad de las leyes de procedimiento solo se realiza la enunciación del principio de «economía», simplemente sin definir el contenido, como sucede con las leyes argentina (art. 7), hondureña (art. 19), venezolana (art. 30), uruguaya (art. 2) y mexicana (art. 13).

Sin embargo, en el Decreto de Uruguay se desarrolla el principio al prescribir en su artículo 8 que:

> «En el procedimiento administrativo deberá asegurarse la celeridad, simplicidad y economía del mismo y evitarse la realización o exigencia de trámites, formalismos o recaudos innecesarios o arbitrarios que compliquen o dificulten su desenvolvimiento».

Más recientemente, sin embargo, se han sancionado Leyes especialmente destinadas a simplificar los procedimientos, como ha sucedido con la Ley de Simplificación de Trámites Administrativos de Venezuela de 1999 y el Decreto N° 266 de 2000 de Colombia.

En todo caso, este principio de la economía procedimental en las distintas leyes de América Latina, plantea diversas soluciones e implica otros principios, por ejemplo, el principio del informalismo o del informalismo de las formalidades; el principio *favor acti* y el principio de la conservación de los actos administrativos.

2. *El informalismo: la antiformalidad*

El procedimiento administrativo, hemos dicho, se configura como un conjunto de actos y actuaciones estrechamente vinculados entre sí, con el objeto de obtener un resultado concreto que, generalmente, se materializa en un acto administrativo. Por ello, en definitiva, el procedimiento administrativo se identifica con el conjunto de formas y formalidades establecidas para guiar la acción de la Administración con miras a la obtención de ese resultado y como garantía de los administrados contra las arbitrariedades de los funcionarios.

Sin embargo, dado el principio de economía y celeridad, es evidente, que la prescripción de formas no puede convertir al procedimiento en un bosque de formalidades que entraben la acción administrativa. Por ello, el principio de eficacia también conlleva al principio el informalismo o del carácter no formalista del procedimiento administrativo.

Este principio, por ejemplo, está expresamente previsto en la Ley argentina de Procedimiento Administrativo en la cual se prescribe que las normas de procedimiento que establece, deben ajustarse al requisito del «informalismo», en el sentido de que debe «excusarse la inobservancia por los interesados de exigencias formales no esenciales y que pueden ser cumplidas posteriormente» (art. 1.c); y en la Ley de Bolivia se define el principio en el sentido de que «la inobservancia de exigencias formales no esenciales por parte del administrado, que puedan ser cumplidas posteriormente, podrán ser excusadas y ello no interrumpirá el procedimiento administrativo» (art. 4,l)

Más precisamente, el artículo 9 del Decreto 500/991, de Uruguay, establece que:

> «En el procedimiento administrativo se aplicará el principio del informalismo en favor del administrado, siempre que se trate de la inobservancia de exigencias formales no esenciales y que puedan ser cumplidas posteriormente».

En la Ley del Perú, también se define el principio del informalismo, en forma detallada en el artículo IV, Título Preliminar, así:

«1.6 Principio de informalismo. Las normas de procedimiento deben ser interpretadas en forma favorable a la admisión y decisión final de las pretensiones de los administrados, de modo que sus derechos e intereses no sean afectados por la exigencia de aspectos formales que puedan ser subsanados dentro del procedimiento, siempre que dicha excusa no afecte derechos de terceros o el interés público».

En la misma orientación, en la Ley de Bolivia se expresa:

«Artículo 4.l) Principio de informalismo: La inobservancia de exigencias formales no esenciales por parte del administrado, que puedan ser cumplidas posteriormente, podrán ser excusadas y ello no interrumpirá el procedimiento administrativo».

Por su parte, la Ley N° 19.880 de Chile regula el principio, al que denomina «de la no formalización», en los siguientes términos:

«*Artículo* 13. Principio de la no formalización. El procedimiento debe desarrollarse con sencillez y eficacia, de modo que las formalidades que se exijan sean aquéllas indispensables para dejar constancia indubitada de lo actuado y evitar perjuicios a los particulares.

El vicio de procedimiento o de forma solo afecta la validez del acto administrativo cuando recae en algún requisito esencial del mismo, sea por su naturaleza o por mandato del ordenamiento jurídico y genera perjuicio al interesado.

La Administración podrá subsanar los vicios de que adolezcan los actos que emita, siempre que con ello no se afectaren intereses de terceros».

Formulaciones similares se encuentran en otras leyes más recientes, como por ejemplo en la de El Salvador, donde el principio del *antiformalismo* se formula así:

«ningún requisito formal que no sea esencial debe constituir un obstáculo que impida injustificadamente el inicio del procedimiento, su tramitación y su conclusión normal. Asimismo, la Administración debe interpretar los requisitos esenciales en el sentido que posibilite el acceso a los procedimientos y el pronunciamiento de una resolución de fondo» (art. 3.3).

Este principio del informalismo, por supuesto, también se relaciona con el carácter instrumental del procedimiento, de manera que éste no se convierta en un fin en sí mismo, puramente adjetivo, que pueda revertir, por el excesivo formalismo, contra el administrado, convirtiéndose menos en una garantía y más en una carga.

No solo este principio tiende a obviar los efectos del incumplimiento de trámites no esenciales por parte de los particulares, sino que también puede aplicarse a la propia Administración, en el sentido de que siempre que el acto administrativo aparezca expresado en forma clara y comprensible podrán obviarse algunas exigencias no esenciales.

Esto se encuentra expresado en la Ley General de Costa Rica, la cual materialmente hace presumir que existe un acto administrativo cuando haya «comportamientos y actividades materiales de la Administración que tengan un sentido unívoco y sean incompatibles con una voluntad diversa» (art. 137).

En estos casos, dichas manifestaciones sirven para expresar el acto, aún cuando éste no tenga la forma exigida, siempre que de forma unívoca así pueda deducirse, de manera que la Administración no pueda, ella misma excusarse por la ausencia de un elemento formal para que pueda haber una manifestación de voluntad, y así deba ser entendida.

Por otra parte, como secuela del principio, la Ley General de la Administración Pública de Costa Rica establece que las normas del procedimiento administrativo «deberán interpretarse en forma favorable a la admisión y decisión final de las peticiones de los administrados». Es en definitiva, el principio *in dubio pro actione* o de la interpretación más favorable al ejercicio del derecho de petición para asegurar más allá de las dificultades de índole formal, una decisión sobre el fondo de la cuestión objeto del procedimiento. En materia de procedimiento administrativo, el principio se traduce en que el formalismo debe ser interpretado en favor del administrado, precisando, la legislación argentina, sin embargo, que «el informalismo no podrá servir para subsanar nulidades que sean absolutas» (art. 224).

En aplicación de este principio, las leyes de procedimiento administrativo, por ejemplo, establecen el deber de los funcionarios administrativos que reciban las peticiones, de advertir a los interesados de las omisiones y de las irregularidades que observen en las mismas, pero sin que puedan negarse a recibirlas (art. 45 Ley Orgánica Venezuela; art. 11 Código Colombia).

Este informalismo en las leyes de procedimiento administrativo trae regulaciones variadas que conducen a otro principio, que es el principio de la flexibilidad del procedimiento y de los trámites procedimentales mediante, por ejemplo, la eliminación del principio de la preclusividad de los lapsos y de actos procesales (arts. 23 y 60 de la Ley venezolana), propio del procedimiento civil. Igualmente, mediante la posibilidad de alegación por parte de los particulares en cualquier momento (art. 62 de la Ley venezolana), por ejemplo, porque no exista un lapso preciso de contestación, y aún cuando algunas leyes de procedimiento lo establezcan, si ese lapso transcurre ello no debe impedir que se pueda alegar en cualquier momento, sin que pueda la Administración rechazar alegatos que se formulen posteriormente al lapso formal establecido para ello. También, mediante la utilización de cualquier tipo de pruebas (art. 58 de la Ley venezolana); y la intrascendencia en la calificación de los recursos (art. 86 de la Ley venezolana). Es decir, por el hecho de que un administrado particular se equivoque en la calificación del recurso que interpone, siempre y cuando de su escrito se deduzca claramente de qué tipo de recurso se trata, la Administración no puede rechazarlo y, al contrario, está obligada a interpretarlo en favor del particular y de flexibilizar esta ausencia de cumplimiento del formalismo en la calificación del recurso (art. 213 Ley peruana).

3. *El principio de la colegialidad*

En relación con el informalismo, en contraste, en determinados procedimientos expresamente se exige una serie de requisitos de carácter formal para el cumplimiento de la actividad administrativa.

Se trata, en particular, de los casos en los cuales actúan cuerpos colegiados, en los cuales la formación de la voluntad normalmente requiere del cumplimiento de una serie de requisitos formales para integrarla. En estos casos, normalmente se está en presencia de un procedimiento complejo que, por lo general, tiene sucesivas fases que van desde la convocatoria, a los efectos de poder llevar al conocimiento de los integrantes del cuerpo colegiado el inicio del procedimiento, hasta los requisitos del «quórum» para la instalación, para la discusión y para la decisión, lo cual contrasta de manera directa con el informalismo.

En estos casos, al contrario, el elemento formal adquiere, por ejemplo gran importancia para expresar la voluntad del cuerpo colegiado una vez que se adopta una decisión. Por ello, algunas leyes como la del Perú (arts. 95 a 102), de la República Dominicana (art. 55), y el Código de Ecuador (arts. 53 a 58), dedican expresamente un conjunto de normas a regular los «órganos colegiados».

Un aspecto formal de primera importancia en la actuación de los órganos colegiados, por ejemplo, se refiere a la necesidad de que tomada una decisión, la misma debe expresarse en el acta de la sesión del cuerpo. Una vez que se levanta dicha acta, y se aprueba, se presume que el acto que se llevó a cabo quedó expresado en el acta y ésta sustituye todo lo que pudo haber ocurrido en la sesión en la cual se adoptó el acto, la cual no podrá volver a repetirse ya que tuvo su oportunidad única. Por ello, ese elemento formal se configura en esencial. Por ejemplo, en materia electoral, una vez que se levanta el acta de escrutinio de votos por la mesa o junta electoral, el acto queda resumido en el acta. Esto se aplica también a las decisiones de los Concejos Municipales y del Consejo de Ministros. Aprobada el acta de la sesión, el acto o decisión tomados quedan subsumidos en dicho documento (acta).

4. *El principio favor acti: (favor administrationis)*

El principio *favor acti* implica que la Administración debe interpretar el procedimiento de manera que sea favorable a la emisión del acto administrativo, es decir, a la obra de la Administración. Por tanto, ante el no acatamiento de elementos formales en el procedimiento, debe preferirse evitar la ineficacia o plantear una ineficacia parcial, que concluir con la ineficacia total del acto. Es decir, el procedimiento debe interpretarse de manera que efectivamente pueda haber una decisión, sin que la falta de cumplimiento de determinadas formalidades afecte el acto y la propia voluntad de la Administración.

Este principio *favor acti* o también, *favor administrationis*, por ejemplo, tiene relación con el tema del funcionario de hecho; es decir, aquél que no estando investido de autoridad de manera regular, adopta alguna decisión que, sin embargo, debe ser reconocida por la Administración, siempre que haya actuado de buena fe, sobre todo en relación con los administrados.

Sobre este tema es de destacar que Ley General de Costa Rica dedica un capítulo entero al régimen del «funcionario de hecho», definiéndolo así:

> «Artículo 115. Será funcionario de hecho el que hace lo que el servidor público regular, pero sin investidura o con una investidura inválida o ineficaz, aún fuera de situaciones de urgencia o de cambios ilegítimos de gobierno, siempre que se den las siguientes circunstancias:
>
> a) Que no se haya declarado todavía la ausencia o la irregularidad de la investidura, ni administrativa ni jurisdiccionalmente; y

b) Que la conducta sea desarrollada en forma pública, pacífica, continua y normalmente acomodada a derecho».

Si reúnen estas características, las decisiones de los funcionarios de hecho se tienen como válidas con respecto a la propia Administración y al particular. Así lo precisa la legislación de Costa Rica:

«1. Los actos de un funcionario de hecho serán válidos aunque perjudiquen al administrado y aunque éste tenga conocimiento de la irregularidad de la investidura de aquél.

2. La Administración quedará obligada o favorecida ante terceros por virtud de los mismos» (art. 116).

La Ley General, además, llega a establecer responsabilidades a cargo de los funcionarios de hecho en relación con la Administración y con los administrados, por los daños que ocasionen en su ejercicio, declarando que «La Administración será responsable ante los administrados por la conducta del funcionario de hecho» (art. 118,2).

5. *El principio de la finalidad y de la conservación*

A. *El principio conservatio acti: la subsanabilidad de los actos de la Administración y de los interesados y la corrección de errores materiales*

Si el objetivo del procedimiento es lograr un fin determinado que normalmente se alcanza con la emisión de un acto administrativo, el principio es que deben hacerse todos los esfuerzos por que el mismo se conserve posteriormente.

Por ello, El principio del informalismo, conlleva al principio *conservatio acti*, o principio de la conservación o subsanabilidad de los trámites administrativos y de las actuaciones de los administrados, por ello, la Ley de Honduras establece que cuando un órgano administrativo declare la nulidad de algunas actuaciones, debe disponer «siempre la conservación de aquellos actos y trámites cuyo contenido hubiera permanecido, de no haberse realizado la infracción origen de la nulidad» (art. 39).

En igual sentido, se dispone en la Ley peruana, (art. 13.3), la cual agrega que la nulidad de un acto debe considerarse que solo implica la de los sucesivos en el procedimiento, cuando estén vinculados a él (art. 13,1 Ley del Perú). Como lo ha establecido la Ley de República Dominicana:

> Artículo 14.III. Se conservarán los elementos de los actos no afectados por vicios de invalidez. La invalidez de un acto no se trasmitirá necesariamente a los sucesivos del procedimiento que sean independientes del nulo o anulable. Los actos inválidos que contengan elementos constitutivos de otro válido producirán los efectos de éste. Los actos anulables podrán ser convalidados subsanando sus defectos de competencia o procedimiento, con efectos desde su fecha o retroactividad para el caso de ser favorables y cumplir los requisitos del Artículo 9 de esta ley.

En sentido similar en la Ley de El Salvador se indica sobre «la conservación de los actos y trámites válidos» que:

> «La autoridad administrativa que revoque actuaciones por razones de ilegalidad, podrá disponer la conservación de aquellos actos y trámites cuyo contenido hubiera permanecido igual, de no haberse realizado la infracción que originó la nulidad» (art. 40)

El principio de la conservación conduce, por supuesto, a la necesidad de la corrección de errores materiales de los actos administrativos, lo que se encuentra regulado expresamente en las leyes de Venezuela, Honduras, Costa Rica, Bolivia, El Salvador y en el Reglamento de la Comunidad Andina.

En la Ley Orgánica de Venezuela, este principio se regula así:

> «Artículo 84. La administración podrá en cualquier tiempo corregir errores materiales o de cálculo en que hubiere incurrido, en la configuración de los actos administrativos».

La Ley General de Costa Rica también precisa que: «En cualquier tiempo podrá la Administración rectificar los errores materiales o de hecho y los aritméticos» (art. 157); a lo que las Leyes de Bolivia y El Salvador agregan que la corrección puede hacerse «de oficio o a instancia de parte» (art. 31 y 40, respectivamente);y la Ley de Honduras, agrega que ello puede hacerse «siempre que la enmienda no altere lo sustancial del acto o decisión» (art. 128). La regulación también la recoge la Ley del Perú, agregando, sin embargo, que la rectificación de los errores sea «con efecto retroactivo» (art. 201.1).

El mismo principio se expresa en el Reglamento de la Secretaría General de la Comunidad Andina así:

> «Artículo 35. Los errores materiales o de cálculo de los actos de la Secretaría General podrán ser corregidos en cualquier momento».

Es precisamente en virtud de este principio de la corrección de errores materiales, que deriva del principio del informalismo y de la economía procedimental, que la Administración no tiene por qué concluir siempre con la revocación del acto incorrecto, pudiendo siempre corregirlo, de oficio o a petición de parte, en cualquier momento. Es un principio de lógica administrativa que, sin embargo, encuentra su expresión formal en estas leyes de procedimiento administrativo, incluso en relación con los actos de los administrados. En tal sentido, la Ley de Honduras dispone que:

> «Artículo 115. Para evitar nulidades, la Administración señalará a la parte interesada los defectos de que adolezcan los actos producidos por ésta y ordenará que se subsanen de oficio o por el interesado dentro de un plazo de tres días.

B. *La convalidación, la enmienda, el saneamiento y la conversión*

Pero incluso, aún en presencia de vicios o irregularidades más sustanciales en los actos administrativos, que no puedan resolverse con la sola corrección de errores materiales o aritméticos, el principio *conservatio acti*, exige que los vicios que puedan afectarlos formalmente, deban subsanarse siempre que no conlleven su nulidad absoluta, lo que ha originado las técnicas de convalidación, enmienda, saneamiento o conversión de los actos administrativos que se encuentran reguladas en las leyes de procedimiento administrativo para evitar su extinción.

En efecto, un principio general que puede derivarse de las regulaciones de las leyes latinoamericanas es el de que la convalidación de los actos administrativos solo puede referirse a la corrección de vicios de nulidad relativa o de anulabilidad, y no puede implicar la corrección de vicios de nulidad absoluta. Por tanto, si lo que afecta al acto administrativo son vicios de orden público, de indefensión o violaciones de derechos y garantías constitucionales, éstos vicios no podrían ser subsanados y convalidarse el acto administrativo. La convalidación procederá, entonces, solo cuando existan errores formales en la voluntad, en la competencia o de formalidades sustanciales que, sin embargo, puedan ser corregidos por la Administración para conservar el acto.

En esta materia, por otra parte, pueden distinguirse las técnicas de convalidación, de saneamiento y de conversión que la Ley General de Costa Rica identifica con precisión.

En *primer lugar*, en cuanto a la convalidación, ésta se produce cuando dictado un acto administrativo que sea relativamente nulo por vicio en la forma, en el contenido o en la competencia, se dicta un nuevo acto administrativo que lo convalide, con indicación precisa del vicio y de la corrección. En estos casos, conforme a la Ley General de Costa Rica, «la convalidación tiene efecto retroactivo a la fecha del acto convalidado» (art. 187,2).

Sobre esto, la Ley venezolana indica, pura y simplemente, que «la Administración podrá convalidar en cualquier momento los actos anulables, subsanando los vicios de que adolezcan» (art. 81), y en sentido similar se regula en la Ley de Brasil (art. 55), en la Ley de Bolivia (art. 37,1), en la Ley de Panamá (art. 56), y en la Ley de Honduras (art. 126).

En sentido similar se regula en la Ley de Brasil, debiendo ser objeto la convalidación de una decisión en la que se evidencie que no acarrea lesión al interés público ni perjudica a terceros (art. 55); y en la Ley de Bolivia (art. 37), donde se indica detalladamente que:

> «I. Los actos anulables pueden ser convalidados, saneados o rectificados por la misma autoridad administrativa que dictó el acto, subsanando los vicios de que adolezca.
>
> II. La autoridad administrativa deberá observar los límites y modalidades señalados por disposición legal aplicable, debiendo salvar los derechos subjetivos o intereses legítimos que la convalidación o saneamiento pudiese generar.
>
> III. Si la infracción consistiera en la incompetencia jerárquica, la convalidación podrá realizarla el órgano competente cuando sea superior jerárquico del que dictó el acto.
>
> IV. Si la infracción consistiese en la falta de alguna autorización, el acto podrá ser convalidado mediante el otorgamiento de ella por el órgano competente».

La misma orientación se sigue en la Ley de El Salvador (art 37), en la Ley de Panamá (art. 54) y en el Código de Ecuador (art. 110). En la misma línea, la Ley de Honduras es igualmente detallada al regular la convalidación de los actos administrativos, así:

> «Artículo 126. La Administración podrá convalidar los actos anulables, subsanando los vicios de que adolezcan, salvo que se hubiere interpuesto recurso contra los mismos.
>
> Si el vicio consistiera en la incompetencia la convalidación podrá realizarse por el órgano competente cuando sea superior jerárquico del que dictó el acto.

Los actos viciados por la falta de alguna autorización podrán ser convalidadas mediante el otorgamiento de la misma por el órgano competente.

Lo dispuesto en el párrafo precedente no será aplicable a los casos de omisión de informes, dictámenes o propuestas obligatorias».

La Ley peruana es todavía más precisa al regular la «enmienda» de los actos administrativos como consecuencia de la «conservación» de los mismos, precisando que cuando el vicio del acto administrativo por el incumplimiento a sus elementos de validez, no sea trascendente, «prevalece la conservación del acto, procediéndose a su enmienda por la propia autoridad emisora» (art. 14.1).

A los efectos de la «enmienda», dicha ley precisa con claridad cuando los actos administrativos están afectados por vicios no trascendentes, indicando los siguientes:

«14.2.1. El acto cuyo contenido sea impreciso o incongruente con las cuestiones surgidas en la motivación.

14.2.2. El acto emitido con una motivación insuficiente o parcial.

14.2.3. El acto emitido con infracción a las formalidades no esenciales del procedimiento, considerando como tales aquellas cuya realización correcta no hubiera impedido o cambiado el sentido de la decisión final en aspectos importantes, o cuyo incumplimiento no afectare el debido proceso del administrado.

14.2.4. Cuando se concluya indudablemente de cualquier otro modo que el acto administrativo hubiese tenido el mismo contenido, de no haberse producido el vicio.

14.2.5. Aquellos emitidos con omisión de documentación no esencial».

En la legislación argentina, esta convalidación se denomina, en general, «saneamiento» y se desdobla en «ratificación» y «confirmación» de los actos administrativos, así:

«Artículo 19. El acto administrativo anulable puede ser saneado mediante:

a) Ratificación por el órgano superior, cuando el acto hubiere sido emitido con incompetencia en razón de grado y siempre que la avocación, delegación o sustitución fueren procedentes;

b) Confirmación por el órgano que dicte el acto subsanando el vicio que lo afecte».

Conforme a esa misma norma, «los efectos del saneamiento se retrotraerán a la fecha de emisión del acto objeto de ratificación o confirmación», es decir, que los efectos del acto de saneamiento son retroactivos, por lo cual el principio es que el acto original surte sus efectos desde que se dictó, aun cuando la convalidación o el saneamiento sea posterior.

En *segundo lugar*, además de la convalidación (enmienda o saneamiento), la Ley General de Costa Rica la distingue de lo que en ella se califica como «saneamiento» y que se reduce a una convalidación de solo defectos de forma. En efecto, el artículo 188 de la Ley General establece:

«1. Cuando el vicio del acto relativamente nulo consista en la ausencia de una formalidad sustancial, como una autorización obligatoria, una propuesta o requerimiento de otro órgano, o una petición o demanda del administrado, éstos podrán darse después del acto, acompañados por una expresa manifestación de conformidad con todos sus términos.

2. Lo anterior no podrá aplicarse a la omisión de dictámenes ni a los casos en que las omisiones arriba indicas produzcan nulidad absoluta, por impedir la realización del acto final.

3. El saneamiento producirá efecto retroactivo a la fecha del acto saneado».

En *tercer lugar,* además de la convalidación y el saneamiento, también se regula formalmente la figura de la conversión del acto administrativo. Esta se produce cuando un acto tiene elementos válidos y otros viciados, pudiendo la autoridad, posteriormente, corregir estos vicios y con los elementos válidos que tenía, convertir al acto en un nuevo acto.

Así los precisa la Ley de Honduras, en su artículo 127, al disponer que:

«El acto nulo que, sin embargo, contenga todos los requisitos constituidos de otro distinto, podrá ser convertido en éste y producirá sus efectos, en su caso, así lo consistiera el interesado».

En estos supuestos, se habla de conversión, como producto del principio de la conservación, en cuyo caso, contrariamente a la convalidación y al saneamiento, no hay efecto retroactivo, sino que la conversión tiene efectos a partir del momento en que el nuevo acto queda perfeccionado. En este sentido, la Ley argentina señala:

«Artículo 20. Si los elementos válidos de un acto administrativo nulo permitieren integrar otro que fuere válido, podrá efectuarse su conversión en éste consintiéndolo el administrado. La conversión tendrá efectos a partir del momento en que se perfeccione el nuevo acto».

Se destaca, en el régimen argentino, la necesidad del consentimiento del administrado para la conversión.

En relación a la misma institución de la conversión, la Ley General de Costa Rica también la regula, disponiendo el artículo 189 lo siguiente:

«El acto inválido, absoluta o relativamente nulo, podrá ser convertido en otro válido distinto por declaración expresa de la Administración a condición de que el primero presente todos los requisitos formales y materiales del último. La conversión tiene efectos desde su fecha».

En *cuarto lugar,* en algunos casos se establece como principio que el acto convalidado debe producir efectos desde su fecha; y en otros, que los efectos, tanto de la convalidación como del saneamiento de un acto administrativo, se retrotraen a la fecha de emisión del acto objeto de ratificación o confirmación (art. 19, Ley de Argentina; art. 187.1 y 188.3, Ley General de Costa Rica).

En cuanto a la conversión esta produce efectos a partir del momento en que se perfeccione el nuevo acto (art. 20, Ley de Argentina; art. 189, Ley General de Costa Rica).

Por último, en quinto lugar, se destaca la previsión del artículo 111 del Código de Ecuador, en el cual se excluye expresamente la posibilidad de convalidación con la indicación de que debe procederse a la «anulación del acto administrativo con vicios subsanables», cuando:

> «1. Ha sido oportunamente impugnado en la vía judicial, sin que se haya convalidado previamente en la vía administrativa. 2. La subsanación del vicio sea legal o físicamente imposible. 3. El vicio haya tenido origen en las actuaciones de la persona interesada. 4. La subsanación cause perjuicios a terceros o al interés general. La nulidad del acto administrativo con vicios subsanables surte efectos únicamente desde la fecha de su declaración. El procedimiento administrativo nulo no es objeto de convalidación».

IV. EL PRINCIPIO *PRO ACTIONE*

El principio *pro actione* implica la necesidad de que las solicitudes se interpreten a favor de lo que se solicita en la petición.

El principio está consagrado expresamente en la legislación de Costa Rica cuando establece que las normas de procedimiento «deberán interpretarse en forma favorable a la admisión y decisión final de las peticiones» (art. 224).

En cuanto a la admisión de la solicitud o de las peticiones presentadas por los interesados, el principio tiene consecuencias concretas en el caso de la legislación de Colombia (art. 11), de Venezuela, (art. 45) de Honduras (art. 115), y del Perú (arts. 125 y 126), pues la Administración está obligada a advertir a los particulares los errores o las omisiones que puedan tener las peticiones, para que dichos errores u omisiones no conlleven su inadmisibilidad.

Como consecuencia, no se puede negar la petición que haga un administrado por causa de una omisión, sino que la Administración está obligada a advertirle los errores, para que el particular los corrija.

QUINTA PARTE

EL PRINCIPIO DE PARTICIPACIÓN

La codificación del procedimiento administrativo en América Latina como manifestación del afianzamiento del principio de la legalidad ha sido concebida teniendo en cuenta, básicamente, la debida protección de los administrados, en el sentido de que si bien las leyes han prescrito normas y fases procedimentales que deben guiar la actuación de la Administración, ello se ha hecho con miras a establecer garantías jurídicas de los administrados frente a la Administración.

Por ello, incluso, la Ley del Perú identifica como uno de los principios del procedimiento administrativo en el artículo IV del Título Preliminar, al «principio de la participación» el cual se describe así:

> «*1.12 Principio de participación.* Las entidades deben brindar las condiciones necesarias a todos los administrados para acceder a la información que administren, sin expresión de causa, salvo aquellas que afectan la intimidad personal, las vinculadas a la seguridad nacional o las que expresamente sean excluidas por ley; y extender las posibilidades de participación de los administrados y de sus representantes, en aquellas decisiones públicas que les puedan afectar, mediante cualquier sistema que permita la difusión, el servicio de acceso a la información y la presentación de opinión».

En Colombia este principio de participación fue incorporado expresamente en la reforma del Código de 2011, sin duda respondiendo a la orientación general de la Constitución de 1991, con arreglo al cual, las autoridades deben promover y atender las iniciativas de los ciudadanos, organizaciones y comunidades encaminadas a intervenir en los procesos de deliberación, formulación, ejecución, control y evaluación de la gestión pública» (art. 3.6)

Se trata, en todo caso, de un principio definitorio de política pública en el fomento de los mecanismos de participación ciudadana en la gestión pública, el cual por supuesto, no sustituye sino complementa el principio democrático representativo.

Las regulaciones destinadas a asegurar la participación de los administrados, en todo caso, inciden no solo en el comienzo del procedimiento, sino en su instrucción y sustanciación, y en la decisión del mismo.

I. EL DERECHO DE PETICIÓN Y LA OPORTUNA RESPUESTA

1. *El inicio del procedimiento a instancia de parte y la capacidad para actuar*

El procedimiento administrativo, tal como se regula en todas las leyes de América latina, puede iniciarse de oficio o a instancia de parte interesada. Como lo precisa el Código de Ecuador:

> «Art. 175.- Actuaciones previas. Todo procedimiento administrativo podrá ser precedido de una actuación previa, a petición de la persona interesada o de oficio, con el fin de conocer las circunstancias del caso concreto y la conveniencia o no de iniciar el procedimiento».

Es decir, como lo indica, en el mismo sentido del Código de Ecuador (art. 183), de la Ley de la República Dominicana (art. 22.I), de la Ley de Bolivia (art. Art. 39), de la Ley de Chile (art. 28) y de la Ley de El Salvador (art. 64), la Ley de Panamá:

> «Artículo 64. La iniciación de los procesos administrativos puede originarse de oficio o a instancia de parte interesada.
>
> La iniciación ocurre de oficio cuando se origina por disposición del despacho administrativo correspondiente; y a instancia de parte cuando se accede a petición, consulta o queja de la persona o personas que sean titulares de un derecho subjetivo o de un interés legítimo».

El Código de Ecuador, además, se refiere a las peticiones que pueden formular las personas para instar a la Administración a actuar mediante denuncias, así:

> «Artículo 65. Sin perjuicio de lo establecido en el artículo anterior, cualquier persona debe denunciar, ante cualquier entidad pública, la comisión de hechos que afecten o lesionen el interés público, o la realización de actos ilícitos cuyo conocimiento corresponda a aquélla, sin que el denunciante se encuentre obligado a comprobar los hechos denunciados. Esta denuncia podrá presentarse de manera verbal o escrita, mediante telegrama, fax u otro medio idóneo, con la condición de que el denunciante se identifique debidamente.
>
> Constituye un deber de todo ciudadano panameño o extranjero residente en el país, denunciar la comisión de hechos o actos que lesionen el interés público o que violen las normas jurídicas vigentes.
>
> Queda a salvo la responsabilidad penal en que pueda incurrir el denunciante en caso de falsedad en la denuncia».

Un aspecto esencial relativo a la participación de las personas en el procedimiento administrativo, es el de la capacidad jurídica, lo que excluye de la participación a los incapaces. Al tema se refieren varias leyes de procedimiento en forma específica.

Por ejemplo, la Ley de El Salvador dispone que la «capacidad para ser parte en el procedimiento administrativo se regirá por el derecho común (art. 66); y la Ley de República Dominicana indica sobre la «capacidad de obrar», que «tendrán capacidad de obrar en el procedimiento administrativo los órganos y entidades administrativas, las personas jurídicas y las personas físicas mayores de edad. Los menores tendrán capacidad cuando el ordenamiento jurídico lo permita» (art. 16).

Regulaciones semejantes se encuentran en la Ley de Chile sobre la «capacidad de actuar» (art. 20) y en el Código de Ecuador sobre la «capacidad de ejercicio» (art. 150).

2. *Participación ciudadana y derecho de petición*

En materia de participación ciudadana en el procedimiento administrativo, es por tanto esencial el clásico derecho de petición y a la obtención de oportuna respuesta, pues en materia de procedimiento administrativo, el origen del tema de la participación está, sin duda, en este derecho de petición, el más clásico de los derechos individuales. En la Constitución de Venezuela de 1999, se resume de la siguiente forma:

> «Artículo 51. Toda persona tiene el derecho de representar o dirigir peticiones ante cualquier autoridad o funcionario público sobre los asuntos que sean de la competencia de éstos, y de obtener oportuna y adecuada respuesta. Quienes violen este derecho serán sancionados conforme a la ley, pudiendo ser destituidos del cargo respectivo».

Un derecho similar está garantizado en casi todas las Constituciones modernas, partiendo del principio establecido en la Enmienda N° 1 a la Constitución de los Estados Unidos de Norteamérica, en 1789.

Este derecho de peticionar y de obtener oportuna respuesta, además, se repite en las diversas leyes de procedimiento administrativo de América Latina. Se trata, en definitiva, del derecho a dirigir instancias o peticiones ante cualquier autoridad, y el correlativo deber de éstas de responder las instancias o peticiones o, en su caso, indicar los motivos por los cuales no se consideran y resuelven.

Por ello, incluso, la Ley Orgánica de Procedimientos Administrativos de Venezuela reitera la declaración constitucional, precisando el derecho de petición administrativa, así:

> «Artículo 2. Toda persona interesada podrá, por sí o por medio de su representante, dirigir instancias o peticiones a cualquier organismo, entidad o autoridad administrativa. Estos deberán resolver las instancias o peticiones que se les dirijan o bien declarar, en su caso, los motivos que tuvieren para no hacerlo».

Este derecho, por otra parte, ha tenido un importante desarrollo en Venezuela en los últimos años, después de la entrada en vigencia de la Ley Orgánica de Amparo sobre Derechos y Garantías Constitucionales (equivalente a la tutela colombiana) del año 1988; haciéndose efectivo el derecho a obtener oportuna respuesta de la Administración, la cual, tradicionalmente, era una Administración que no respondía a las peticiones de los particulares.

Este derecho se consagra también, en el Código Contencioso Administrativo colombiano (arts. 5 a 24); y en el artículo 106 de la Ley del Perú, además, se lo detalla, en la siguiente forma:

> 106.1 Cualquier administrado, individual o colectivamente, puede promover por escrito el inicio de un procedimiento administrativo ante todas y cualesquiera de las entidades, ejerciendo el derecho de petición reconocido en el Artículo 2 inciso 20) de la Constitución Política del Estado.
>
> 106.2 El derecho de petición administrativa comprende las facultades de presentar solicitudes en interés particular del administrado, de realizar solicitu-

des en interés general de la colectividad, de contradecir actos administrativos, las facultades de pedir informaciones, de formular consultas y de presentar solicitudes de gracia.

106.3 Este derecho implica la obligación de dar al interesado una respuesta por escrito dentro del plazo legal».

3. *El derecho de petición y sus garantías*

Las leyes de procedimiento administrativo han regulado en detalle los diversas clases de peticiones ante la Administración y sus garantías, en la siguiente forma:

En *primer lugar,* en cuanto al derecho a peticionar se distinguen las simples peticiones de información o de consulta o solicitudes en interés general, del derecho de peticionar con fundamento en un derecho subjetivo o en un interés personal, legítimo y directo, por ejemplo, aquellas peticiones tendientes a lograr una decisión que cree o declare un derecho. En este último caso, las leyes exigen una legitimación concreta para poder introducir peticiones, que corresponde a los «interesados» (art. 48 Ley de Venezuela; art. 284 Ley de Costa Rica), es decir, a quienes tengan un interés personal, legítimo y directo en el asunto (art. 22 Ley de Venezuela).

La Ley de Honduras precisa, además, quiénes son los interesados, al establecer en su artículo 55, que:

> «Se considerarán parte interesada en el procedimiento, los titulares de derecho subjetivos o intereses legítimos que lo promuevan y aquéllos a quienes pudiere afectar en sus derechos subjetivos o intereses legítimos la resolución que hubiera de dictarse y se apersonen en el procedimiento administrativo espontáneamente, o por citación del órgano competente para resolver cuando éste advierta su existencia durante la sustanciación del procedimiento».

En general, casi todas las leyes de procedimiento administrativo hacen un tratamiento similar, aunque quizás la ley que regula con mayor detalle este tema es el Código colombiano de 1984.

La Ley del Perú, por otra parte, en cuanto a la legitimación, también distingue las solicitudes formuladas en interés general de la colectividad de las formuladas en interés particular del administrado. En relación con estas últimas, dispone que el artículo 107 de dicha Ley que cualquier administrado con capacidad jurídica tiene derecho a presentarse personalmente o hacerse representar ante la autoridad administrativa, para solicitar por escrito la satisfacción de su interés legítimo, obtener la declaración, el reconocimiento u otorgamiento de un derecho, la constancia de un hecho, ejercer una facultad o formular legítima oposición.

En cuanto a la solicitud en interés general de la colectividad, el artículo 108 de dicha Ley del Perú legitima a las personas naturales o jurídicas para poder presentar petición o contradecir actos ante la autoridad administrativa competente, «aduciendo el interés difuso de la sociedad». Esta facultad comprende la posibilidad de comunicar y obtener respuesta sobre la existencia de problemas, trabas u obstáculos normativos o provenientes de prácticas administrativas que afecten el acceso a las entidades, la relación con administrados o el cumplimiento de los principios procedimentales, así como a presentar alguna sugerencia o iniciativa dirigida a mejorar la calidad de los servicios, incrementar el rendimiento o cualquier otra medida que suponga un mejor nivel de satisfacción de la sociedad respecto a los servicios públicos.

En *segundo lugar*, al regular el derecho de petición las leyes prescriben la forma de las peticiones en cuanto a los elementos formales que deben contener, referidos a la identificación del peticionante o solicitante, la precisión del objeto de la solicitud y los fundamentos o motivos de la petición (art. 285, Ley de Costa Rica; art. 49, Ley de Venezuela; art. 5°, Código de Colombia; art. 113, Ley del Perú; art. 40 Ley de Panamá).

En *tercer lugar*, tratándose de peticiones o solicitudes de los interesados, las leyes de procedimiento administrativo generalmente establecen regulaciones relativas a la recepción y registro de documentos (arts. 44-46, Ley de Venezuela; art. 50, Ley de Honduras; art. 117, Ley del Perú), a los efectos de dejar constancia auténtica, entre otros aspectos, de la fecha de las peticiones. Eso tiene importancia procedimental, por la obligación que las leyes imponen a los funcionarios de respetar el orden riguroso de presentación de las peticiones al momento de decidir sobre las mismas y así evitar favoritismos (art. 296, Ley de Costa Rica). Deben destacarse, en esta materia, las novedosas regulaciones de la Ley peruana sobre la recepción de las solicitudes por medios alternativos, por intermedio de entidades desconcentradas (art. 121) o por transmisión de datos a distancia (art. 123).

En *cuarto lugar*, como garantía esencial del derecho de petición, se consagra la obligación de la Administración de recibir las peticiones. Por ello, la Ley Orgánica de la Administración Pública de Venezuela dispone en su artículo 9°, que los funcionarios de la Administración Pública:

> «Tienen la obligación de recibir y atender, sin excepción, las representaciones, peticiones o solicitudes que les formulen los particulares en las materias de su competencia ya sea vía fax, telefónica, electrónica, escrita u oral; así como de responder oportuna y adecuadamente tales solicitudes, independientemente del derecho que tienen los particulares de ejercer los recursos administrativos o judiciales correspondientes, de conformidad con la ley».

En caso de que un funcionario público se abstenga de recibir las representaciones o peticiones de los particulares o no den adecuada y oportuna respuesta a las mismas, deben ser sancionados de conformidad con la ley (Art. 9).

En *quinto lugar*, las leyes de procedimiento administrativo, al regular las peticiones como derecho de los administrados, también establecen el derecho de éstos de desistir de sus peticiones o de renunciar a su derecho (art. 63, Ley de Venezuela; art. 76, Ley de Honduras). En el mismo orden de ideas, las leyes regulan la extinción del procedimiento por perención, cuando éste se paraliza por un lapso (2 meses en la Ley venezolana, por ejemplo) por causas imputables al interesado, contado a partir de la notificación que le haga la Administración (art. 64, Ley de Venezuela). Sin embargo, en general, las leyes prescriben que, no obstante el desistimiento o perención, la Administración puede continuar la tramitación de los procedimientos si razones de interés público lo justifican (art. 66, Ley de Venezuela; art. 8°, Código de Colombia; art. 77, Ley de Honduras).

En *sexto lugar*, tratándose de un derecho de petición con garantía de oportuna respuesta, las leyes de procedimiento administrativo reafirman la obligación de la Administración y de sus funcionarios de resolver, rápida y oportunamente, las peticiones (art. 31, Código de Colombia), prescribiendo, además, plazos para las decisiones. Así, por ejemplo, la Ley Orgánica de Procedimientos Administrativos de Venezuela establece los lapsos según los tipos de procedimientos: si se trata de procedimientos simples, que no requieren sustanciación, la Administración está obligada a decidir las peticiones en un lapso de 20 días; en cambio, si el procedimiento requiere sustanciación, la Ley establece un lapso de 4 meses para la decisión, con posibilidades de prórroga no superior a 2 meses. En consecuencia, existiendo lapsos para la decisión, entra en juego el silencio administrativo como garantía de los particulares (art. 4).

Por último, en *séptimo lugar*, la consecuencia de la regulación del derecho de petición y del derecho de obtener oportuna respuesta es la declaración formal en las leyes de procedimiento administrativo de la responsabilidad de los funcionarios públicos por el retardo, omisión, distorsión o incumplimiento de cualquier procedimiento (art. 51, Constitución de Venezuela).

4. *Las clases de peticiones*

El Código Colombiano, en su artículo 4°, establece la clasificación general del ejercicio del derecho de petición, al establecer que las actuaciones administrativas podrán iniciarse:

«1) Por quienes ejerciten el derecho de petición, en interés general;

2) Por quienes ejerciten el derecho de petición, en interés particular;

3) Por quienes obren en cumplimiento de una obligación o deber legal;

4) Por las autoridades, oficiosamente».

La Ley peruana, por su parte, precisa que «El derecho de petición administrativa comprende las facultades de presentar solicitudes en interés particular del administrado, de realizar solicitudes en interés general de la colectividad, de contradecir actos administrativos, las facultades de pedir informaciones, de formular consultas y de presentar solicitudes de gracia»; además del derecho a formular denuncias (art. 105).

El derecho de peticionar ante cualquier autoridad se encuentra también consagrado, por ejemplo, en las leyes de Uruguay (art. 117) y Venezuela (art. 2°), pero sin la precisión y detalle que establecen el Código colombiano o la Ley peruana.

Así, el artículo 11 de la Ley uruguaya siguiendo la disposición pertinente de la Constitución, establece que «todo habitante tiene derecho de petición por ante todas y cualesquiera autoridades de la República».

En todo caso, en las leyes de procedimiento administrativo, salvo el enunciado de este derecho generalmente de rango constitucional que está en la base de toda la regulación del procedimiento administrativo, no se encuentra una clasificación de los procedimientos derivados de las peticiones que se formulan y que dan origen a los actos administrativos y a la clasificación de los mismos. En tal sentido debe recordarse la clasificación que ha difundido desde hace años la doctrina italiana, entre los procedimientos declarativos, ablatorios, concesorios o autorizatorios, los cuales en definitiva, engloban todas las peticiones que pueden formular los particulares en ejercicio de un derecho; o los procedimientos que la Administración, de oficio, inicia para sancionar o tomar determinadas medidas que restrinjan la esfera jurídica de los administrados.

En todo caso, conforme a las leyes de procedimiento administrativo, se pueden distinguir seis tipos de peticiones: las relativas a consultas e informaciones; las peticiones de gracia; las peticiones relativas a derechos subjetivos o intereses legítimos; las peticiones formuladas en representación de intereses difusos o colectivos; las peticiones formuladas en cumplimiento de un deber legal; y las denuncias obligatorias.

A. *Las peticiones generales: consultas e informaciones*

En relación con el derecho a formular consultas y requerir informaciones que tienen los particulares, el Código de Colombia establece que el derecho de petición incluye el de formular consultas escritas o verbales a las autoridades, en relación con las materias a su cargo, y sin perjuicio de lo que dispongan normas especiales. Estas consultas deben tramitarse con economía, celeridad, eficacia e imparcialidad y resolverse en un plazo máximo de treinta (30) días (Igual plazo lo prevé la Ley de Panamá, art. 82). Las respuestas en estos casos no comprometen la responsabilidad de las entidades que las atienden, ni son de obligatorio cumplimiento o ejecución (art. 25).

A tal efecto, los reglamentos internos de los órganos de la Administración, deben atribuir a uno o más funcionarios o empleados el deber especial de absolver las consultas del público, y de atender las demás peticiones generales (art. 26).

En estos casos, por supuesto, los peticionantes no requieren de un interés específico y, como lo dice la Ley de Honduras, basta «que ostenten capacidad con arreglo a las normas de derecho civil» (art. 54).

La Ley del Perú, por su parte, en relación con las peticiones de información y consultas, precisa que el derecho de petición incluye el de solicitar la información que obra en poder de las entidades, para lo cual las entidades deben establecer mecanismos de atención a los pedidos sobre información específica y prever el suministro de oficio a los interesados, incluso vía telefónica, de la información general sobre los temas de interés recurrente para la ciudadanía (art. 110).

El derecho de petición, además, conforme a la Ley del Perú, incluye las consultas por escrito a las autoridades administrativas, sobre las materias a su cargo y el sentido de la normativa vigente que comprende su accionar, particularmente aquélla emitida por la propia entidad. Para ello, cada entidad debe atribuir competencia para absolver las consultas a una o más de sus unidades sobre la base de los precedentes de interpretación seguidos en ella (art. 111).

B. *Las peticiones de gracia*

La Ley peruana regula, además, expresamente, las peticiones de gracia, es decir, aquéllas en las cuales el administrado puede solicitar al titular del órgano administrativo competente la emisión de un acto sujeto a su discrecionalidad o a su libre apreciación, o prestación de un servicio cuando no cuenta con otro título legal específico que permita exigirlo como una petición de interés particular (art. 112.1).

C. *Las peticiones relativas a derechos subjetivos o intereses legítimos*

En las leyes de procedimiento administrativo, por supuesto, se regulan en forma privilegiada las peticiones relativas a derechos subjetivos o intereses legítimos. En este caso, la iniciativa del comienzo del procedimiento y la determinación de si se requiere el ejercicio de un derecho de petición o de si puede iniciarse de oficio, depende de los tipos de procedimientos.

Como se dijo, generalmente las leyes de procedimiento no establecen una tipología de los procedimientos de acuerdo con los efectos del acto administrativo que resulte de su desarrollo; sin embargo, de ello dependerá la precisión de cuándo puede o debe iniciarse el procedimiento a petición de parte interesada y cuándo puede o debe iniciarse de oficio. La excepción es la Ley peruana, en cuyo artículo 107 se regulan las solicitudes en interés particular del administrado, indicando que cualquier administrado con capacidad jurídica tiene derecho a presentarse personalmente o hacerse representar ante la autoridad administrativa, para solicitar por escrito «la satisfacción de su interés legítimo, obtener la declaración, el reconocimiento u otorgamiento de un derecho, la constancia de un hecho, ejercer una facultad o formular legítima oposición»(art. 107).

En esta forma, conforme a la tipología difundida por la doctrina italiana y de acuerdo a la naturaleza de los efectos de los actos administrativos que resultan de los procedimientos administrativos, podrían distinguirse cuatro tipos de procedimientos: los declarativos, los «ablatorios», los concesorios y los autorizatorios.

En *primer lugar,* se destacan los procedimientos declarativos, que son los que tienen por objeto la emisión de actos administrativos que otorgan certeza respecto de hechos jurídicos relevantes, y pueden consistir también en declaraciones de ciencia o de conocimiento y en verificaciones. En este sentido, puede decirse que todos los procedimientos administrativos que concluyen en actos de registro o de inscripción, por ejemplo, de la propiedad, de patentes o marcas, de vehículos, naves o aeronaves, son procedimientos declarativos. Asimismo, los procedimientos para establecer la identificación de las personas.

Estos procedimientos declarativos requieren, en general, para su inicio, instancia de parte interesada, y solo en casos excepcionales donde esté interesado el orden público, podrían iniciarse de oficio, como en materia de identificación de las personas.

En *segundo lugar,* están los procedimientos «ablatorios», denominados así en la doctrina italiana por el uso del vocablo latino «*ablatio*», que denota la acción de quitar, cortar o eliminar. Estos procedimientos tienen, como consecuencia la restricción de los derechos individuales, por lo que generalmente se inician de oficio por la Administración. Ejemplos de estos procedimientos son los procedimientos expropiatorios, de requisición o sancionatorios que afecten una cosa (comiso) o el patrimonio de una persona (multa). Una importante regulación sobre los procedimientos sancionatorios está en el artículo 230 la Ley peruana en la cual, incluso, se formulan los siguientes principios especiales respecto de la potestad sancionadora administrativa:

> «1. Legalidad. Solo por norma con rango de ley cabe atribuir a las entidades la potestad sancionadora y la consiguiente previsión de las consecuencias administrativas que a título de sanción son posibles de aplicar a un administrado, las que en ningún caso habilitarán a disponer la privación de libertad.
>
> 2. Debido procedimiento. Las entidades aplicarán sanciones sujetándose al procedimiento establecido respetando las garantías del debido proceso.

3. Razonabilidad. Las autoridades deben prever que la comisión de la conducta sancionable no resulte más ventajosa para el infractor que cumplir las normas infringidas o asumir la sanción; así como que la determinación de la sanción considere criterios como la existencia o no de intencionalidad, el perjuicio causado, las circunstancias de la comisión de la infracción y la repetición en la comisión de infracción.

4. Tipicidad. Solo constituyen conductas sancionables administrativamente las infracciones previstas expresamente en normas con rango de ley mediante su tipificación como tales, sin admitir interpretación extensiva o analogía. Las disposiciones reglamentarias de desarrollo pueden especificar o graduar aquellas dirigidas a identificar las conductas sancionables a las previstas legalmente, salvo los casos en que la ley permita tipificar por vía reglamentaria.

5. Irretroactividad. Son aplicables las disposiciones sancionadoras vigentes en el momento de incurrir el administrado en la conducta a sancionar, salvo que las posteriores le sean más favorables.

6. Concurso de infracciones. Cuando una misma conducta califique como más de una infracción se aplicará la sanción prevista para la infracción de mayor gravedad, sin perjuicio que puedan exigirse las demás responsabilidades que establezcan las leyes.

7. Continuación de infracciones. Para imponer sanciones por infracciones en las que el administrado incurra en forma continua, se requiere que hayan transcurrido por lo menos treinta (30) días desde la fecha de la imposición de la última sanción y se acredite haber solicitado al administrado que demuestre haber cesado la infracción dentro de dicho plazo.

8. Causalidad. La responsabilidad debe recaer en quien realiza la conducta omisiva o activa constitutiva de infracción sancionable.

9. Presunción de licitud. Las entidades deben presumir que los administrados han actuado apegados a sus deberes mientras no cuenten con evidencia en contrario.

10. Non bis in idem. No se podrá imponer sucesiva o simultáneamente una pena y una sanción administrativa por el mismo hecho en los casos que se aprecie la identidad del sujeto, hecho y fundamento».

En *tercer lugar,* están los procedimientos concesorios, los cuales tienen por objeto actos administrativos que amplían la esfera jurídica subjetiva de los administrados. El otorgamiento de concesiones tradicionalmente se ubica en estos procedimientos concesorios; sin embargo, cada vez más importantes son otros procedimientos, como los relativos a la obtención de subvenciones, o los procedimientos que atribuyen una calificación jurídica a las personas, como la concesión de la nacionalidad. Estos procedimientos concesorios, por supuesto, requieren siempre instancia de parte y no pueden iniciarse de oficio.

Por último, en *cuarto lugar,* deben mencionarse los procedimientos autorizatorios que tienen por objeto la emisión de actos administrativos que permiten a un particular ejercer un derecho, por la remoción de un obstáculo jurídico que legalmente existe para su ejercicio pleno. Son los más comunes en las relaciones entre la Administración y los administrados, y dan origen a autorizaciones, permisos y licencias para que los particulares puedan ejercer derechos o realizar actividades. Estos procedimientos, en general, requieren instancia de parte y no pueden iniciarse de oficio.

D. *Las peticiones relativas a asuntos de interés general: los intereses difusos y colectivos*

Con la protección constitucional o legal, cada vez más creciente, de los intereses colectivos y difusos, como ha sucedido, por ejemplo, en la Constitución venezolana (art. 26), las leyes de procedimiento administrativo, como la Ley peruana, regulan las solicitudes en interés general de la colectividad. El artículo 108 de esta Ley, al referirse a la solicitud en interés general de la colectividad, precisa que las personas naturales o jurídicas pueden presentar petición o contradecir actos ante la autoridad administrativa competente, «aduciendo el interés difuso de la sociedad». Esta facultad comprende la posibilidad de comunicar y obtener respuesta sobre la existencia de problemas, trabas u obstáculos normativos o provenientes de prácticas administrativas que afecten el acceso a las entidades, la relación con administrados o el cumplimiento de los principios procedimentales, así como a presentar alguna sugerencia o iniciativa dirigida a mejorar la calidad de los servicios, incrementar el rendimiento o cualquier otra medida que suponga un mejor nivel de satisfacción de la sociedad respecto a los servicios públicos».

E. *Las peticiones en cumplimiento de un deber legal*

Por otra parte, deben destacarse las peticiones formuladas en cumplimiento de un deber legal, a cuyo efecto, el Código colombiano indica que cuando una norma imponga a una persona el deber de presentar una solicitud, una declaración tributaria o de otra clase o una liquidación privada, o el de realizar cualquier otro acto para iniciar una actuación administrativa, las autoridades no podrán impedirlo ni negarse a recibir el escrito con el que se pretenda cumplir el deber. En estos casos, cuando las autoridades no lo admitan, el interesado debe realizar los actos necesarios para cumplir su deber ante el correspondiente funcionario del Ministerio Público, y el funcionario debe ordenar iniciar el trámite legal, e impondrá las sanciones disciplinarias pertinentes (art. 27).

F. *El derecho a denunciar y las denuncias obligatorias*

Por último, se destacan los procedimientos iniciados por denuncia. La Ley peruana, en su artículo 105 regula, al efecto, el derecho a formular denuncias, estableciendo que todo administrado está facultado para comunicar a la autoridad competente aquellos hechos que conociera contrarios al ordenamiento, sin necesidad de sustentar la afectación inmediata de algún derecho o interés legítimo, ni que por esta actuación sea considerado sujeto del procedimiento. Esta comunicación debe exponer claramente la relación de los hechos, las circunstancias de tiempo, lugar y modo que permitan su constatación, la indicación de sus presuntos autores, partícipes y damnificados, el aporte de la evidencia o su descripción para que la administración proceda a su ubicación, así como cualquier otro elemento que permita su comprobación.

La presentación de la denuncia, por supuesto, obliga a la administración a practicar las diligencias preliminares necesarias y, una vez comprobada su verosimilitud, a iniciar de oficio la respectiva fiscalización. El rechazo de una denuncia, en todo caso, debe ser motivado y comunicado al denunciante, si estuviese individualizado (art. 105).

La legislación de América Latina regula, además, las denominadas denuncias obligatorias, en cumplimiento de un deber legal de colaboración con las autoridades, es decir, cuando se impone a las personas el deber de presentar una denuncia respecto de determinados hechos.

En el Código Colombiano, se regula lo que se encuentra consagrado en tantas normas de carácter especial administrativo, como es el deber de denuncia obligatoria, por ejemplo, en materia sanitaria. Se trata de normas administrativas que no tienen carácter penal ni sancionatorio, pero que en resguardo de la salud pública, imponen al particular la denuncia obligatoria de determinados hechos de los cuales tenga conocimiento. Esto se encuentra regulado en viejas normas, como el Reglamento de las Enfermedades de Denuncia Obligatoria de Venezuela, el cual impone la obligación a los particulares de denunciar ante la Administración, enfermedades que puedan ser contagiosas y que requieran la atención de la Administración sanitaria.

Aparte de esto, está el deber de denuncia que se le impone a los funcionarios, y que regulan todos los ordenamientos. En este sentido, el Decreto de Uruguay establece una amplia regulación (arts. 175 a 181) sobre el tema de las denuncias y de las informaciones de urgencia, consagrando el deber de denuncia a cargo de los funcionarios, respecto de las irregularidades de que tuviera conocimiento por razón de sus funciones, de las que se cometieren en su dependencia o cuyos efectos ella experimentara particularmente (art. 175).

5. *El rol del Ministerio Público o del Defensor de los Derechos Humanos*

Dentro de las tareas que corresponden al Ministerio Público, está la de velar por el respeto y la efectividad de los derechos constitucionales en forma general. Por ello, en Colombia se establece como obligación del Ministerio Público el velar por el ejercicio y la efectividad del derecho de petición, a cuyo efecto, sus funcionarios tienen a su cargo conforme el artículo 75 del Código.

«1) Instruir debidamente a toda persona que, por manifestación propia, desee o deba formular alguna petición;

2) Escribir la petición de que se trate, si la persona no pudiere hacerlo por sí misma y ello fuere necesario, comprobando en este caso que se cumplan las formalidades previstas en este Código;

3) Recibir y hacer tramitar las peticiones o recursos que las autoridades, por cualquier motivo, no hayan querido recibir;

4) Aplicar medidas disciplinarias o solicitar su aplicación al que sea competente, a los funcionarios que, sin causa justificada, dificulten o hagan ineficaz el ejercicio del derecho de petición o incurran en las conductas previstas en el artículo siguiente;

5) Vigilar en forma constante y directa los sistemas para el cobro de las tarifas de los servicios públicos, y asegurar que los reclamos y recursos se tramiten en forma rápida y legal».

En esta forma, sobre todo a nivel local, pues estas obligaciones del Ministerio Público se refieren a sus agentes a nivel municipal, se establece una garantía para el efectivo ejercicio del derecho de petición.

II. LA FORMA DE LAS PETICIONES Y SU TRAMITACIÓN

1. *La presentación de las peticiones*

Uno de los campos de regulación de las leyes de procedimiento administrativo de América Latina en relación con la participación en los casos de procedimientos que se inician a solicitud de parte, es el relativo a la forma de las peticiones, y al principio de la colaboración de parte de la Administración, a los efectos de la corrección de las mismas. Por tanto, no solo se trata de la posible intervención del Ministerio Público para que las peticiones se presenten en forma adecuada, sino de la regulación del deber de colaboración que la Administración tiene con el administrado para la corrección de las peticiones.

A. *El principio de la escrituración*

Ante todo, en cuanto al inicio del procedimiento administrativo, se destaca, el principio de la escrituración o de la forma escrita de las peticiones. Conforme a ello, en principio, las peticiones deben presentarse por escrito y todas las leyes así lo regulan, como por ejemplo, la Ley de Chile que dispone:

> «Artículo 5°. *Principio de escrituración.* El procedimiento administrativo y los actos administrativos a los cuales da origen, se expresarán por escrito o por medios electrónicos, a menos que su naturaleza exija o permita otra forma más adecuada de expresión y constancia».

Sin embargo, conforme se precisa en la Ley de El Salvador, también:

> «se podrán utilizar tecnologías de la información y de la comunicación para presentar peticiones, siempre que tales tecnologías permitan la constancia por escrito, ofrezcan garantías de autenticidad, confidencialidad, integridad, eficacia, disponibilidad y conservación de la información y sean compatibles con la naturaleza del trámite a realizar. La Administración hará pública, por los mecanismos adecuados, la posibilidad de utilizar estos medios y las condiciones de su uso» (art. 73).

Por otra parte, en general, las leyes exigen que las peticiones se presenten firmadas, disponiéndose sin embargo en la Ley de El Salvador, que «las peticiones dirigidas a la Administración, también podrán suscribirse utilizando otros mecanismos electrónicos para verificar la autenticidad de la identidad del solicitante, como podría ser el sistema de clave concertada o cualquier otro análogo que la Administración considere válido» (art. 74).

También en este punto de la presentación de la petición, el Código colombiano, prevé la posibilidad de la petición oral como forma admitida de inicio del procedimiento, indicando que si quien presenta una petición verbal afirma no saber o no poder escribir y pide constancia de haberla presentado, el funcionario la debe expedir en forma sucinta (art. 5).

La Ley de Brasil también admite las peticiones orales (art. 6).

B. *El contenido del escrito y sus anexos*

Por otra parte, todas las leyes enumeran con bastante amplitud el contenido que deben tener las peticiones escritas, en el sentido de identificación del peticionario, identificación de la autoridad a la cual está dirigida, los hechos en que se funda la petición, los fundamentos de derecho y los documentos que han de acompañarse.

Como ejemplo, aparte de la Ley peruana, ya citada (art. 113), se destaca el artículo 5° del Código colombiano el cual dispone que las peticiones escritas deben contener, por lo menos los siguientes elementos:

> «1) La designación de la autoridad a la que se dirigen; 2) Los nombres y apellidos completos del solicitante y de su representante o apoderado, si es el caso, con indicación del documento de identidad y de la dirección; 3) El objeto de la petición; 4) Las razones en que se apoya; 5) La relación de documentos que se acompañan; 6) La firma del peticionario, cuando fuere el caso».

En cuanto a la Ley mexicana, aparte de establecer que la Administración Pública Federal no puede exigir más formalidades que las expresamente previstas en la ley, precisa que:

> «Las promociones deberán hacerse por escrito en el que se precisará el nombre, denominación o razón social de quien o quienes promuevan, en su caso de su representante legal, domicilio para recibir notificaciones, así como nombre de la persona o personas autorizadas para recibirlas, la petición que se formula, los hechos o razones que dan motivo a la petición, el órgano administrativo a que se dirigen y lugar y fecha de su emisión. El escrito deberá estar firmado por el interesado o su representante legal, a menos que no sepa o no pueda firmar, caso en el cual, se imprimirá su huella digital.
>
> El promovente deberá adjuntar a su escrito los documentos que acrediten su personalidad, así como los que en cada caso sean requeridos en los ordenamientos respectivos» (art. 15).

De igual forma, el artículo 49 de la Ley Orgánica de Procedimientos Administrativos de Venezuela precisa que cuando el procedimiento se inicie por solicitud de persona interesada, en el escrito se debe hacer constar lo siguiente:

> «1. El organismo al cual está dirigido; 2. La identificación del interesado, y en su caso, de la persona que actúe como su representante con expresión de los nombres y apellidos, domicilio, nacionalidad, estado civil, profesión y número de la cédula de identidad o pasaporte; 3. La dirección del lugar donde se harán las notificaciones pertinentes; 4. Los hechos, razones y pedimentos correspondientes, expresando con toda claridad la materia objeto de la solicitud; 5. Referencia a los anexos que lo acompañan, si tal es el caso; 6. Cualesquiera otras circunstancias que exijan las normas legales o reglamentarias; y 7. La firma de los interesados».

Y en Brasil, el artículo de la Ley 9.784 de Procedimiento Administrativo de la Federación, hace una enumeración similar respecto de lo que debe contener el escrito de la petición:

> «I. órgão ou autoridade administrativa a que se dirige; II. identificação do interessado ou de quem o represente; III. domicílio do requerente ou local para recebimento de comunicações; IV. formulação do pedido, com exposição dos fatos e de seus fundamentos; V. data e assinatura do requerente ou de seu representante».

El artículo 285 la Ley General de Costa Rica también precisa que la petición de la parte deberá contener lo siguiente:

«a) Indicación de la oficina a que se dirige; b) Nombre y apellidos, residencia y lugar para notificaciones de la parte y de quien la representa; c) La pretensión, con indicación de los daños y perjuicios que se reclamen, y de su estimación, origen y naturaleza; d) Los motivos o fundamentos de hecho; y e) Fecha y firma».

En sentido similar a las regulaciones de las leyes antes citadas se han redactado los artículos correspondientes de la Ley de Chile (art. 30), de la Ley de Bolivia (art. 41), de la Ley de la República Dominicana (art. 23), de la Ley de El Salvador (art. 71), de la Ley de Panamá (art. 74).

Debe señalarse, por último, que la Ley mexicana (art. 42), y el Decreto uruguayo (art. 19), plantean incluso la posibilidad de utilizar el fax y otros medios similares de transmisión a distancia para la formulación de las peticiones. En sentido similar, se regula en el artículo 4° del Decreto 266 de 2000 de Colombia; y en el artículo 123 de la Ley del Perú.

Por otra parte, en general se exige que a la petición escrita se acompañen las copias de los documentos que se indiquen en la misma.

Por último, las peticiones que se formulen deben ser de contenido respetuoso, propios del procedimiento ante la Administración. Como lo regula expresamente la Ley de Panamá, «toda petición, consulta o queja que se dirija a la autoridad por motivos de interés social o particular, deberá presentarse de manera respetuosa, y no se podrán usar, en los escritos respectivos, expresiones indecorosas, ofensivas o irrespetuosas», quedando facultada la autoridad encargada de resolver, en cualquier etapa del trámite, para «disponer que se tachen las expresiones ostensiblemente indecorosas, ofensivas o irrespetuosas, sin perjuicio de las sanciones correccionales o penales que ameriten» (art. 41).

C. *Los timbres fiscales y el principio de la gratuidad*

Uno de los instrumentos fiscales más frecuentes en los países de América Latina está constituido por el sistema de timbres o estampillas que deben pagarse e inutilizarse con motivo de la realización de trámites administrativos y, particularmente, de la formulación de peticiones ante la Administración. Estos timbres configuran como un instrumento para la percepción de tasas por los servicios administrativos.

La existencia de estos instrumentos fiscales plantea la discusión sobre la existencia o no del principio de la gratuidad en materia de peticiones administrativas. El Código colombiano, al referirse a este punto en específico, hace la siguiente distinción, en cuanto a que «el simple ejercicio del derecho de petición es distinto de la acción de litigar en causa propia o ajena y no causará impuesto de timbres» (art. 39).

Por lo tanto, en el derecho colombiano, si se trata del ejercicio de un derecho de petición en interés propio habría sujeción al pago de timbres fiscales, pero éste no sería el caso del ejercicio de un derecho de petición general. Es el mismo principio que rige en Venezuela: el pago de timbres fiscales es obligatorio cuando se ejerce el derecho de petición en interés particular o de un derecho propio; en cambio, si se trata de una simple petición no es necesario el pago de timbres fiscales.

En el caso de otras leyes, por ejemplo, la de Uruguay (arts. 19 a 21), no se establece ningún tipo de timbres.

El tema de los «derechos de tramitación» está particularmente regulado en la Ley del Perú, en cuyo artículo 44 se dispone que en los procedimientos administrativos, procede establecer derechos de tramitación cuando su desarrollo implique para la entidad la prestación de un servicio específico e individualizable a favor del administrado, o en función del costo derivado de las actividades dirigidas a analizar lo solicitado. En todo caso, se establece como condición para la procedencia de este cobro: que la entidad esté facultada para exigirlo por una norma con rango de ley.

Por otra parte, el mismo artículo de la Ley de Perú establece que no procede establecer cobros por derecho de tramitación para procedimientos iniciados de oficio, ni en aquellos en lo que son ejercidos el derecho de petición graciable o el de denuncia ante la entidad por infracciones funcionales de sus propios funcionarios o que deban ser conocidas por las Oficinas de Auditoria Interna (art. 44,3).

En otros países, en cambio se establece como principio general el principio de la gratuidad de los procedimientos administrativos, salvo previsión expresa de la ley. Así, la Ley de Bolivia dispone:

> «Artículo 4.o) Principio de gratuidad: Los particulares solo estarán obligados a realizar prestaciones personales o patrimoniales en favor de la Administración Pública, cuando la Ley o norma jurídica expresamente lo establezca».

En sentido similar, en la Ley de Chile se dispone:

> «Artículo 6°. Principio de gratuidad. En el procedimiento administrativo, las actuaciones que deban practicar los órganos de la Administración del Estado serán gratuitas para los interesados, salvo disposición legal en contrario».

D. *El principio de colaboración: las correcciones a la petición*

Debe señalarse, por otra parte, una vez precisada la forma escrita y el contenido de las peticiones, que en todas las leyes de procedimiento administrativo de América Latina también se encuentra regulado el principio de colaboración de la Administración, conforme al cual no se deben rechazar las peticiones que no cumplan las formas, sino que, en principio, el funcionario debe advertirle al administrado los errores para que pueda corregirlas y pueda volver a presentarlas ante la Administración. Esto está regulado en forma expresa en Colombia (art. 27), en Costa Rica (solo defectos subsanables, art. 287), en México (art. 43), en Venezuela (art. 50), en Brasil (art. 6°), en Honduras (art. 115), en Perú (arts. 125 y 126), en Uruguay (art. 26), en Bolivia (art. 3), en El Salvador (art. 72), y en Panamá (art. 76). En definitiva, se trata de un derecho, hasta cierto punto del administrado, para que la Administración colabore con su derecho de petición y le advierta los errores en sus peticiones.

Así lo establece, expresamente, el artículo 50 de la Ley Orgánica de Procedimientos Administrativos de Venezuela:

> «Artículo 50. Cuando en el escrito o solicitud dirigida a la Administración Pública faltare cualquiera de los requisitos exigidos en el artículo anterior, la autoridad que hubiere de iniciar las actuaciones lo notificará al presentante, comunicándole las omisiones o faltas observadas a fin de que en el plazo de

quince (15) días proceda a subsanarlos. Si el interesado presentare oportunamente el escrito o solicitud con las correcciones exigidas, y ésta fuere objetada por la administración debido a nuevos errores u omisiones, el solicitante podrá ejercer el recurso jerárquico contra la segunda decisión o bien corregir nuevamente sus documentos conforme a las indicaciones del funcionario».

En la Ley General de Costa Rica, sin embargo, se establece en forma expresa que las peticiones pueden ser rechazadas cuando no se identifique al peticionante, no se precise el contenido de la pretensión o la petición no esté firmada, en cuyo caso se produce el archivo de la petición (art. 285, 2, 3).

E. *La reforma de la petición*

Por último, debe señalarse que en materia administrativa, los peticionantes también tienen derecho a modificar o ampliar su petición, como lo dice la Ley de Honduras, siempre que se basen en hechos esencialmente idénticos a los invocados en la petición inicial, y no se haya realizado la audiencia final dada a los interesados (art. 67).

2. *La recepción de las peticiones, la copia, el registro y el orden de tramitación*

Otra regulación que también está establecida en casi todas las leyes de procedimiento administrativo, en forma expresa, es la obligación de las autoridades de llevar un Registro de toda la documentación que se consigne en las oficinas públicas (art. 117, Ley del Perú); y a los efectos del recibo de la petición, la exigencia de acompañar copia de la petición para que ésta le sea devuelta sellada al peticionante, como recibo, la cual tendrá el mismo valor legal que el original. Este hecho que siempre fue práctica administrativa, se ha formalizado en las leyes a los efectos de la certificación, como sucede, por ejemplo, en el Código de Colombia (art. 5), en la Ley del Perú (art. 114), en el Decreto de Uruguay (art. 22 y 25), y en la de Venezuela (art. 46).

En el artículo 25 del Decreto de Uruguay, en particular se resume esta regulación así:

> «Artículo 25. Todo funcionario que reciba un escrito deberá anotar bajo su firma en el propio escrito, la fecha en que lo recibe, el número de hojas que contenga, la mención de los documentos que se acompañan y copias que se presentan. Como constancia de la recepción del mismo, se entregará al interesado la copia a que se refiere el artículo 22 del presente decreto, sin perjuicio de otras formas de constancia que por razón del trámite sea conveniente extender».

La regulación también aparece precisa en la Ley de Honduras, al disponerse lo siguiente:

> «Artículo 53. Toda persona que presente un escrito podrá acompañar copia simple del mismo y exigir en el acto, que se coteje y se le devuelva, con nota que exprese la fecha y hora de la presentación, con el sello de la oficina y firma del empleado que la reciba».

De los documentos que acompañe podrá presentar copia y pedir que previo cotejo se le devuelvan los originales salvo disposición en contrario.

De una u otra circunstancia, el encargado del Registro dejará constancia en el expediente.

Por otra parte, en las leyes de Costa Rica (art. 296), México (art. 46), Venezuela (art. 34) y Uruguay (art. 25), hay normas precisas que establecen la obligación de la Administración de respetar el orden de las peticiones para su consideración; orden que se deriva del Registro de las mismas, que debe ser en forma rigurosa. Debe recordarse que en gran parte, la sanción de estas leyes de procedimiento tuvieron por objeto asegurar la igualdad de todos los particulares, mediante la ordenación del trámite de las peticiones. En esta forma, este principio del «orden riguroso», formulado con esta misma expresión, está consagrado en la Ley de Costa Rica (art. 296).

La misma expresión se encuentra en la Ley de México, así:

> «Artículo 46. En el despacho de los expedientes se guardará y respetará el orden riguroso de tramitación en los asuntos de la misma naturaleza; la alteración del orden solo podrá realizarse cuando exista causa debidamente motivada de la que quede constancia.
>
> El incumplimiento a lo dispuesto en el párrafo anterior, será causa de responsabilidad del servidor público infractor».

De igual manera lo establece la Ley Orgánica Venezuela cuyo artículo 34 dispone que en el despacho de todos los asuntos «se respetará *rigurosamente el orden* en que éstos fueron presentados». Sin embargo, solo por razones de interés público y mediante providencia motivada, el jefe de la oficina puede modificar dicho orden, dejando constancia en el expediente.

Este orden riguroso se establece, por supuesto, en favor del administrado, para que se tramiten los asuntos de acuerdo al orden de presentación y no se le dé un trato de favor a otro interesado que presente una petición con posterioridad y se resuelva primero. El principio es que se resuelvan las peticiones de acuerdo al orden de presentación; principio que busca eliminar el favoritismo y la parcialidad en los trámites administrativos. El orden debe respetarse, incluso, ante el pago de derechos de tramitación, para lo cual la Ley del Perú dispone que las entidades «no pueden establecer pagos diferenciados para dar preferencia o tratamiento especial a una solicitud distinguiéndola de las demás de su mismo tipo, ni discriminar en función al tipo de administrado que siga el procedimiento» (art. 45).

En todo caso, conforme a la Ley de El Salvador, toda persona que haya presentado una petición, consulta o queja:

> «tiene derecho a conocer el estado en que se encuentra la tramitación, y la entidad pública correspondiente está en la obligación de informarle lo pertinente en el término de cinco días, contado a partir de la fecha de su presentación. Si la entidad no pudiese resolver la petición, consulta o queja dentro del término señalado en la ley, la autoridad responsable deberá informar al interesado el estado de la tramitación, que incluirá una exposición al interesado justificando las razones de la demora» (art. 44).

3. *La obligación y término para responder*

Otro principio derivado del derecho de petición y a la obtención de oportuna respuesta que está también en todas las leyes de procedimiento administrativo, es la obligación o deber de decidir que se impone al funcionario respectivo que debe tomar la decisión. Por ello, la Ley de Uruguay es precisa y terminante al señalar que:

«Artículo 118. Toda autoridad administrativa está obligada a decidir sobre cualquier petición que le formule el titular de un derecho subjetivo o de un interés legítimo en que se dicte o ejecute un determinado acto administrativo».

Así se consagra, igualmente, en el Reglamento de la Comunidad Andina (art. 3), en la Ley de Costa Rica (art. 329), en la Ley de Venezuela (art. 2) y en la Ley de Brasil (art. 48). En el Código de Colombia, incluso se lo califica de «deber primordial» el de dar «rápida y oportuna resolución a las peticiones» (art. 31).

En cada país, se establece un particular lapso de decisión a los efectos de poder ejercer una tutela o un amparo. En el Código colombiano se consagran lapsos muy breves, de diez o quince días (art. 6°); sin embargo, cuando se trata de un asunto complejo que requiere sustanciación, el lapso se debe fijar de manera discrecional por la autoridad competente para decidir, siempre que no se exceda de tres (3) meses. En la Ley de Brasil, la Administración tiene un plazo de hasta treinta (30) días para decidir, solo prorrogable por igual período de tiempo (art. 49).

En otras leyes, como el caso de Venezuela, se establece el principio de que si se trata de una petición que no requiere sustanciación, se debe resolver en veinte (20) días, y si se trata de una petición que requiere sustanciación, se debe resolver en un tiempo máximo de cuatro (4) meses con posibilidad de prórroga por dos (2) meses más, es decir, máximo seis (6) meses (art. 60). Esto por lo que se refiere a la ley general de procedimientos administrativos, ya que en las leyes especiales se establecen lapsos variables. Por ejemplo, en materia urbanística, en Venezuela, la Ley Orgánica de Ordenación Urbanística establece un lapso de 90 días para el otorgamiento de la Certificación de Variables Urbanas fundamentales respecto de una urbanización, y de 30 días para la certificación en el caso de una edificación (art. 85).

4. *La queja y la responsabilidad administrativa*

Por último, la consecuencia de esta obligación de respuesta oportuna también está regulada en casi todas las leyes. Se trata del recurso de queja por la ausencia de respuesta oportuna (Costa Rica), llamado «recurso de reclamo» en Venezuela y en el Uruguay. Se trata de un procedimiento especial para la determinación de la responsabilidad disciplinaria, con motivo de la formulación de la queja frente a la demora del funcionario, la cual debe presentarse ante el superior.

En el caso de la ley venezolana, se permite la formulación de la queja contra los funcionarios que no respondan adecuadamente o que no le den el tratamiento adecuado a la petición, por lo que el reclamo es contra el «retardo, omisión, distorsión o incumplimiento de cualquier procedimiento, trámite o plazo» (art. 3°). Estos motivos de la queja deben formularse ante el superior jerárquico, originándose un procedimiento destinado a verificar la responsabilidad del funcionario y la imposición de la sanción correspondiente.

Por ejemplo, el artículo 84 de Decreto de Uruguay establece la responsabilidad del funcionario y el recurso de reclamo de la siguiente manera:

«Artículo 84. En cualquier etapa de la sustanciación el interesado podrá reclamar contra los defectos de tramitación y, en especial, los que supongan paralización, infracción de los plazos preceptivamente señalados u omisión de trámite, que puedan subsanarse antes de la resolución definitiva del asunto. La reclamación debidamente fundada, con mención expresa del precepto infringido, deberá presentarse ante el jerarca del organismo, quien previa vista de los funcionarios señalados en el artículo anterior, dispondrá las medidas administrativas o disciplinarias pertinentes».

De la misma manera, en la Ley de Costa Rica se indica que en todo momento podrá reclamarse en queja contra los defectos de tramitación y, en especial, los que supongan paralización, infracción de plazos preceptivamente señalados u omisión de trámites que puedan subsanarse antes de la resolución definitiva del asunto.

La queja debe presentarse ante el superior jerárquico de la autoridad o funcionario que se presuma responsable de la infracción o falta, citándose el precepto infringido y acompañándose copia simple del escrito. Si la queja fuere acogida, se debe amonestar al funcionario que hubiere dado origen a ella y, en caso de reincidencia o falta grave, puede ordenarse la apertura del expediente disciplinario que para tal efecto determine el Estatuto de Servicio Civil (art. 358 y 359).

III. LA LEGITIMACIÓN EN EL PROCEDIMIENTO Y EL PRINCIPIO DEL CONTRADICTORIO

La consecuencia fundamental del principio del contradictorio en materia de procedimientos administrativos es que en el mismo también existe la noción de parte. Así, en la relación Administración-administrados, ambos extremos son parte en el procedimiento, considerándose parte, también, a todos los otros administrados que puedan resultar afectados por el acto administrativo.

En la Ley peruana se habla de «sujetos del procedimiento», a cuyo efecto, el artículo 50 dispone que son tales: por una parte, los Administrados, es decir, la persona natural o jurídica que, cualquiera sea su calificación o situación procedimental, participa en el procedimiento administrativo; y por la otra, la autoridad administrativa, es decir, el agente de las entidades que bajo cualquier régimen jurídico, y ejerciendo potestades públicas conducen el inicio, la instrucción, la sustanciación, la resolución, la ejecución, o que de otro modo participan en la gestión de los procedimientos administrativos.

La Ley General de la Administración Pública de Costa Rica, en la misma orientación dispone que puede ser parte en el procedimiento administrativo, además de la Administración, todo el que tenga interés legítimo o un derecho subjetivo que pueda resultar directamente afectado, lesionado o satisfecho, en virtud del acto final; debiendo ser dicho el interés de la parte, actual, propio y legítimo, pudiendo ser moral, científico, religioso, económico o de cualquier otra índole (art. 275).

La noción de parte, por tanto, referida a los administrados, se asimila a la de interesados (art. 22 Ley de Venezuela y art. 9° de la Ley 9.784 de Brasil), y éstos, en definitiva, son los siguientes: en *primer lugar,* quienes promuevan el procedimiento como titulares de derechos o intereses legítimos; en *segundo lugar,* los que sin haber iniciado el procedimiento, ostenten derechos que puedan resultar directamente afectados por la decisión que en el mismo se adopte; y en *tercer lugar,* aquellos cuyos intereses legítimos, personales y directos puedan resultar afectados por el acto administrativo y se apersonen en el procedimiento en tanto no haya recaído resolución definitiva (art. 23 Ley de Venezuela; art. 55 Ley de Honduras).

Por otra parte, debe señalarse que las personas tienen derecho a ser notificados de todo inicio de un procedimiento administrativo, cuando la decisión del mismo «pueda afectar sus derechos e intereses», como lo dice la Ley de Uruguay (art. 17).

Además, el derecho a la defensa en el procedimiento administrativo implica el derecho de todo interesado a hacerse parte en el procedimiento, es decir, cuando éste no se haya iniciado a instancia suya, sino de oficio o a instancia de otra persona, si su interés personal, legítimo y directo o su derecho subjetivo puede resultar lesionado, afectado o satisfecho en el procedimiento. Este derecho a hacerse parte implica el derecho a apersonarse en el procedimiento, en cualquier estado en que se encuentre la tramitación y siempre que en el mismo no hubiere recaído resolución definitiva.

O como lo reguló expresamente la Ley de Chile al referirse al «*principio de contradictoriedad*»:

> «Los interesados podrán, en cualquier momento del procedimiento, aducir alegaciones y aportar documentos u otros elementos de juicio.
>
> Los interesados podrán, en todo momento, alegar defectos de tramitación, especialmente los que supongan paralización, infracción de los plazos señalados o la omisión de trámites que pueden ser subsanados antes de la resolución definitiva del asunto. Dichas alegaciones podrán dar lugar, si hubiere razones para ello, a la exigencia de la correspondiente responsabilidad disciplinaria.
>
> Los interesados podrán, en todo caso, actuar asistidos de asesor cuando lo consideren conveniente en defensa de sus intereses.
>
> En cualquier caso, el órgano instructor adoptará las medidas necesarias para lograr el pleno respeto a los principios de contradicción y de igualdad de los interesados en el procedimiento» (art. 10).

Previsiones de esta naturaleza son importantes porque con gran frecuencia, los procedimientos administrativos no solo se establecen en una relación Administración - interesado, sino en una relación entre administrados, de manera que la Administración materialmente actúa en función jurisdiccional, o como la Ley de la República Dominicana la califica», función administrativa arbitral». Sobre ello, dicha Ley dispone en su artículo 32 lo siguiente:

> «Artículo 32. Función administrativa arbitral. La función administrativa arbitral, mediante la cual la Administración dicta actos administrativos decidiendo controversias jurídicas entre los administrados, aplicando el derecho, se sustanciará de acuerdo con las garantías comunes de procedimiento previstas en el artículo siguiente.
>
> Párrafo I. Las leyes determinarán los ámbitos de aplicación de la función arbitral. Igualmente, concretarán los supuestos en los que el sometimiento de las partes al procedimiento arbitral será obligatorio y aquellos en los cuales será voluntario.
>
> Párrafo II. Para el ejercicio de la función arbitral, la Administración se someterá a los principios del procedimiento administrativo previstos en la presente ley. La legislación sectorial podrá establecer las peculiaridades de índole procedimental que sean necesarias, sin vulnerar los contenidos de esta ley».

1. *Los interesados*

En el procedimiento administrativo, en general, como se ha dicho, interesado es el que ostenta un interés personal, legítimo y directo en el asunto de que se trate (art. 109.2, Ley del Perú), porque le afecta un derecho subjetivo o su interés personal y legítimo; porque es destinatario de la decisión que se adopte; o porque tiene en relación con el asunto, una especial situación de hecho que permite que su interés o derecho pueda ser afectado.

En general, las leyes de procedimiento administrativo, como hemos visto, se refieren al interesado en términos similares, constituyendo una novedad, como se dijo, la regulación de la Ley de Brasil, al agregar los representantes de los intereses colectivos y difusos (art. 9).

Esta noción de interesado como se ha dicho, se regula en todas las Leyes. Por ejemplo, en la Ley peruana, se indica en su artículo 51 que se consideran administrados respecto de algún procedimiento administrativo concreto:

«1. Quienes lo promuevan como titulares de derechos o intereses legítimos individuales o colectivos.

2. Aquellos que, sin haber iniciado el procedimiento, posean derechos o intereses legítimos que pueden resultar afectados por la decisión a adoptarse».

En sentido similar, la Ley de Chile precisa sobre os interesados que se consideran como tales:

«1. Quienes lo promuevan como titulares de derechos o intereses individuales o colectivos.

2. Los que, sin haber iniciado el procedimiento, tengan derechos que puedan resultar afectados por la decisión que en el mismo se adopte.

3. Aquéllos cuyos intereses, individuales o colectivos, puedan resultar afectados por la resolución y se apersonen en el procedimiento en tanto no haya recaído resolución definitiva» (art. 21).

En igual sentido se regula en las Leyes de República Dominicana (art. 17), El Salvador (art. 65), Bolivia (art. 11) y Panamá (art. 660, y en el Código de Ecuador (art. 149). Adicionalmente, la Ley de Brasil en su artículo 9° agrega dos tipos de interesados más:

«as organizações e associações representativas, no tocante a direitos e interesses coletivos;

as pessoas ou as associações legalmente constituídas quanto a direitos ou interesses difusos».

Se introduce, de esta manera, en la regulación del procedimiento administrativo, las figuras de los representantes de los intereses colectivos y difusos como legitimados para actuar frente a la Administración en sede administrativa.

En el caso de Venezuela, la Ley Orgánica de Procedimientos Administrativos define al interesado en relación al proceso contencioso-administrativo (arts. 22 y 23), de manera que el interesado en el procedimiento administrativo es quien tenga tal condición de interesado en el proceso contencioso-administrativo, y en la ley que regula el contencioso-administrativo se le da tal carácter al titular de un derecho subjetivo o de un «interés personal, legítimo y directo» (art. 121 Ley Orgánica de la Corte Suprema de Justicia). Sin embargo, en jurisprudencia reciente de la Sala Político-Administrativa del Tribunal Supremo de Justicia, se ha considerado que conforme con la nueva Constitución de 1999 y su regulación del derecho de acceso a la justicia (art. 26), basta que el interés sea legítimo para tener la legitimación activa en las acciones de nulidad de actos administrativos.

En Colombia se ha llegado a la misma precisión que en Venezuela, pero por vía jurisprudencial, porque el Código, en su parte contenciosa no es tan estricto en la definición del interés personal, legítimo y directo como legitimación para actuar, incluso, solo habla de interés simple o simple interés. Por ello, ha sido la jurisprudencia la que ha precisado la legitimación para actuar en el contencioso respecto de aquél quien se vea afectado en su derecho subjetivo o en su interés personal, legítimo y directo por un acto administrativo.

En Venezuela, además, establecida en la nueva Constitución la protección de los intereses colectivos y difusos (arts. 26; 280 y 281,2), sin duda, las organizaciones que representen dichos intereses también tendrían el carácter de interesados en el procedimiento administrativo, tal como lo regula expresamente la Ley de Brasil.

Los interesados, por supuesto, pueden realizar todas las actuaciones que estimen necesarias en el procedimiento, siempre que no estén prohibidas (art. 54.1, Ley del Perú); y además, tienen un cúmulo de derechos en el procedimiento administrativo, los cuales han sido enumerados detalladamente en el artículo 55 de la Ley peruana, así:

> «1. La precedencia en la atención del servicio público requerido, guardando riguroso orden de ingreso.
>
> 2. Ser tratados con respeto y consideración por el personal de las entidades, en condiciones de igualdad con los demás administrados.
>
> 3. Acceder, en cualquier momento, de manera directa y sin limitación alguna a la información contenida en los expedientes de los procedimientos administrativos en que sean partes y a obtener copias de los documentos contenidos en el mismo sufragando el costo que suponga su pedido, salvo las excepciones expresamente previstas por ley.
>
> 4. Acceder a la información gratuita que deben brindar las entidades del Estado sobre sus actividades orientadas a la colectividad, incluyendo sus fines, competencias, funciones, organigramas, ubicación de dependencias, horarios de atención, procedimientos y características.
>
> 5. A ser informados en los procedimientos de oficio sobre su naturaleza, alcance y, de ser previsible, del plazo estimado de su duración, así como de sus derechos y obligaciones en el curso de tal actuación.
>
> 6. Participar responsable y progresivamente en la prestación y control de los servicios públicos, asegurando su eficiencia y oportunidad.
>
> 7. Al cumplimiento de los plazos determinados para cada servicio o actuación y exigirlo así a las autoridades.
>
> 8. Ser asistidos por las entidades para el cumplimiento de sus obligaciones.
>
> 9. Conocer la identidad de las autoridades y personal al servicio de la entidad bajo cuya responsabilidad son tramitados los procedimientos de su interés.

10. A que las actuaciones de las entidades que les afecten sean llevadas a cabo en la forma menos gravosa posible.

11. Al ejercicio responsable del derecho de formular análisis, críticas o a cuestionar las decisiones y actuaciones de las entidades.

12. A exigir la responsabilidad de las entidades y del personal a su servicio, cuando así corresponda legalmente, y

13. Los demás derechos reconocidos por la Constitución o las leyes».

En esta materia de los derechos de los administrados en el procedimiento administrativo, el artículo 7 de la Ley Orgánica de la Administración Pública de Venezuela establece el siguiente conjunto de derechos de los particulares en sus relaciones con la Administración Pública:

«1. Conocer, en cualquier momento, el estado de la tramitación de los procedimientos en los que tengan interés, y obtener copias de documentos contenidos en ellos.

2. Identificar a las autoridades y a los funcionarios o funcionarias al servicio de la Administración Pública bajo cuya responsabilidad se tramiten los procedimientos.

3. Obtener copia sellada de los documentos que presenten, aportándola junto con los originales, así como a la devolución de éstos, salvo cuando los originales deban obrar en un procedimiento.

4. Formular alegatos y presentar documentos en los procedimientos administrativos en los términos o lapsos previstos legalmente.

5. No presentar documentos no exigidos por las normas aplicables al procedimiento de que se trate.

6. Obtener información y orientación acerca de los requisitos jurídicos o técnicos que las disposiciones vigentes impongan a los proyectos, actuaciones o solicitudes que se propongan realizar.

7. Acceder a los archivos y registros de la Administración Pública en los términos previstos en la Constitución de la República Bolivariana de Venezuela y la ley.

8. Ser tratados con respeto y deferencia por las autoridades, funcionarios y funcionarias, los cuales están obligados a facilitarles el ejercicio de sus derechos y el cumplimiento de sus obligaciones.

9. Ejercer, a su elección y sin que fuere obligatorio el agotamiento de la vía administrativa, los recursos administrativos o judiciales que fueren procedentes para la defensa de sus derechos e intereses frente a las actuaciones u omisiones de la Administración Pública, de conformidad con la ley».

2. *La representación*

Otra regulación de interés concerniente a los interesados es la que se refiere a la simplificación de la representación en materia administrativa. En algunos casos, las leyes de procedimiento administrativo remiten a los requisitos del derecho común; en otros, establecen principios menos formalistas que los establecidos en materia civil o procesal civil.

En Venezuela, por ejemplo, la Ley Orgánica de Procedimientos Administrativos permite que en todos los casos en que no se requiera la comparecencia personal del interesado, los administrados pueden hacerse representar mediante simple designación en la petición o recurso ante la Administración, sin perjuicio de que tal representación se pueda acreditar también por documento autenticado (arts. 25 y 26).

Conforme a esta orientación, en general, en las leyes de procedimiento administrativo la representación del legitimado o del interesado no necesita la formalidad de la representación que se pueda exigir en materia de procedimiento judicial ordinario, es decir, no es necesario un poder autenticado para ejercer la representación de un particular legitimado ante la Administración. Así se regula, por ejemplo, en la Ley de Uruguay (arts. 24, 82 y 156), en la del Perú (art. 115), en la ley de la República Dominicana (art. 18), en el Código de Ecuador (art. 152) y en el Reglamento de la Comunidad Andina (arts. 25 y 26), textos que solo exigen una representación simple, sin poder, con su sola indicación ante el funcionario, sin que sea necesaria, ni siquiera, la condición de abogado del representante. En este sentido el Reglamento de la Comunidad Andina resume la situación así:

> «Artículo 25. Cuando la Secretaría General no requiera expresamente la participación personal de los interesados, éstos podrán hacerse representar en los procedimientos administrativos y, en tal caso, se entenderá con el representante que designe el interesado.
>
> La representación podrá ser otorgada por simple designación en comunicación escrita dirigida por el interesado a la Secretaría General.
>
> La designación de representante no impedirá la intervención de quien se hubiera hecho representar».

Esta flexibilización de la representación viene a constituir, entonces, una garantía para la formulación de peticiones y para la participación de los administrados ante la Administración.

En contraste con esta flexibilización general, sin embargo, la Ley de Bolivia (art. 13) prescribe la necesidad de poder autenticado, agregando la Ley de Honduras (art. 56) que el mismo, además, deberá tener la condición de abogado (art. 56). La Ley de Chile, igualmente exige que los representantes, para designar apoderados, lo deban hacer otorgando poder mediante «escritura pública o documento privado suscrito ante notario», exigiéndose «siempre de escritura pública cuando el acto administrativo de que se trate produzca efectos que exijan esa solemnidad» (art. 22). La Ley de El Salvador precisa, en los términos de la legislación del país, que la representación podrá ser: «legal, convencional y judicial» (art. 67), otorgada «mediante instrumento público o documento privado con firma legalizada notarialmente» (art. 69).

3. *La participación y la notificación a los terceros interesados*

Por otra parte, en relación a la noción de parte en el procedimiento administrativo, en algunas leyes como la Ley General de la Administración Pública de Costa Rica, se regula la figura del coadyuvante administrativo, referida a aquellos que solo están indirectamente interesados en el acto final o en su denegación o reforma, aunque su interés sea derivado, o no actual, en relación con el que es propio de la parte a la cual coadyuva (art. 226). En estos casos, el coadyuvante lo puede ser tanto del promotor del expediente como de la Administración o de la contraparte (art. 227), y no podrá pedir nada para sí, ni podrá cambiar la pretensión a la que coadyuva. Puede, sin embargo, hacer todas las alegaciones de hecho y de derecho, y usar todos los recursos y medios procedimentales para hacer valer su interés excepto en lo que perjudique al coadyuvado (art. 278).

Igualmente, la Ley de Panamá, sobre la notificación a terceros, establece en su artículo 75 de la Ley, que:

> «Cuando se presente una petición cuya decisión pueda afectar derechos de terceros, la autoridad competente deberá correrles traslado de ésta para que, si lo tienen a bien, se presenten al proceso y adquieran la calidad de parte. Los terceros interesados, en este caso, deberán formular su petición u oposición, cumpliendo con los requisitos del artículo anterior».

La notificación a los terceros interesados se regula igualmente en las Leyes de Bolivia (art. 12) y el Código de Ecuador (art. 151).

Se establece, en esta forma, el derecho del tercero interesado en participar en el procedimiento administrativo. Por tanto, si en el curso del procedimiento hay la evidencia de que hay terceras personas interesadas, la Administración está en la obligación de convocarlas.

Esto se regula, con precisión, en la Ley peruana, al disponer su artículo 60 respecto de los «terceros administrados», que si durante la tramitación de un procedimiento es advertida la existencia de terceros determinados no comparecientes cuyos derechos o intereses legítimos puedan resultar afectados con la resolución que sea emitida, dicha tramitación y lo actuado les deben ser comunicados mediante citación al domicilio que resulte conocido, sin interrumpir el procedimiento. Si se trata de terceros administrados no determinados, la citación debe ser realizada mediante publicación o, cuando corresponda, mediante la realización del trámite de información pública o audiencia pública, conforme a esta Ley. En todo caso, los terceros pueden apersonarse en cualquier estado del procedimiento, teniendo los mismos derechos y obligaciones de los participantes en él.

En el caso colombiano, el Código exige, para la convocatoria de los terceros interesados, la publicidad en un periódico de amplia circulación nacional o local, según el caso (art. 15).

4. *El principio de igualdad*

En relación con los interesados, otro principio evidente que rige en el procedimiento administrativo, es el principio de la igualdad, de manera que como lo expresa la Ley de la República Dominicana:

> «las personas que se encuentren en la misma situación serán tratados de manera igual, garantizándose, con expresa motivación en los casos concretos, las razones que puedan aconsejar la diferencia de trato» (art. 3.5).

A pesar de que el principio no se encuentra en esa forma expresado en las otras leyes de procedimiento de América Latina, el mismo deriva del régimen constitucional del derecho de la igualdad. Sin embargo, debe destacarse la norma del Reglamento de la Secretaría General de la Comunidad Andina, que dice:

«Artículo 5. En virtud del principio de igualdad de trato a las partes, la Secretaría General deberá asegurar y garantizar los derechos de todos los interesados, incluyendo el de poder participar activamente en todo procedimiento que les concierna, sin ningún género de discriminación».

5. *Los deberes de los administrados*

Los interesados no solo tienen el derecho a participar en los procedimientos administrativos; también tienen deberes, entre los cuales están los que destaca la reciente Ley de Brasil, en su artículo 4°, así:

«I. expo os fatos conforme a verdade; II. proceder com lealdade, urbanidade e boa-fé; III. não agir de modo temerário; IV. prestar as informaçães que Lhe forem solicitadas e colaborar para o esclarecimiento dos fatos».

En la Ley del Perú, también se regulan los deberes de los administrados en el procedimiento administrativo, enumerándose en el artículo 56, los siguientes:

«1. Abstenerse de formular pretensiones o articulaciones ilegales, de declarar hechos contrarios a la verdad o no confirmados como si fueran fehacientes, de solicitar actuaciones meramente dilatorias, o de cualquier otro modo afectar el principio de conducta procedimental.

2. Prestar su colaboración para el pertinente esclarecimiento de los hechos.

3. Proporcionar a la autoridad cualquier información dirigida a identificar a otros administradores no comparecientes con interés legítimo en el procedimiento.

4. Comprobar previamente a su presentación ante la entidad, la autenticidad de la documentación sucedánea y de cualquier otra información que se ampare en la presunción de veracidad».

En cuanto al deber de información, en particular, la misma Ley del Perú dispone que en los procedimientos investigatorios, los administrados están obligados a facilitar la información y documentos que conocieron y fueren razonablemente adecuados a los objetivos de la actuación para alcanzar la verdad material, en la instrucción del expediente (art. 57).

Debe resaltarse que en las leyes más recientes sobre procedimientos administrativos, así como en materia de principios y derechos de los administrados establecen enumeraciones exhaustivas, igualmente sucede en materia de deberes, que bien vale la pena destacar.

Por ejemplo, en la Ley de El Salvador, que es la más reciente, sobre «derechos de las personas frente a la Administración», dispuso lo siguiente:

«Art. 16. Sin perjuicio de los derechos reconocidos en la Constitución de la República y las leyes, las personas, en sus relaciones con la Administración Pública, son titulares de los siguientes derechos:

1. A la buena Administración, que consiste en que los asuntos de naturaleza pública sean tratados con equidad, justicia, objetividad e imparcialidad y que sean resueltos en un plazo razonable y al servicio de la dignidad humana.

2. A relacionarse con la Administración Pública por los medios tecnológicos que esta ponga a disposición.

3. Al acceso a la información pública, archivos y registros, así como al expediente administrativo, de conformidad con lo establecido en la ley de Acceso a la Información Pública y el ordenamiento jurídico aplicable.

4. A la garantía de seguridad y confidencialidad de los datos personales que figuren en los ficheros, bases de datos, sistemas y aplicaciones de la Administración Pública.

5. A ser tratados con respeto, dignidad y deferencia por las autoridades y empleados públicos, que habrán de facilitarles el ejercicio de sus derechos y el cumplimiento de sus obligaciones. Todo ciudadano que se encuentre en situación de indefensión, debilidad manifiesta, discapacidad, niños, niñas, adolescentes, mujeres gestantes o adultos mayores, tendrán derecho a recibir un trato especial y preferente por parte de las autoridades, agentes y demás personal al servicio de la Administración Pública, que deberá facilitarles en todo lo posible, el acceso a las oficinas públicas, la orientación adecuada y los servicios que soliciten.

6. A presentar quejas, sugerencias y reclamaciones ante la Administración Pública. Los ciudadanos también tendrán derecho a presentar recursos contra actos o resoluciones de la Administración Pública, de acuerdo con el ordenamiento jurídico.

7. A servicios públicos y de interés general que deberán ofrecerse con patrones o estándares concretos de calidad, que se medirán periódicamente y se pondrán en conocimiento de los usuarios para que estos estén bien informados y puedan efectuar los comentarios y sugerencias que estimen pertinentes».

En el Código de Ecuador, sobre los deberes de las personas, se regularon los siguientes:

Art. 38.- Deber general de solidaridad. Las personas deben promover el bien común y anteponer el interés general al interés particular. Deben participar en la realización de los derechos y garantías, cumpliendo, para este propósito, con los deberes que el ordenamiento jurídico impone.

Art. 39.- Respeto al ordenamiento jurídico y a la autoridad legítima. Las personas cumplirán, sin necesidad de requerimiento adicional, con lo dispuesto en la Constitución, las leyes y el ordenamiento jurídico en general y las decisiones adoptadas por autoridad competente.

Art. 40.- Abstención de conductas abusivas del derecho. Las personas ejercerán con responsabilidad sus derechos, evitando conductas abusivas. Se entiende por conducta abusiva aquella que, fundada en un derecho, causa daño a terceros o al interés general

Art. 41.- Deber de colaboración con las administraciones públicas. Las personas deben colaborar con la actividad de las administraciones públicas y el buen desarrollo de los procedimientos. Facilitarán a las administraciones públicas informes, inspecciones y otros actos de investigación en los casos previstos por el ordenamiento jurídico. Proporcionarán a las administraciones públicas actuantes, información dirigida a identificar a otras personas no comparecientes con interés legítimo en el procedimiento. Comparecerán ante los titulares de los órganos administrativos responsables de la tramitación de las actuaciones o los procedimientos administrativos, cuando sean requeridos. Denunciarán los actos de corrupción».

Una enumeración exhaustiva sobre los deberes de las personas está incorporada también en la Ley de El Salvador (art. 17).

6. *Los deberes de los funcionarios*

Por último, las leyes de procedimiento administrativo también establecen deberes de los funcionarios, dispersos en todas sus regulaciones, los cuales se han enumerado en una forma única en el artículo 6 de la Ley de la República Dominicana, sobre los «deberes del personal al servicio de la Administración Pública en el marco de las actuaciones y procedimientos administrativos», que le relacionan con las personas», indicándose los siguientes:

> «1. Fomentar la tutela administrativa efectiva. 2. Motivar adecuadamente las resoluciones administrativas. 3 Resolver los procedimientos en plazo razonable. 4. Garantizar el debido proceso del procedimiento o la actuación administrativa de que se trate. 5 Resolver con arreglo al ordenamiento jurídico del Estado. 6. Facilitar la presentación de las peticiones a las personas. 7. Responder eficazmente a las solicitudes de las personas. 8. Resolver sin necesidad de solicitar documentos a las personas que obren en poder de la Administración Pública. 9. Oír siempre a las personas antes de que se adopten resoluciones que les afecten desfavorablemente. 10. Facilitar la participación ciudadana a través de las audiencias e informaciones públicas. 11.Prestar y/o garantizar los servicios públicos y de interés general de acuerdo con estándares razonables de calidad. 12. Facilitar el derecho a la elección de los servicios de interés general a las personas. 13. Realizar periódicamente encuestas o sondeos sobre la opinión de los usuarios de los servicios a cargo de la Administración Pública. 14. Publicar periódicamente las obligaciones de la Administración y los derechos de las personas en los servicios a cargo de la Administración Pública. 15. Facilitar la formulación de alegaciones por parte de las personas en cualquier momento del procedimiento o actuación administrativa de que se trate. 16. Facilitar la presentación de quejas, recursos o reclamaciones ante la propia Administración Pública. 17. Publicar periódicamente las evaluaciones del funcionamiento de los órganos y entes administrativos. 18 Facilitar el acceso a la información pública y de interés general en los términos previstos en la ley. 19. Disponer de archivos, registros y base de datos administrativos físicos o digitales, debidamente ordenados y actualizados que permita el acceso sencillo para las personas. 20. Entregar copia sellada de los escritos presentados por los ciudadanos. 21. Tratar con cortesía y cordialidad a las personas. 22. Identificar al responsable de la resolución del procedimiento administrativo de que se trate. 23. Informar periódicamente del estado de la tramitación de los procedimientos. 24. Notificar por cualquier medio eficaz a las personas de las resoluciones que les afecten en el más breve plazo de tiempo posible, que no excederá de los cinco días. 25. Fomentar el asociacionismo de los usuarios de servicios públicos y de interés general. 26. Facilitar la actuación de las personas que lo deseen a través de representante en los procedimientos administrativos».

IV. LA PARTICIPACIÓN PROCEDIMENTAL

En el procedimiento administrativo también puede identificarse el principio de la participación procedimental, que no se refiere al derecho del administrado a peticionar o el de un tercero interesado en participar en el procedimiento y a que se le notifique, sino referido en general al derecho ciudadano a la participación en las tareas administrativas, como característica de los Estados democráticos contemporáneos.

1. *El derecho de participar en la elaboración de actos de efectos generales*

El derecho a la participación ciudadana en los asuntos públicos se ha regulado, incluso, en las Constituciones (art. 62 de la Constitución de Venezuela), por lo que en las leyes de procedimiento administrativo de América Latina también se encuentran reguladas diversas manifestaciones formales de este derecho.

Quizás las más destacadas regulaciones en la materia se refieren a la elaboración de los textos de carácter general, lo que tiene su antecedente comparativo en el derecho anglosajón. En efecto, desde hace décadas una de las características de la Administración en esos países, que se erige como uno de los pilares fundamentales del procedimiento administrativo en materia de actos de efectos generales, es el derecho de la comunidad y de todas sus organizaciones, de participar en la elaboración de los actos de carácter general. A veces, incluso, por el exceso de participación la Administración no decide rápidamente, pues el empeño importante y democrático de oír a todos los interesados hace que las decisiones, normalmente, no se adopten sino después de mucho tiempo.

En todo caso, este principio de la participación de los administrados en la formulación o elaboración de los actos de carácter general comienza a encontrar cabida y regulación expresa en leyes de procedimiento administrativo de América Latina. Por ejemplo, está expresamente regulado en la Ley de Costa Rica que exige que se conceda «a las entidades representativas de intereses de carácter general o corporativo afectados por la disposición, la oportunidad de exponer su parecer...» (art. 361), y en el Decreto 266 de 2000 de Colombia que establece la obligación de publicar los proyectos de actos administrativos normativos en los diarios oficiales e, incluso, a nivel local, de notificar mediante bandos a la población, dando un plazo no menor de una semana para la recepción de observaciones, sugerencias o propuestas (arts. 31 y ss.). Solo después de vencido el lapso es que se puede expedir el acto, debiendo motivarse la aceptación o rechazo de los planteamientos formulados.

La Ley peruana también regula los casos de información pública para la adopción de normas administrativas, estableciendo el artículo 185.2 que el período de información pública corresponde ser convocado particularmente de que se aprueben normas administrativas que afecten derechos e intereses ciudadanos.

La Ley mexicana, por otra parte, también regula este derecho de participación y obligación de la Administración de someter al conocimiento de los interesados los actos administrativos de carácter general. Incluso, la necesidad de la publicación de los proyectos es la forma más efectiva de garantizar este derecho. Esto se ha consagrado desde hace años en España, de manera que es lo normal que no solo los proyectos de reglamentos y de actos de efectos generales se publiquen en el Boletín Oficial del Estado, sino también los proyectos de leyes.

En particular, como se dijo, la Ley Federal mexicana establece, en su artículo 4, lo siguiente:

> «Cuando así lo establezcan las leyes, los proyectos de reglamentos, decretos, acuerdos y demás actos administrativos de carácter general, cuando afecten el interés público deberán ser publicados previamente en el *Diario Oficial de la Federación*, para dar oportunidad *a los interesados de formular observaciones sobre las medidas propuestas, dentro del plazo que las leyes* señalen para tales efectos y, en su defecto, dentro del plazo de sesenta días siguientes a la publicación.
>
> Los instructivos, manuales y formatos que expidan las dependencias de la Administración Pública Federal deberán publicarse previamente a su aplicación, en el *Diario Oficial de la Federación*».

Sin duda, la publicidad es la mejor garantía de la participación y de la ordenación de la actividad administrativa lo que se lograr si por ejemplo, los particulares pueden tener a su disposición un proyecto de reglamento antes de su adopción, para poder formular observaciones; sin embargo, en la realidad sucede lo contrario, los proyectos de la Administración son por lo general secretos, y muchas veces se mantienen guardados por los funcionarios sin mostrarlos a los interesados por lo que, desgraciadamente, solo cuando salen publicados, constituyen una sorpresa para todos.

Regulaciones detalladísimas sobre el procedimiento de elaboración de normas generales se encuentran en las leyes más recientes, como la Ley de la Republica Dominicana, (art. 30), en la Ley de El Salvador, donde se insiste en el «principio de buena regulación» (arts. 159 a 162). .

En cuanto al derecho a la participación ciudadana en el proceso de elaboración de los Reglamentos y demás actos administrativos de efectos generales lo ha regulado detalladamente la Ley Orgánica de la Administración Pública de Venezuela, de 2001.

En efecto, de acuerdo con el artículo 136 de la LOAP, cuando los órganos o entes públicos, en su rol de regulación, propongan la adopción de normas legales, reglamentarias o de otra jerarquía, deben remitir el anteproyecto para su consulta a las comunidades organizadas y las organizaciones públicas no estatales inscritas en el registro señalado anteriormente (art. 135).

Esta obligación de consulta, por tanto, se aplica en los casos de emisión de decretos leyes en virtud de una ley habilitante (aun cuando una interpretación inconstitucional del Tribunal Supremo lo haya excluido expresamente), o de reglamentos de cualquier tipo.

En el oficio de remisión del anteproyecto correspondiente se debe indicar el lapso durante el cual se recibirán por escrito las observaciones, y el cual no comenzará a correr antes de los diez días hábiles siguientes a la entrega del anteproyecto correspondiente.

Paralelamente al procedimiento anterior, el mismo artículo 135 de la LOAP dispone que el órgano o ente público correspondiente debe publicar en la prensa nacional la apertura del proceso de consulta indicando su duración. De igual manera lo debe informar a través de su página en la internet, en la cual se debe exponer él o los documentos sobre los cuales verse la consulta.

Durante el proceso de consulta, cualquier persona puede presentar por escrito sus observaciones y comentarios sobre el correspondiente anteproyecto, sin necesidad de estar inscrito en el registro a que se refiere el artículo anterior.

El resultado del proceso de consulta no tiene carácter vinculante. En todo caso, una vez concluido el lapso de recepción de las observaciones, el órgano o ente público debe fijar una fecha para que sus funcionarios o funcionarias, especialistas en la materia que sean convocados y las comunidades organizadas y las organizaciones públicas no estatales intercambien opiniones, hagan preguntas, realicen observaciones y propongan adoptar, desechar o modificar el anteproyecto propuesto o considerar un anteproyecto nuevo (art. 135).

El artículo 137 de la LOAP establece que el órgano o ente público no puede aprobar normas para cuya resolución sea competente, ni remitir a otra instancia proyectos normativos que no sean consultados, de conformidad con lo antes indicado.

Las normas que sean aprobadas por los órganos o entes públicos o propuestas por éstos a otras instancias serán nulas de nulidad absoluta si no han sido consultadas según el procedimiento antes indicado (art. 137).

Sin embargo, en casos de emergencia manifiesta y por fuerza de la obligación del Estado en la seguridad y protección de la sociedad, el Presidente de la República, el gobernador, el alcalde, según corresponda, pueden autorizar la aprobación de normas sin la consulta previa.

En este caso, las normas aprobadas deben ser consultadas seguidamente bajo el mismo procedimiento a las comunidades organizadas y las organizaciones públicas no estatales. El resultado de la consulta deberá ser considerado por la instancia que aprobó la norma y ésta puede ratificarla, modificarla o eliminarla (art. 137).

2. *Las consultas públicas obligatorias: vinculantes o no vinculantes*

Entre las regulaciones interesantes y generales en esta materia, está la Ley de Brasil, donde se regulan las audiencias públicas en los procedimientos en los cuales esté envuelto un «asunto de interés general», y no solo en los que tengan por objeto la elaboración de normas de efectos generales; estableciendo el artículo 31, en esos casos que:

> «1° A abertura da consulta pública será objeto de divulgação pelos meios oficiais, a fim de que pessoas físicas ou jurídicas possam examinar os autos, fixando-se prazo para oferecimento de alegações escritas.
>
> 2° O comparecimento à consulta pública não confere, por si, a condição de interessado do processo, mas confere o direito de obter da Administração resposta fundamentada, que poderá ser comum a todas as alegações substancialmente iguais».

La Ley agrega, además, con carácter general, que antes de tomar una decisión, a juicio de la autoridad administrativa según la relevancia de la cuestión, se puede realizar una audiencia pública para los debates de la materia objeto del procedimiento (art. 32). La Administración, además, en materias relevantes, puede establecer otros medios de participación de los administrados, directamente o por medio de organizaciones o asociaciones legalmente reconocidas (art. 33).

Si bien en la Ley Orgánica de Procedimientos Administrativos de Venezuela no hay regulaciones relativas a estos mecanismos de participación en la decisión de asuntos de interés general, el principio, sin embargo, se ha recogido en leyes especiales, como por ejemplo, en la Ley Orgánica de Ordenación del Territorio y en la Ley Orgánica de Ordenación Urbanística donde se establece la consulta pública obligatoria de todos los proyectos de planes de ocupación del suelo o de desarrollo urbanístico a nivel de urbanizaciones. Se establece, así, la necesidad de publicar el plan o proyecto y convocar a todos los interesados para que puedan expresar sus observaciones sobre el mismo. Por supuesto, en estos casos, las consultas no son vinculantes y simplemente lo que buscan es que la Administración pueda tener el mayor ámbito de conocimiento de los intereses generales, particulares, colectivos o difusos para la elaboración de estas ordenanzas o planes nacionales de ocupación del suelo (art. 28, LOOT; art. 27, LOOU).

La más reciente ley de procedimiento administrativo de América Latina, que es la Ley del Perú, es la que contiene regulaciones más precisas sobre esta participación ciudadana en los mismos, mediante audiencias públicas. En efecto, el artículo 182, precisa que las normas administrativas prevén la convocatoria a una audiencia pública, como formalidad esencial para la participación efectiva de terceros, cuando el acto al que conduzca el procedimiento administrativo sea susceptible de afectar derechos o intereses cuya titularidad corresponda a personas indeterminadas, tales como en materia medio ambiental, ahorro público, valores culturales, históricos, derechos del consumidor, planeamiento urbano y zonificación; o cuando el pronunciamiento sobre autorizaciones, licencias o permisos que el acto habilite incida directamente sobre servicios públicos.

En estas audiencias públicas cualquier tercero, sin necesidad de acreditar legitimación especial, está habilitado para presentar información verificada, para requerir el análisis de nuevas pruebas, así como para expresar su opinión sobre las cuestiones que constituyan el objeto del procedimiento o sobre la evidencia actuada; no pudiendo, sin embargo, formular interpelaciones a la autoridad en la audiencia.

La importancia de la regulación radica, además, en la previsión del artículo 182.3, que establece que la omisión de realización de la audiencia pública «acarrea la nulidad del acto administrativo final que se dicte».

En todos estos supuestos, la convocatoria de las audiencias públicas, de acuerdo con el artículo 183 de la ley, debe hacerse en el Diario Oficial y en uno de los medios de comunicación de mayor difusión local, según la naturaleza del asunto, con una anticipación no menor de tres (3) días a su realización, el día, lugar y hora de realización, los plazos para inscripción de participantes, el domicilio y teléfono de la entidad convocante, dónde se puede realizar la inscripción, se puede acceder a mayor información del asunto, o presentar alegatos, impugnaciones y opiniones.

3. *La participación y los intereses difusos y colectivos*

Otro tema que no encuentra regulación formal en casi ninguna de las leyes de procedimiento administrativo es el de la participación en relación con los intereses difusos y colectivos, tan desarrollada en los últimos años, como mecanismo para asegurar el acceso a la justicia. Sin embargo, en la mayoría de las legislaciones latinoamericanas no se regula ni se utiliza siquiera la expresión de intereses difusos o intereses colectivos que tienen que ver con la participación, sobre todo, en el caso de los actos de efectos generales o que afecten intereses generales.

Por ello, la nueva Ley Federal de procedimiento del Brasil consagra una innovación importantísima en materia de procedimiento administrativo en el derecho comparado, ya que es la primera que hace referencia expresa, en una norma, a las organizaciones o asociaciones representativas de intereses colectivos y difusos como partes interesadas legitimadas para actuar en sede administrativa (art. 9°, III y IV).

Incluso, en la misma línea, otra norma de esta Ley amplía las posibilidades de participación en el procedimiento administrativo durante la instrucción del mismo, indicando que los órganos y entidades administrativas, en materias relevantes, pueden establecer otros medios de participación de los administrados, directamente o por medio de organizaciones o asociaciones legalmente reconocidas (art. 33).

Sin embargo, debe señalarse que en leyes especiales se encuentran regulaciones en este sentido. Por ejemplo, en Venezuela, la Ley de Protección al Consumidor y del Usuario establece los derechos de los usuarios y de los consumidores, y se regulan las asociaciones de usuarios y de los consumidores que son típicas organizaciones de representación de intereses difusos. Otro caso es el de la Ley Orgánica de Régimen Municipal y de la Ley Orgánica de Ordenación Urbanística, que aseguran la participación de las asociaciones de vecinos como representantes de intereses colectivos, en la toma de ciertas decisiones en materia urbanística.

4. *El deber de participar*

En algunas leyes, como la venezolana, se establece además la obligación de los particulares de colaborar con el procedimiento; en definitiva, de informar cuando la Administración así se lo requiera. Así, el artículo 28 dispone

> «Artículo 28. Los administrados están obligados a facilitar a la Administración Pública la información de que dispongan sobre el asunto de que se trate, cuando ello sea necesario para tomar la decisión correspondiente y les sea solicitada por escrito».

En esta forma, se consagra un deber de colaboración y participación y, además, un deber de comparecencia (art. 29); lo que también establece expresamente la Ley de Brasil, en el título que dedica a los deberes de los administrados (art. 4, IV).

En el caso de la Ley de Honduras, este deber de participar se regula mediante la comparecencia de los particulares, de carácter obligatoria, pero solo cuando «así esté previsto en una disposición legal o reglamentaria» (art. 59); o «sea indispensable» como lo indica la Ley de Simplificación de Trámites Administrativos de Venezuela de 1999 (art. 11).

5. *El derecho a la información*

Otro derecho cuya regulación ha sido importante y reciente en la Administración contemporánea, es el derecho del interesado a ser informado de la organización administrativa, del procedimiento, del estado del mismo y de las personas que intervienen en su instrucción, lo que, lamentable, pero normalmente, es parte del secreto de la Administración, o del área secreta y reservada del funcionario.

Frente a esto, sin embargo, incluso se han incorporado normas de rango constitucional para asegurar el derecho a la información administrativa, como el artículo 143 de la Constitución de Venezuela de 1999, que dispone:

«Artículo 143. Los ciudadanos y ciudadanas tienen derecho a ser informados e informadas oportuna y verazmente por la Administración Pública sobre el estado de las actuaciones en que estén directamente interesados e interesadas, y a conocer las resoluciones definitivas que se adopten sobre el particular. Asimismo, tienen acceso a los archivos y registros administrativos, sin perjuicio de los límites aceptables dentro de una sociedad democrática en materias relativas a seguridad interior y exterior, a investigación criminal y a la intimidad de la vida privada, de conformidad con la ley que regule la materia de clasificación de documentos de contenido confidencial o secreto. No se permitirá censura alguna a los funcionarios públicos o funcionarias públicas que informen sobre asuntos bajo su responsabilidad».

A fin de dar cumplimiento a estos principios, la Ley Orgánica de la Administración Pública dispone (art. 12) que los órganos y entes de la Administración Pública deberán utilizar las nuevas tecnologías que desarrolle la ciencia, tales como los medios electrónicos, informáticos y telemáticos, para su organización, funcionamiento y relación con las personas.

En tal sentido, por disposición expresa de la Ley Orgánica, cada órgano y ente de la Administración Pública debe establecer y mantener una página en la internet, que debe contener, entre otra información que se considere relevante, los datos correspondientes a su misión, organización, procedimientos, normativa que lo regula, servicios que presta, documentos de interés para las personas, así como un mecanismo de comunicación electrónica con dichos órganos y entes disponible para todas las personas vía internet (art. 12). Esta obligación debe cumplirse por todos los órganos y entes de la Administración Pública antes del 17 de abril de 2002 (Disposiciones Transitorias Primera, LOAP).

Adicionalmente, la misma Ley Orgánica establece que la Administración Publica Nacional, de los Estados, de los Distritos metropolitanos y de los Municipios deben establecer sistemas que suministren a la población la más amplia, oportuna y veraz información sobre sus actividades, con el fin de ejercer el control social sobre la gestión pública. Cualquier particular puede solicitar de los órganos y entes de la Administración Pública la información que desee sobre la actividad de éstos de conformidad con la ley (art. 138).

Todos los órganos y entes de la Administración Pública deben mantener permanentemente actualizadas y a disposición de las personas, en las unidades de información correspondientes, el esquema de su organización y la de los órganos adscritos, así como guías informativas sobre los procedimientos administrativos, servicios y prestaciones aplicables en el ámbito de su competencia y de sus órganos adscritos (art. 139).

En cuanto a los documentos en poder de la Administración Pública, el artículo 158 de la LOAP, dispone que será objeto de periódica publicación la relación de los documentos que estén en poder de las Administración Pública sujetos a un régimen de especial publicidad por afectar a la colectividad en su conjunto y cuantos otros puedan ser objeto de consulta por los particulares.

También deben ser objeto de publicación regular las instrucciones y respuestas a consultas planteadas por los particulares u otros órganos administrativos que comporten una interpretación del derecho positivo o de los procedimientos vigentes a efectos de que puedan ser alegadas por los particulares en sus relaciones con la Administración (art. 158).

En particular, respecto del procedimiento administrativo, la Ley de Honduras, dispone:

> «Artículo 118. En cualquier momento los interesados podrán solicitar se les informe sobre el estado de la tramitación. Asimismo, podrán solicitar que se les extienda certificación de aquellos actos que ya hubiesen sido notificados y la Administración debe extenderlas sin dilación, excepto de aquellos actos a los cuales la Ley atribuya carácter reservado o secreto».

La Ley sobre Simplificación de Trámites Administrativos de Venezuela de 1999, también recoge este principio así:

> «Artículo 38. Toda persona que haya presentado una petición, reclamación, consulta o queja ante los órganos y entes de la Administración Pública, tiene derecho a conocer el estado en que se encuentra su tramitación y a que se le informe el plazo dentro del cual se atenderá la misma».

Por su parte, conforme al artículo 37 de la misma Ley, la Administración tiene «el deber de ofrecer a los ciudadanos información completa, oportuna y veraz en relación con los trámites que se realicen ante los mismos».

Por último, la Ley de Brasil, también dispone que los administrados tienen derecho a:

> «ter ciência da tramitação dos processos administrativos em que tenha a condição de interessado, ter vista dos autos, obter cópias de documentos neles contidos e conheder as decisões proferidas» (art. 3, II).

Adicionalmente, en este tema deben mencionarse las disposiciones de la Ley sobre Simplificación de Trámites Administrativos de Venezuela, de 1999, que desarrollan los principios del derecho a la información administrativa, con la siguiente precisión:

> «Artículo 39. Los funcionarios públicos tienen la obligación de atender las consultas telefónicas que formulen los particulares sobre información general acerca de los asuntos de su competencia, así como las que realicen los interesados para conocer el estado de sus tramitaciones. A tal efecto, cada organismo implementará un servicio de información telefónico que satisfaga las necesidades del ciudadano, haciendo empleo racional de los recursos humanos, presupuestarios y tecnológicos de que disponga actualmente».

Además, se exige a la Administración el establecimiento de servicios de información y atención al público, así:

> «Artículo 40. Cada uno de los organismos sujetos a la aplicación de este Decreto-Ley, deberá crear un servicio de atención al público, encargado de brindar toda la orientación y apoyo necesario al particular en relación con los trámites que realice en dicho organismo, así como recibir y procesar las denuncias, sugerencias y quejas que, en torno al servicio y a la actividad administrativa, formulen los mismos. Se prestarán igualmente servicios de recepción y entrega de documentos, solicitudes y requerimientos en general.
>
> Artículo 42. Los órganos y entes de la Administración Pública, podrán crear oficinas o ventanillas únicas en donde se realice la totalidad de la actuación administrativa que implique la presencia del interesado en relación con un mismo trámite.

Artículo 43. Los órganos y entes de la Administración Pública deberán implementar adicionalmente horarios especiales de atención al público, a fin de que los administrados puedan cumplir con mayor facilidad sus obligaciones y adelantar los trámites ante los mismos».

V. EL PRINCIPIO DE LA PUBLICIDAD

Otro principio importante en materia de procedimiento administrativo, el cual, además, es el que puede garantizar o no el derecho de la participación, es el principio de la publicidad administrativa, es decir, que, en general, los asuntos que se tramitan ante la Administración, deben ser públicos y de acceso del público. Así lo declara la Ley de Bolivia (art. 4.m), y es en tal sentido, que el artículo 16 de la Ley 19.880 de Chile establece el «principio de transparencia y de publicidad», en la siguiente forma:

«Artículo 16. Principio de Transparencia y de Publicidad. El procedimiento administrativo se realizará con transparencia, de manera que permita y promueva el conocimiento, contenidos y fundamentos de las decisiones que se adopten en él.

En consecuencia, salvo las excepciones establecidas en la Ley de Transparencia de la Función Pública y de Acceso a la Información de la Administración del Estado y en otras disposiciones legales aprobadas con quórum calificado, son públicos los actos y resoluciones de los órganos de la Administración del Estado, así como sus fundamentos y documentos en que éstos se contengan, y los procedimientos que utilicen en su elaboración o dictación».

Este principio se manifiesta, por supuesto en concreto, respecto de las decisiones de la Administración, como lo regula el Código de Colombia: «en virtud del principio de publicidad, las autoridades darán a conocer sus decisiones mediante las comunicaciones, notificaciones o publicaciones que ordenan este Código y la ley» (art. 3°).

Asimismo, el Reglamento de la Secretaría de la Comunidad Andina contiene una norma inspirada en el mismo principio que dispone que:

«En virtud del principio de transparencia, los actos y documentos oficiales de la Secretaría General, salvo aquellos que tengan carácter confidencial, estarán disponibles al público y los interesados» (art. 5).

En particular, en cuanto a los reglamentos, resoluciones y actos administrativos de carácter general dictados por la Administración Pública, la Ley Orgánica de la Administración Pública de Venezuela establece que deberán ser publicados, sin excepción, en la Gaceta Oficial de la República, según el caso, en el medio de publicación oficial del Estado, Distrito metropolitano o Municipio correspondiente (art. 13). La norma recoge el principio general del comienzo de la eficacia de los actos administrativos de efectos generales (normativos) o de carácter general (destinados a varios sujetos de derecho), sujetándolo a la publicación en la Gaceta Oficial.

El artículo 13, sin embargo, además de referirse a los reglamentos (siempre de carácter normativo) y a los actos administrativos de carácter general, menciona a las «resoluciones». Estas, conforme a la Ley Orgánica de Procedimientos Administrativos (art. 16) son los actos administrativos que emanan de los Ministros del Ejecutivo Nacional, por lo que las mismas, sean o no de efectos generales o de carácter general, deben publicarse en la Gaceta Oficial.

En cuanto a los Estados, Distritos Metropolitanos y Municipios, los actos de los mismos de orden normativo o de carácter general, también deben publicarse en la correspondiente «publicación oficial» de las entidades respectivas.

1. *La tensión entre la publicidad y el secreto administrativo*

En todo caso, uno de los grandes retos del Estado de derecho en el mundo contemporáneo, en cuanto a las relaciones entre la Administración y los administrados, es el de la sustitución del principio del secreto administrativo por el principio contrario, el de la publicidad de las actuaciones administrativas. Esa sustitución, sin embargo, puede decirse que aún no se ha logrado en la práctica, y en muchos países continúa vigente el principio del secreto discrecional, conforme al cual la Administración tiene la potestad de mantener en secreto cualquier documento o información, mediante su declaración como reservado, con lo cual los particulares no tienen seguridad de recibir la información que necesitan para controlar la actividad administrativa. En esta forma, el secreto de la actuación administrativa y el misterio que la recubre, no solo frente a los particulares (al exterior), sino entre los diversos órganos de la propia Administración (al interior), en efecto, sigue siendo una práctica administrativa en las Administraciones contemporáneas, la mayoría de las veces para encubrir arbitrariedades, irresponsabilidades e incompetencias de los funcionarios. Por ello, «secreto» y «administración ineficiente» constituyen un binomio históricamente inseparable.

En todo caso, lamentablemente, aún existe en las Administraciones públicas la tradición de considerar como secretos los asuntos que se tramitan en ellas, en particular, pero absurdamente, cuando precisamente favorecen las pretensiones de los administrados.

2. *La información administrativa y el derecho de acceso a los archivos y documentos públicos*

Como se ha dicho, la Administración, en general, en nuestros países, durante mucho tiempo se había comportado como una Administración secreta, donde el misterio y la reserva se manejaban discrecionalmente, lo que a veces constituía un mecanismo para encubrir irresponsabilidades de los funcionarios. Esfuerzos se hicieron en algunos países para contrarrestar la reserva de los documentos oficiales, como se hizo en Colombia con la Ley N° 57 sobre publicidad de los actos y documentos oficiales (Ley 57 de 05-07-1985). Se trató de una Ley única en su época en el ámbito latinoamericano. Hasta ese momento no había ninguna otra ley que planteara el tema de la publicidad de los actos y de los documentos oficiales, que es un signo, por ejemplo, de todas las Administraciones europeas y sobre todo, de las anglosajonas, en las cuales se han dictado leyes de publicidad que garantizan el acceso a los documentos oficiales y a los actos oficiales. Sin embargo, esto no ha sido común en América Latina, aún en los regímenes democráticos, pues a pesar de los avances en la legislación, la práctica continúa siendo el secreto o la reserva, es decir, el principio ha sido más bien el contrario, la práctica de mantener reservados los archivos de la Administración.

En Venezuela, el artículo 147 de la Constitución regula el derecho de acceder a los archivos y registros administrativos, sin perjuicio de los límites aceptables dentro de una sociedad democrática en materias relativas a seguridad interior y exterior, a investigación criminal y a la intimidad de la vida privada, de conformidad con la ley que regule la materia de clasificación de documentos de contenido confidencial o secreto.

Este derecho lo regula igualmente el artículo 155 de la Ley Orgánica de la Administración Pública, al disponer que toda persona tiene el derecho de acceder a los archivos y registros administrativos, cualquiera sea la forma de expresión, gráfica, sonora o en imagen o el tipo de soporte material en que figuren, salvo las excepciones establecidas en la Constitución y en la ley que regule la materia de clasificación de contenido confidencial o secreto.

Este derecho de acceso a los archivos y registros de la Administración Pública debe ser ejercido por los particulares de forma que no se vea afectada la eficacia del funcionamiento de los servicios públicos, debiéndose, a tal fin, formular petición individualizada de los documentos que se desee consultar, sin que quepa, salvo para su consideración con carácter potestativo, formular solicitud genérica sobre una materia o conjunto de materias.

No obstante, cuando los solicitantes sean investigadores que acrediten un interés histórico, científico o cultural relevante, se podrá autorizar el acceso directo de aquellos a la consulta de los expedientes (art. 156).

En materia específica del procedimiento administrativo, en todo caso, el principio expreso de la publicidad del procedimiento, específicamente para las partes o interesados, se ha venido regulando en las leyes de procedimiento administrativo. Así, la Ley Orgánica de Procedimientos Administrativos de Venezuela establece el principio general de que los interesados y sus representantes tienen el derecho de examinar en cualquier estado o grado del procedimiento el expediente correspondiente, y de leer y copiar cualquier documento contenido en el mismo, así como de pedir certificación de cualquier documento (art. 59). En igual sentido se regula la Ley General de Costa Rica (art. 272).

En Colombia, entre los nuevos principios del procedimiento administrativo que se agregó en la reforma del Código, como complemento del principio de la publicidad que estaba en el texto de 1984, ha sido el «principio de transparencia», conforme al cual se declara que «la actividad administrativa es del dominio público», y por consiguiente, «toda persona puede conocer las actuaciones de la administración, salvo reserva legal» (art. 3.8), todo lo cual es una consecuencia del derecho constitucional de acceso a la información administrativa.

Este principio, sin duda, complementa el principio de la publicidad que ya estaba en el Código de 1984, conforme al cual las autoridades deben dar «a conocer al público y a los interesados, en forma sistemática y permanente, sin que medie petición alguna, sus actos, contratos y resoluciones, mediante las comunicaciones, notificaciones y publicaciones que ordene la ley, incluyendo el empleo de tecnologías que permitan difundir de manera masiva tal información de conformidad con lo dispuesto en el Código (art. 3.9).

El principio de transparencia también se regula en el Código de Ecuador, al preverse que «las personas accederán a la información pública y de interés general, a los registros, expedientes y archivos administrativos, en la forma prevista en este Código y la ley» (art. 12); lo que se complementa con la regulación en la Ley de la República Dominicana del «principio de facilitación», para asegurar que las personas encuentren siempre en la Administración «las mayores facilidades para la tramitación de los asuntos que les afecten, especialmente en lo referente a identificar al funcionario responsable, a obtener copia sellada de las solicitudes, a conocer el estado de tramitación, a enviar, si fuera el caso, el procedimiento al órgano competente, a ser oído y a formular alegaciones o a la referencia a los recursos susceptibles de interposición» (art. 3.18).

El derecho de acceso se ha regulado en el artículo 96 del Código de Ecuador, precisándose que las personas que hayan agregado un documento a un archivo público tienen derecho, a través de los sistemas tecnológicos que se empleen, a: 1. Acceder al archivo y al ejemplar digital de los documentos que haya agregado con su respectiva identificación. 2. Solicitar la exclusión de uno o varios documentos del archivo y la restitución del original o copia de la que se trate. 3. Conocer la identidad de los servidores públicos o personas naturales que hayan accedido a cada documento que la persona haya agregado al archivo y el uso que se le ha dado a través de la identificación del procedimiento administrativo o del que se trate».

Este derecho de acceso a los elementos del expediente es lo que, en el derecho brasileño, se ha denominado «direito de vista», el cual debe tratarse de un vista completa, sin censuras (art. 3, II de la Ley). Este derecho de vista implica que la parte está facultada para el examen de toda la documentación constante en autos o, según se expresa en el resto de las legislaciones latinoamericanas, de todos los «antecedentes» de la cuestión a ser resuelta.

3. *Las actuaciones administrativas reservadas*

Las leyes de procedimiento administrativo establecen, sin embargo, la excepción, en el sentido de que se exceptúan de este derecho de acceso los documentos que sean calificados como confidenciales por el superior jerárquico, los cuales deben entonces ser archivados en cuerpos separados del expediente.

En tal sentido, pero en forma amplia, la Ley General de la Administración Pública de Costa Rica establece que:

> «No habrá acceso a las piezas del expediente cuyo conocimiento pueda comprometer secretos de Estado o información confidencial de la contraparte, o en general, cuando el examen de dichas piezas confiera a la parte un privilegio indebido o una oportunidad para dañar ilegítimamente a la Administración, a la contraparte o a terceros, dentro o fuera del expediente» (art. 273,1).

Es importante destacar que la Ley costarricense presume que tienen la condición de reservados, salvo prueba en contrario, los proyectos de resolución, así como los informes para órganos consultivos y los dictámenes de éstos antes de que hayan sido rendidos (art. 273,2).

En todo caso, el tema de la reserva permanece en las leyes, en relación con los asuntos de seguridad y defensa. Así se establece, por ejemplo, en el Código de Colombia:

> «Artículo 19. Toda persona tiene derecho a consultar los documentos que reposen en las oficinas públicas y a que se le expida copia de los mismos,

siempre que dichos documentos no tengan carácter reservado conforme a la Constitución (Constitución Nacional, artículo 38) o la ley, o no hagan relación a la defensa o seguridad nacional».

Existen otros procedimientos reservados, además de los señalados, como el que se establece en el Decreto de Uruguay según el cual, los procedimientos disciplinarios son de carácter secreto (art. 174). De manera que todo funcionario que interviene en uno de estos procesos está obligado a mantener el secreto del procedimiento disciplinario.

Hay posibilidad de reserva, además, en procedimientos que tienen que ver con asuntos empresariales o económicos, por ejemplo, los relativos a la libre competencia que se establece en protección de los propios particulares, donde las partes pueden pedir a la entidad que mantenga confidencial el procedimiento a los efectos de la protección de sus propios derechos.

Puede haber también reserva derivada de la protección al derecho a la intimidad, en los procedimientos que tienen que ver con el derecho a la privacidad. Por ello, la Ley de la República Dominicana se refiere al «principio de publicidad de las normas, de los procedimientos y del entero quehacer administrativo: En el marco del respeto del derecho a la intimidad y de las reservas que por razones acreditadas de confidencialidad o interés general sea pertinente en cada caso» (art. 3.7); y además, al «principio de protección de la intimidad, de forma que el personal al servicio de la Administración Pública que maneje datos personales respetará la vida privada y la integridad de las personas, prohibiéndose el tratamiento de los datos personales con fines no justificados y su transmisión a personas no autorizadas» (art. 3.20).

Ello lo resume el Código de Ecuador al referirse también al principio de protección de la intimidad, indicando que.

> «Las administraciones públicas, cuando manejen datos personales, deben observar y garantizar el derecho a la intimidad personal, familiar y respetar la vida privada de las personas» (art. 24).

En esa protección, además, está el fundamento de la acción de habeas data que también se ha consagrado expresamente en Colombia y Venezuela, como un mecanismo de tutela específico, que viene del derecho portugués y vinculado al amparo.

En particular en la reciente Constitución venezolana de 1999 se consagró el derecho de *habeas data*, así:

> «Artículo 28. Toda persona tiene el derecho de acceder a la información y a los datos que sobre sí misma o sobre sus bienes consten en registros oficiales o privados, con las excepciones que establezca la ley, así como de conocer el uso que se haga de los mismos y su finalidad, y de solicitar ante el tribunal competente la actualización, la rectificación o la destrucción de aquellos, si fuesen erróneos o afectasen ilegítimamente sus derechos. Igualmente, podrá acceder a documentos de cualquier naturaleza que contengan información cuyo conocimiento sea de interés para comunidades o grupos de personas. Queda a salvo el secreto de las fuentes de información periodística y de otras profesiones que determine la ley».

En materia de las reservas concernientes al derecho a la privacidad y a la intimidad, el artículo 46 de la Ley brasileña limita el derecho de acceso a aquellos documentos contenidos en el expediente que estén protegidos por el «sigilo» o el «direito à privacidade à honra e à imagem»:

La enunciación general de este principio de reserva por causas de «sigilo» se encuentra en la misma Ley brasileña en el art. 2°,V del Parágrafo único, al señalar como uno de los principios que deben guiar el procedimiento administrativo, la «divulgação oficial dos atos administrativos, ressalvadas as hipóteses de sigilo previstas na Constituição».

En el Reglamento de la Secretaría de la Comunidad Andina se establece expresamente la posibilidad de que el interesado solicite que se declaren confidenciales determinados documentos. Esto tiene que ver con el tema empresarial o comercial que se señaló anteriormente, el cual sí exige en determinados casos, la reserva, a petición de los propios interesados de manera que no se divulguen. El Reglamento, en tal sentido, dispone:

> «Artículo 20. A solicitud de cualquier interesado, la Secretaría General informará del estado de la tramitación de sus expedientes.
>
> Cuando lo solicite el interesado el Secretario General podrá declarar confidenciales determinados documentos que sean presentados, siempre que éstos no hubieran sido divulgados y su divulgación pudiera ocasionar perjuicio a la parte que los proporcionó o a un tercero.
>
> El interesado que solicite la confidencialidad sobre documentos presentados deberá justificar su petición y acompañar un resumen no confidencial, el cual formará parte del expediente público».

Pero lo que permanece todavía en algunas legislaciones, aparte de esas áreas de reserva que son clásicas (seguridad y defensa, cuestiones empresariales y comerciales, derecho a la intimidad y a la privacidad), son aquellas áreas de reserva discrecionales. Por ejemplo, la Ley de Uruguay establece expresamente que:

> «Artículo 80. Los documentos o piezas podrán ser calificados como secretos, confidenciales o reservados, de acuerdo con las normas legales o reglamentarias vigentes o a dictarse.
>
> El carácter del asunto puede asignárselo el funcionario o la persona que lo origine, pudiendo ser modificado en cualquier sentido por el órgano superior de decisión.
>
> El mero hecho de que los informes o dictámenes sean favorables o adversos a los interesados no habilita a darles carácter de reservados».

En esta forma, queda a juicio de la Administración la posibilidad de calificar algún documento como reservado.

En el caso de la Ley argentina también se establece que el Poder Ejecutivo está facultado para:

> «Determinar las circunstancias y autoridades competentes para calificar como reservadas o secretas las actuaciones, diligencias, informes o dictámenes que deban tener ese carácter, aunque estén incluidos en actuaciones públicas» (art. 2,6).

Ahora bien, frente a estas normas reguladoras de materias secretas o reservadas de los expedientes administrativos, tanto la Ley costarricense como la Ley venezolana, exigen que la calificación como confidencial se haga mediante acto motivado, con lo cual el tradicional poder discrecional en esta materia, queda algo limitado. En todo caso, en estos supuestos pueden ejercerse recursos contra el acto administrativo que declare reservados determinados expedientes, y para ello se prevé expresamente el recurso de revisión o el de reconsideración e, incluso, el jerárquico.

4. *Los principios relativos al expediente administrativo*

A. *La formación del expediente*

En el artículo 8 de la Ley de El Salvador, se define el expediente administrativo como «el conjunto ordenado de documentos y actuaciones que sirven de antecedente y fundamento a la resolución administrativa, así como las diligencias encaminadas a ejecutarla;» y el artículo 21 de la Ley de República Dominicana define al expediente administrativo como «el conjunto de documentos en cualquier tipo de soporte, incluyendo los electrónicos, indiciados y ordenados cronológicamente por la Administración sobre un asunto determinado.

Dichos expedientes, agrega la Ley de El Salvador, «podrán tener soporte en papel o electrónico y se formarán mediante la agregación ordenada de cuantos documentos, pruebas, dictámenes, informes, acuerdos, notificaciones y demás diligencias deban integrarlos; así como un índice numerado de todos los documentos que contenga, cuando fuera posible» (art. 8)

Esta precisión legal, que se regla en sentido similar por ejemplo en la Ley de Bolivia (art. 23)que es hoy común, al momento en el cual las leyes de procedimiento administrativo comenzaron as ser dictadas, particularmente en el caso de Venezuela, puede decirse que no existía regulación formal del expediente administrativo, hoy en día tan común, que exige que de todo asunto debe abrirse un expediente administrativo, el cual debe tener una unidad específica y el cual deben incorporarse todos los documentos; expedientes que, además, constituyen una pieza fundamental, desde el punto de vista de la Administración, para el control contencioso-administrativo.

En el caso de Venezuela, por ejemplo, lo primero que el juez debe decidir en el procedimiento contencioso administrativo de anulación contra los actos administrativos, incluso de oficio, al admitir el recurso, es pedir a la Administración correspondiente, el expediente administrativo. En esta forma, este se convierte en un elemento fundamental de prueba judicial.

Antes de la entrada en vigencia de la Ley Orgánica de Procedimientos Administrativos venezolana, en cambio, no existía normativa alguna que exigiera la necesidad de formación de un expediente administrativo y de que, por tanto, debe haber un solo expediente y no dos o varios, como hacían usualmente los funcionarios uno guardado en los archivos y contentivo de una serie de documentos e informes de los cuales no se informaba al administrado, a veces con piezas que lo favorecían; y otro, el expediente que estaba disponible para la consulta por los interesados.

La idea de la unidad del expediente y de que en él debe conservarse todo lo concerniente al procedimiento, no solo lo derivado de las peticiones, sino también los informes y dictámenes de otras Administraciones que tiene que ver con el asunto, por tanto, es de origen reciente. No es frecuente, incluso a pesar de todos estos textos expresos que regulan el expediente, realmente encontrar un expediente completo, y siendo también frecuente todavía que el funcionario deje fuera ciertos documentos cuando no son favorables a la posición que tiene el funcionario o cuando sean favorables a la posición del administrado. Normalmente el funcionario, cuando no ha tomado su decisión, no los enseña, aún cuando existe en todas las leyes el principio del expediente único y de que toda la documentación debe estar en él acumulada, bien de oficio o a petición de parte interesada, con lo que se viola a la vez el principio de publicidad y el derecho a estar informado.

En todo caso, este principio de la unidad del expediente está establecido expresamente en la Ley de Venezuela (arts. 31, 51 y 52); en el Reglamento de la Comunidad Andina (arts. 21-24); en el Código Colombiano (art. 29); en la Ley de Uruguay con un detalle extensísimo, donde se establecen todas las normas relativas al expediente y al tema de su unidad (arts. 30; 34-38; 49-55); y en la Ley del Perú (art. 150).

En esta última Ley (art. 153), en particular, se regula el principio de la intangibilidad del expediente, en la siguiente forma:

> «153.1. El contenido del expediente es intangible, no pudiendo introducirse enmendaduras, alteraciones, entrelineados ni agregados en los documentos, una vez que hayan sido firmados por la autoridad competente. De ser necesarias, deberá dejarse constancia expresa y detallada de las modificaciones introducidas.
>
> 153.2. Los desgloses pueden solicitarse verbalmente y son otorgados bajo constancia del instructor y del solicitante, indicando fecha y folios, dejando una copia autenticada en el lugar correspondiente, con la foliatura respectiva.
>
> 153.3. Las entidades podrán emplear tecnología de microformas y medios informáticos para el archivo y tramitación de expedientes, previendo las seguridades, inalterabilidad e integridad de su contenido, de conformidad con la normatividad de la materia.
>
> 153.4. Si un expediente se extraviara, la administración tiene la obligación, bajo responsabilidad de reconstruir el mismo, independientemente de la solicitud del interesado, para tal efecto se aplicarán, en lo que le fuera aplicable, las reglas contenidas en el Artículo 140º del Código Procesal Civil».

En cuanto a la aplicación de nuevas tecnologías en el tratamiento del expediente administrativo, la Ley de El Salvador, dispone que la Administración Pública debe «mantener un soporte electrónico actualizado de sus expedientes administrativos», el cual debe ser fiel a su original y debe encontrarse al alcance de los interesados para su consulta. Dicho soporte electrónico, además, se debe utilizar en caso de reposición del original, por extravío, destrucción o inutilización (art. 8).

La medida, dispuso la misma norma, «se irá cumpliendo gradualmente, de acuerdo con los planes de implementación de las nuevas tecnologías de la información y comunicación dentro de la Administración Pública».

B. *El derecho de acceso al expediente y a obtener copias*

Vinculado con el régimen del expediente, está la regulación expresa del derecho de acceso al expediente, es decir el derecho que tienen los interesados de acceder al expediente administrativo en cualquier estado o grado del procedimiento. Esto se consagra expresamente en la Ley venezolana, en la Ley uruguaya, en el Código colombiano, en la Ley de mexicana, en la Ley de Panamá (art. 70) y en la Ley brasileña (arts. 3°, II y art. 46); así como el derecho de leer y copiar cualquier documento contenido en el expediente. Por supuesto, como se ha dicho, se exceptuarán los documentos calificados como confidenciales por el superior jerárquico, según lo establece la Ley venezolana, los cuales deben ser archivados en cuaderno separado (art. 59).

Por supuesto, con esta declaratoria de confidencialidad se rompe la unidad del expediente, exigiéndose que la misma se haga mediante acto motivado. Este es el único requisito que establece la ley venezolana, lo que, por supuesto, ha dado origen a una cantidad de abusos, como por ejemplo, procedimientos donde hasta recortes de periódicos se han calificado como «confidenciales» por el funcionario, simplemente porque no estaban favoreciendo la posición de la Administración.

El principio del acceso a la información del expediente y su excepción se regulan en el artículo 160 de la Ley del Perú, con detalle, en la siguiente forma:

> «160.1. Los administrados, sus representantes o su abogado, tienen derecho de acceso al expediente en cualquier momento de su trámite, así como a sus documentos, antecedentes, estudios, informes y dictámenes, obtener certificaciones de su estado y recabar copias de las piezas que contiene, previo pago del costo de las mismas. Solo se exceptúan aquellas actuaciones, diligencias, informes o dictámenes que contienen información cuyo conocimiento pueda afectar su derecho a la intimidad personal o familiar y las que expresamente se excluyan por ley o por razones de seguridad nacional de acuerdo a lo establecido en el inciso 5) del Artículo 20° de la Constitución Política. Adicionalmente se exceptúan las materias protegidas por el secreto bancario, tributario, comercial e industrial, así como todos aquellos documentos que impliquen un pronunciamiento previo por parte de la autoridad competente.
>
> 160.2. El pedido de acceso podrá hacerse verbalmente y se concede de inmediato, sin necesidad de resolución expresa, en la oficina en que se encuentre el expediente, aunque no sea la unidad de recepción documental».

En la Ley Orgánica de la Administración Pública, por otra parte, se precisa que el derecho de acceso a los archivos y registros conlleva el de obtener copias simples o certificadas de los mismos, previo pago o cumplimiento de las formalidades que se hallen legalmente establecidas (art. 157).

Por otra parte, todo aquel que presentare petición o solicitud ante la Administración Pública tiene derecho a que se le expida, de conformidad con la Constitución y la ley respectiva, copia certificada del expediente o de sus documentos (art. 168).

Conforme al artículo 171 de la LOAP, para expedir copias certificadas por procedimientos que requieran del conocimiento y de la intervención de técnicos especiales, el órgano superior respectivo debe nombrar un experto para ejecutar la copia, quién debe prestar juramento de cumplir fielmente su cometido, antes de realizar el trabajo.

Los honorarios del experto, de ser necesario, se deben fijar previamente en acto verificado ante el funcionario correspondiente y deben ser por cuenta del solicitante, quien debe consignarlos de conformidad con el reglamento respectivo.

Los gastos y derechos que ocasionen la expedición de copias certificadas, conforme a lo establecido en los artículos anteriores, deben ser por cuenta de los interesados.

Las copias certificadas que solicitaren los interesados y las autoridades competentes se deben expedir por el funcionario correspondiente, salvo que los documentos y expedientes hubieran sido previa y formalmente declarados secretos o confidenciales de conformidad con ley que regule la materia de clasificación de documentos de contenido confidencial o secreto (art. 169).

5. *El principio de la presunción de certeza de las actas administrativas y los documentos administrativos*

El principio de la presunción de certeza de los documentos administrativos, en general, no encuentra regulación en las leyes de procedimiento administrativo. Se trata, en todo caso, de un tema de discusión normal en la Administración, que incide en el valor legal de los documentos administrativos.

Sin embargo, las leyes especiales que tratan el tema, al igual que se ha desarrollado en la jurisprudencia, establecen la presunción de certeza de actas fiscales de inspección. Esos documentos, procesalmente pueden ser considerados como documentos públicos o auténticos, dentro de la clasificación general de los Códigos Civiles.

El documento auténtico, en efecto, hace fe pública de lo que el funcionario ve, oye o efectúa y, en general, se refiere al documento que emana de un Registrador o de un Notario quienes legalmente dan fe pública de lo que ven, oyen, o efectúan. Pero muchos otros funcionarios, de acuerdo con las leyes administrativas, también efectúan, ven y oyen hechos y dejan constancia de ellos en virtud de ley. Por tanto, se le debería dar al documento administrativo que producen el mismo valor que al documento auténtico, referente a que goza de presunción de certeza de lo que contiene, así como de las mismas vías de impugnación que existen a nivel del procedimiento ordinario; esto por lo que respecta al documento en sí mismo, y no respecto del acto contenido dentro del mismo. En Venezuela, por ejemplo, la jurisprudencia ha venido configurando la noción de documento administrativo, de manera de no solo aplicar la categoría de documento auténtico o privado del Código Civil, sino más bien, buscando configurar una categoría propia como documento administrativo, derivado de su propio valor probatorio.

En todo caso, y respecto de los documentos presentados por los administrados en el expediente, la Ley peruana enuncia el principio de la veracidad, considerando que en la tramitación del procedimiento administrativo, se presume que los documentos y declaraciones formuladas por los administrados en la forma prescrita por esta Ley, responden a la verdad de los hechos que ellos afirman; aún cuando tal presunción admite prueba en contrario (art. IV, 1,7).

Este principio de la presunción de veracidad lo repite la mencionada ley en el artículo 42, en siguiente forma:

> «42.1 Todas las declaraciones juradas, los documentos sucedáneos presentados y la información incluida en los escritos y formularios que presenten los administrados para la realización de procedimientos administrativos, se presumen verificados por quien hace uso de ello, así como de contenido veraz para fines administrativos, salvo prueba en contrario.
>
> 42.2 En caso de las traducciones de parte, así como los informes o constancias profesionales o técnicas presentadas como sucedáneos de documentación oficial, dicha responsabilidad alcanza solidariamente a quien los presenta y a los que los hayan expedido».

SEXTA PARTE

EL PRINCIPIO DE OFICIALIDAD

El principio de la oficialidad puede decirse que informa todo el procedimiento administrativo desde el punto de vista de la Administración, pues el mismo, en definitiva, es un asunto de la Administración que constituye y enmarca su actuación.

Por supuesto, como se ha visto, el particular tiene derecho a participar en el procedimiento, ya que puede instar a la Administración para iniciar su actividad teniendo incluso en muchos casos la iniciativa del procedimiento (cuando se inicia a instancia de parte), pero, en definitiva, su desarrollo es un problema y asunto de la propia Administración. Por ello, una vez desencadenado el procedimiento administrativo de oficio por la Administración o por iniciativa de parte interesada, el desarrollo y movilización del mismo está a cargo de la propia Administración, por lo que es a ella a quien le compete, y no a un tercero, impulsarlo de oficio, para la realización de la secuencia de actos que deben concluir con la emisión de un acto administrativo definitivo.

Pero por supuesto, como se dijo, hay procedimientos que solo pueden iniciarse por exclusivo interés de los particulares, en cuyo caso, la Administración no tiene el deber de proseguirlos por sí sola, por lo que puede darlos por terminados antes del término legal previsto para su conclusión, ante la inercia del interesado, aplicándose aquí lo ya señalado sobre la caducidad de los procedimientos.

Ahora bien, este principio de la oficialidad comprende cinco aspectos fundamentales conforme a los cuales se puede sistematizar el análisis de todas las normas de las leyes latinoamericanas en la materia; y éstos son: en *primer lugar,* el principio de la iniciación de oficio (iniciativa oficial), es decir, la posibilidad de que el procedimiento se inicie, además de a instancia de parte, de oficio por la Administración; en *segundo lugar,* el principio inquisitivo, como guía de todo el procedimiento administrativo, denominado también principio de instrucción; en *tercer lugar,* el principio de objetividad, que se encuentra regulado también en todas las leyes; en *cuarto lugar,* el principio de celeridad y, en *quinto lugar,* el principio ejecutivo o ejecutorio en relación con los actos administrativos.

I. EL PRINCIPIO DE LA INICIATIVA OFICIAL: LA INICIACIÓN DE OFICIO Y LA AUDIENCIA DE LOS INTERESADOS

Todas las leyes sobre procedimiento administrativo establecen el principio clásico de que el mismo puede iniciarse de oficio, es decir, por iniciativa de la propia Administración, o a petición de parte, es decir, con base en el ejercicio del derecho de petición. Esta expresión se repite en absolutamente todas las leyes de América Latina: de Argentina (art. 1), de México (art. 14), de Uruguay (art. 15), de Honduras (art. 60), de Venezuela (art. 48), de Colombia (art. 28 de Bolivia (art. 39), de Perú (art. 103), de Brasil (art. 5), de Panamá (art. 64), y de Chile (Art. 28).

Cuando se inicia el procedimiento de oficio, en todo caso, puede ser porque el funcionario actúa por disposición de un superior o por iniciativa propia, y siempre mediante un acto motivado (art. 15, Ley de Uruguay; art. 60,a, Ley de Honduras; art. 48, Ley de Venezuela). Las leyes disponen en general, como lo establece la Ley de Chile, que «con anterioridad al acuerdo de iniciación, podrá el órgano competente abrir un período de información previa con el fin de conocer las circunstancias del caso concreto y la conveniencia o no de iniciar el procedimiento» (art. 28); lo que también está previsto en la Ley de Bolivia (art. 40), y lo precisa el artículo 22 de la Ley de la República Dominicana, indicando:

> «Con anterioridad al acuerdo de inicio del procedimiento, el órgano competente podrá razonadamente abrir un período de información con el fin de determinar si procede o no iniciarlo. Dicho acuerdo habrá de ser igualmente motivado. La Administración no podrá prejuzgar en esta fase preliminar ni dictar ninguna decisión que de manera definitiva, afecte a los interesados» (art. 22.II).

Ahora bien, como garantía del derecho de la defensa, las leyes disponen que, aún iniciado de oficio, y aún siendo el procedimiento tarea de la Administración, esta está obligada a dejar participar en el mismo a los administrados interesados. Esta disposición se encuentra en todas las leyes como elemento fundamental para garantizar el derecho a la defensa.

Así lo precisa, por ejemplo, la Ley Orgánica venezolana al disponer que, en los casos de iniciación de oficio, la autoridad administrativa debe notificar a los particulares cuyos derechos subjetivos o intereses legítimos, personales y directos pudieren resultar afectados, concediéndoles un plazo de diez (10) días para que expongan sus pruebas y aleguen sus razones (art. 48).

Estos principios se recogen detalladamente en la Ley peruana, cuyo artículo 104, destinado a regular el inicio de oficio, dispone lo siguiente:

> «104.1. Para el inicio de oficio de un procedimiento debe existir disposición de autoridad superior que la fundamente en ese sentido, una motivación basada en el cumplimiento de un deber legal o el mérito de una denuncia.
>
> 104.2. El inicio de oficio del procedimiento es notificado a los administrados determinados cuyos intereses o derechos protegidos puedan ser afectados por los actos a ejecutar, salvo en caso de fiscalización posterior a solicitudes o a su documentación, acogidos a la presunción de veracidad. La notificación incluye la información sobre la naturaleza, alcance y de ser previsible, el plazo estimado de su duración, así como de sus derechos y obligaciones en el curso de tal actuación.
>
> 104.3. La notificación es realizada inmediatamente luego de emitida la decisión, salvo que la normativa autorice que sea diferida por su naturaleza confidencial basada en el interés público».

II. EL PRINCIPIO INQUISITIVO

Como se ha dicho, en virtud de que el procedimiento administrativo, ante todo, es un asunto de la Administración, el principio fundamental que lo rige es el principio inquisitivo, el cual implica, de acuerdo como lo establece en el Código de Ecuador, que «Le corresponde a la Administración Pública, la dirección del procedimiento administrativo en ejercicio de las competencias que se le atribuyan en el ordenamiento jurídico» (art. 135). Ello implica, como lo dispone la Ley argentina, la «impulsión e instrucción de oficio», sin perjuicio de la participación de los interesados en las actuaciones (art. 1.a); o como lo dispone la Ley de Bolivia, «la Administración Pública está obligada a impulsar el procedimiento en todos los trámites en los que medie el interés público» (art. 4.n).

Esto está establecido como principio del procedimiento administrativo en la Ley del Perú (artículo IV, Título Preliminar), así:

> «1.3 Principio de impulso de oficio. Las autoridades deben dirigir e impulsar de oficio el procedimiento y ordenar la realización o práctica de los actos que resulten convenientes para el esclarecimiento y resolución de las cuestiones necesarias».

Esta misma expresión se encuentra en las leyes de Brasil (art. 29) y de Costa Rica (art. 222) y, en sentido similar, se desarrolla en la Ley del Perú (art. 159). De ello deriva el principio de que la Administración debe «impulsar de oficio en todos sus trámites» (art. 64, Ley de Honduras) el procedimiento administrativo, con lo cual la conducción del procedimiento, la prueba y las medidas que puedan adoptarse a lo largo del mismo deben ser iniciativa de la Administración y no requieren el impulso procesal de los interesados, sin perjuicio de que éstos puedan participar en el procedimiento.

En consecuencia, la Administración es la responsable de al menos esos tres elementos en el procedimiento: la conducción del procedimiento; la sustanciación del mismo; las pruebas y las medidas preventivas, sin perjuicio de que en cada una de esas fases puedan actuar los particulares.

Por ello, la Ley de Venezuela establece que:

> «Artículo 53. La Administración, de oficio o a instancia del interesado, cumplirá todas las actuaciones necesarias para el mejor conocimiento del asunto que deba decidir, siendo de su responsabilidad impulsar el procedimiento en todos sus trámites».

1. *La conducción del procedimiento por la Administración*

A. *La sustanciación*

En cuanto a la conducción del procedimiento, lo primero que corresponde a la Administración, por tanto, es «el impulso oficial del procedimiento» como lo expresa el Código de Ecuador (art. 139); o la sustanciación del mismo, porque como lo afirma la Ley de la República Dominicana, «la Administración ha de adoptar decisiones bien informadas» (art. 26). Por ello, todas las leyes de procedimiento administrativo contienen normas sobre la sustanciación o instrucción del procedimiento, como resulta del mencionado artículo 53 de la Ley venezolana, y de la Ley de Chile que dispone:

«Artículo 34. Actos de instrucción. Los actos de instrucción son aquéllos necesarios para la determinación, conocimiento y comprobación de los datos en virtud de los cuales deba pronunciarse el acto.

Se realizarán de oficio por el órgano que tramite el procedimiento, sin perjuicio del derecho de los interesados a proponer aquellas actuaciones que requieran su intervención, o constituyan trámites legal o reglamentariamente establecidos».

En igual sentido se establece en la Ley de la República Dominicana (art. 26), precisando en particular, la Ley mexicana que:

«Artículo 49. Los actos necesarios para la determinación, conocimiento y comprobación de los hechos en virtud de los cuales deba pronunciarse resolución, se realizarán de oficio por el órgano que tramite el procedimiento».

En sentido similar se establece en la Ley de Panamá (art. 49); y en la Ley del Perú, al regular ésta última en el artículo 145 el «impulso del procedimiento», estableciendo que la autoridad competente, aun sin pedido de parte, debe promover toda actuación que fuese necesaria para su tramitación, superar cualquier obstáculo que se oponga a regular tramitación del procedimiento; determinar la norma aplicable al caso aun cuando no haya sido invocada o fuere errónea la cita legal; así como evitar el entorpecimiento o demora a causa de diligencias innecesarias o meramente formales, adoptando las medidas oportunas para eliminar cualquier irregularidad producida.

Además, en cuanto a los actos de instrucción, el artículo 159,1 de la misma Ley peruana dispone que:

«Los actos de instrucción necesarios para la determinación, conocimiento y comprobación de los datos en virtud de los cuales debe pronunciarse la resolución, serán realizados de oficio por la autoridad a cuyo cargo se tramita el procedimiento de evaluación previa, sin perjuicio del derecho de los administrados a proponer actuaciones probatorias».

Sin embargo, el hecho de que corresponda a la Administración realizar las acciones de conducción del procedimiento, no exime al interesado de la posibilidad de «colaborar activamente en la instrucción del procedimiento siempre que las normas aplicables del sector de que se trate no lo prohíban» como lo indica el articulo 26.III de la ley de la República Dominicana; ni de los deberes de impulso que le puedan corresponder (art. 139, Código Ecuador). Por tanto, como dice la Ley de Costa Rica, la inercia de la Administración no debe excusar la del administrado para efectos de caducidad del procedimiento (art. 222).

En la Ley de Uruguay el principio, sin embargo, se formula así:

«Artículo 56. La impulsión del procedimiento se realizará de oficio por los órganos intervinientes en su tramitación, a cuyos efectos la autoridad correspondiente practicará las diligencias y requerirá los informes y asesoramientos que correspondan, sin perjuicio de la impulsión que puedan darle los interesados.

La falta de impulsión del procedimiento por los interesados no produce la perención de las actuaciones, debiendo la Administración continuar con su tramitación hasta la decisión final».

La Administración, además, en la sustanciación del procedimiento, puede solicitar a los particulares, informes y otros datos de investigación y estos deben facilitarlos conforme a lo que se determine en la Ley (art. 58, Ley de Honduras). Este deber es consecuencia del deber de colaboración de los interesados con la Administración, que en la Ley de Brasil implica el de «presentar las informaciones que le fueren solicitadas y colaborar en el esclarecimiento de los hechos» (art. 4, IV). En sentido similar se regula en la Ley del Perú (art. 169).

B. ***Las verificaciones, las inspecciones y las actas***

La Administración, en el curso de los procedimientos administrativos, conforme a las leyes especiales, puede realizar las verificaciones o las inspecciones que sean necesarias en el sitio requerido. Esto es frecuente en procedimientos en materia fiscal o sanitaria. En estos casos, la Administración realiza normalmente inspecciones o verificaciones y levanta actas para dejar constancia de estas visitas. Dichas figuras, por lo general, están reguladas en leyes especiales.

Una excepción la encontramos en la Ley mexicana, que tiene una regulación extensa, con carácter general, que detalla el procedimiento administrativo sobre estas inspecciones y verificaciones y consagra la posibilidad general de realizar verificaciones en los establecimientos del administrado, con la exigencia formal de que tiene que haber orden escrita. El artículo 62 de la Ley Federal de México, en efecto, dispone lo siguiente:

> «Artículo 62. Las autoridades administrativas, para comprobar el cumplimiento de las disposiciones legales y reglamentarias, podrán llevar a cabo visitas de verificación, mismas que podrán ser ordinarias y extraordinarias; las primeras se efectuarán en días y horas hábiles, y las segundas en cualquier tiempo».

Los requisitos para la realización de la verificación los detalla el artículo 63, al exigir que los verificadores, para practicar visitas, deben estar provistos de orden escrita con firma autógrafa expedida por la autoridad competente, en la que debe precisarse el lugar o zona que ha de verificarse, el objeto de la visita, el alcance que deba tener y las disposiciones legales que lo fundamenten.

Esta posibilidad de visitas y verificaciones, sin embargo, tiene como límite el derecho constitucional a la inviolabilidad del hogar doméstico.

En Venezuela, por ejemplo, el artículo 47 de la reciente Constitución de 1999, dispone:

> «Artículo 47. El hogar doméstico y todo recinto privado de las personas son inviolables. No podrán ser allanados sino mediante orden judicial, para impedir la perpetración de un delito o para cumplir, de acuerdo con la ley, las decisiones que dicten los tribunales, respetando siempre la dignidad del ser humano.
>
> Las visitas sanitarias que se practiquen, de conformidad con la ley, solo podrán hacerse previo aviso de los funcionarios o funcionarias que las ordenen o hayan de practicarlas».

Es de destacar que la garantía de la inviolabilidad se extiende a los «recintos privados» de las personas, por lo que ni en el domicilio ni en dichos recintos privados (oficina, otra residencia) podrían realizarse visitas e inspecciones administrativas, salvo con orden judicial. Se exceptúa, solo, el caso de las visitas sanitarias.

Una regulación tan general como la que está en la Ley mexicana, antes indicada, aparentemente permitiría el acceso y además obligaría a los particulares a permitir el acceso y dar facilidades e informes a los verificadores; ello en contraste con la regulación constitucional en Venezuela, donde solo por vía judicial se puede realizar este tipo de visitas y por vía administrativa solo en materia sanitaria y previa notificación al particular.

En todo caso, cuando se realicen visitas o inspecciones debe levantarse un acta circunstanciada, como lo establece la Ley mexicana, en presencia de testigos, debiéndose dejar copia a la persona con quien se entendió la diligencia, aún cuando se haya negado a firmarla (art. 66). En el acta, conforme a la Ley mexicana, se debe hacer constar lo siguiente:

«I. Nombre, denominación o razón social del visitado;

II. Hora, día, mes y año en que se inicie y concluya la diligencia;

III. Calle, número, población o colonia, teléfono u otra forma de comunicación disponible, municipio o delegación, código postal y entidad federativa en que se encuentre ubicado el lugar en que se practique la visita;

IV. Número y fecha del oficio de comisión que la motivó;

V. Nombre y cargo de la persona con quien se entendió la diligencia;

VI. Nombre y domicilio de las personas que fungieron como testigos;

VII. Datos relativos a la actuación;

VIII. Declaración del visitado, si quisiera hacerla; y

IX. Nombre y firma de quienes intervinieron en la diligencia incluyendo los de quien la hubiere llevado a cabo. Si se negaren a firmar el visitado o su representante legal, ello no afectará la validez del acta, debiendo el verificador asentar la razón relativa».

C. *Los informes administrativos*

Otro aspecto relativo a la conducción del procedimiento, también regulado en las leyes latinoamericanas, es el que se refiere a los informes u opiniones que puede solicitar la Administración y a la formación de expedientes con documentos interadministrativos.

En efecto, normalmente, en la sustanciación de un expediente se requieren de informes de otras oficinas públicas distintas a la que conduce el procedimiento o de otras unidades administrativas. Las leyes, en general, le asignan a la Administración que está a cargo del procedimiento, la responsabilidad de la tramitación de la solicitud de esos informes o antecedentes, necesarios para la mejor resolución del asunto. Ello, por tanto, no es responsabilidad del particular, el cual sin embargo, cuando sea quien formule la solicitud, debe indicar la oficina donde cursa la documentación (art. 54 de la Ley venezolana).

Esto lo resume la Ley peruana, en su artículo 167, al regular la solicitud de documentos a otras autoridades, así:

«167.1. La autoridad administrativa a la que corresponde la tramitación del asunto recabará de las autoridades directamente competentes los documentos preexistentes o antecedentes que estime conveniente para la resolución del asunto, sin suspender la tramitación del expediente.

167.2. Cuando la solicitud sea formulada por el administrado al instructor, deberá indicar la entidad donde obre la documentación y, si fuera de un expediente administrativo obrante en otra entidad, deberá acreditar indubitablemente su existencia».

Inclusive, se establece que cuando estos informes no pueden ser evacuados o entregados, ello no puede ni debe implicar la paralización del procedimiento. En consecuencia, no puede haber excusa interadministrativa para que el procedimiento se paralice por falta de entrega de un informe entre autoridades administrativas.

Lo que resulta de lo anterior es que la carga por la procura de los informes de otros órganos públicos no se puede trasladar a los interesados. Esto lo regula expresamente la Ley sobre Simplificación de Trámites Administrativos de Venezuela de 1999, al disponer su artículo 46, que cuando los órganos y entes de la Administración Pública requieran comprobar la existencia de alguna circunstancia o requisito necesario para la culminación de una determinada tramitación y el mismo repose en los archivos de otro organismo público, se debe proceder a solicitar la información por cualquier medio, «sin que en ningún caso se transfiera dicha carga al particular». Los organismos a quienes se solicite la información deben dar prioridad a la atención de dichas peticiones y las deben remitir haciendo uso en lo posible de los medios automatizados disponibles al efecto.

En todo caso, estos informes u opiniones pueden ser obligatorios o facultativos, vinculantes o no, según lo que se regule en cada Ley especial o en cada norma que los exija aún cuando, salvo disposición en contrario, se considera, como principio, que no son vinculantes (art. 57 de la Ley venezolana; art. 37, Ley de Chile; art. 48.II de la ley de Bolivia). Como lo indica expresamente la Ley Federal mexicana:

«Artículo 54. Los informes u opiniones solicitados a otros órganos administrativos podrán ser obligatorios o facultativos, vinculantes o no. Salvo disposición legal en contrario, los informes y opiniones serán facultativos y no vinculantes al órgano que los solicitó y deberán incorporarse al expediente».

D. *Las obligaciones de la Administración*

En relación con la conducción del procedimiento administrativo, en la Ley mexicana se encuentra una norma que establece un largo elenco de diez obligaciones de la Administración, que no están dispersas en el texto legal, y que es de interés destacar, pues resume la situación general en la materia. Se trata del artículo 16 de la Ley Federal, que establece:

«Artículo 16. La Administración Pública Federal, en sus relaciones con los particulares, tendrá las siguientes obligaciones:

I. Solicitar la comparecencia de éstos, solo cuando así esté previsto en la ley, previa citación en la que se hará constar expresamente el lugar, fecha, hora y objeto de la comparecencia, así como los efectos de no atenderla;

II. Requerir informes, documentos y otros datos durante la realización de visitas de verificación, solo en aquellos casos previstos en ésta u otras leyes;

III. Hacer del conocimiento de éstos, en cualquier momento, del estado de la tramitación de los procedimientos en los que tengan interés jurídico, y a proporcionar copia de los documentos contenidos en ellos;

IV. Hacer constar en las copias de los documentos que se presenten junto con los originales, la presentación de los mismos;

V. Admitir las pruebas permitidas por la ley y recibir alegatos, los que deberán ser tomados en cuenta por el órgano competente al dictar resolución;

VI. Abstenerse de requerir documentos o solicitar información que no sean exigidos por las normas aplicables al procedimiento, o que ya se encuentren en el expediente que se está tramitando;

VII. Proporcionar información y orientar acerca de los requisitos jurídicos o técnicos que las disposiciones legales vigentes impongan a los proyectos, actuaciones o solicitudes que se propongan realizar;

VIII. Permitir el acceso a sus registros y archivos en los términos previstos en ésta u otras leyes;

IX. Tratar con respeto a los particulares y a facilitar el ejercicio de sus derechos y el cumplimiento de sus obligaciones; y

X. Dictar resolución expresa sobre cuantas peticiones le formulen; así como en los procedimientos iniciados de oficio, cuya instrucción y resolución afecte a terceros, debiendo dictarla dentro del plazo fijado por la ley».

En la nueva Ley de procedimientos administrativos de Brasil también se encuentra una enumeración de los derechos que corresponden a los administrados frente a la Administración, lo cual implica el correlativo deber de la Administración de garantizar estos derechos al administrado en el curso del procedimiento administrativo. En tal sentido señala el artículo 3°:

«Art. 3°. O administrado tem os seguinte direitos perante a Administração, sem prejuizo de outros que lhe sejam assegurados:

I. ser tratado com repeito pelas autoridades e servidores, que deverão facilitar o exercicio de seus direitos e o cumprimento de suas obrigações;

II. ter ciência da tramitação de interessado, ter vista dos autos, obter cópias de documentos neles contidos e conhecer as decisões proferidas;

III. formular alegações e apresentar documentos antes da decisão, os quais serão objeto de considerecação pelo órgão competente;

IV. fazer-se assistir, facultativamente, por advogado, salvo quando obrigatória a representação, por força de lei».

En la misma orientación de las leyes mexicana y de Brasil, la Ley peruana también enumera, en un solo artículo (art. 75), el siguiente conjunto de deberes de las autoridades respecto del procedimiento administrativo y de sus partícipes.

«1. Actuar dentro del ámbito de su competencia y conforme a los fines para los que les fueron conferidas sus atribuciones.

2. Desempeñar sus funciones siguiendo los principios del procedimiento administrativo previstos en el Título Preliminar de esta Ley.

Encausar de oficio el procedimiento, cuando advierta cualquier error u omisión de los administrados, sin perjuicio de la actuación que les corresponda a ellos.

Abstenerse de exigir a los administrados el cumplimiento de requisitos, la realización de trámites, el suministro de información o la realización de pagos, no previstos legalmente.

5. Realizar las actuaciones a su cargo en tiempo hábil, para facilitar a los administrados el ejercicio oportuno de los actos procedimentales de su cargo.

6. Resolver explícitamente todas las solicitudes presentadas, salvo en aquellos procedimientos de aprobación automática.

7. Velar por la eficacia de las actuaciones procedimentales, procurando la simplificación en sus trámites, sin más formalidades que las esenciales para garantizar el respeto a los derechos de los administrados o para propiciar certeza en las actuaciones.

8. Interpretar las normas administrativas de forma que mejor atienda el fin público al cual se dirigen, preservando razonablemente los derechos de los administrados.

9. Los demás previstos en la presente Ley o derivados del deber de proteger, conservar y brindar asistencia a los derechos de los administrados, con la finalidad de preservar su eficacia».

E. *El principio de la economía y las nuevas tecnologías*

La Administración, en la conducción del procedimiento administrativo, como lo indica la Ley de Brasil, cuando se trata de actos de instrucción que exija la actuación de los interesados, deben realizarse de la manera que sea menos onerosa para estos (art. 29,2).

La Ley de El Salvador, por otra parte, ha regulado el principio de que los órganos de la Administración Pública pueden utilizar tecnologías de la información y comunicación para realizar trámites, diligencias, notificaciones, citaciones o requerimientos, «siempre que dichos medios tecnológicos posibiliten la emisión de una constancia, ofrezcan garantías de autenticidad, confidencialidad, integridad, eficacia, disponibilidad y conservación de la información y sean compatibles con la naturaleza del trámite a realizar».

A tal efecto, la Administración Pública debe implementar los mecanismos tecnológicos y electrónicos que fueren necesarios para optimizar el ejercicio de sus competencias y los derechos de los administrados, creando las estrategias de gobierno electrónico que para tales efectos sean necesarias.

2. *Las medidas preventivas o cautelares*

Algunas leyes de procedimiento administrativo regulan medidas preventivas o cautelares provisionales o de seguridad que pueden dictarse en el curso del procedimiento. Es el caso de la Ley de Uruguay, que establece:

«Artículo 16. Iniciado el procedimiento, la autoridad competente para resolverlo podrá adoptar las medidas provisionales que estime oportunas para asegurar la eficacia de la resolución que pudiera recaer, si existieren elementos de juicio suficientes para ello.

No se podrán dictar medidas provisionales que puedan causar perjuicios graves o irreparables».

En la Ley de Brasil, de igual manera, se establece la posibilidad de que en casos de riesgo inminente, la Administración Pública puede, motivadamente, adoptar providencias cautelares aún sin la previa manifestación de los interesados al respecto (art. 45). Es decir, que esta potestad cautelar que se le otorga a la Administración es de carácter discrecional, porque no se exige que el interesado se manifieste previamente sobre la necesidad de esta cautela, y quizás el único control que se puede ejercer sobre esta potestad discrecional es que los motivos por los cuales la Administración fundamente esta medida estén conformes a derecho.

En el caso de la Ley de Honduras, también se prevé la posibilidad del órgano administrativo de adoptar las medidas provisionales que estime pertinentes, siempre que hubieren razones suficientes para ello, evitando con ello causar perjuicios irreparables a la parte interesada (art. 65).

En otras leyes, como la de México, estas medidas preventivas se denominan medidas de seguridad (arts. 81 y 82), pero están destinadas solo a proteger la salud y la seguridad pública.

Una regulación detallada en la materia fue establecida en la Ley peruana, en cuyo artículo 146 se indica que iniciado el procedimiento, la autoridad competente mediante decisión motivada y con elementos de juicio suficientes puede adoptar, provisoriamente bajo su responsabilidad, las medidas cautelares establecidas en esta Ley u otras disposiciones jurídicas aplicables, mediante decisión fundamentada, si hubiera posibilidad de que sin su adopción se arriesga la eficacia de la resolución a emitir (art. 146.1). Sin embargo, no se pueden dictar medidas que puedan causar perjuicio de imposible reparación a los administrados (art. 146.4).

Las medidas cautelares pueden ser modificadas o levantadas durante el curso del procedimiento, de oficio o a instancia de parte, en virtud de circunstancias sobrevenidas o que no pudieron ser consideradas en el momento de su adopción (art. 146,2).

En todo caso, las medidas caducan de pleno derecho cuando se emite la resolución que pone fin al procedimiento, cuando haya transcurrido el plazo fijado para su ejecución, o para la emisión de la resolución que pone fin al procedimiento (art. 146.3).

Esta orientación de regulación detallada de las medidas preventivas o cautelares, iniciada en la Ley del Perú, se ha seguido en Leyes más recientes como la de Chile, en la cual se dispone:

«Artículo 32. Medidas provisionales. Iniciado el procedimiento, el órgano administrativo podrá adoptar, de oficio o a petición de parte, las medidas provisionales que estime oportunas para asegurar la eficacia de la decisión que pudiera recaer, si existiesen elementos de juicio suficientes para ello.

Sin embargo, antes de la iniciación del procedimiento administrativo, el órgano competente, de oficio o a petición de parte, en los casos de urgencia y para la protección provisional de los intereses implicados, podrá adoptar las medidas correspondientes. Estas medidas provisionales deberán ser confirmadas, modificadas o levantadas en la iniciación del procedimiento, que deberá efectuarse dentro de los quince días siguientes a su adopción, el cual podrá ser objeto del recurso que proceda.

En todo caso, las medidas a que se refiere el inciso anterior, quedarán sin efecto si no se inicia el procedimiento en dicho plazo, o cuando la decisión de iniciación no contenga un pronunciamiento expreso acerca de las mismas.

No se podrán adoptar medidas provisionales que puedan causar perjuicio de difícil o imposible reparación a los interesados, o que impliquen violación de derechos amparados por las leyes.

Las medidas provisionales podrán ser alzadas o modificadas durante la tramitación del procedimiento, de oficio o a petición de parte, en virtud de circunstancias sobrevinientes o que no pudieron ser tenidas en cuenta en el momento de su adopción.

En todo caso, las medidas de que trata este artículo, se extinguirán con la eficacia de la resolución administrativa que ponga fin al procedimiento correspondiente.

En la misma orientación, se dispone en el artículo 25 de la Ley de la República Dominicana y en el artículo 78 de la Ley de El Salvador.

En general, puede decirse que la tendencia legislativa es el establecimiento de medidas provisionales o cautelares innominadas, siendo el contraste el Código de Ecuador, en el cual se incluye una enumeración de las mismas. Así, se identifican las siguientes *medidas provisionales* que el órgano competente puede adoptar: «1. Secuestro. 2. Retención. 3. Prohibición de enajenar. 4. Clausura de establecimientos. 5. Suspensión de la actividad. 6. Retiro de productos, documentos u otros bienes. 7. Desalojo de personas. 8. Limitaciones o restricciones de acceso» (art. 180) También se identifican las siguientes medidas cautelares que el órgano competente puede adoptar: «1. Secuestro. 2. Retención. 3. Prohibición de enajenar. 4. Clausura de establecimientos. 5. Suspensión de la actividad. 6. Retiro de productos, documentos u otros bienes. 7. Desalojo de personas. 8. Limitaciones o restricciones de acceso» (art. 189).

3. *La oposición a los actos de trámite*

Conforme al principio inquisitivo, la Administración como conductora del procedimiento, está en la obligación de realizar todos los trámites necesarios para su conclusión. Sin embargo, para resguardar los derechos de los interesados, éstos pueden oponerse a los actos de trámite, tanto los relativos a medidas cautelares como los de cualquier otra naturaleza. Esta posibilidad está prevista expresamente en la Ley Federal mexicana, que establece:

> «Artículo 84. La oposición a los actos de trámite en un procedimiento administrativo deberá alegarse por los interesados durante dicho procedimiento, para su consideración, en la resolución que ponga fin al mismo. La oposición a tales actos de trámite se hará valer en todo caso al impugnar la resolución definitiva».

III. LOS PRINCIPIOS SOBRE LA PRUEBA

El segundo aspecto del principio inquisitivo que regulan las leyes de procedimiento administrativo, aparte de la responsabilidad de la Administración de conducirlo, se refiere a los principios sobre la prueba en materia administrativa.

1. *La carga de la prueba: la Administración y los interesados*

Siendo el procedimiento administrativo asunto de la Administración, la carga de la prueba, ante todo, es también responsabilidad de aquélla, (art. 162, Ley del Perú), como principio general, sin perjuicio de las pruebas que puedan aportar los interesados. Por ello, el Código de Ecuador regula lo que denomina la «prueba oficiosa» indicando que «las administraciones públicas podrán disponer la práctica de cualquier prueba que juzguen necesaria para el esclarecimiento de los hechos controvertidos» (art. 198).

La Ley de Honduras, en este sentido, por ejemplo, establece:

> «*Artículo 69.* Cuando el órgano competente para resolver no tenga por ciertos los hechos alegados por la parte interesada o ésta lo solicitaren, podrá acordar la apertura a prueba por un término no inferior a diez días ni superior a veinte, e incumbirá al interesado la de los hechos de que derive su derecho y no resulten del expediente.
>
> En todo caso, la Administración podrá disponer de oficio y en cualquier momento, la práctica de cuantas pruebas se estime pertinentes para la más acertada decisión del asunto».

Una regulación similar se establece en la Ley del Perú (art. 163).

Por tanto, en principio, la Administración es la que tiene que probar. Pero por supuesto, ello varía según el tipo de procedimiento de que se trate. Por ejemplo, en el procedimiento ablatorio es la Administración la que tiene la carga fundamental de la prueba, porque normalmente se inicia de oficio. Así lo ha destacado la Corte Primera de lo Contencioso Administrativo de Venezuela, en sentencia de 1° de junio de 2000, señalando:

> «Dentro de los procedimientos administrativos iniciados de oficio, y más aún en aquellos de naturaleza sancionatoria, corresponde a la Administración demostrar los hechos que dieron lugar a la iniciación de dichos procedimientos. Esto es así, ya que para poder proceder a la aplicación de la sanción al particular encausado, deben existir en el expediente Administrativo suficientes hechos comprobados que verifiquen la ocurrencia del ilícito administrativo y, en consecuencia, la procedencia de la sanción correspondiente...
>
> Y lo anterior no significa que el particular interesado en el procedimiento administrativo este exento de probar y evacuar pruebas, ya que la carga probatoria esencial de la Administración se refiere al establecimiento del ilícito administrativo, por lo que el encausado deberá traer al proceso los hechos y alegaciones que obren a su favor y que consideren necesario para el efectivo ejercicio de su derecho a la defensa y al debido proceso; siendo esta actividad probatoria del interesado no solo una manifestación del ejercicio de su derecho a la defensa, sino coadyuvante y complementaria de la actividad probatoria de la Administración, todo con la finalidad de esclarecer los hechos y precisar con exactitud las consecuencias jurídicas de los mismos».

En cambio, en el procedimiento autorizatorio no sucede lo mismo, pues la carga de la prueba básicamente está a cargo del solicitante, cuando, por ejemplo, en leyes especiales, para obtener una autorización o un permiso, se requieran determinadas condiciones que el particular tiene que probar. Por ejemplo, un interesado, para desarrollar urbanísticamente un inmueble, lo menos que debe hacer es probar su carácter de propietario del inmueble. Por ello, de acuerdo al tipo de procedimiento, hay pruebas que tiene que aportar el administrado. Pero aparte de esto, en general, puede considerarse que es la Administración la responsable del proceso probatorio en el procedimiento administrativo.

Por ello, la Ley General de Costa Rica prescribe expresamente que:

> «Artículo 221. En el procedimiento administrativo se deberán verificar los hechos que sirven de motivo al acto final en la forma más fiel y completa posible, para lo cual el órgano que lo dirige deberá adoptar todas las medidas probatorias pertinentes o necesarias, aún si no han sido propuestas por las partes y aún en contra de la voluntad de éstas últimas».

Una norma similar se consagra en el artículo 27 del Reglamento de la Secretaría de la Comunidad Andina y, en el artículo 34 del Código Colombiano.

Debe destacarse en esta materia de apertura del procedimiento a pruebas, la disposición contenida en la Ley de Panamá, que regula la necesidad de que el funcionario que instruya el procedimiento debe convocar, con anterioridad a la apertura del periodo de pruebas, al peticionario y a las otras personas que figuren como parte, en aras de la simplificación del proceso, para considerar los siguientes aspectos:

> «1. La conveniencia de puntualizar y simplificar los puntos controvertidos;2. La necesidad o conveniencia de corregir los escritos presentados; 3. El saneamiento del procedimiento hasta ese momento; 4. La posibilidad de que la Administración Pública admita hechos y documentos que hagan innecesaria la práctica de determinadas pruebas; 5. La limitación del número de peritos; y 6. Otros asuntos que puedan contribuir a hacer más expedita la tramitación del procedimiento» (art. 138).

Por último, debe indicarse que conforme se dispone en el artículo 195 del Código de Ecuador, la administración pública «no exigirá de la persona interesada la demostración de hechos negativos, la ausencia de responsabilidad, su inocencia o cualquier otra forma de prueba ilógica o físicamente imposible».

2. *El principio de investigación de la verdad material*

En relación con la obligación de la Administración de probar, surge el principio expresado formalmente en las leyes de procedimiento administrativo de América Latina, vinculado con el objetivo del procedimiento, tendiente a la investigación de la verdad real de los hechos. En tal sentido, la Ley de Bolivia dispone que «la Administración Pública investigará la verdad material en oposición a la verdad formal que rige el procedimiento civil» (art. 4.d); principio que también se enuncia, como uno de los principios del procedimiento administrativo, en el artículo IV, Título Preliminar, de la Ley del Perú:

> «1.11. Principio de verdad material. En el procedimiento, la autoridad administrativa competente deberá verificar plenamente los hechos que sirven de motivo a sus decisiones, para lo cual deberá adoptar todas las medidas probatorias necesarias autorizadas por la ley, aun cuando no hayan sido propuestas por los administrados o hayan acordado eximirse de ellas.

En el caso de procedimientos trilaterales la autoridad administrativa estará facultada a verificar por todos los medios disponibles la verdad de los hechos que le son propuestos por las partes, sin que ello signifique una sustitución del deber probatorio que corresponde a éstas. Sin embargo, la autoridad administrativa estará obligada a ejercer dicha facultad cuando su pronunciamiento pudiera involucrar también al interés público».

En sentido similar lo expresa la Ley de Costa Rica:

«Artículo 297. 1 La Administración ordenará y practicará todas las diligencias de pruebas necesarias para determinar la verdad real de los hechos, objeto del trámite, de oficio o a petición de parte».

En la Ley Orgánica de Procedimientos Administrativos de Venezuela el principio se establece respecto de los procedimientos sumarios indicándose que la Administración debe «comprobar de oficio la verdad de los hechos» y demás elementos de juicio necesarios para el ofrecimiento del asunto (art. 69). En estos procedimientos, por su naturaleza, la propia Administración es la que tiene la carga de la prueba y su objetivo es determinar la verdad real de los hechos. Se busca, en esta forma, superar el criterio de la verdad formal que pueda aparecer de las actas, y permitir y obligar a la Administración a escudriñar en los hechos de manera de determinar, realmente, la verdad material de los mismos.

3. *Los medios de prueba*

En cuanto a los medios de prueba, muchas las leyes de procedimientos administrativos, en general, remiten a lo dispuesto en los Códigos de Procedimiento Civil, en los Códigos Civiles e, incluso, en el caso de la Ley venezolana, en el Código Orgánico Procesal Penal, (art. 58 Ley de Venezuela; art. 70 Ley de Uruguay). La Ley de El Salvador remite al Código Procesal Civil y Mercantil (art. 106).

De lo anterior deriva, entonces, el principio de que en materia administrativa se pueden acreditar los hechos «por cualquier medio de prueba» como dice la Ley de Honduras, la Ley de Bolivia (art. 47), la Ley de El Salvador (art. 106), la Ley de Chile (art. 35), la Ley de la República Dominicana (art.27) y el Código de Ecuador (art. 199); o por «los medios de prueba necesarios», como lo señala la Ley peruana (art. 166); o como lo dice la Ley Federal mexicana, que «se admitirán toda clase de pruebas» (art. 50). La Ley de Uruguay también señala que se admitirá «cualquier medio de prueba» (art. 70); y, según la Ley de Costa Rica estos medios de prueba «podrán ser todos los que estén permitidos por el derecho público, aunque no sean admisibles por el derecho común» (art. 298); los cuales la Ley del Perú, enumera como «presentación de documentos e informes, proponer experticias, testimonios, inspecciones y demás diligencias permitidas» (art. 162.2). En sentido similar, la Ley de Panamá dispone que:

«sirven como pruebas los documentos, el testimonio, la inspección oficial, las acciones exhibitorias, los dictámenes periciales, los informes, los indicios, los medios científicos, las fotocopias o las reproducciones mecánicas y los documentos enviados mediante facsímil y cualquier otro elemento racional que sirva a la formación de la convicción del funcionario, siempre que no estén expresamente prohibidos por la ley ni sean contrarios a la moral o al orden público» (art. 140).

En todo caso, en esta materia de pruebas, todos los actos y actuaciones, como lo recalca la Ley de la República Dominicana, «estarán sujetos a los principios de transparencia, igualdad, contradicción y fiabilidad o consistencia» (art. 27.III).

La Ley de Panamá, por otra parte, regula expresamente qué hechos no requieren de prueba, y que son: «los hechos afirmados por una parte y admitidos por la contraria, respecto a los cuales la ley no exige prueba específica; los hechos notorios; los que estén amparados por una presunción de derecho, y el derecho escrito que rige en la Nación o en los municipios» (art. 150).

Debe indicarse en materia de medios de prueba, por una parte, las regulaciones expresas de la prueba de testigos y peritaje en la Ley peruana (arts. 175 y 176); y por la otra, una restricción general, en el sentido de que no se admite la prueba de confesión frente a los funcionarios. En la legislación venezolana se denominan posiciones juradas o confesión, y las mismas no se admitían por prohibición expresa de la Ley Orgánica de la Administración Central. Esta Ley Orgánica, sin embargo, fue derogada por la Ley Orgánica de la Administración Pública, en la cual desapareció la prohibición. La Ley de Procedimientos Administrativos tampoco prevé restricciones, estableciendo simplemente que los hechos que se consideren relevantes, pueden ser objeto de todo medio de prueba. El Código de Ecuador, en todo caso, sobre ello, dispone en general que no es admisible «la declaración de parte de los servidores públicos» (art. 199).

La restricción con relación a la prueba de confesión, se encuentra también consagrada expresamente en México, donde no se permite «la confesional de las autoridades» (art. 50), y está prevista también en la Ley de Costa Rica, según la cual «la Administración no podrá confesar en su perjuicio» (art. 301, 1.). La Ley peruana también establece sobre la actuación probatoria de las autoridades administrativas, que las autoridades de entidades no prestan confesión, salvo en procedimientos internos de la administración; sin perjuicio de ser susceptibles de aportar elementos probatorios en calidad de testigos, informantes o peritos, si fuere el caso (art. 177).

En todo caso, se debe señalar que el artículo 170 de la Ley Orgánica de la Administración Pública, conforme se establecía en la Ley Orgánica derogada, prohíbe la expedición de certificaciones de mera relación, es decir, aquellas que solo tengan por objeto hacer constar el testimonio u opinión del funcionario declarante sobre algún hecho o dato de su conocimiento de los contenidos en los expedientes archivados o en curso, o de aquellos asuntos que hubiere presenciado por motivo de sus funciones.

Sin embargo, pueden expedirse certificaciones sobre datos de carácter estadístico, no confidenciales o secretos, que consten en expedientes o registros oficiales que no hayan sido publicados y siempre que no exista prohibición expresa al respecto.

Por último, en cuanto a las pruebas documentales, deben destacarse las regulaciones de la Ley sobre Simplificación de Trámites Administrativos de Venezuela de 1999, establecidas conforme al principio de la presunción de buena fe del interesado, y que disponen:

> «Artículo 14. Los órganos y entes de la Administración Pública aceptarán la presentación de instrumento privado en sustitución de instrumento público y de copia simple o fotostática en lugar de original o copia certificada de docu-

mentos que hayan sido protocolizados, autenticados o reconocidos judicialmente, salvo los casos expresamente previstos en la Ley.

Artículo 15. No se podrá exigir el cumplimiento de un requisito cuando éste, de conformidad con la normativa aplicable, debió acreditarse para obtener la culminación de un trámite anterior ya cumplido. En este caso, dicho requisito se tendrá por cumplido para todos los efectos legales.

Artículo 16. No se exigirán comprobantes de pago correspondientes a períodos anteriores como condición para aceptar un nuevo pago a la Administración. En estos casos, dicha aceptación no implica el pago de períodos anteriores que se encuentren insolutos.

Artículo 17. Los órganos y entes sujetos a la aplicación de este Decreto-Ley, no podrán exigir la presentación de solvencias emitidas por los mismos para la realización de trámites que se lleven a cabo en sus dependencias, salvo los casos expresamente previstos en la Ley».

Sobre estos mismos aspectos de la prueba documental, la Ley peruana dispone que las entidades están obligadas a recibir los siguientes documentos e informaciones en vez de la documentación oficial, a la cual reemplazan con el mismo mérito probatorio:

«41.1.1. Copias simples o autenticadas por los fedatarios institucionales, en reemplazo de documentos originales o copias legalizadas notarialmente de tales documentos. Las copias simples serán aceptadas, estén o no certificadas por notarios, funcionarios o servidores públicos en el ejercicio de sus funciones y tendrán el mismo valor que los documentos originales para el cumplimiento de los requisitos correspondientes a la tramitación de procedimientos administrativos seguidos ante cualquier entidad. Solo se exigirán copias autenticadas por fedatarios institucionales en los casos en que sea razonablemente indispensable

41.1.2. Traducciones simples, con la indicación y suscripción de quien oficie de traductor debidamente identificado, en lugar de traducciones oficiales.

41.1.3. Las expresiones escritas del administrado contenida en declaraciones con carácter jurado mediante las cuales afirman su situación o estado favorable en relación con los requisitos que solicita la entidad, en reemplazo de certificaciones oficiales sobre las condiciones especiales del propio administrado, tales como antecedentes policiales, certificados de buena conducta, de domicilio, de supervivencia, de orfandad, de viudez, de pérdida de documentos, entre otros.

41.1.4. Instrumentos privados, boletas notariales o copias simples de las escrituras públicas, en vez de instrumentos públicos de cualquier naturaleza, o testimonios notariales, respectivamente

41.1.5. Constancias originales suscritas por profesionales independientes debidamente identificados en reemplazo de certificaciones oficiales acerca de las condiciones especiales del administrado o de sus intereses cuya apreciación requiera especiales actitudes técnicas o profesionales para reconocerlas, tales como certificados de salud o planos arquitectónicos, entre otros. Se tratará de profesionales colegiados solo cuando la norma que regula los requisitos del procedimiento así lo exija.

41.1.6. Copias fotostáticas de formatos oficiales o una reproducción particular de ellos elaborada por el administrador respetando integralmente la estructura de los definidos por la autoridad, en sustitución de los formularios oficiales aprobados por la propia entidad para el suministro de datos.

Además, en el artículo 40 de dicha ley se enumeran, en detalle, los documentos e información que la Administración no puede solicitar a los administrados:

40.1.1. Aquella que la entidad solicitante posea o deba poseer en virtud de algún trámite realizado anteriormente por el administrado en cualquiera de sus dependencias, o por haber sido fiscalizado por ellas, durante cinco (5) años anteriores inmediatos, siempre que los datos no hubieren sufrido variación ni haya vencido la vigencia del documento entregado. Para acreditarlo, basta que el administrado exhiba la copia del cargo donde conste dicha presentación, debidamente sellado y fechado por la entidad ante la cual hubiese sido suministrada.

40.1.2. Aquella que haya sido expedida por la misma entidad o por otras entidades públicas del sector, en cuyo caso corresponde recabarlas a la propia entidad a solicitud del administrado.

40.1.3. Presentación de más de dos ejemplares de un mismo documento ante la entidad, salvo que sea necesario notificar a otros tantos interesados.

40.1.4. Fotografías, salvo para obtener documentos de identidad, pasaporte o licencia o autorizaciones de índole personal o por razones de seguridad nacional. Los administrados tendrán libertad de escoger la empresa en la cual sean obtenidas las fotografías, con excepción de los casos de digitalización de imágenes.

40.1.5. Documentos de identidad personal distintos a la Libreta Electoral o Documento Nacional de Identidad. Asimismo, solo se exigirá para los ciudadanos extranjeros carnet de extranjería o pasaporte según corresponda.

40.1.6. Recabar sellos de la propia entidad, que deben ser acopiados por la autoridad a cargo del expediente.

40.1.7. Documentos o copias nuevas, cuando sean presentadas otras, no obstante haber sido producidos para otra finalidad, salvo que sean ilegibles.

40.1.8. Constancia de pago realizado ante la propia entidad por algún trámite, en cuyo caso el administrado solo queda obligado a informar en su escrito el día de pago y el número de constancia de pago, correspondiendo a la administración la verificación inmediata».

Por su parte, la Ley de Panamá específicamente regula el caso de la «prueba de facsímil y las copias», respecto de la cual «la entidad pública respectiva debe asegurarse de su autenticidad, confrontándolas con su original en un periodo razonable después de su recepción, o por cualquier otro medio que considere apropiado» (art. 140).

Por último, en cuanto a la prueba de exhibición o inspección judicial de documentos, debe señalarse que de acuerdo con el artículo 165 de la Ley Orgánica de la Administración Pública de Venezuela, no se puede ordenar la exhibición o inspección judiciales de los documentos, archivos y registros administrativos de los órganos y entes de la Administración Pública, sino por los órganos a los cuales la ley atribuye específicamente tal función.

Sin embargo, señala la norma que puede acordarse judicialmente la copia, exhibición o inspección de determinado documento, expediente, libro o registro administrativo y se debe ejecutar la providencia, a menos que el órgano superior respectivo hubiera resuelto con anterioridad otorgarle al documento, libro, expediente o registro la clasificación como secreto o confidencial, de conformidad con la Constitución y la ley que regule la materia de clasificación de contenido confidencial o secreto (art. 165).

4. *La evacuación de las pruebas y participación de los interesados*

En cuanto a la evacuación de las pruebas, las leyes de Honduras, Uruguay y Costa Rica establecen normas específicas. Por ejemplo, la Ley de Honduras establece normas sobre testigos, que permite a la Administración la posibilidad de interrogarlos libremente (art. 70), sobre experticia (art. 71) y sobre inspección *in situ* (art. 73).

Por su parte, la Ley de Uruguay también contiene normas específicas sobre la prueba de testigos, y cómo evacuarla (art. 72); sobre la designación de peritos en los casos de experticia (art. 73); sobre a quién corresponden los gastos del diligenciamiento de la prueba (art. 74), los cuales, por supuesto, corresponden a quien la promueva. Si es la Administración la que promueve la experticia, ésta debe correr con los gastos, o si es el particular quien la promovió, le corresponde a éste. Esta Ley establece detalles sobre los gastos que corren a cargo de la Administración o de las partes que soliciten la evacuación.

En sentido similar, sobre los gastos de las actuaciones probatorias, el artículo 178 de la Ley peruana, dispone que en el caso de que la actuación de pruebas propuestas por el administrado importe la realización de gastos que no deba soportar racionalmente la entidad, ésta podrá exigir el depósito anticipado de tales costos, con cargo a la liquidación final que el instructor debe practicar documentalmente al administrado, una vez realizada la probanza.

La Ley de Brasil, como ya se señaló, establece el principio de la economía en materia de prueba, en el sentido de que si el procedimiento requiere de instrucción, las actuaciones que se exijan de los interesados deben realizarse del modo que sea menos oneroso para ellos (art. 29,2).

Un aspecto que queda siempre en situación de tensión, es el relativo a las exigencias probatorias en relación con la reserva de los archivos de la Administración. El derecho a probar, el derecho a la información y el derecho a la defensa del interesado tiene que privar frente a la idea atávica del secreto y la reserva de los archivos oficiales.

Por otra parte, si bien la carga de la prueba y su conducción es básicamente un asunto de la Administración, lo que es evidente, sea o no expresado en las leyes, es que los administrados tienen derecho a participar en el procedimiento de evacuación de pruebas o, como lo dice el Decreto de Uruguay, los interesados tienen derecho a controlar las pruebas y su evacuación. Así se establece expresamente en el artículo 71 del Decreto:

> «Artículo 71. Las partes tienen derecho a controlar la producción de la prueba; a tal efecto, la Administración les comunicará con antelación suficiente el lugar, fecha y hora en que se practicará la prueba y les hará saber que podrán concurrir asistidos por técnicos».

En el caso de la Ley mexicana se exige que el órgano administrativo notifique a los interesados, con una anticipación de tres días, el inicio de las actuaciones necesarias para el desahogo de las pruebas que hayan sido admitidas (art. 52). Es el principio que recoge el Código de Ecuador, con el nombre de «principio de contradicción» al disponer que:

> «la prueba aportada por la administración pública únicamente tendrá valor, si la persona interesada ha tenido la oportunidad de contradecirla en el procedimiento administrativo. Para este propósito la práctica de las diligencias dispuestas por la administración pública será notificada a la persona interesada a fin de que ejerza su derecho de defensa» (art. 196).

Sin embargo, una prescripción de este tipo que obligue a la Administración a notificar con anterioridad al interesado para que éste sepa cuándo se inicia la evacuación, no está en las otras leyes. Esto, por supuesto, garantiza no solo la participación del interesado sino sus derechos en el procedimiento de manera de no verse sorprendido por ejemplo, con una experticia o con otra prueba cuya evacuación la haga la Administración, por ejemplo, a su manera.

Debe mencionarse, por otra parte, que en relación con la participación en el procedimiento, la ley de Chile prevé la posibilidad de que la Administración, cuando la naturaleza de éste lo requiera, puede ordenar un período de información pública, convocando mediante anuncio en el Diario Oficial, a fin de que cualquier persona pueda examinar el procedimiento. Precisa la Ley, sin embargo, que la actuación en el trámite de información pública no otorga, por sí misma, la condición de interesado (art.39).

Deben destacarse, por otra parte, las disposiciones de la Ley sobre Simplificación de Trámites Administrativos de Venezuela de 1999, que se refieren al tema de las pruebas bajo el ángulo del principio de la buena fe del interesado. En tal sentido se señala con carácter general que los órganos y entes de la Administración Pública no exigirán a los administrados pruebas distintas o adicionales a aquellas expresamente señaladas por Ley (art. 12); agregando que:

> «Artículo 13. Los órganos y entes de la Administración Pública se abstendrán de exigir algún tipo de prueba para hechos que no hayan sido controvertidos, pues mientras no se demuestre lo contrario, se presume cierta la información declarada o proporcionada por el ciudadano en su solicitud o reclamación».

5. *La licitud de los medios de prueba y el rechazo de pruebas*

Por supuesto, en relación con las pruebas en el procedimiento administrativo también es aplicable el principio de que no se pueden aceptar como pruebas, las que hubiesen sido obtenidas ilícitamente. Lo señala la Constitución de Venezuela, en artículo 49, 1: «Serán nulas las pruebas obtenidas mediante violación del debido proceso»; y en materia de procedimientos administrativos, es norma expresa de la Ley de Brasil así «São inadmissíves no processo administrativo as provas obtidas por meios ilícitos» (art. 30).

Por otra parte, en muchas de las leyes de procedimiento administrativo, como lo prevé la Ley de Chile, se autoriza a la Administración para poder rechazar las propuestas por los interesados «cuando sean manifiestamente improcedentes o innecesarias», lo que debe hacerse mediante resolución motivada (art. 35). En igual sentido se regula en la Ley de Bolivia (art. 47.IV) y en la Ley de El Salvador (art. 106).

6. *La presunción de veracidad*

La Ley del Perú, con gran acierto, también consagra el principio de la presunción de veracidad en relación las pruebas aportadas por los administrados, al establecerlo como uno de los principios del procedimiento administrativo (artículo IV 1,7, Título Preliminar), así:

> «Principio de presunción de veracidad. En la tramitación del procedimiento administrativo, se presume que los documentos y declaraciones formuladas por los administrados en la forma prescrita por esta Ley, responden a la verdad de los hechos que ellos afirman. Esta presunción admite prueba en contrario».

7. *La apreciación de las pruebas*

La Administración, para decidir, debe apreciar libremente y en su conjunto el resultado de las pruebas, de acuerdo con la sana crítica. Este es el principio que recoge en la Ley de Honduras (art. 74), en la Ley de Bolivia (art. 47), en la Ley de Panamá (art. 145), y en la Ley de El Salvador (art. 106).

En todo caso, para los efectos de la apreciación final de las pruebas, la Ley de Honduras establece el principio de la audiencia a los interesados, para tal fin. Así se dispone en el artículo 75:

> «Artículo 75. Transcurrido el término probatorio ...de oficio se dará vista de las actuaciones a los interesados para que dentro del plazo común de diez días, aleguen sobre todo lo actuado y sobre el valor y alcance de las pruebas producidas».

IV. EL PRINCIPIO DE LA OBJETIVIDAD

El tercer principio del procedimiento administrativo implícito en el antes mencionado principio de la oficialidad, es el principio de la objetividad el cual también se encuentra regulado en las leyes de procedimiento administrativo. Así lo expresa claramente la Ley 9.784 de Brasil, al señalar que en los procedimientos administrativos, entre otros criterios debe ser observado «el de la objetividad en la atención del interés público» (art. 2,III).

1. *La satisfacción del interés general y las políticas públicas*

La objetividad apunta en el procedimiento administrativo, en primer lugar, a la satisfacción del interés general, sin discriminaciones y sin inclinar la balanza a favor de un particular, es decir, sin violar el principio de la igualdad.

La Administración, en efecto, debe servir a los intereses generales con objetividad; aun cuando para ello no necesariamente debe considerarse neutra. No debe olvidarse que la Administración es una organización instrumental de la acción política del Estado y del gobierno, por ello, tiene subordinación a una determinada orientación política.

Esto implica, entonces, que la objetividad en la consecución de los intereses generales está siempre vinculada a la orientación política del gobierno, no pudiendo la Administración estar al margen de la misma. De ello deriva que la objetividad en el procedimiento no es absoluta, sino relativa, pues la Administración está vinculada al gobierno, y actúa dentro de la política formulada por éste.

Adicionalmente, debe tenerse en cuenta que la actividad de la Administración al satisfacer las necesidades colectivas, también está al servicio de los particulares, y esto debe cumplirlo con objetividad; como lo establece el artículo 35 de la Ley sobre Simplificación de Trámites Administrativos de Venezuela de 1999:

> «Artículo 35. La actividad de los órganos y entes de la Administración Pública debe está dirigida a servir eficientemente a los particulares, mediante la plena satisfacción de las necesidades colectivas. En tal sentido, el funcionario público es, ante todo, un servidor público».

En todo caso, el principio de la objetividad está garantizado frente a los administrados por el principio de la imparcialidad y las normas de inhibición.

2. *El principio de imparcialidad*

El principio de oficialidad que permite a la Administración iniciar y conducir el procedimiento, impone la necesidad de garantizar los derechos de los Administrados, frente a la actuación de los funcionarios, de lo que deriva el principio de la imparcialidad, derivado del principio de igualdad y no discriminación de los administrados. Conforme a este principio, la Administración, en el curso del procedimiento y al decidirlo, no debe tomar partido, ni inclinar la balanza o beneficiar ilegítimamente a una parte en perjuicio de otra, sino que debe tomar su decisión únicamente conforme al ordenamiento jurídico y con la finalidad de interés general que la motiva.

Este principio se ha establecido en la Ley de Bolivia en el sentido de que «las autoridades administrativas actuarán en defensa del interés general, evitando todo género de discriminación o diferencia entre los administrados»(art. 4,f); y se encuentra regulado el Artículo 30 de la Ley venezolana, cuando exige a la Administración tratar en igual forma a todos los particulares y no puede establecer ningún tipo de discriminación respecto de ellos, ni parcializarse por ninguna posición y debe mantener siempre una posición imparcial. El principio también está recogido en el Código colombiano, como principio general, en una enumeración que hace en el artículo 3:

> «Artículo 3. En virtud del principio de imparcialidad las autoridades deberán actuar teniendo en cuenta que la finalidad de los procedimientos consiste en asegurar y garantizar los derechos de todas las personas sin ningún género de discriminación; por consiguiente, deberán darles igualdad de tratamiento, respetando el orden en que actúen ante ellos».

También lo establece, como principio del procedimiento administrativo, el artículo IV del Título Preliminar de la Ley del Perú, así:

> «1.5 Principio de imparcialidad. Las autoridades administrativas actúan sin ninguna clase de discriminación entre los administrados, otorgándole tratamiento y tutela igualitarios frente al procedimiento, resolviendo conforme al ordenamiento jurídico y con atención al interés general».

En igual sentido se regula el principio en la Ley de Chile (art.11), en el Código de Ecuador (art. 19), en la Ley de Bolivia (art. 4.f) y en la Ley de la República Dominicana (art. 3.11), en la cual se precisa que:

«El personal al servicio de la Administración Pública deberá abstenerse de toda actuación arbitraria o que ocasione trato preferente por cualquier motivo y actuar en función del servicio objetivo al interés general, prohibiéndose la participación de dicho personal en cualquier asunto en el que él mismo, o personas o familiares próximos, tengan cualquier tipo de intereses o pueda existir conflicto de intereses» (art. 3.11).

Adicionalmente a la exigencia de igualdad de tratamiento a los administrados; en la norma colombiana antes indicada está presente la idea del orden, en el sentido de que debe respetarse el orden en que éstos actúen ante los órganos administrativos. Es la idea del «orden riguroso» en los trámites que también se establece en todas las otras leyes como la de Venezuela, y la de Chile (art. 7),por ejemplo, como antes se indicó.

La Ley 19.880 de Chile también recoge el principio así:

> «*Artículo* 11. Principio de imparcialidad. La Administración debe actuar con objetividad y respetar el principio de probidad consagrado en la legislación, tanto en la substanciación del procedimiento como en las decisiones que adopte.
>
> Los hechos y fundamentos de derecho deberán siempre expresarse en aquellos actos que afectaren los derechos de los particulares, sea que los limiten, restrinjan, priven de ellos, perturben o amenacen su legítimo ejercicio, así como aquellos que resuelvan recursos administrativos».

3. *Las inhibiciones y abstenciones y las recusaciones de funcionarios*

La consecuencia de la previsión general del principio de la objetividad e imparcialidad en materia administrativa, es que el funcionario tiene la obligación de inhibirse de conocer de los asuntos en los cuales pueda estar afectada su imparcialidad.

Esto, en general, se establece en todas las leyes de procedimiento administrativo, como una obligación del funcionario de inhibirse o de abstenerse (se usan las dos expresiones) del conocimiento del asunto cuando esté incurso en alguna causal que comprometa su imparcialidad.

Normalmente, las leyes prevén estas causales de inhibición y recusación y no remiten en forma supletoria a las que se regulan en el Código de Procedimiento Civil, salvo la Ley argentina (art. 6) y el Código colombiano (art. 30).

En todas las leyes se establece, además de la obligación de inhibirse, la posibilidad de recusación; esto, salvo en el caso de Venezuela, lo cual fue excluido al momento de discutirse la Ley Orgánica de Procedimientos Administrativos, pensando que si se contemplaba la recusación, materialmente se paralizarían todos los procedimientos administrativos. El contraste ha sido que en muchos casos resulta difícil poder apartar a un funcionario del trámite de un procedimiento, a pesar de que está parcializado, o que tiene una actitud hostil hacia el interesado. Solo habría medios indirectos, pues en virtud de que la decisión que le ordene separarse a un funcionario del conocimiento de un asunto, le corresponde al superior jerárquico, un mecanismo real de solicitud de inhibición puede plantearse indirectamente ante el superior, como si se tratase de una forma de recusación.

Ahora bien, en general, lo que se regula expresamente en todas las leyes, como lo tiene establecido el artículo 36 de la Ley Orgánica de Procedimientos Administrativos de Venezuela, siguiendo la orientación del artículo 20 de la Ley española de Procedimiento Administrativo de 1957, ya derogada, es la obligación de inhibirse o abstenerse que tiene todo funcionario cuando esté en duda su imparcialidad como consecuencia de esta obligación es que surge la posibilidad de recusación por parte de los interesados.

En términos generales, este deber de abstención se produce en los casos siguientes:

1. Cuando el funcionario tenga interés en el procedimiento, el cual puede ser personal o bien de su cónyuge o de algún pariente dentro del cuarto grado de consanguinidad o segundo de afinidad. Esta es una causal general para que el funcionario deba inhibirse o para que pueda ser recusado. Se trata de la aplicación concreta, en materia administrativa, del principio *nemo judex in causa sua* conforme al cual, el funcionario público no debe intervenir en los procedimientos en los cuales tenga interés. (art. 15, Ley de Honduras; art. 18, Ley de Brasil; art. 21, Ley de México, I, II, III; art. 88,3, Ley del Perú; art. 12.1 y 12.2, Ley de Chile; art. 10.II, Ley de Bolivia; art. 51.1, Ley de El Salvador; art. 118, Ley de Panamá; art. 86.1, Código de Ecuador).

2. Otra causal es la que se refiere a la amistad íntima o enemistad manifiesta del funcionario con cualquiera de las personas interesadas que intervengan en el procedimiento (art. 20, Ley de Brasil; art. 15, Ley de Honduras; art. 21, IV de la Ley mexicana; art. 88,4, Ley del Perú; art. 12.3, Ley de Chile; art. 51.3, Ley de El Salvador; art.118, Ley de Panamá; art. 86.4, Código de Ecuador). En algunos casos esa vinculación se presume, como se regula en el Código de Colombia, que contiene una causal muy vinculada al hecho político colombiano y es que el funcionario haya sido parte de las listas de candidatos a cuerpos colegiados de elección popular inscritas o integradas también por el interesado (art. 30.1), ya que se presume que al haber estado en la misma lista, se origina un vínculo que debe provocar la inhibición o a la recusación.

3. Otra de las causales es, por ejemplo, haber intervenido como testigo o perito en el expediente de cuya resolución se trate, o si como funcionario hubiere manifestado previamente su opinión en el mismo, de modo que pudiera prejuzgar sobre la resolución del asunto, o tratándose de un recurso administrativo, hubiere resuelto o intervenido en la decisión del acto que se impugna (art. 18,III Ley de Brasil; art. 15, de la Ley de Honduras; art. 21, V, Ley mexicana; art. 88,2, Ley del Perú; art. 12.4, Ley de Chile; art. 51.4, Ley de El Salvador; art. 86.4, Código de Ecuador).

4. Por último, otra causal se da cuando el funcionario hubiere tenido una relación de servicio o de subordinación con cualquiera de los directamente interesados en el asunto (art. 21, VI, Ley mexicana; art. 88,5, Ley del Perú; art. 12.5, Ley de Chile; art. 51.5, Ley de El Salvador). En este campo, por ejemplo, el Código de Colombia agrega como causal que el funcionario haya sido recomendado por el interesado para llegar al cargo que ocupa o cuando lo haya designado como referencia con el mismo fin (art. 30,2).

En todos estos casos y de acuerdo a todas las leyes mencionadas, como se dijo, el funcionario público tiene el deber de inhibirse, abstenerse o excusarse. A tal efecto, los interesados pueden solicitar al superior jerárquico que decida la inhibición de los funcionarios inferiores en los casos en los cuales están incursos en las situaciones antes mencionadas. Esta solicitud, en Venezuela, no es una recusación formal, sino es en realidad, una petición que formula el interesado respectivo ante el superior jerárquico, y que también éste último puede plantear de oficio (art. 30, Ley de Venezuela; art. 30, Código de Colombia; art. 32, Reglamento de la Comunidad Andina; art. 19, Ley de Brasil; art. 89,2, Ley del Perú; art. 52, Ley de El Salvador; art. 87, Código de Ecuador), para resolver si procede o no la inhibición. Por supuesto, siendo una petición formalmente regulada que se puede dirigir al superior jerárquico, el objetivo es que éste decidida si procede la inhibición del funcionario que lleva el procedimiento, acto que en sí mismo podría ser impugnado. La Ley de Honduras, sin embargo, excluye recurso alguno contra tal decisión (art. 18), al igual que la Ley del Perú (art. 93).

Si la inhibición procediere, el superior jerárquico debe entonces indicar cuál funcionario debe conocer el asunto (art. 6, Ley de Argentina; arts. 37 y 38, Ley de Venezuela; art. 236, Ley de Costa Rica).

Por otra parte, si el superior jerárquico decide que no procede la inhibición, entonces puede abrirse la vía contencioso administrativa y el interesado puede formular de nuevo su planteamiento en sede judicial como garantía del derecho a la defensa.

En definitiva, lo que se quiere resaltar es que la abstención, la inhibición, la excusa o la suspensión, según se denomina en los diversos ordenamientos jurídicos, es una obligación del funcionario pero, a su vez, la recusación es un derecho que se le da a los interesados en todas estas leyes, salvo en el caso de la Ley venezolana, para lograr la inhibición de los funcionarios que estén incursos en algunas de las causales señaladas, estableciendo un procedimiento sumario que ha de ser resuelto por el superior jerárquico.

Por otra parte, las leyes de procedimiento varían en cuanto a los efectos de la actuación del funcionario incurso en una causal de inhibición: la Ley General de Costa Rica establece el principio de la invalidez (art. 237.3.b); y, en general, la no abstención en los casos en que proceda, da lugar a responsabilidad del funcionario (art. 237.1 Ley de Costa Rica; art. 19, Ley de Brasil; art. 17, Ley de Honduras; art. 91, Ley del Perú).

4. *La presunción de licitud o inocencia*

También vinculado al principio de la objetividad está el de la presunción de licitud, particularmente importante en los procedimientos sancionatorios, como derecho fundamental de las personas. La regulación de la presunción de licitud, como presunción de inocencia, se encuentra en la Ley de Uruguay cuando habla del procedimiento disciplinario de funcionarios como un procedimiento especial, así:

> «Artículo 170. El funcionario público sometido a un procedimiento disciplinario tiene derecho al respeto de su honra y al reconocimiento de su dignidad; y se presumirá su inocencia mientras no se establezca legalmente su culpabilidad por resolución firme dictada con la garantía del debido proceso» (Convención Americana de Derechos Humanos, «Pacto de San José de Costa Rica», art. 8 numerales 2 y 11).

En los procedimientos sancionatorios, la Ley peruana define la «presunción de licitud», estableciendo que las entidades «deben presumir que los administrados han actuado apegados a sus deberes mientras no cuenten con evidencia en contrario» (art. 230,9).

Lo que interesa destacar en relación al principio de objetividad, es que el principio de la presunción de licitud debe ser un principio fundamental dentro de la actuación de la Administración, el cual no siempre se respeta, en el sentido de que exista presunción de que el derecho reclamado por el particular es justo. Frente a ello se desarrolla el llamado principio *favor pro accione* o posición favorable al accionante, el cual debería ser un principio fundamental en materia de procedimiento, sin embargo, no siempre lo es. Casi siempre lo que le toca a un administrado es enfrentarse a una Administración que, en principio, piensa que no tiene la razón y que considera que sería inadecuado darle la razón a quien la pide, situación que conduce a que casi siempre el funcionario busque rechazar las peticiones de los particulares.

5. *El principio de la buena fe del interesado*

Entre las nuevas tendencias del derecho administrativo, aún cuando solo encuentran regulaciones aisladas en las leyes de procedimiento administrativo, está el principio de la buena fe, como elemento fundamental que debe estar a la base de las relaciones jurídicas entre la Administración Pública y los administrados, que precisamente formaliza el procedimiento administrativo.

El principio de la buena fe, por supuesto, en esta perspectiva debe regir tanto para el administrado como para la Administración, como lo indica la Ley del Perú (art. IV, 1.8), de manera que, entre los deberes del interesado, conforme a la Ley de Brasil, esta «el proceder con lealtad, urbanidad y buena fe», no actuar de modo temerario y «exponer los hechos conforme a la verdad» (art. 4).

Dicho principio lo consagró el artículo 83 de la Constitución de Colombia, que postula que las actuaciones de las partes y de las autoridades públicas deben ceñirse a los postulados de la buena fe; y lo recoge en general, la Ley de Uruguay, así:

> «Artículo 6º. Las partes, sus representantes y abogados patrocinantes, los funcionarios públicos y, en general, todos los partícipes del procedimiento, ajustarán su conducta al respeto mutuo y a la lealtad y buena fe».

En el Código de Ecuador se formuló en la siguiente forma:

> « Art. 17.- Principio de buena fe. Se presume que los servidores públicos y las personas mantienen un comportamiento legal y adecuado en el ejercicio de sus competencias, derechos y deberes.

Por su lado, en la Ley de Bolivia, en su artículo 4,e se expresa así:

> «Principio de buena fe: En la relación de los particulares con la Administración Pública se presume el principio de buena fe. La confianza, la cooperación y la lealtad en la actuación de los servidores públicos y de los ciudadanos; orientarán el procedimiento administrativo».

En la Ley de El Salvador, el principio se regula de la siguiente manera:

> «Art. 3.9. Buena fe: todos los participantes en el procedimiento deben ajustar sus comportamientos a una conducta honesta, leal y conforme con las actuaciones que podrían esperarse de una persona correcta, la cual se presume respecto de todos los intervinientes».

Y en la Ley de la República Dominicana, el principio se expresa así:

> «Artículo 3.14. Principio de buena fe: en cuya virtud las autoridades y los particulares presumirán el comportamiento legal de unos y otros en el ejercicio de sus competencias, derechos y deberes».

El principio, por lo demás, se encuentra detalladamente regulado en la Ley de Simplificación de Trámites Administrativos de Venezuela de 1999, reformada en 2008 (arts. 9 a 20), donde se regula la «presunción de buena fe del ciudadano», de manera que la Administración, en todas sus actuaciones, «debe tener como cierta la declaración del administrado» (art. 9). Este principio lo recoge expresamente, también, la Ley del Perú, (art. IV, 1.7; art. 42).

La presunción de buena fe, por otra parte, en el procedimiento administrativo se también se manifiesta como presunción de licitud, vinculado a derecho del administrado a la presunción de inocencia, tal como se manifiesta en la Ley de Uruguay cuando habla del procedimiento disciplinario de funcionarios como un procedimiento especial, así:

> «Artículo 170. El funcionario público sometido a un procedimiento disciplinario tiene derecho al respeto de su honra y al reconocimiento de su dignidad; y se presumirá su inocencia mientras no se establezca legalmente su culpabilidad por resolución firme dictada con la garantía del debido proceso» (Convención Americana de Derechos Humanos, «Pacto de San José de Costa Rica», art. 8 numerales 2 y 11).

Pero en general, en los procedimientos sancionatorios, la Ley peruana define la «presunción de licitud», estableciendo que las entidades «deben presumir que los administrados han actuado apegados a sus deberes mientras no cuenten con evidencia en contrario» (art. 230,9), lo que implica la presunción de que el derecho reclamado por el administrado es justo. Ello ha conducido, también, al principio *favor pro accione* o posición favorable al accionante, el cual debería ser un principio fundamental en materia de procedimiento.

En la reforma del Código de Colombia de 2011, también se incorporó el principio de la buena fe, respondiendo al enunciado general del artículo 83 de la Constitución de 1991, en el sentido de que «las actuaciones de los particulares y de las autoridades públicas deberán ceñirse a los postulados de la buena fe, la cual se presumirá en todas las gestiones que aquellos adelanten ante éstas».

En esta orientación el artículo 3.4 del Código colombiano dispone que en virtud del principio de la buena fe, «las autoridades y los particulares deben presumir el comportamiento leal y fiel de unos y otros en el ejercicio de sus competencias, derechos y deberes».

Además, en la misma orientación se inserta el *principio de la moralidad*, introducido en la reforma del Código colombiano de 2011, en virtud del cual, conforme se indica en el artículo 3.5, «todas las personas y los servidores públicos están obligados a actuar con rectitud, lealtad y honestidad en las actuaciones administrativas;» principio que también se encuentra expresamente mencionado en la Ley del Brasil y en la Ley de Panamá; y en la Ley de Chile, como principio de probidad.

El principio se regula en el artículo 21 de Código de Ecuador, como «*principio de ética y probidad*», en el sentido de que:

> «Los servidores públicos, así como las personas que se relacionan con las administraciones públicas, actuarán con rectitud, lealtad y honestidad. En las administraciones públicas se promoverá la misión de servicio, probidad, honradez, integridad, imparcialidad, buena fe, confianza mutua, solidaridad, transparencia, dedicación al trabajo, en el marco de los más altos estándares profesionales; el respeto a las personas, la diligencia y la primacía del interés general, sobre el particular».

Y en la Ley de la República Dominicana, se lo denomina «principio de ética» conforme al cual «todo el personal al servicio de la Administración Pública, así como las personas en general han de actuar con rectitud, lealtad y honestidad» (art. 3.21)

En desarrollo del principio de la presunción de buena fe del ciudadano, por otra parte, esa Ley establece que los trámites administrativos deben mejorarse o rediseñarse para lograr el objetivo propuesto en la generalidad de los casos y no para cubrir las posibles excepciones al comportamiento normal del ciudadano. En consecuencia, en todas las actuaciones que se realicen ante la Administración Pública, se debe tener como cierta la declaración del administrado, salvo prueba en contrario (art. 9). Este es el principio de la presunción de veracidad que establece la Ley del Perú (art. IV, 1,7 y art. 42), y al cual antes nos hemos referido.

Por otra parte, en la Ley de Simplificación de Trámites Administrativos de Venezuela también se exige a los órganos y entes de la Administración Pública, en sus respectivas áreas de competencia, que realicen un inventario de los documentos y requisitos cuya exigencia pueda suprimirse de conformidad con la presunción de buena fe, aceptando en sustitución de los mismos las declaraciones juradas hechas por el interesado o un representante con carta poder (art. 10).

Además, y salvo los casos establecidos expresamente por Ley, el artículo 11 de la Ley dispone que no será indispensable la comparencia personal del interesado para realizar tramitaciones ante la Administración Pública, debiéndose exigir la presentación de carta poder a la persona que actúe en su representación.

Adicionalmente, y para el control administrativo del respeto del principio de la presunción de buena fe, la misma Ley establece que los trámites administrativos deben estar acompañados de un idóneo mecanismo de control posterior, así como de sanciones aplicadas con rigor a quienes violen la confianza dispensada por la Administración Pública (art. 18).

El principio de la buena fe también se recoge en la Ley del Perú, al regular el «principio de la conducta procedimental» (art. IV, Título Preliminar), así:

> «1.8 Principio de conducta procedimental. La autoridad administrativa, los administrados, sus representantes o abogados y, en general, todos los partícipes del procedimiento, realizan sus respectivos actos procedimentales guiados por el respeto mutuo, la colaboración y la buena fe. Ninguna regulación del procedimiento administrativo puede interpretarse de modo tal que ampare alguna conducta contra la buena fe procesal».

De allí que el principio de lealtad también derive del principio de la buena fe, lo que implica que las partes en el procedimiento no deben ocultar hechos o documentos que les interesen mutuamente, lo que a la vez ha implicado el desarrollo del derecho de acceso a la información en materia administrativa y la reducción de las áreas de confidencialidad en los documentos administrativos, tan importantes en décadas pasadas.

El respeto mutuo que deriva del principio de la buena fe y de la lealtad, por otra parte, comienzan a ser el canal para que la construcción del principio de la confianza legítima, que debe existir como base de la relación jurídica entre la Administración y los administrados, particularmente cuando las actuaciones reiteradas de los funcionarios y de los órganos de la Administración Pública, hacen nacer expectativas jurídicas legítimas en cabeza de los aquellos que la propia Administración debe respetar y que han de ser apreciadas por el juez.

De este principio surge, además, el principio de la seguridad jurídica en sus variadas manifestaciones (el principio de la predictibilidad, la proscripción de la *reformatio in pejus*, el principio *non bis in idem*, la presunción de inocencia, y el principio de la irretroactividad) y el principio de la irrevocabilidad de los actos administrativos que, una vez dictados, también por cuestiones de seguridad jurídica, deben mantenerse, salvo los casos de nulidad absoluta.

V. EL PRINCIPIO DEL CONTROL PROCEDIMENTAL POSTERIOR

Así como la Administración, conforme al principio de oficialidad, tiene a su cargo la conducción del procedimiento en todas sus etapas, también tiene, al final, el privilegio del ejercicio del control sobre las actuaciones cumplidas tanto por los funcionarios como por los administrados. La Ley del Perú define este principio con precisión en el artículo IV, Título Preliminar, así:

> «*1.16.* Principio de privilegio de controles posteriores. La tramitación de los procedimientos administrativos se sustentará en la aplicación de la fiscalización posterior; reservándose la autoridad administrativa, el derecho de comprobar la veracidad de la información presentada, el cumplimiento de la normatividad sustantiva y aplicar las sanciones pertinentes en caso que la información presentada no sea veraz».

El mismo principio se regula en la Ley de Simplificación de Trámites Administrativos de Venezuela, al establecer en sus artículos 19 y 20, las siguientes reglas:

> «Artículo 19. A los efectos de este Decreto-Ley, el control posterior comprende el seguimiento y verificación que realiza la Administración Pública a las declaraciones formuladas por el interesado o su representante y está orientado a identificar y corregir posibles desviaciones, abusos o fraudes. Este control se debe ejecutar en forma permanente, sin que implique la paralización de la tramitación del expediente respectivo ni gasto alguno para el ciudadano.
>
> Las autoridades encargadas de la prestación de los servicios serán responsables de asegurar las acciones de fiscalización posterior.
>
> Artículo 20. En el diseño del control posterior, se deberá hacer empleo racional de los recursos humanos, materiales y presupuestarios de los que actualmente disponga la Administración Pública. El Estado propenderá la dotación de la infraestructura y los medios necesarios para un efectivo control posterior».

En sentido similar, el Código Administrativo de Ecuador, dispone lo siguiente:

> «Art. 20.- Principio de control. Los órganos que conforman el sector público y entidades públicas competentes velarán por el respeto del principio de juridicidad, sin que esta actividad implique afectación o menoscabo en el ejercicio de las competencias asignadas a los órganos y entidades a cargo de los asuntos sometidos a control. Los órganos y entidades públicas, con competencias de control, no podrán sustituir a aquellos sometidos a dicho control, en el ejercicio de las competencias a su cargo. Las personas participarán en el control de la actividad administrativa a través de los mecanismos previstos».

SÉPTIMA PARTE

EL PRINCIPIO DE CELERIDAD

I. LA FORMULACIÓN LEGAL DEL PRINCIPIO

El cuarto de los principios derivados del principio de oficialidad y que también se ha formulado en forma expresa en las leyes de procedimiento administrativo, es el principio de la celeridad.

En efecto, si el procedimiento es un asunto de la Administración, es decir, si la Administración es la responsable del procedimiento, el principio consecuencial establecido en garantía de los particulares, es que debe ser desarrollado con la mayor rapidez y celeridad posible. Como lo establece la Ley peruana en el art. IV del Título Preliminar:

> «*1.9 Principio de celeridad.* Quienes participan en el procedimiento deben ajustar su actuación de tal modo que se dote al trámite de la máxima dinámica posible, evitando actuaciones procesales que dificulten su desenvolvimiento o constituyan meros formalismos, a fin de alcanzar una decisión en tiempo razonable, sin que ello releve a las autoridades del respeto al debido procedimiento o vulnere el ordenamiento».

Este principio también encuentra una definición precisa en el Código colombiano y en el Reglamento de la Secretaría de la Comunidad Andina, que copia todas las definiciones que trae el artículo 3 del Código colombiano, así:

> «Artículo 3. En virtud del principio de celeridad, las autoridades tendrán el impulso oficioso de los procedimientos, suprimirán los trámites innecesarios, utilizarán formularios para actuaciones en serie cuando la naturaleza de ellas lo haga posible y sin que ello releve a las autoridades de la obligación de considerar todos los argumentos y pruebas de los interesados.
>
> El retardo injustificado es causal de sanción disciplinaria, que se puede imponer de oficio o por queja del interesado, sin perjuicio de la responsabilidad que pueda corresponder al funcionario».

En sentido similar se regula el «principio de celeridad» en las Leyes de la República Dominicana (art. 3.19), de El Salvador (art. 3.5) y de Chile (art. 7), identificándose en general el principio, con el principio de la impulsión de oficio y el principio de la sencillez o simplificación, lo que se repitió, aun cuando con distinta redacción en la reforma del Código de 2011, donde el principio de la celeridad se definió indicándose que en virtud del mismo:

«Las autoridades impulsarán oficiosamente los procedimientos, e incentivarán el uso de las tecnologías de la información y las comunicaciones, a efectos de que los procedimientos se adelanten con diligencia, dentro de los términos legales y sin dilaciones injustificadas».

La Ley del Perú, por su parte, en relación con este mismo principio de celeridad, dispuso en el artículo IV, 1.9 del Título Preliminar, como obligación para quienes participan en el procedimiento, el que deben ajustar su actuación de tal modo que:

«Se dote al trámite de la máxima dinámica posible, evitando actuaciones procesales que dificulten su desenvolvimiento o constituyan meros formalismos, a fin de alcanzar una decisión en tiempo razonable, sin que ello releve a las autoridades del respeto al debido procedimiento o vulnere el ordenamiento».

La Ley de Bolivia, al referirse a la celeridad, enunció el principio conjuntamente con los de economía, y simplicidad, exigiendo que los procedimientos administrativos «se desarrollarán con economía, simplicidad y celeridad, evitando la realización de trámites, formalismos o diligencias innecesarias. (art. 4.f)

En otras legislaciones también se enuncia, como es el caso por ejemplo, de la Ley General de Costa Rica:

«Artículo 225.1. El órgano deberá conducir el procedimiento con la intención de lograr un máximo de celeridad y eficiencia, dentro del respeto al ordenamiento y a los derechos e intereses del administrado.

2. Serán responsables la Administración y el servidor por cualquier retardo grave e injustificado.

Artículo 269.1. La actuación administrativa se realizará con arreglo a normas de economía, simplicidad, celeridad y eficiencia.

2. Las autoridades superiores de cada centro o dependencia velarán, respecto de sus subordinados, por el cabal cumplimiento de este precepto, que servirá también de criterio interpretativo en la aplicación de las normas de procedimiento».

Adicionalmente, el artículo 148 de la Ley del Perú establece con precisión, diversas reglas generales para asegurar la celeridad en el procedimiento (además de las relativas a la celeridad en la recepción de peticiones, art. 118), así:

«1. En el impulso y tramitación de casos de una misma naturaleza, se sigue rigurosamente el orden de ingreso, y se resuelven conforme lo vaya permitiendo su estado, dando cuenta al superior de los motivos de demora en el cumplimiento de los plazos de ley, que no puedan ser removidos de oficio.

2. En una sola decisión se dispondrá el cumplimiento de todos los trámites necesarios que por su naturaleza corresponda, siempre y cuando no se encuentren entre sí sucesivamente subordinados en su cumplimiento, y se concentrarán en un mismo acto todas las diligencias y actuaciones de pruebas posibles, procurando que el desarrollo del procedimiento se realice en el menor número de actos procesales.

3. Al solicitar trámites a ser efectuados por otras autoridades o los administrados, debe consignarse con fecha cierta el término final para su cumplimiento, así como el apercibimiento, de estar previsto en la normativa.

4. En ningún caso podrá afectarse la tramitación de los expedientes o la atención del servicio por la ausencia, ocasional o no, de cualquier autoridad. Las autoridades que por razones de licencia, vacaciones u otros motivos temporales o permanentes se alejen de su centro de trabajo, entregarán a quien lo sustituya o al superior jerárquico, los documentos y expedientes a su cargo, con conocimiento de los administrados.

5. Cuando sea idéntica la motivación de varias resoluciones, se podrán usar medios de producción en serie, siempre que no lesione las garantías jurídicas de los administrados; sin embargo, se considerará cada uno como acto independiente.

6. La autoridad competente, para impulsar el procedimiento, puede encomendar a algún subordinado inmediato la realización de diligencias específicas de impulso, o solicitar la colaboración de otra autoridad para su realización. En los órganos colegiados, dicha acción debe recaer en uno de sus miembros.

7. En ningún caso la autoridad podrá alegar deficiencias del administrado no advertidas a la presentación de la solicitud, como fundamento para denegar su pretensión».

En sentido similar, la Ley 19880 de Chile dispone sobre el principio de celeridad, lo siguiente:

«Artículo 7o. Principio de celeridad. El procedimiento, sometido al criterio de celeridad, se impulsará de oficio en todos sus trámites.

Las autoridades y funcionarios de los órganos de la Administración del Estado deberán actuar por propia iniciativa en la iniciación del procedimiento de que se trate y en su prosecución, haciendo expeditos los trámites que debe cumplir el expediente y removiendo todo obstáculo que pudiere afectar a su pronta y debida decisión.

En el despacho de los expedientes originados en una solicitud o en el ejercicio de un derecho se guardará el orden riguroso de ingreso en asuntos de similar naturaleza, salvo que por el titular de la unidad administrativa se dé orden motivada en contrario, de la que quede constancia».

II. EL PRINCIPIO DE LA SIMPLICIDAD

En cuanto al principio de la simplicidad, este lo define la Ley del Perú, entre los principios del procedimiento administrativo (art. IV, Título Preliminar), así:

«1.13 Principio de simplicidad. Los trámites establecidos por la autoridad administrativa deberán ser sencillos, debiendo eliminarse toda complejidad innecesaria; es decir, los requisitos exigidos deberán ser racionales y proporcionales a los fines que se persigue cumplir».

Indica, además la Ley del Perú, que en todo caso, los procedimientos administrativos se deben desarrollar «de oficio, de modo sencillo y eficaz, sin reconocer formas determinadas, fases procesales, momentos procedimentales rígidos para realizar determinadas actuaciones o responder a precedencia entre ellas», (art. 144).

La Ley venezolana sobre Simplificación de Trámites Administrativos, de 1999, por su parte, establece sobre este mismo principio, que:

«Artículo 21. El diseño de los trámites administrativos debe realizarse de manera que los mismos sean claros, sencillos ágiles, racionales, pertinentes, útiles y de fácil entendimiento para los particulares, a fin de mejorar las relaciones de éstos con la administración, haciendo eficaz y eficiente la actividad de la misma».

Además, la mencionada Ley, al desarrollar el principio de «la simplicidad, transparencia, celeridad y eficacia de la actividad de la Administración» señala que cuando un derecho o una actividad hayan sido regulados de manera general, la Administración no puede exigir requisitos adicionales, no contemplados en dicha regulación (art. 22). Con carácter general, además se dispone que la Administración no puede exigir para trámite alguno, la presentación de copias certificadas actualizadas de partidas de nacimiento, matrimonio o defunción, así como de cualquier otro documento público, salvo los casos expresamente establecidos por Ley (art. 29). Adicionalmente, se dispone que los órganos y entes de la Administración Pública se deben abstener de exigir copias certificadas de la partida de nacimiento como requisito para el cumplimiento de una determinada tramitación, cuando sea presentada la cédula de identidad (art. 30).

Por otra parte, se dispone que no se exigirá la presentación de copias certificadas o fotocopias de documentos que la Administración tenga en su poder, o de los que tenga la posibilidad legal de acceder, en virtud del principio de colaboración que debe imperar entre los órganos de la Administración Pública, en sus relaciones interorgánicas y con las demás ramas del Poder Público (art. 23).

Además, en aras de la simplicidad, la Ley agrega a las siguientes políticas que deben desarrollar los entes públicos:

«Artículo 25. Mediante el establecimiento de reglas claras y sencillas de fácil cumplimiento para el ciudadano, que permitan la corresponsabilidad en el gasto público y eliminen la excesiva documentación, los órganos y entes sujetos a la aplicación de este Decreto-Ley, eliminarán las autorizaciones innecesarias, solicitudes excesivas de información de detalle y, en general, la exigencia de trámites que entorpezcan la actividad administrativa, salvo los casos expresamente establecidos en la Ley».

Por último, el artículo 26 de la Ley dispone en particular, que los órganos y entes de la Administración Pública deberán identificar y disponer la supresión de los requisitos y permisos no previstos en la Ley, que limiten o entraben el libre ejercicio de la actividad económica o la iniciativa privada.

III. LOS FORMULARIOS Y LA TRAMITACIÓN EN SERIE

La celeridad y simplificación administrativa han dado origen en casi todas las leyes de procedimiento administrativo a previsiones sobre racionalización y reforma administrativa en el funcionamiento de la Administración, tendientes a prever formularios que deban elaborarse para agilizar los procedimientos; regulaciones sobre decisiones que deben adoptarse en serie, por medios mecánicos sin requisitos manuales (el sello, por ejemplo) y que, incluso, puedan ser emitidas con firmas troqueladas impresas de manera de agilizar el procedimiento.

En la Ley Orgánica de Venezuela (arts. 32 y 35) y en el Decreto de Uruguay (arts. 39-48), se detallan este tipo de normas sobre racionalización administrativa de los trámites. En particular, el artículo 39 de esta última Ley dispone:

«Artículo 39. Los procedimientos de trabajo deberán ser diseñados y revisados con arreglo a las reglas de racionalización administrativa. En los procedimientos administrativos reiterativos se procurará el uso de formularios. Su diseño, así como el trámite al que pertenecen, deberán ser aprobados por el jerarca correspondiente para su puesta en práctica, previa determinación de la necesidad de su existencia, de la evaluación de la relación costo-beneficio, de la congruencia de los datos que el formulario contiene en relación al procedimiento al que sirve, de su vinculación con otros formularios en uso y de la evaluación del diseño, formato y calidad propuestos para su confección».

La Ley peruana, por su parte, señala que las entidades deben disponer el empleo de formularios de libre reproducción y distribución gratuita, mediante los cuales los administrados, o algún servidor a su pedido, completando datos o marcando alternativas planteadas proporcionan la información usual que estima suficiente, sin necesidad de otro documento de presentación (art. 154,1). Dichos formularios también son utilizados cuando las autoridades deben resolver una serie numerosa de expedientes homogéneos, así como para las actuaciones y resoluciones recurrentes, que sean autorizadas previamente (art. 154,2).

Regulaciones similares se establecen en la Ley de Panamá (art. 38) y en el Código de Ecuador (art. 136)

IV. LOS PLAZOS Y TÉRMINOS

1. *La obligatoriedad*

Otro aspecto que se regula detalladamente en las leyes de procedimiento, derivado del principio de la celeridad, es el relativo a los plazos y términos. En primer lugar, está su carácter obligatorio, por lo que todas las leyes traen el enunciado de que los plazos y términos son obligatorios tanto para la Administración como para los particulares.

La Ley de Venezuela, por ejemplo, dice:

«Artículo 41. Los términos o plazos establecidos en ésta y en otras leyes relativas a la materia objeto de la presente, obligan por igual, y sin necesidad de apremio, tanto a las autoridades y funcionarios competentes para el despacho de los asuntos, como a los particulares interesados en los mismos».

Con idéntico texto se regula el tema en la Ley de Uruguay (art. 110); y en el mismo sentido se regula en la Ley del Perú (art. 131), en la Ley Argentina (art 1,11) en la Ley de Honduras (art. 42), en la Ley de El Salvador (art. 80), en la Ley de Chile (art. 23), en el Código de Ecuador (art. 158), en la Ley de Bolivia (art. 21.I), y en la Ley de la republica Dominicana (art. 20) insistiéndose en general el postulado de que los plazos «serán obligatorios para los interesados y para la Administración».

El incumplimiento de estos términos y plazos por parte de las autoridades y funcionarios competentes genera responsabilidad administrativa de los mismos (art. 116, Ley de Uruguay; art. 143, Ley del Perú).

2. *Los plazos para decidir*

La mayoría de las leyes establece, además, principios en relación a los plazos para decidir, lo que da origen a la figura del silencio administrativo.

Por ejemplo, en Venezuela, el principio es que si se trata de un procedimiento que no requiere sustanciación el plazo para decidir que tiene la Administración es de 20 días (art. 5); pero, si es un procedimiento que requiere de sustanciación el plazo para decidir es de hasta cuatro meses, prorrogables por dos meses más (arts. 60 y 61). En los otros ordenamientos los plazos varían: 9 meses en el caso de El Salvador (art. 89); 6 meses en el caso de Chile (art. 27); 4 meses en el caso de México (art. 17); 2 meses, en el caso de Costa Rica (art. 261); un mes en el caso de Ecuador (art. 230); y en Honduras 60 días (art. 84, b); en Brasil 30 días (art. 49); en Perú 30 días (art. 142); 20 a 30 días, en el caso de Uruguay (arts. 106-109); en el caso colombiano de 10 a 15 días.

En otros casos, como en la Ley de la Republica Dominicana lo que se prevé es el principio general de que:

> «La normativa reguladora de cada procedimiento administrativo establecerá un plazo razonable para su tramitación, que podrá ser prorrogado o reducido en función de la complejidad, las cargas de trabajo, la urgencia u otras circunstancias que deberán motivarse adecuadamente. El incumplimiento injustificado de los plazos o las dilaciones procedimentales indebidas generarán el derecho a ser indemnizado por los daños causados, pudiendo repercutirse tales indemnizaciones sobre los responsables de la tramitación» (art. 20).

3. *La forma de cómputo de los plazos y las prórrogas*

Otras normas que también se encuentran en todas las leyes sobre procedimiento administrativo, son las que regulan la forma de cómputo de los plazos, particularmente en cuanto a los establecidos por días, los cuales, como lo indican la Ley de la República Dominicana (art. 20.I), la Ley de Chile (art. 25) y la Ley de El Salvador (art. 82), se comenzarán a computar siempre a partir del día siguiente a aquél en que tenga lugar la publicación o notificación del acto que los comunique..

En la Ley venezolana se establece expresamente el principio, que está en todas las demás leyes, de que los lapsos por días se computan por días hábiles administrativos (art. 42 Ley de Venezuela); lo que significa, como lo precisa el Código de Ecuador (art. 159) y l Ley de Chile (art. 25) que se excluyen del cómputo de términos los días sábados, domingos y los declarados feriados o festivos.

La referencia a día hábiles se establece también expresamente, en la Ley de Honduras (art. 46); en la Ley Argentina (art. 1 d) y e); en la Ley mexicana (arts. 28-32); en la Ley de Uruguay (arts. 112-114); en la Ley del Perú (art. 134,1); en la Ley de Costa Rica (arts. 256-258), en la Ley de Bolivia (art. 20.1), en el Código de Ecuador (art. 158), en la Ley de Chile (art. 21.II y 23) y en la Ley de Brasil (art. 23). En Colombia también se establecen días hábiles, aun cuando ello no se regula en el Código expresamente.

La única de las leyes que no se refiere a días hábiles, curiosamente, es el Reglamento de Procedimientos Administrativos de la Comunidad Andina donde los días se entienden por días calendario, salvo que se los califique expresamente como hábiles (arts. 30 y 31), es decir, establece el principio contrario, quizás porque en las Administraciones nacionales, los «días hábiles» resultan de la exclusión en el cómputo de los días feriados, los días sábado o domingo y días de fiestas nacionales, o sea, días no laborables oficialmente.

Normalmente la Administración debe publicar anualmente una lista, en la cual se deben señalar cuáles son los días no laborables, los días de fiestas nacionales, sábados y domingos. Así lo señala, por ejemplo, el artículo 137 de la Ley del Perú. En Venezuela, incluso, se publica una Resolución del Ministerio del Interior al inicio de cada año donde se indica con antelación cuáles son los días feriados, los días de fiestas nacionales y si éstas caen en días de semana, cuales son los no laborables, todo, a los efectos del cómputo de los lapsos.

Los plazos, en general, pueden prorrogarse, de oficio o a petición de los interesados. Así se establece, por ejemplo, en las leyes de Chile (art. 26) y de El Salvador (art. 83). En tal sentido, se destaca la regulación de la Ley de Honduras, de carácter general sobre la materia, que dispone:

> «Artículo 44. La Administración, salvo precepto expreso en contrario, podrá conceder a petición de los interesados una prorroga de los plazos establecidos que no exceda de la mitad de los mismos, cuando concurran las circunstancias siguientes: que se pida antes de expirar el plazo; que se alegue justa causa; y, que no se perjudique a terceros. No se concederá más de una prórroga del plazo respectivo. Contra la providencia que concede o deniegue la prórroga no será admisible recurso alguno».

En las Leyes de Brasil (art. 49) y de El Salvador (art. 83) se exige que el acto que acuerde la prórroga siempre debe ser motivado. En la legislación del Perú, en cambio, se regula el principio contrario, de la improrrogabilidad de los plazos, cuando están «fijados por norma expresa» (art. 136,1).

Sin embargo, también se establece la posibilidad de que la autoridad competente pueda otorgar prórroga a los plazos establecidos para la actuación de pruebas o para la emisión de informes o dictámenes, cuando así lo soliciten antes de su vencimiento, los administrados o los funcionarios, respectivamente. Esta prórroga es concedida por una única vez mediante decisión expresa, siempre que el plazo no haya sido perjudicado por causa imputable a quien la solicita y siempre que aquella no afecte derechos de terceros (art. 136,2,3).

En el caso de la Ley de El Salvador se dispone que la prórroga que se otorgue, no puede exceder la mitad del tiempo establecido (art. 83).

4. *El principio no suspensivo del procedimiento y sus excepciones*

Otra norma que se encuentra en casi todas las leyes de procedimientos administrativos, como principio general en relación con los plazos y términos, es la que establece que los plazos y, consecuentemente, el procedimiento, «no se suspenden» (art. 67 Ley de Brasil).

A este respecto dice la Ley mexicana:

> «Artículo 47. Las cuestiones incidentales que se susciten durante el procedimiento no suspenderán la tramitación del mismo, incluyendo la recusación, en la inteligencia que de existir un procedimiento incidental de recusación, éste deberá resolverse antes de dictarse resolución definitiva o en la misma resolución».

Como principio, también se establece, por ejemplo, en la Ley de Venezuela (art. 56), que la omisión de informes administrativos a tiempo, tampoco suspende la tramitación del procedimiento.

Debe destacarse, sin embargo, que excepcionalmente, en la Ley de Costa Rica se prevé la posibilidad para suspender los plazos de oficio o a petición de parte, cuando exista causa de fuerza mayor, (arts. 259 y 263). En igual sentido se establece en la ley de Chile (art. 27).

5. *La abreviación de lapsos y la celeridad en caso de urgencia o necesidad*

Por otra parte, en cuanto al adelantamiento de los plazos, en la legislación del Perú se lo regula, así:

> «Artículo 141. Adelantamiento de plazos. La autoridad a cargo de la instrucción del procedimiento mediante decisión irrecurrible, puede reducir los plazos o anticipar los términos, dirigidos a la administración, atendiendo razones de oportunidad o conveniencia del caso».

Por su parte, en la Ley General de Costa Rica también se destaca una norma que permite abreviar los lapsos, por «razones de necesidad o conveniencia evidentes» y así poder tomarse, en caso de urgencia, decisiones finales sin que se cumpla todo el lapso establecido. Se trata de la única legislación que permite ambos aspectos: suspender y abreviar los lapsos.

El artículo 322 de la Ley de Costa Rica, en efecto, establece lo siguiente:

> «1. Si razones de necesidad o conveniencia evidentes exigen que el procedimiento sea decidido antes de estar listo para el acto final, el órgano director podrá adoptar una decisión provisional, de oficio o a instancia de parte, advirtiéndolo expresamente.
>
> 2. Dicha resolución podrá ser impugnada y ejecutada por sí misma, esto último previa garantía de daños y perjuicios si lo exigen la Administración o la contraparte.
>
> 3. La resolución provisional tendrá que ser sustituida por la final, sea ésta revocatoria o confirmatoria.
>
> 4. La resolución provisional no interrumpirá ni prorrogará los términos para dictar el acto final».

Además, la misma Ley General establece que en casos de urgencia y para evitar daños graves a las personas o daños irreparables a las cosas, puede prescindirse de una o de todas las formalidades del procedimiento e, incluso, crearse un procedimiento sustitutivo especial (art. 226).

OCTAVA PARTE

EL PRINCIPIO DEL DEBIDO PROCEDIMIENTO

I. LA PRIMACÍA DEL PRINCIPIO

El procedimiento administrativo, a pesar de la informalidad, debe garantizar la situación jurídica de los administrados, conforme a las reglas del debido proceso o debido procedimiento, las cuales tienen primacía ante los demás principios.

La expresión «debido proceso» puede decirse que comenzó a tomar cuerpo, en sus inicios, en Argentina y Uruguay por la traducción del término *due process;* por ello, la expresión «debido proceso» estaba acuñada inicialmente solo en las leyes de Argentina y de Uruguay. Por ejemplo, en la ley uruguaya se establece que,

> «Artículo 5. Los interesados en el procedimiento administrativo gozarán de todos los derechos y garantías inherentes al debido proceso de conformidad con lo establecido por la Constitución de la República, las leyes y las normas de Derecho Internacional aprobadas por la República».

Estos derechos implican un procedimiento de duración razonable que resuelva sus pretensiones.

En esta forma, el principio del debido proceso es una expresión legal. De la misma manera sucede en Argentina, cuya Ley lo califica como el «derecho de los interesados al debido proceso adjetivo» (art. 1.f).

El principio se enuncia expresamente en la Ley de la República Dominicana como «principio de debido proceso», así:

> «Las actuaciones administrativas se realizarán de acuerdo con las normas de procedimiento y competencia establecidas en la Constitución y las leyes, con plena garantía de los derechos de representación, defensa y contradicción» (art. 3.22)

Este es, por otra parte, el primero de los principios enunciados en la reforma del Código de Colombia, el cual sustituye el más estrecho de la «contradicción» que estaba en el Código de 1984, recogiéndose en el Código lo que ya era una garantía constitucional consagrada en la Constitución de 1991, donde se indica que, además de a los procesos judiciales, se aplica a los procedimientos administrativos. Así lo previó expresamente el artículo 49 de la Constitución de Colombia, al indicar que «el debido proceso se aplicará a toda clase de actuaciones judiciales y administrativas», lo que en su momento constituyó una novedad importante, que luego se recogió en la Constitución venezolana de 1999.

Es en esta orientación que el Código colombiano, en la reforma de 2010, enuncia el principio del debido proceso en relación con el procedimiento administrativo, indicándose en el artículo 3.1, que en virtud del mismo «las actuaciones administrativas se adelantarán de conformidad con las normas de procedimiento y competencia establecidas en la Constitución y la ley, con plena garantía de los derechos de representación, defensa y contradicción».

Agrega además el Código, especialmente que «en materia administrativa sancionatoria», además se deben observar, «los principios de legalidad de las faltas y de las sanciones (*nulla poena sine lege*), de presunción de inocencia, de *no reformatio in pejus y non bis in idem*», destacándose de esta enumeración la importante formalización legal que significa, respecto del principio de la *no reformateo in pejus*, cuyo fundamento ha sido en todos los países, básicamente, de carácter jurisprudencial. Sin duda, es una previsión única en el derecho comparado.

En general, en otras legislaciones latinoamericanas se habla del derecho a la defensa. Como textualmente lo indica la Ley General de Costa Rica:

> «El derecho de defensa deberá ser ejercido por el administrado en forma razonable. La Administración podrá excepcionalmente limitar su intervención a lo prudentemente necesario y, en caso extremo exigirle el patrocinio o representación de un abogado, sin llegar a la supresión de los derechos de audiencia y defensa antes consagrados, fuera del caso de urgencia previsto por el artículo 219» (art. 220).

En Venezuela, la Constitución incluye al derecho a la defensa, dentro de la garantía del debido proceso (art. 49), tanto en los procedimientos judiciales como en los procedimientos administrativos; al contrario de la mayoría de las Constituciones que regulan el derecho a la defensa básicamente en el área judicial, es decir, en la misma norma donde se regula el derecho de acceso a la justicia.

Ahora bien, este principio del debido procedimiento puede analizarse estudiando los siguientes principios fundamentales: en *primer lugar*, el principio del contradictorio; en *segundo lugar*, el derecho a la defensa en el procedimiento administrativo, en concreto; en *tercer lugar*, el principio de la gratuidad; en *cuarto lugar*, el principio de la motivación de los actos administrativos, que es parte del tema del régimen de los actos administrativos pero su enfoque, en las leyes, lo configura más como un mecanismo de garantía del derecho a la defensa, que de la pura racionalización administrativa; en *quinto lugar*, el principio de la confianza legítima, que empieza a tomar cuerpo en las leyes de procedimiento administrativo conforme a la doctrina europea y, *por último*, el tema de la garantía de la tutela judicial efectiva y su relación con el principio del agotamiento de la vía administrativa, tema clásico en las regulaciones del contencioso administrativo y del procedimiento administrativo.

II. EL PRINCIPIO DEL CONTRADICTORIO

La primera de las garantías del debido proceso o debido procedimiento deriva del principio del contradictorio que también rige en el procedimiento administrativo, que no es más que la necesaria confrontación de criterios que debe existir antes de que la Administración decida, entre la Administración y los administrados e, incluso, en muchos casos, entre varios administrados.

Por supuesto, el procedimiento administrativo ya no es solo un procedimiento que se refiere a una relación jurídica entre la Administración y un particular, como era la formula clásica de realización de la actuación de la Administración, unilateralmente, en relación a un particular. Al contrario, cada vez con más frecuencia los conflictos que van a resolverse en un procedimiento administrativo son de carácter inter privado o inter interesados, en los cuales la Administración, muchas veces actúa como un árbitro (ya no solo como juez y parte). Por ejemplo, la oposición a un registro en el campo de la propiedad industrial; o una denuncia en relación a prácticas contrarias a la competencia, en definitiva, originan conflictos entre partes interesadas, en los cuales la Administración decide de acuerdo a la legalidad, si la actuación privada está o no ajustada a la norma en cuestión que la rige. En estos casos, en definitiva, lo importante es destacar que se trata de un conflicto entre particulares. Por eso adquiere tanta importancia el principio del contradictorio, lo que ha llevado, incluso, a la Ley peruana a regular como procedimiento especial, el denominado «procedimiento trilateral», definido como «el procedimiento administrativo contencioso seguido entre dos o más administrados ante las entidades de la administración» (art. 219,1).

En todo caso, como lo declara expresamente el Código colombiano «en virtud del principio de contradicción, los interesados tendrán oportunidad de conocer y de controvertir esas decisiones por los medios legales. (art. 3).

Habría que agregarle a esta norma, que además de poder controvertir las decisiones de la Administración, los particulares también pueden controvertir las posiciones que otros particulares puedan tener en el conflicto que se desarrolla ante la Administración.

Por tanto, el contradictorio es el principio que permite a cualquier particular interesado intervenir en el procedimiento como contraparte del iniciador, como coadyuvante del interesado que lo inicia e, incluso, como coadyuvante de la propia Administración, cuando se trate de un procedimiento en el cual la Administración está enfrentada al propio particular. Es por ello que cuando los derechos o intereses de los particulares puedan resultar afectados por el acto administrativo, la contradicción es la garantía del derecho a la defensa.

III. EL PRINCIPIO DE LA BUENA FE, DE LEALTAD Y DEL RESPETO MUTUO

Entre las nuevas tendencias del derecho administrativo, que solo encuentran regulaciones aisladas en las leyes, está el ya mencionado principio de la buena fe, el cual se encuentra también previsto en la Ley de Uruguay, así:

> «*Artículo 6º*. Las partes, sus representantes y abogados patrocinantes, los funcionarios públicos y, en general, todos los partícipes del procedimiento, ajustarán su conducta al respeto mutuo y a la lealtad y buena fe».

El principio, ya analizado, está detalladamente regulado en la Ley de Simplificación de Trámites Administrativos de Venezuela de 1999 (arts. 9 a 20), que regula la «presunción de buena fe» de manera que la Administración, en todas sus actuaciones, «debe tener como cierta la declaración del administrado» (art. 9). Este principio lo recoge expresamente, también, la Ley del Perú, (art. IV, 1.7; art. 42).

Estas normas, sin embargo, son excepcionales en el derecho positivo.

En todo caso, el principio de la buena fe debe regir tanto para el particular como para la Administración, (art. IV, 1.8 de la Ley del Perú) de manera que entre los deberes del interesado, conforme a la Ley de Brasil, esta «el proceder con lealtad, urbanidad y buena fe», no actuar de modo temerario y «exponer los hechos conforme a la verdad» (art. 4).

La lealtad, exige, por tanto, el hecho de no ocultar, ni de una parte ni de otra, hechos o documentos que interesen al procedimiento. Este respeto mutuo responde a ese principio que comienza a construirse como el de la «confianza legítima».

De lo anterior derivan también el principio de que las faltas y errores del funcionario y de la Administración en el curso del procedimiento administrativo, no pueden imputarse al interesado.

IV. LA PRESUNCIÓN DE LICITUD O DE INOCENCIA

La confianza legítima y la buena fe, por otra parte, como ya se ha señalado, exigen en materia administrativa el respeto al principio de la presunción de licitud o de inocencia; o como lo dice la Constitución de Venezuela de 1999, que «toda persona se presume inocente mientras no se pruebe lo contrario» (art. 49,7).

Lamentablemente, sin embargo, no es infrecuente en la práctica administrativa en nuestros países, encontrar la actitud del funcionario enmarcada en el principio contrario: la presunción de que el ciudadano está en situación de ilicitud, de que actúa de mala fe, en perjuicio de la Administración y de los intereses generales.

V. EL DERECHO A LA DEFENSA

1. *La garantía de la defensa*

Entre las motivaciones centrales del proceso de codificación del procedimiento administrativo en América Latina, sin duda está el garantizar efectivamente el derecho a la defensa, el cual, con razón, ha sido considerado «tan viejo como el mundo» y, por tanto, inherente a la persona humana.

Su formulación jurisprudencial histórica se la sitúa en el famoso *Caso Dr Bentley's*, decidido en 1723 por una Corte inglesa, en el cual el Juez Fortescue, al referirse al mismo como un principio de *natural justice*, señaló:

> *«The objection for want of notice can never be got over. The laws of God and men both give the party an opportunity to make his defence, if he has any. I remember to have heard it observed an occasion, that even God himself did not pass sentence upon Adam before he was called upon to make his defense, «Adam (says God) where are thou? Hast thou not eaten of the tree whereof I commanded thee that thou shuldest not eat?. And the same question was put to Eve also». (Dr. Bentley's case: The King v. The Chancellor, Ec., of Cambridge (1723), Stra. 557. Vid. Las referencias en Cooper v. The Board of Works for Wandsworth District (1863), 14. C.B. (n.s.) 180, en S. H. Bailey, C. A. Cross y J. F. Garner, Cases and materials in Administrative Law, London, 1977, pp. 348-351).*

En dicha decisión se resolvió que el *Chancellor* de la Universidad de Cambridge, Dr. Bentley, no podía haber sido desprovisto de sus títulos o grados académicos, sin habérsele informado previamente de los cargos formulados en su contra y sin habérsele dado la oportunidad de responderlos. De ahí surgió la formulación judicial del principio del derecho a la defensa en el derecho inglés, como uno de los principios de *natural justice*, tan viejo como el mundo.

En el mundo contemporáneo, muchas Constituciones consagran el derecho a la defensa como un derecho constitucional. En este sentido, el artículo 49,1, de la Constitución de Venezuela de 1999 establece que:

> «La defensa y la asistencia jurídica son derechos inviolables en todo estado y grado de la investigación y del proceso. Toda persona tiene derecho a ser notificada de los cargos por los cuales se le investiga, de acceder a las pruebas y de disponer del tiempo y de los medios adecuados para ejercer su defensa. Serán nulas las pruebas obtenidas mediante violación del debido proceso. Toda persona declarada culpable tiene derecho a recurrir del fallo, con las excepciones establecidas en esta Constitución y la ley».

Por otra parte, de acuerdo a jurisprudencia reiterada de la antigua Corte Suprema de Justicia de Venezuela (en Sala Político Administrativa), este derecho de defensa «constituye una garantía inherente a la persona humana y es, en consecuencia, aplicable en cualquier clase de procedimientos que puedan derivar en una condena» (Sentencia de 23 de octubre de 1986, *Revista de Derecho Público*, núm. 28, Caracas, 1986, pp. 88-89). Pero aún en ausencia de tales declaraciones, tradicionalmente se lo ha garantizado no solo en la vía jurisdiccional, sino ante la Administración. Por ello, incluso, en el artículo 49,1 de la Constitución de Venezuela se indica que «el debido proceso se aplicará a todas las actuaciones judiciales y administrativas».

Ahora bien, en materia de procedimiento administrativo, el derecho a la defensa ha tenido múltiples desarrollos de manera que, incluso, se habla de «los derechos de la defensa», cuyos principios han sido objeto de una amplia regulación en las leyes de procedimiento administrativo de América Latina.

De eso se trata la estructuración de un procedimiento administrativo: por una parte, garantizar la eficacia de la actividad administrativa; pero por la otra, garantizar los derechos de los particulares. De allí todo el conjunto de normas que traen las leyes de procedimiento administrativo referentes al derecho que tiene todo particular a ser oído, de hacerse parte, de poder promover pruebas, de tener acceso al expediente, de ser informado. Se trata en definitiva del derecho de ejercer todos los medios para su defensa. Como lo precisa el artículo 161 de la Ley del Perú:

> «161.1. Los administrados pueden en cualquier momento del procedimiento, formular alegaciones, aportar los documentos u otros elementos de juicio, los que serán analizados por la autoridad, al resolver.
>
> 161.2. En los procedimientos administrativos sancionadores, o en caso de actos de gravamen para el administrado, se dicta resolución solo habiéndole otorgado un plazo perentorio no menor de cinco días para presentar sus alegatos o las correspondientes pruebas de descargo».

En materia administrativa, con razón, el derecho a la defensa se ha considerado no solo como una exigencia del principio de justicia, sino también del principio de eficacia «porque asegura un mejor conocimiento de los hechos, contribuye a mejorar la Administración y garantiza una decisión más justa» (Sentencia de la Corte Primera de lo Contencioso Administrativo (Venezuela) de 15 de mayo de 1986, *Revista de Derecho Público*, núm. 26, Caracas, 1986, p. 110).

Como lo ha expresado la antigua Corte Suprema de Justicia de Venezuela:

> «El derecho a la defensa debe ser considerado no solo como la oportunidad para el ciudadano encausado o presunto infractor de hacer oír sus alegatos,

sino como el derecho de exigir del Estado el cumplimiento previo a la imposición de toda sanción, de un conjunto de actos o procedimientos destinados a permitirle conocer con precisión los hechos que se le imputan y las disposiciones legales aplicables a los mismos, hacer oportunamente alegatos en su descargo y promover y evacuar pruebas que obren en su favor. Esta perspectiva del derecho a la defensa es equiparable a lo que en otros Estados de Derecho ha sido llamado como el principio del debido proceso». (Sentencia de 17 de noviembre de 1983, Sala Político-Administrativa, *Revista de Derecho Público*, núm. 16, Caracas, 1983, p. 151).

Todo esto configura, en términos generales, el debido procedimiento adjetivo o el derecho a la defensa, cuyo desarrollo en la legislación tiene varios aspectos fundamentales:

2. *El derecho a ser notificado (el régimen de las notificaciones)*

Con anterioridad se ha tratado el tema de las notificaciones como elemento para el inicio de los efectos del acto administrativo. Sin embargo, en este caso, se trata de las notificaciones en el curso del procedimiento. En esta forma, la Ley General de Costa Rica señala que:

> «Todo acto de procedimiento que afecte derechos o intereses de las partes o de un tercero, deberá ser debidamente comunicado al afectado, de conformidad con esta Ley» (art. 239).

La Ley de Brasil también dispone que:

> «*Art. 28.* Devem ser objeto de intimação os atos do porcesso que resultem para o interessado em imposição de deveres, ônus, sanções ou restrição ao exercicio de direitos e atividades e os atos de outra natureza, de seu interesse».

Por tanto, cada vez que haya un acto de procedimiento que pueda afectar derechos de los particulares, la Administración debe notificárselos (art. 104,2, Ley del Perú).

Por supuesto, la primera manifestación de este derecho se plantea al iniciarse el procedimiento, sea de oficio o a instancia de parte. Como lo regula el Código colombiano:

> «Cuando de una petición o de los registros que lleve una autoridad, resulte que hay terceros determinados que pueden estar directamente interesados en las resultas de la decisión, se les citará para que puedan hacerse parte y hacer valer sus derechos... En el acto de citación se dará a conocer claramente el nombre del peticionario y el objeto de la petición» (art. 14).

En la Ley de Uruguay, se insiste en el mismo derecho así:

> «Si de la petición resulta que la decisión puede afectar derechos o intereses de otras personas, se les notificará lo actuado a efectos de que intervengan en el procedimiento, declarando lo que les corresponda. En caso de comparecer deben hacerlo en la misma forma que el peticionario y tendrán los mismos derechos que este» (art. 10).

En esta materia hay extensas regulaciones en algunas leyes, como por ejemplo, en la Ley General de Costa Rica, en la que se encuentra un gran número de artículos que con gran detalle regulan la forma de comunicación de los actos del procedimiento, la forma de las citaciones o la forma de las notificaciones (art. 239 a 254).

Por tanto, el tema de la notificación no solo es regulado como exigencia del comienzo de la eficacia de los actos administrativos, sino como garantía de que toda actuación que en el curso del procedimiento pueda causar un gravamen irreparable o que pueda afectar en alguna forma a los interesados, debe informárseles. Por tanto, decisiones para dar audiencia a los interesados o sobre la apertura o evacuación de pruebas, conforme a la Ley de Uruguay (art. 91), deben ser notificadas a los interesados.

De lo anterior resulta, en consecuencia, que cada vez que en el curso de un procedimiento administrativo surjan nuevos elementos que deben ser objeto de la decisión, porque por el principio de la globalidad de la decisión debe considerarse todo lo que surja en el procedimiento, y estos hechos no estén en la petición original, deben ser notificados al particular o particulares interesados, así sea de oficio por la Administración, a los efectos de que puedan argumentar y ejercer su derecho a la defensa. La Ley mexicana expresamente se refiere a esta situación de nuevos hechos que surjan del expediente y que, por lo tanto, deben ser notificados al particular así:

> «Artículo 96. Cuando hayan de tenerse en cuenta nuevos hechos o documentos que no obren en el expediente original derivado del acto impugnado, se pondrá de manifiesto a los interesados para que, en un plazo no inferior a cinco días ni superior a diez, formulen sus alegatos y presenten los documentos que estime procedentes.
>
> No se tomarán en cuenta en la resolución del recurso, hechos, documentos o alegatos del recurrente, cuando habiendo podido aportarlos durante el procedimiento administrativo no lo haya hecho».

3. *El derecho de acceso al expediente*

El tema del expediente administrativo, que ya se ha analizado, no se limita solo al principio de la unidad del expediente, el cual exige que haya un solo cuerpo de documentos que lo conforme; sino también incide en el derecho de los interesados de examinar, en cualquier estado y grado del procedimiento, dicho expediente administrativo. Así lo establecen expresamente todas las leyes: la Ley General de Costa Rica (arts. 217, 272-274); la Ley venezolana (art. 59); la Ley de Uruguay (arts. 12 y 79); el Código de Colombia (art. 29); la Ley mexicana (arts. 33 y 34) y el Reglamento de la Comunidad Andina (art. 19).

Se trata, por tanto, de una regulación constante en las leyes de procedimiento administrativo de América Latina que implica el derecho a examinar el expediente en el estado en que se encuentre, el derecho a obtener copias del mismo, el derecho a leerlo y consultarlo; e, incluso, en el caso de Uruguay, el derecho del interesado de retirar el expediente de la Oficina para su estudio, siempre que el retiro no represente un obstáculo para el trámite normal del procedimiento (art. 79). Por supuesto, el retiro del expediente se hace bajo la responsabilidad del abogado patrocinante, de manera que no podrá hacerlo el interesado directamente sino a través de su representante y solo por un lapso de días que no debe exceder de dos (art. 79). De todas formas, se trata de una regulación excepcional.

Queda a salvo, en todo caso, el tema de los documentos confidenciales o secretos, ya analizado.

4. *El derecho de audiencia*

Además del derecho a ser notificado, a hacerse parte y a tener acceso al expediente administrativo, la manifestación más importante del derecho a la defensa es el derecho a ser oído, a cuyo efecto la Administración, antes de decidir un asunto que pueda afectar derechos o intereses de un administrado, debe darle audiencia. Es el principio conocido como *audi alteram partem*, que en materia administrativa significa la obligación para la Administración de oír previamente a los interesados. Por ello, el artículo 35 del Código colombiano exige que la decisión se adopte solo «habiéndose dado oportunidad a los interesados para expresar sus opiniones».

El principio, incluso, en cuanto a las actuaciones administrativas, tiene rango constitucional en Venezuela al establecerse, dentro de las garantías del debido proceso, que:

> «Toda persona tiene derecho a ser oída en cualquier clase de proceso, con las debidas garantías y dentro del plazo razonable determinado legalmente... quien no hable castellano o no pueda comunicarse de manera verbal, tiene derecho a un intérprete» (art. 49,3).

El principio general en la materia lo enuncia la Ley argentina al regular el derecho de los interesados al debido proceso adjetivo y establecer, como parte del mismo, «el derecho a ser oído», es decir, la posibilidad de «exponer las razones de sus pretensiones y defensas antes de la emisión de actos que se refieran a sus derechos subjetivos o intereses legítimos» (art. 1.f.1).

Ahora bien, algunas legislaciones regulan la oportunidad para que se verifique esta audiencia al interesado. En el caso de la vieja Ley española de Procedimiento Administrativo de 1957 se prescribía que el acto de audiencia debía tener lugar una vez instruidos los expedientes e inmediatamente antes de redactarse la propuesta de resolución. A tal efecto, debían ponerse de manifiesto los expedientes a los interesados para que, en un plazo no inferior de diez días ni superior a quince, alegasen y presentasen los documentos y justificaciones que estimasen pertinentes (art. 91,1).

Es decir, conforme a este principio, que se recoge en la Ley de Uruguay, la audiencia al interesado viene a ser el acto final del procedimiento. Es decir, cuando ya está lista la sustanciación del procedimiento y se acopió toda la información en el expediente, la Administración, antes de tomar la decisión definitiva, le debe dar audiencia al particular, para que, fundamentándose en toda la información recopilada, pueda formular sus alegatos.

Así lo dispone el artículo 34 de dicha Ley de Uruguay:

> «Terminada la instrucción o vencido el término de la misma, cuando de los antecedentes resulte que pueda recaer una decisión contraria a la petición formulada, o se hubiere deducido oposición, deberá darse vista por el término de diez días a la persona o personas a quienes el procedimiento se refiera».

En el caso de la Ley de Venezuela, en cambio, la audiencia del interesado se prevé formalmente que debe realizarse al inicio del procedimiento, inmediatamente después de su apertura, lo cual evidentemente es inconveniente, pues el expediente aún no ha sido instruido. En realidad, la audiencia de los interesados para que tenga sentido el ejercicio de su derecho a ser oído, debe producirse una vez que la instrucción del asunto ha terminado y todos los documentos relativos al mismo están en el expediente. Sin embargo, dicha Ley establece que ordenada la apertura del procedimiento, se debe notificar a los particulares cuyos derechos subjetivos o intereses legítimos, personales y directos puedan resultar afectados, concediéndoles un plazo de 10 días para que expongan sus pruebas y aleguen sus razones (art. 48).

En todo caso, esto no significa por supuesto, que por el principio del derecho a la participación y la intervención de los particulares en cualquier estado y grado del procedimiento, al final del mismo no puedan los interesados formular sus alegatos finales, como si se tratara de una audiencia final. Sin embargo, en la Ley esto no está previsto expresamente, prescribiéndose una oportunidad inicial para esa audiencia. Pero en este caso no existe el carácter preclusivo de los lapsos; por tanto, el interesado debe formular sus alegatos en los diez días siguientes a la notificación de la apertura del procedimiento, pero el hecho de que no los alegue en ese momento no significa que no pueda alegarlos posteriormente. Simplemente se trata una formalidad que se entiende que no tiene consecuencias en caso de no cumplirse con el lapso establecido.

Por otra parte, hemos señalado que conforme a lo establecido en la Ley argentina, la Administración debe decidir todos los asuntos que surjan en el expediente, por lo que si algunos de esos asuntos no alegados por las partes son considerados de oficio por la Administración, deben ser decididos previa audiencia del interesado (art. 7.c). El mismo principio podría señalarse en el caso de las legislaciones que prevén la audiencia del interesado al inicio del procedimiento: si en el curso de la instrucción del expediente, surgen otros elementos no alegados por el interesado pero que afecten sus derechos o intereses, la Administración debe comunicárselos antes de decidir, para asegurarle su derecho a la defensa.

La audiencia del interesado puede ser un acto oral y privado como lo establece la Ley General de Costa Rica (arts. 218 y 309), en cuyo caso, el derecho a la defensa se debe ejercer por el administrado en forma razonable, pudiendo la Administración limitar la intervención del interesado a lo «prudentemente necesario» (art. 220).

En todo caso, la audiencia del interesado debe materializarse en una defensa en forma escrita, a los efectos de que se incorpore al expediente. El acto de la audiencia al interesado, por supuesto, debe realizarse en presencia de la autoridad que debe decidir el asunto, y el interesado puede estar asistido de abogado, como manifestación del derecho de todo interesado de escoger los medios de su defensa (art. 220 de la Ley General de Costa Rica).

La Ley argentina, además, en caso de representación del interesado por quienes no sean abogados, exige la asistencia obligatoria de un abogado en los casos en que se planteen o debatan cuestiones jurídicas (art. 1.f.1).

Ahora bien, es evidente que la audiencia del interesado no es una exigencia que deba cumplirse formalmente en todo tipo de procedimiento. En la tipología de procedimientos que hemos mencionado, que distingue entre procedimientos declarativos, ablatorios, concesorios y autorizatorios, por supuesto, la audiencia formal de los interesados se impone en los procedimientos ablatorios cuya consecuencia es la eliminación o restricción de los derechos de los afectados. En tal sentido, la jurisprudencia contencioso administrativa en Venezuela ha formulado el siguiente criterio respecto de un tipo de los procedimientos ablatorios, es decir, los sancionatorios:

> «La audiencia del interesado, como actuación procedimental, es necesaria y esencial en los procedimientos denominados sancionatorios, por cuanto en estos casos la Administración impone, mediante la audiencia del interesado, formalmente al administrado de la existencia de un procedimiento en su contra que tiene como causa una presunta actuación ilícita de éste y de que de establecer su veracidad le acarrearía una sanción. Ahora bien, en los procedimientos autorizatorios por el contrario, el impulso procesal lo tiene el administrado; la Administración va a resolver una petición, una exigencia del particular, por lo cual, no se hace necesario la audiencia del interesado. En estos procedimientos no se afecta con su omisión, el derecho a la defensa, por cuanto el procedimiento ordinariamente se inicia a instancia del interesado, y el pronunciamiento tendrá, en caso de ser favorable, un contenido beneficioso para el administrado». (Sentencia de la Corte Primera de lo Contencioso Administrativa, (Venezuela), de 7 de julio de 1988, *Revista de Derecho Público*, núm. 35, Caracas, 1988, p. 91).

Sin embargo, como se ha señalado, aún en los supuestos de procedimientos autorizatorios, si por ejemplo, en el curso de los mismos surge alguna oposición de parte de otros interesados, en esos supuestos la Administración debe asegurar el derecho a la defensa, dándole audiencia al interesado solicitante.

Así se regula expresamente en el art. 34 del Decreto N° 640 de Uruguay, al disponerse que:

> «Terminada la instrucción o vencido el término de la misma, cuando de los antecedentes resulte que pueda recaer una decisión contraria a la petición formulada, o se hubiere deducido oposición, deberá darse vista por el término de diez días a la persona o personas a quienes el procedimiento se refiera».

En todo caso, en los procedimientos sancionatorios es donde el trámite de audiencia al interesado es más riguroso. Se destaca, así, la exigencia de la vieja Ley española de que en dichos procedimientos debía formularse un «pliego de cargos» en el que se debían exponer los hechos imputados, el cual debía ser notificado a los interesados para que en un plazo de 8 días pudiera contestarlos (art. 136). Con posterioridad, contestado el pliego de cargos o transcurrido el plazo para hacerlo, el funcionario instructor debía formular una propuesta de resolución que debía notificarse a los interesados, para que éstos, en un plazo de 8 días, puedan alegar cuanto consideren conveniente a su defensa (art. 137).

El mismo principio lo regula expresamente el Decreto N° 640 de Uruguay en los procedimientos administrativos seguidos de oficio, «con motivo de la aplicación de sanciones o de la imposición de un perjuicio a determinado administrado», en cuyo caso no debe dictarse resolución sin previa audiencia al interesado para que pueda articular su defensa (art. 40).

De la misma manera se regula en la Ley Federal de México:

> «Artículo 56. Concluida la tramitación del procedimiento administrativo y antes de dictar resolución se pondrán las actuaciones a disposición de los interesados, para que en su caso, formulen alegatos, los que serán tomados en cuenta por el órgano competente al dictar resolución.

Los interesados, en un plazo no inferior a cinco días ni superior a diez, podrán presentar por escrito sus alegatos.

Si antes del vencimiento del plazo los interesados manifestaran su decisión de no presentar alegatos, se tendrá por concluido el trámite».

En la Ley del Perú, al regularse los caracteres del procedimiento sancionador, se indican los siguientes:

«234. 3. Notificar a los administrados los hechos que se le imputen a título de cargo; la calificación de las infracciones que tales hechos pueden construir y la expresión de las sanciones que, en su caso, se le pudiera imponer, así como la autoridad competente para imponer la sanción y la norma que atribuya tal competencia.

234.4. Otorgar al administrado un plazo de cinco días para formular sus alegaciones y utilizar los medios de defensa admitidos por el ordenamiento jurídico conforme al numeral 162.2 del Artículo 162°, sin que la abstención del ejercicio de este derecho pueda considerarse elemento de juicio en contrario a su situación».

5. *El derecho a formular alegaciones y a probar*

El derecho a la audiencia trae, como consecuencia, no solo el derecho a formular los alegatos en cualquier momento del procedimiento, sino el de presentar pruebas. Tal como la establece la Ley General de Costa Rica, en su artículo 309:

«El procedimiento ordinario se tramitará mediante una comparecencia oral y privada, ante la Administración, en la cual se admitirá y recibirá toda la prueba y alegatos de las partes que fueren pertinentes».

Incluso, en el Código colombiano se establece el derecho a presentar pruebas «sin requisitos ni términos especiales» (art. 34), es decir, sin que haya algún formalismo de términos.

Lo importante en el derecho a formular alegaciones y pruebas, es que si la Administración, que es básicamente la que tiene la carga de la prueba, presenta pruebas, está obligada a notificar a los particulares a los efectos de que estos puedan formular sus alegatos. Así lo establece expresamente la Ley argentina indicando, como parte del derecho al debido proceso, *el derecho a ofrecer y producir pruebas*, lo que consiste en el derecho de ofrecer prueba y que ella se produzca si fuere pertinente, debiendo la Administración requerir y producir los informes y dictámenes necesarios para el esclarecimiento de los hechos, todo con el contralor de los interesados y sus profesionales, quienes pueden presentar alegatos y descargos una vez concluido el período probatorio (art. 1,f,2). Por tanto, existe la obligación de notificar a los interesados, de cualquier actuación de la propia Administración que pueda incidir en la decisión del procedimiento.

VI. EL PRINCIPIO DE LA GRATUIDAD DEL PROCEDIMIENTO (LAS TASAS Y COSTAS)

Otro aspecto del debido proceso es el principio de la gratuidad, el cual, como principio, se encuentra consagrado en la Ley de Chile, así:

«Artículo 6°. Principio de gratuidad. En el procedimiento administrativo, las actuaciones que deban practicar los órganos de la Administración del Estado serán gratuitas para los interesados, salvo disposición legal en contrario.

En igual sentido se regula en la Ley de Bolivia (art. 4.o); y en otro sentido, también se regula en la Ley General de Costa Rica, así:

> En el procedimiento administrativo no habrá lugar a la imposición de costas a favor o en contra de la Administración ni del interesado» (art. 328).

En consecuencia, en el campo del procedimiento administrativo no hay nada parecido al tema de las costas procesales; lo que precisa también, expresamente la Ley del Perú (art. 47,2).

Otro tema es el de los «costos» procesales, por ejemplo, de copias de los documentos que contenga el expediente administrativo o de cualquier documento que se quiera obtener durante el procedimiento. Estos si son a cargo del interesado, si él los causa. Esto lo establece así, el artículo 24 del Código colombiano:

> «17. La expedición de copias dará lugar al pago de las mismas cuando la cantidad solicitada lo justifique. El pago se hará a la tesorería de la entidad o en estampillas de timbre nacional que se anularán, conforme a la tarifa que adopte el funcionario encargado de autorizar la expedición.
>
> En ningún caso el precio fijado podrá exceder al costo de la reproducción.
>
> 18. Si en la respectiva oficina no se pudieren reproducir los documentos o la tarifa señalada fuere elevada a juicio del peticionario, el jefe de aquélla indicará el sitio en el cual un empleado de la oficina sacará las copias a que hubiere lugar. En este caso, los gastos serán cubiertos en su totalidad por el particular».

En sentido similar, el artículo 47,1 de la Ley peruana regula el tema de los gastos administrativos reembolsables, disponiendo que solo se producen «cuando una ley expresamente lo autoriza», definiéndolos así:

> «Son gastos administrativos aquellos ocasionados por actuaciones específicas solicitados por el administrado dentro del procedimiento. Se solicita una vez iniciado el procedimiento administrativo y es de cargo del administrado que haya solicitado la actuación o de todos los administrados, si el asunto fuera de interés común; teniendo derecho a constatar y, en su caso, a observar, el sustento de los gastos a rembolsar».

Aparte está el tema de las tasas que se puedan cobrar en relación a la actuación de la Administración, proveniente de las leyes de impuestos de timbres fiscales, ya mencionado anteriormente.

El principio rige en Venezuela, donde la Ley de Timbre Fiscal establece, con criterio fiscalista, la necesidad de inutilizar estampillas o papel sellado (que ha sido transferido a los Estados) en los trámites administrativos, con lo que se podría conducir a lesionar el derecho a la defensa, cuando se trate de actuaciones que puedan afectar a un particular en un procedimiento, sobre todo en materia de permisos y autorizaciones.

NOVENA PARTE

PRINCIPIOS SOBRE LA TERMINACIÓN DEL PROCEDIMIENTO

I. LA OBLIGACIÓN DE TERMINAR EL PROCEDIMIENTO

El procedimiento administrativo se desarrolla siempre con una finalidad determinada, estando la Administración obligada a concluirlo o terminarlo.

Es lo que la Ley de Chile denomina «principio conclusivo» al indicar que:

> «Todo el procedimiento administrativo está destinado a que la Administración dicte un acto decisorio que se pronuncie sobre la cuestión de fondo y en el cual exprese su voluntad» (art. 8).

Principio que la ley chilena complementa con el «principio de inexcusabilidad» según el cual, «Administración estará obligada a dictar resolución expresa en todos los procedimientos y a notificarla, cualquiera que sea su forma de iniciación» (art. 14).

En sentido similar en la Ley de El Salvador dispone que «la Administración está obligada a dictar resolución expresa en todos los procedimientos y a notificarla, cualquiera que sea su forma de iniciación», afirmando que «el procedimiento administrativo deberá concluirse por acto o resolución final» en el plazo legalmente establecido (art. 89).

En sentido similar, el Código de Ecuador dispone que sobre la «obligación de decidir» que «El órgano competente resolverá el procedimiento mediante acto administrativo», no pudiendo la Administración «abstenerse de resolver con la excusa de la falta u oscuridad de la ley» (art. 202); principio que reafirma la Ley de El Salvador al disponer que:

> «No podrá la Administración abstenerse de resolver un asunto de su competencia con el pretexto de vacío u oscuridad en las disposiciones legales aplicables o en las cuestiones que se susciten en el procedimiento» (art. 112).

La consecuencia de lo anterior, es que cualquiera que sea la forma de terminación del procedimiento administrativo, siempre debe haber una decisión de la Administración. Tal como lo reitera la Ley de Chile,

> «En los casos de prescripción, renuncia del derecho, abandono del procedimiento o desistimiento de la solicitud, así como la desaparición sobreviniente del objeto del procedimiento, la resolución consistirá en la declaración de la

circunstancia que concurra en cada caso, con indicación de los hechos producidos y las normas aplicables» (art. 14).

Por ello, antes de precisar los principios de la terminación normal del procedimiento mediante un acto administrativo decisorio, nos referiremos a las otras formas de terminación del procedimiento administrativo regulados en las leyes de América Latina.

II. LAS DIVERSAS FORMAS DE TERMINACIÓN DEL PROCEDIMIENTO

En efecto, a pesar de la obligación de la Administración de terminar el procedimiento mediante una decisión, las leyes de procedimiento administrativo en general regulan además, otras formas de terminación del mismo, que por supuesto también requieren de una decisión, aun cuando no resolutiva.

Por ejemplo, así se dispone en la Ley de El Salvador:

> «Art. 111. El procedimiento administrativo podrá terminar por resolución expresa de la autoridad administrativa competente, por silencio administrativo positivo o negativo, desistimiento, renuncia o declaración de caducidad».

En igual sentido, en Chile, la Ley dispone:

> «Artículo 40. Conclusión del procedimiento. Pondrán término al procedimiento la resolución final, el desistimiento, la declaración de abandono y la renuncia al derecho en que se funde la solicitud, cuando tal renuncia no esté prohibida por el ordenamiento jurídico. También producirá la terminación del procedimiento la imposibilidad material de continuarlo por causas sobrevinientes. La resolución que se dicte deberá ser fundada en todo caso».

Normas con previsiones similares también se incluyen en la Ley de Bolivia, agregándose otros supuestos como «la extinción del derecho», y «la imposibilidad material de continuar el procedimiento por causas sobrevinientes» (art. 51); en la Ley de la República Dominicana que agrega el supuesto de «celebración de un convenio, acuerdo o pacto, en los casos previstos por las normas sectoriales « (art 28); y en la Ley de Panamá, en la cual se agregan los supuestos de «la transacción» y el allanamiento a la pretensión» (art. 153).

Muy didácticamente, el artículo 201 del Código de Ecuador, resume el tema indicando sobre la «terminación del procedimiento administrativo», que el mismo termina por:

> «1. El acto administrativo. 2. El silencio administrativo. 3. El desistimiento. 4. El abandono. 5. La caducidad del procedimiento o de la potestad pública. 6. La imposibilidad material de continuarlo por causas imprevistas. 7. La terminación convencional».

III. PRINCIPIOS SOBRE LA DECISIÓN DEL PROCEDIMIENTO

De acuerdo con lo que establece la Ley de Bolivia, el principio en materia de procedimiento administrativo es que los mismos «deberán necesariamente concluir con la emisión de una resolución administrativa que declare la aceptación o rechazo total o parcial de la pretensión del administrado», sin perjuicio de lo que se establezca en materia de efectos del silencio administrativo; en la cual «la Administración Pública no podrá dejar de resolver el asunto sometido a su conocimiento aduciendo falta, oscuridad o insuficiencia de los preceptos legales aplicables»(Art. 152). En igual sentido se regula en la Ley de Chile (art. 41).

1. *Principio de la globalidad de la decisión*

Como lo indica el artículo 41 de la Ley de Chile «la resolución que ponga fin al procedimiento decidirá las cuestiones planteadas por los interesados», es decir, conforme a la Ley de Panamá, «todas las cuestiones planteadas por los interesados y aquéllas otras derivadas del expediente, que sean indispensables para emitir una decisión legalmente apropiada» (art. 154). En el mismo sentido, la Ley de la República Dominicana exige que la resolución «debe dar respuesta congruente y razonada a todas las cuestiones planteadas en el mismo» (art. 28); y la Ley de El salvador exige que «la resolución decidirá todas las cuestiones de hecho y de derecho que resulten del expediente, aunque no hayan sido planteadas por los interesados» (art. 112).

Ello implica que todos los asuntos planteados en el procedimiento administrativo deben ser objeto de una decisión y no de múltiples; de ahí la obligación que tiene la Administración de decidir al término del procedimiento, todas las cuestiones planteadas tanto por las partes como de oficio.

Por tanto, como lo expresa la Ley de Chile, «cuando en la elaboración de la resolución final se adviertan cuestiones conexas, ellas serán puestas en conocimiento de los interesados, quienes dispondrán de un plazo de quince días para formular las alegaciones que estimen pertinentes y aportar, en su caso, medios de prueba « (art. 41).

Este principio también está vinculado a la celeridad y está expresamente establecido, por ejemplo, en la Ley venezolana, que señala:

> «Artículo 62. El acto administrativo que decida el asunto resolverá todas las cuestiones que hubieren sido planteadas, tanto inicialmente como durante la tramitación».

En sentido similar se establece en la Ley de Honduras (art. 83). En México el acto debe también decidir expresamente «todos los puntos propuestos por las partes o establecidos por la ley» (art. 3, XVI). La Ley de Costa Rica contempla igualmente, que en el acto que pone fin al procedimiento deben resolverse «todas las cuestiones surgidas durante el curso del procedimiento» (art. 227,1). En el caso del Código colombiano, se prevé asimismo que deben resolverse «todas las cuestiones planteadas, tanto inicialmente como durante el trámite» (artículo 35).

En consecuencia, puede haber planteamientos que pueden formularse desde el inicio del trámite (petición) y, además, pueden haber planteamientos que surjan durante el trámite, formulados tanto de oficio como a petición de parte, lo que implica que puede haber nuevos elementos que surjan durante el procedimiento, dado los principios de flexibilidad y antiformalismo. En estos casos, la decisión debe abarcar todos esos planteamientos.

Sin embargo, debe señalarse que como consecuencia del principio del debido proceso, todos los asuntos antes referidos, que no hubieren sido formulados o propuestos por los interesados, para que puedan ser considerados en la decisión final, deben haberles sido notificados y debe habérseles asegurado audiencia previa. Así lo establece expresamente la Ley argentina (art. 7,c) para garantizar el derecho a la defensa y el derecho a que se oiga al particular sobre esos asuntos. Por ello, la legislación argentina consagra, como derecho de los administrados, el derecho «a una decisión fundada», como parte del derecho al «debido proceso adjetivo» (art. 1,f,3), garantizándoseles que si surge un nuevo asunto que plantea la Administración y que va a ser objeto de resolución, debe dárseles la oportunidad a los interesados de oponerse o contradecir dicho planteamiento.

Un aspecto que debe señalarse, y que solo está regulado en la Ley de Honduras (art. 75), es la necesidad de que concluido el procedimiento, antes de que se adopte formalmente la decisión, debe entregársele al particular el proyecto de decisión en una audiencia final, para garantizar el derecho a la participación, y el derecho a la defensa. Lamentablemente esto no está regulado, en general, en América Latina, y normalmente el proyecto de decisión permanece bien guardado y secreto antes de que se publique, de manera que siempre es una sorpresa para el interesado.

Por tanto, la audiencia del interesado que, en algunos países, es al inicio del procedimiento, debería ocurrir al final del mismo, de manera que se pueda, en ella, discutir sobre todo lo que ya está en el expediente o sobre lo que esté como proyecto de decisión, antes de que la Administración la adopte finalmente.

2. *El principio de la confianza legítima en la decisión del procedimiento*

Otro principio del procedimiento administrativo en relación con la decisión del mismo que comienza a encontrar regulaciones específicas, es el «principio de la confianza legítima», originado en la doctrina alemana y que deriva también de las normas de la Unión Europea, y que en algunas leyes se ha expresado, como en la Ley de la República Dominicana, exigiéndose que «la actuación administrativa será respetuosa con las expectativas que razonablemente haya generado la propia Administración en el pasado « (art. 3.15). En el Código de Ecuador, también se recogió en principio de la confianza legítima vinculado a la seguridad jurídica, al preverse que:

> «Las administraciones públicas actuarán bajo los criterios de certeza y previsibilidad. La actuación administrativa será respetuosa con las expectativas que razonablemente haya generado la propia administración pública en el pasado. La aplicación del principio de confianza legítima no impide que las administraciones puedan cambiar, de forma motivada, la política o el criterio que emplearán en el futuro. Los derechos de las personas no se afectarán por errores u omisiones de los servidores públicos en los procedimientos administrativos, salvo que el error u omisión haya sido inducido por culpa grave o dolo de la persona interesada» (art. 22).

Una aproximación al principio de la confianza legítima está también en el llamado «principio de la coherencia», que también se regula en la Ley de República Dominicana (art. 3.13) y en la Ley de El Salvador (art. 3.7), al expresar que:

> «Las actuaciones administrativas serán congruentes con la práctica y los antecedentes administrativos salvo que por las razones que se expliciten por escrito sea pertinente en algún caso apartarse de ellos».

Dicho principio tiene varias implicaciones: la decisión debe ser adoptada conforme a la verdad material que tiene que buscar la Administración. También aquí surge el principio de la seguridad jurídica en sus variadas manifestaciones y el principio de la irrevocabilidad de los actos administrativos que, una vez dictados, también por cuestiones de seguridad jurídica, deben mantenerse, salvo los casos de nulidad absoluta.

3. *La decisión conforme a la verdad material*

El primer principio que deriva de la confianza legítima, es el principio de la verdad real o verdad material de los hechos como objetivo del procedimiento, a cuya consecución está obligada la Administración para tomar la decisión. Como lo formuló la Ley de El Salvador:

> «Art. 3.8. Verdad material: las actuaciones de la autoridad administrativa deberán ajustarse a la verdad material que resulte de los hechos, aun cuando no hayan sido alegados ni se deriven de pruebas propuestas por los interesados».

Por eso, la Administración tiene siempre la carga de la prueba, lo cual está expresamente establecido en las leyes de Costa Rica (art. 297), Uruguay (art. 4), Perú (art. 162,1) y Venezuela (art. 69).

La Ley de Uruguay, por ejemplo, dice:

> «*Artículo 4º*. La Administración está obligada a ajustarse a la verdad material de los hechos, sin que la obliguen los acuerdos entre los interesados acerca de tales hechos ni la exima de investigarlos, conocerlos y ajustarse a ellos, la circunstancia de no haber sido alegados o probados por las partes».

En el caso de la Ley peruana, como se ha dicho, el principio también se erige como un principio del procedimiento administrativo, en el artículo IV, Título Preliminar:

> «1.11. Principio de verdad material. En el procedimiento, la autoridad administrativa competente deberá verificar plenamente los hechos que sirven de motivo a sus decisiones, para lo cual deberá adoptar todas las medidas probatorias necesarias autorizadas por la ley, aun cuando no hayan sido propuestas por los administrados o hayan acordado eximirse de ellas».

En el caso de procedimientos trilaterales la autoridad administrativa estará facultada a verificar por todos los medios disponibles la verdad de los hechos que le son propuestos por las partes, sin que ello signifique una sustitución del deber probatorio que corresponde a éstas. Sin embargo, la autoridad administrativa estará obligada a ejercer dicha facultad cuando su pronunciamiento pudiera involucrar también al interés público.

4. *El principio de la seguridad jurídica*

También están vinculados al principio de la confianza legítima, otra sería de principios vinculados a la seguridad jurídica en las relaciones entre la Administración y los particulares, entre ellos, el principio de la predictibilidad, la proscripción de la *reformatio in pejus*, el principio *non bis in idem*, la presunción de inocencia, y el principio de la irretroactividad.

Como lo formuló la Ley de la República Dominicana:

> «Artículo 3.8. Principio de seguridad jurídica, de previsibilidad y certeza normativa: Por los cuales la Administración se somete al derecho vigente en cada momento, sin que pueda variar arbitrariamente las normas jurídicas y criterios administrativos».

5. *El principio de la predictibilidad*

El procedimiento administrativo debe desarrollarse conforme a reglas preestablecidas y conocidas por los administrados, de manera que no haya sorpresas en cuanto a la conducta de la Administración. Todas las fases del procedimiento deben, por tanto, ser predecibles; de allí el principio de la predictibilidad, definido por la ley peruana en el artículo IV del Título Preliminar, así:

> «1.15. Principio de predictibilidad. La autoridad administrativa deberá brindar a los administrados o sus representantes información veraz, completa y confiable sobre cada trámite, de modo tal que a su inicio, el administrado pueda tener una conciencia bastante certera de cuál será el resultado final que se obtendrá».

6. *El principio de la proporcionalidad*

Uno de los principios que ha tenido mayor desarrollo legislativo en las leyes de procedimiento administrativo en los últimos lustros ha sido el principio de la proporcionalidad de las decisiones administrativas, particularmente entre los medios y fines de las mismas.

La consagración más extensa de este principio en las leyes de procedimiento administrativo, la encontramos en el artículo 3.9 de la Ley de la República Dominicana, al disponer que:

> «Las decisiones de la Administración, cuando resulten restrictivas de derechos o supongan un efecto negativo para las personas, habrán de observar el principio de proporcionalidad, de acuerdo con el cual los límites o restricciones habrán de ser aptos, coherentes y útiles para alcanzar el fin de interés general que se persiga en cada caso; deberán ser necesarios, por no hallarse un medio alternativo menos restrictivo y con igual grado de eficacia en la consecución de la finalidad pública que pretenda obtenerse; y, finalmente, habrán de ser proporcionados en sentido estricto, por generar mayores beneficios para el interés general y los intereses y derechos de los ciudadanos, que perjuicios sobre el derecho o libertad afectado por la medida restrictiva».

La consagración del principio también se destaca en el Artículo 16 del Código de Ecuador, que establece:

> «Art. 16.- *Principio de proporcionalidad*. Las decisiones administrativas se adecúan al fin previsto en el ordenamiento jurídico y se adoptan en un marco del justo equilibrio entre los diferentes intereses. No se limitará el ejercicio de los derechos de las personas a través de la imposición de cargas o gravámenes que resulten desmedidos, en relación con el objetivo previsto en el ordenamiento jurídico».

Por su parte, la Ley de El Salvador dispone sobre esto lo siguiente:

> «Art. 3.2. Proporcionalidad: las actuaciones administrativas deben ser cualitativamente aptas e idóneas para alcanzar los fines previstos, restringidas en su intensidad a lo que resulte necesario para alcanzar tales fines y limitadas respecto a las personas cuyos derechos sea indispensable afectar para conseguirlos. En este supuesto, deberá escogerse la alternativa que resulte menos gravosa para las personas y, en todo caso, el sacrificio de estas debe guardar

una relación razonable con la importancia del interés general que se trata de salvaguardar».

En el mismo sentido, el artículo 4.p) de la Ley de Bolivia sobre este «principio de proporcionalidad» dispone que «La Administración Pública actuará con sometimiento a los fines establecidos en la presente Ley y utilizará los medios adecuados para su cumplimiento».

7. *La proscripción de la reformatio in pejus*

Por otra parte, el carácter inquisitivo y contradictorio del procedimiento administrativo y, por tanto, la obligación que tiene la Administración de decidir todas las cuestiones que surjan en el mismo, sea de oficio o formuladas por quienes intervengan en él y no solo lo formulado en un recurso, plantea el problema de determinar si la *reformatio in pejus* es o no admisible en la decisión de los recursos administrativos. El problema no se plantea, realmente, sino en el procedimiento de revisión de los actos administrativos, y no en los procedimientos constitutivos. Por ello, en la legislación peruana se especifica expresamente, que en los procedimientos administrativos iniciados a petición de parte interesada, la resolución debe ser congruente con las peticiones formuladas por éste, «sin que en caso alguno «pueda agravar su situacional inicial» (art. 187,2). En igual sentido, en la Ley de El Salvador, se precisa que «en ningún caso, la resolución final podrá agravar o perjudicar la situación inicial del administrado a cuya instancia se hubiera iniciado el procedimiento» (art. 112).

En efecto, en el campo procesal judicial puede decirse que rige el principio de la prohibición de la *reformatio in pejus*, lo que significa que el Tribunal *ad quem*, al decidir, no puede modificar el fallo del inferior en perjuicio del propio apelante si la contraparte a su vez no apeló la sentencia del *a quo*. Ese principio, por supuesto, es una consecuencia del carácter dispositivo del proceso civil, que no se da en los mismos términos en el procedimiento administrativo, dado su carácter inquisitivo.

Por tanto, en general se puede señalar, ante todo, que la prohibición de la *reformatio in pejus* no se plantea como principio, en los casos en los cuales el recurso administrativo se funda en motivos de legalidad o en los casos en los cuales, con motivo del ejercicio de un recurso por razones de mérito, surgen, de oficio, cuestiones de ilegalidad. La Ley General de Costa Rica, por ello, prescribe que «el recurso podrá ser resuelto aún en perjuicio del recurrente cuanto se trate de nulidad absoluta» (art. 351,2).

En realidad, sea cual sea la naturaleza del vicio, la competencia de la autoridad revisora del acto administrativo, cuando están en juego cuestiones de ilegalidad, es de ejercicio obligatorio, de manera que incluso puede revocar el acto administrativo basándose en otras razones de ilegalidad distintas a las alegadas por el interesado.

En el mismo sentido, la decisión basada en cuestiones de legalidad puede, incluso, conducir a la Administración a modificar el acto recurrido para adaptarlo a la legalidad. En tal modificación, la situación del recurrente podría resultar agravada si, por ejemplo, la Administración encuentra que la multa impuesta debió ser superior a la establecida en el acto recurrido, dadas las circunstancias agravantes precisadas con motivo del recurso. En sentido contrario a la *reformatio in pejus*, sin embargo, se pronunció la Corte Suprema de Justicia de Venezuela en una sentencia en materia hacendaria de 17 de abril de 1980 (*Revista de Derecho Público*, núm. 2, Caracas, 1980, p. 113).

Sin embargo, en los casos en los cuales surjan nuevos elementos de ilegalidad distintos a los alegados por las partes, el principio del respeto al derecho a la defensa exige que el funcionario notifique a los interesados de tal circunstancia, para que expongan sus alegatos con anterioridad a la adopción de la decisión, tal como lo garantizaba la Ley española de Procedimiento Administrativo (art. 119). En la jurisprudencia de la Corte Suprema de Justicia (Venezuela), sin embargo, en virtud de no estar prevista expresamente esta audiencia previa al interesado como lo consagraba la Ley española, se ha considerado que la autoridad administrativa no está obligada a notificar a los interesados, lo que encontramos altamente inconveniente. (Vid. sentencia de la Sala Política- Administrativa de 9 de febrero de 1989, *Revista de Derecho Público*, núm. 37, Caracas, 1989, p. 83. Vid. además, de la misma Corte, sentencia de 16 de octubre de 1986, *Revista de Derecho Público*, N° 28, Caracas, 1986, p. 97; y de la Corte Primera de lo Contencioso Administrativo de 18 de abril de 1985, *Revista de Derecho Público*, N° 22, Caracas, 1985, p. 164).

Cuando las cuestiones debatidas en el recurso administrativo sean cuestiones de mérito o conveniencia, el tema de la *reformatio in pejus* se plantea con más interés. En general se estima que en esos supuestos, la revocación del acto administrativo solo puede ocurrir con el acuerdo del recurrente, y su modificación no puede hacerse sino a favor del mismo. Sin embargo, en presencia de normas legales como las de la Ley Orgánica de Venezuela, conforme a la cual, el órgano administrativo «debe resolver todos los asuntos que se sometan a su consideración dentro del ámbito de su competencia o que surjan con motivo del recurso, aunque no hayan sido alegadas por los interesados» (art. 89), es decir, que surjan de oficio; podría admitirse la *reformatio in pejus*, siempre que se respete el derecho a la defensa y se notifiquen al interesado, previamente a la decisión, las nuevas cuestiones surgidas para que formule sus alegatos.

Sin embargo, derivado del principio de la confianza legítima, en la doctrina europea comienza a imponerse el criterio de que, por ejemplo, si la Administración impuso una sanción, con motivo del ejercicio de un recurso no es correcto que pueda agravarse la situación del particular. Por ello, la previsión de la Ley General de Costa Rica que reduce la *reformatio in pejus* a los casos de nulidad absoluta (art. 351), lo que está en la lógica de tal nulidad, ya que si el acto es absolutamente nulo hay que eliminarlo del ámbito jurídico, aún cuando esto agrave la situación del particular.

8. *El principio non bis in idem*

Como parte de los principios del debido procedimiento, de la seguridad jurídica y de la confianza legítima, en el procedimiento administrativo rige también el principio del *non bis in idem* que, a la vez, es un principio de rango constitucional.

La Constitución de Venezuela de 1999 establece, por ejemplo, dentro de las garantías del debido proceso, que «ninguna persona podrá ser sometida a juicio por los mismos hechos en virtud de los cuales hubiese sido juzgada anteriormente» (art. 49, ord. 7).

El principio, entonces, de aplicación también en las actuaciones administrativas, impide la aplicación de dos sanciones que afecten la situación del particular con base en los mismos hechos. En tal sentido, la Ley del Perú, al enumerar los principios de la potestad sancionadora, identifica el *non bis in idem*, indicando que «no se podrá imponer sucesiva o simultáneamente una pena y una sanción administrativa por el mismo hecho en los caos que se aprecie la identidad del sujeto, hecho y fundamento» (art. 230,10).

9. *El principio de la irretroactividad*

Otro principio derivado de la seguridad jurídica, es el principio de la irretroactividad de los actos administrativos. Como se ha señalado, el comienzo de los efectos de los actos administrativos se sitúa en el momento en el que se hacen del conocimiento de los interesados, sea mediante su publicación o mediante su notificación. La consecuencia de ello es que de acuerdo al principio y garantía constitucional de la irretroactividad de la ley, extensible a todas las actividades públicas, no es posible admitir la retroactividad de los efectos de los actos administrativos. Es decir, el principio general en esta materia es que los actos administrativos solo pueden producir efectos hacia el futuro, siendo inconstitucional e ilegal la aplicación de un acto administrativo hacia el pasado; principio que no solo se aplica a los actos reglamentarios sino también a los actos de efectos particulares.

Como se ha expresado en la Ley de Chile:

> «Artículo 52. *Retroactividad.* Los actos administrativos no tendrán efecto retroactivo, salvo cuando produzcan consecuencias favorables para los interesados y no lesionen derechos de terceros».

El principio también se recoge en el Código Administrativo de Ecuador, así:

> «Art. 30.- *Principio de irretroactividad.* Los hechos que constituyan infracción administrativa serán sancionados de conformidad con lo previsto en las disposiciones vigentes en el momento de producirse. Las disposiciones sancionadoras producen efecto retroactivo en cuanto favorezcan al presunto infractor».

Igual principio está declarado en la Ley de República Dominicana (art. 13), en la Ley de El Salvador (art. 2) y en el Código de Ecuador (art. 102)8

En América Latina, por tanto, este el principio de la irretroactividad de los actos administrativos, aparte de tener fundamento constitucional y haber sido aplicado por la jurisprudencia como principio general, como se ha visto, también se ha recogido respecto de los actos administrativos en las leyes de procedimiento administrativo, aplicándose tanto a los de carácter reglamentario como a los efectos particulares.

Así se reitera, por ejemplo, en la Ley General de Costa Rica, al prescribir que «el acto administrativo producirá efectos en contra del administrado únicamente para el futuro» (142,1).

Indirectamente, además, el principio se establece en la Ley venezolana al regularse la posibilidad, para la Administración, de poder modificar los criterios establecidos por sus órganos, pero agregando que «la nueva interpretación no podrá aplicarse a situaciones anteriores salvo que fueren más favorables a los administrados» (art. 11); principio que ha sido aplicado por la jurisprudencia de la Corte Primero de lo Contencioso Administrativo (sentencia de 19 de marzo de 1987, *Revista de Derecho Público,* N° 30, Caracas, 1987, pp. 111-112). En igual sentido se ha regulado en la Ley del Perú (art. VI, Título Preliminar).

Ahora bien, en la legislación latinoamericana, el principio de la no retroactividad de los actos administrativos tiene diversas excepciones.

En *primer lugar,* en general se admite la retroactividad de los actos administrativos cuando produzcan efectos favorables a los interesados. Como lo dice la Ley argentina:

> «Artículo 13. El acto administrativo podrá tener efectos retroactivos -siempre que no se lesionen derechos adquiridos- cuando se dictare en sustitución de otro revocado o cuando favoreciere al administrado».

Sin embargo, en estos casos es indispensable que los supuestos de los motivos del acto hubieran tenido existencia a la fecha a la cual se retrotraiga la eficacia del acto y que éste no lesione derechos o intereses legítimos de otras personas (art. 142,2 de la Ley General de Costa Rica; art. 17,1, Ley del Perú).

En *segundo lugar,* también se establece en la citada Ley argentina (art. 13), que los actos administrativos tendrán efectos retroactivos siempre que no lesionen derechos adquiridos, cuando se dicten en sustitución de otro acto anulado, sea por la Administración o por decisión judicial. Como lo establece también la Ley General de Costa Rica:

> El acto administrativo tendrá efectos retroactivos en contra del administrado cuando se dicte para anular actos absolutamente nulos que favorezcan a éste; o para consolidar, haciéndolos válidos y eficaces, actos que lo desfavorezcan (art. 143).

10. *El valor de los precedentes y los cambios de criterios administrativos*

Por razones de seguridad jurídica, la Administración debe ser coherente en sus decisiones, por lo cual, en general, debe respetar los criterios establecidos en decisiones precedentes. Incluso, el artículo VI,1 de la Ley del Perú le da valor de precedente a los actos administrativos, en la siguiente forma:

> «1. Los actos administrativos que al resolver casos particulares interpreten de modo expreso y con carácter general el sentido de la legislación, constituirán precedentes administrativos de observancia obligatoria por la entidad, mientras dicha interpretación no sea modificada. Dichos actos serán publicados conforme a las reglas establecidas en la presente norma».

Pero hemos señalado, además, que la Administración puede cambiar de criterios en sus decisiones, para lo cual, conforme a las Ley General de Costa Rica (art. 136), los actos administrativos mediante los cuales la autoridad se separe de un criterio seguido en actuaciones precedentes, debe ser necesariamente motivado. De esta norma deriva, por tanto, indirectamente, que la Administración puede cambiar de criterio en la decisión de determinados asuntos, no estando sujeta por los precedentes en forma indefinida.

El mismo principio lo recoge la Ley del Perú (art. VI, Título Preliminar, 2) y la Ley venezolana agregando, como antes se dijo, que «la nueva interpretación no podrá aplicarse a situaciones anteriores» (art. 11), con lo cual se refuerza el principio de la irretroactividad, como garantía del administrado frente a la Administración, de manera que los cambios de criterio que pueda adoptar no pueden estar destinados solo para el tratamiento de un caso específico. De lo contrario, ello implicaría una aplicación retroactiva de la nueva interpretación, y la única forma de aceptarla retroactivamente sería cuando el nuevo criterio sea más favorable para el administrado (art. VI, Título Preliminar, 2, Ley del Perú).

La norma venezolana dice así:

«Artículo 11. Los criterios establecidos por los distintos órganos de la Administración Pública podrán ser modificados, pero la nueva interpretación no podrá aplicarse a situaciones anteriores, salvo que fuere más favorable a los administrados. En todo caso, la modificación de los criterios no dará derecho a la revisión de los actos definitivamente firmes».

IV. EL SILENCIO ADMINISTRATIVO

Otra regulación que se encuentra en todas las leyes y que deriva también del principio de celeridad, es la relativa al silencio administrativo y sus efectos, a pesar de la obligación que siempre tiene la Administración de decidir en un plazo determinado.

1. *La obligación de decidir y los efectos de su incumplimiento*

En efecto, objetivo final de todo procedimiento administrativo es la producción de un acto administrativo, es decir, la adopción de una decisión por parte de la Administración. A tal efecto, iniciado un procedimiento administrativo, particularmente a instancia de parte o cuando en él tengan interés los administrados, la Administración está obligada a decidir. En otras palabras, la Administración no es libre de decidir, constituyendo esta obligación, la contrapartida del derecho de petición que también conlleva el derecho a obtener oportuna respuesta.

Conforme a ello, iniciado un procedimiento administrativo producto o no del ejercicio de un derecho de petición, la Administración está obligada a desarrollarlo de oficio y, en definitiva, a adoptar la decisión correspondiente. Por supuesto, si se trata de un procedimiento iniciado mediante el ejercicio del derecho de petición, éste conlleva también el derecho a obtener oportuna respuesta. Por eso la Ley de Venezuela exige de las autoridades administrativas, el que «deberán resolver las instancias o peticiones que se les dirijan o bien declarar, en su caso, los motivos que tuvieren para no hacerlo» (art. 2); y la Ley de Bolivia exige que ´la Administración Pública está obligada a dictar resolución expresa en todos los procedimientos, cualquiera que sea su forma de iniciación» (art. 17.1).

La Ley del Perú reafirma esta obligación de decidir que tienen los funcionarios, incluso, cuando exista deficiencia de las fuentes, al disponer que las autoridades administrativas no podrán dejar de resolver las cuestiones que se les proponga, por deficiencia aquéllas, debiendo, en tales casos, acudir a los principios del procedimiento administrativo previstos en la Ley; en su defecto, a otras fuentes supletorias del derecho administrativo, y solo subsidiariamente a éstas, a las normas de otros ordenamientos que sean compatibles con su naturaleza y finalidad (art. VIII).

Sin embargo, es bien conocida la actitud tradicional de la Administración, en muchos casos, de simplemente no decidir determinados asuntos, lo que exigió del legislador, en regulaciones aisladas, el establecer un efecto generalmente negativo o de rechazo al silencio de la Administración en un lapso determinado, configurándose una decisión implícita susceptible de recurso ante el contencioso-administrativo. Este régimen legislativo llevó a la jurisprudencia a identificar al silencio administrativo como un principio general del procedimiento con el objeto de garantizar la situación de los administrados frente a la inacción administrativa, otorgándole efectos jurídicos generalmente negativos.

Conforme a este principio del silencio de la Administración, cuando ésta tiene legalmente prescrito un lapso para decidir, aquél debe ser considerado como equivalente a una decisión implícita de rechazo o de aceptación, a los efectos de permitir al administrado acudir a la vía contencioso-administrativa. Tal principio lo regula expresamente, por ejemplo, la Ley del Perú, al establecer ambos tipos de silencio administrativo y los tipos de procedimientos se producen (arts. 33 y 34).

En todo caso, puede decirse que uno de los aspectos de mayor interés en la codificación del procedimiento administrativo en América Latina ha sido, precisamente, el establecimiento de reglas generales tendientes a garantizar la situación de los administrados frente al silencio de la Administración, entre las cuales están tanto el principio del silencio negativo como del silencio positivo, y la posibilidad de acudir a la vía contencioso-administrativa contra la carencia de la Administración.

En estos casos, la Administración está obligada a decidir, pues el silencio se establece en beneficio del particular para poder recurrir, lo que no exime a la Administración de su obligación de decidir. De manera que el principio general es que el funcionario de la Administración sigue obligado a tomar una decisión, quedando comprometida su responsabilidad por la demora en que incurra. Así lo regulan expresamente las legislaciones (art. 4°, Ley de Venezuela; art. 239, Ley de Costa Rica; y art. 48, Ley de Brasil).

En todo caso, lo importante de las regulaciones legislativas relativas al silencio negativo, es que el principio de la decisión tácita se establece en beneficio exclusivo de los administrados como garantía a sus derechos de protección, por lo cual, el recurrir contra el acto tácito no es una carga impuesta a los interesados, los cuales en todo caso pueden esperar la decisión expresa.

La situación general de estos principios los resume la Ley del Perú, al regular expresamente los efectos del silencio administrativo, así: en cuanto a los procedimientos administrativos sujetos a silencio administrativo positivo, estos quedan automáticamente aprobados en los términos en que fueron solicitados si transcurrido el plazo establecido, la entidad no hubiera comunicado al administrado el pronunciamiento (art. 188,1). En estos casos, el silencio administrativo tiene para todos los efectos el carácter de resolución que pone fin al procedimiento, sin perjuicio de la potestad de nulidad de oficio (art. 188,2).

En cuanto al silencio administrativo negativo, éste tiene por efecto habilitar al administrado para la interposición de los recursos administrativos y acciones judiciales pertinentes (art. 188,3). Sin embargo, en estos casos, aun cuando opere el silencio administrativo negativo, la administración mantiene la obligación de resolver, bajo responsabilidad, hasta que se le notifique que el asunto ha sido sometido a conocimiento de una autoridad jurisdiccional o el administrado haya hecho uso de los recursos administrativos respectivos (art. 188,4).

Por otra parte, debe tenerse en cuenta que el silencio no es un acto, ni debe considerarse como tal, salvo que la ley disponga lo contrario. Como lo señala la Ley de Costa Rica, el silencio de la administración «no podrá expresar su voluntad salvo ley que disponga lo contrario» (art. 139).

En consecuencia, si hay un derecho a oportuna respuesta, la garantía del derecho es darle efectos al silencio, pero la obligación de responder sigue estando en manos de la Administración.

2. *El silencio administrativo negativo*

El principio general y tradicional de los efectos del silencio de la Administración en los procedimientos administrativos, puede decirse que ha sido el silencio negativo. Así se consagra en casi todas las legislaciones: de Costa Rica (art. 241); de Uruguay; de México (art. 17); de Argentina (art. 10); de Colombia (art. 40), Bolivia (art. 17.2) y de Venezuela. En la Ley de Chile, se estableció el silencio negativo específicamente en los casos en los cuales la solicitud «afecte el patrimonio fiscal» o cuando «la Administración actúe de oficio, cuando deba pronunciarse sobre impugnaciones o revisiones de actos administrativos o cuando se ejercite por parte de alguna persona el derecho de petición» (art. 65).

La Ley del Perú también lo regula, estableciendo los siguientes casos en los cuales opera el silencio negativo:

> «*34.1.1.* Cuando la solicitud verse sobre asuntos de interés público, incidiendo en la salud, medio ambiente, recursos naturales, la seguridad ciudadana, el sistema financiero y de seguros, el mercado de valores, la defensa nacional y el patrimonio histórico cultural de la nación.
>
> *34.1.2.* Cuando cuestionen otros actos administrativos anteriores, salvo los recursos en el caso del numeral 2 del artículo anterior.
>
> *34.1.3.* Cuando sean procedimientos trilaterales y los que generen obligación de dar o hacer a cargo del Estado.
>
> *34.1.4.* Los procedimientos de inscripción registral.
>
> *34.1.5.* Aquellos a los que, en virtud de la ley expresa, sea aplicable esta modalidad de silencio administrativo».

En todo caso, un ejemplo de su formulación más general está en el artículo 4 de la Ley Orgánica de Venezuela, que prescribe que:

> «Artículo 4° En los casos en que un órgano de la Administración Pública no resolviere un asunto o recurso dentro de los correspondientes lapsos, se considerará que ha resuelto negativamente y el interesado podrá intentar el recurso inmediato siguiente, salvo disposición expresa en contrario. Esta disposición no releva a los órganos administrativos, ni a sus personeros, de las responsabilidades que le sean imputables por la omisión o la demora».

En general, pueden distinguirse tres supuestos diferentes de casos de silencio tácito denegatorio:

1) En *primer lugar*, el silencio respecto de la decisión de solicitudes o peticiones que, conforme al Código de Colombia, «transcurrido el plazo de dos meses contados a partir de la presentación de una petición sin que se haya notificado decisión que la resuelva, se entenderá que ésta es negativa» (art. 40). En otras legislaciones, como en la Ley de Panamá (art. 156), al principio antes indicado se agrega la necesidad de que el interesado ponga en mora a la Administración, conforme a lo cual, solo después de denunciada la mora es que se puede considerar desestimada la

petición, al efecto de deducir, frente a la denegación presunta, el correspondiente recurso administrativo o jurisdiccional, según proceda, o esperar la resolución expresa de su petición. Este principio de la puesta en mora a la Administración, como condición para que se produzca decisión presunta derivada del silencio de la Administración, también se establece en la legislación argentina (art. 10).

2) En *segundo lugar*, el silencio tácito denegatorio también se produce por el transcurso del tiempo en los procedimientos que se inician de oficio y que, por tanto, no resultan del ejercicio del derecho de petición. El transcurso del tiempo permitiría el ejercicio del recurso respectivo siempre que, por supuesto, el acto tácito negativo lesione intereses personales, legítimos y directos. Por ejemplo, si un inmueble amenaza ruina y la Administración no resuelve el procedimiento iniciado de oficio para ordenar o no su demolición, los vecinos interesados podrían intentar los recursos respectivos.

3) En *tercer lugar*, este silencio puede producirse en materia de ejercicio de recursos administrativos, en el sentido de que si no son resueltos por la Administración en los lapsos prescritos, se presume que la Administración los ha declarado sin lugar, procediendo, entonces, la posibilidad de ejercer, según los casos, el recurso administrativo subsiguiente o el recurso contencioso-administrativo (art. 215, Ley del Perú).

En esta materia, debe mencionarse la Ley de El Salvador, en la cual luego de establecerse el principio del silencio positivo en los procedimientos iniciados a instancia del interesado, se precisa, sin embargo que:

> «Sin embargo, el silencio tendrá efecto negativo o desestimatorio en los siguientes casos:
>
> 1. Cuando el supuesto constitutivo se origine exclusivamente del derecho constitucional de petición, sin que exista regulación infraconstitucional alguna relativa al supuesto constitutivo de la petición.
>
> 2. Cuando la solicitud tuviera como consecuencia que se transfirieran al solicitante o a terceros facultades relativas al dominio público o al servicio público.
>
> 3. Cuando se trate de peticiones dirigidas a la impugnación de actos y disposiciones. No obstante, cuando se hubiere interpuesto recurso de apelación contra la desestimación por silencio administrativo de una solicitud, se producirán los efectos positivos del silencio si, llegado el plazo de resolución, el órgano administrativo competente no dictase resolución expresa sobre el mismo.
>
> 4. Siempre que una norma con rango de ley así lo establezca.
>
> La producción de los efectos positivos del silencio administrativo tiene la consideración de acto administrativo finalizador del procedimiento, con todas sus consecuencias» (art. 113).

3. *El silencio administrativo positivo*

El principio general en materia de silencio administrativo con efectos positivos, y salvo el caso de la legislación de Costa Rica y del Perú, es que debe ser establecido por ley especial, en cada caso. Así lo regula expresamente el Código de Colombia (art. 41), la Ley de Bolivia (art. 17.V), el Código de Ecuador (art. 207), la Ley de Argentina (art. 10), y en la Ley de Chile exigiéndose en este último caso al interesado en la necesidad de poner previamente en mora a la Administración (art. 64).

En otros países, como Venezuela, aún sin previsión en la ley de procedimientos administrativos, en leyes especiales como las relativas a la ordenación del territorio y a la ordenación urbanística, se regula la figura del silencio positivo en materia de autorizaciones, aprobaciones y permisos. En el caso de panamá, el principio establecido en la Ley que regula los procedimientos administrativos es que «El silencio se entenderá positivo, sin denuncia de mora, cuando así se establezca por disposición expresa» (art. 157).

En contraste con el régimen del silencio positivo establecido solo en leyes especiales, el artículo 33 de la Ley del Perú dispone en general los siguientes casos en los cuales se produce el silencio positivo:

> «1. Solicitudes cuya estimación habilite para el ejercicio de derechos preexistentes, salvo que mediante ella se transfiera facultades de la administración pública o que habilite para realizar actividades que se agoten instantáneamente en su ejercicio.
>
> 2. Recursos destinados a cuestionar la desestimación de una solicitud cuando el particular haya optado por la aplicación del silencio administrativo negativo.
>
> 3. Procedimientos en los cuales la trascendencia de la decisión final no puede repercutir directamente en administrados distintos del peticionario, mediante la limitación, perjuicio o afectación a sus intereses o derecho legítimos.
>
> 4. Todos los otros procedimientos a instancia de parte no sujetos al silencio negativo taxativo contemplado en el artículo siguiente, salvo los procedimientos de petición graciable y de consulta que se rigen por su regulación específica».

En igual sentido, en la Ley de El Salvador se establece el principio general del silencio positivo en los procedimientos iniciados a instancia de parte interesada, estableciéndose lo siguiente:

> «Art. 113. En los procedimientos iniciados a solicitud del interesado, sin perjuicio del pronunciamiento que la Administración debe efectuar, conforme a las disposiciones de esta ley, el vencimiento del plazo máximo, sin haberse notificado resolución expresa, producirá el efecto positivo, de modo que el interesado ha de entender estimada su petición».

Por su parte, la Ley General de Costa Rica, en forma excepcional en el derecho comparado, consagra con carácter general la figura del silencio administrativo positivo en los casos de procedimientos autorizatorios.

Estas otras legislaciones (Perú, Honduras y Costa Rica) se establece el silencio positivo como norma general cuando se trata de autorizaciones o aprobaciones que deban acordarse en ejercicio de funciones de fiscalización y tutela. En este último sentido, el artículo 330 de la Ley General de Costa Rica, en efecto, establece que:

> «1. El silencio de la Administración se entenderá positivo cuando así se establezca expresamente o cuando se trate de autorizaciones o aprobaciones que deban acordarse en el ejercicio de funciones de fiscalización y tutela.

2. También se entenderá positivo el silencio cuando se trate de solicitudes de permisos, licencias y autorizaciones».

En definitiva, esta norma establece dos supuestos de silencio administrativo positivo: en primer lugar, en las relaciones inter orgánicas (internas) de la Administración, cuando se trate de autorizaciones o aprobaciones que, con motivo del ejercicio de funciones de fiscalización y tutela, pongan en relación los órganos superiores con los inferiores dentro de una misma estructura jerárquica o en relación de descentralización funcional. Asimismo se regula en la Ley de Honduras (art. 29).

Pero, a pesar de que la Ley de Costa Rica no lo precise, debe entenderse que la figura del silencio positivo no puede darse, por ejemplo, respecto de las funciones de fiscalización y control que órganos constitucionales, como la Contraloría General de la República, realizan respecto de los órganos de la Administración Central o Descentralizada.

El segundo supuesto del silencio administrativo positivo consagrado en forma general, se refiere a los casos de solicitudes de permisos, licencias y autorizaciones, es decir, a los procedimientos autorizatorios, en los cuales, precisamente, las leyes especiales en otros países generalmente los regulan. Este principio es muy similar al previsto en la ley especial que rige en Venezuela para las autorizaciones sobre la ocupación del suelo o en materia de urbanismo.

Pero, en el caso del Perú y de Costa Rica, se trata de un principio general muy novedoso ya que no es frecuente que las legislaciones establezcan este principio general del silencio positivo en materia de uno de los procedimientos generales fundamentales administrativos, como lo es el procedimiento autorizatorio para la obtención de licencias, permisos y autorizaciones de la Administración. Como lo ha regulado el Código de Ecuador:

> «En los procedimientos que hayan sido iniciados a solicitud de la persona interesada, para obtener autorizaciones administrativas expresamente previstas n el ordenamiento jurídico, transcurrido el plazo determinado para concluir el procedimiento administrativo sin que las administraciones públicas hayan dictado y notificado la resolución expresa, se entiende aprobada la solicitud de la persona interesada» (art. 209).

La Ley de Costa Rica no regula, sin embargo, la forma práctica de eficacia del acto tácito positivo, lo cual sí se precisa en el Código de Colombia, al prescribir que «la persona que se hallare en las condiciones previstas en las disposiciones legales que establecen el beneficio del silencio administrativo positivo, protocolizará la constancia o copia de la petición, junto con su declaración jurada de no haberle sido notificada una decisión dentro del término previsto». En esta forma, la escritura y sus copias producirán todos los efectos legales de la decisión favorable que se pidió, y es deber de todas las personas y autoridades reconocerla así (art. 42).

En todo caso, tratándose de un acto administrativo tácito declarativo de derechos a favor de los interesados, el acto administrativo producto del silencio positivo es un acto irrevocable por la Administración (art. 331,2, Ley de Costa Rica). El art. 41, del Código de Colombia, en cambio, establece diversos supuestos de revocación.

Sobre dichos actos administrativos producto del silencio administrativo, la Ley de Chile dispone que «tendrán los mismos efectos que aquéllos que culminaren con una resolución expresa de la Administración, desde la fecha de la certificación respectiva» (art. 66); y la Ley de El Salvador, estableció el principio general de que:

> «se podrán hacer valer tanto ante la Administración como ante cualquier persona física o jurídica, pública o privada. Estos actos producen efectos desde el vencimiento del plazo máximo en el que debe dictarse y notificarse la resolución expresa sin que esta se haya producido y su existencia puede ser acreditada por cualquier medio de prueba, incluida la certificación acreditativa del silencio producido, que pudiera solicitarse al órgano competente para resolver. Solicitada la certificación, esta deberá emitirse en el plazo máximo de quince días.
>
> La certificación a que se refiere el inciso anterior, deberá ser extendida con las formalidades legales correspondientes» (art. 113).

El Código de Ecuador, por otra parte, estableció expresamente en su artículo 207 que:

> «Para que se produzca el silencio administrativo, el acto administrativo presunto que surja de la petición, no debe incurrir en ninguna de las causales de nulidad prescritas por este Código.
>
> El acto administrativo presunto que resulte del silencio, será considerado como título de ejecución en la vía judicial».

V. LA GARANTÍA CONTRA LA CARENCIA ADMINISTRATIVA

La ficción jurídica que deriva tanto del silencio negativo como del silencio positivo, sin duda, se han establecido en el ordenamiento jurídico como garantía de los derechos de los administrados para que, transcurrido un tiempo de inacción, puedan ejercer su derecho a la defensa mediante la interposición de los recursos administrativos o contencioso administrativos correspondientes.

Pero por supuesto, los efectos legales del silencio administrativo no eliminan la obligación de la Administración de decidir. Sin embargo, la decisión que se adopte conforme se reguló expresamente en la Ley de El Salvador, está condicionada. El artículo 113 de dicha Ley, a tal efecto estableció que:

> «La obligación de dictar resolución expresa en los plazos establecidos en esta ley, se sujetará al siguiente régimen:
>
> a) En los casos de silencio administrativo positivo, la resolución expresa posterior a la producción del acto solo podrá dictarse en el mismo sentido del efecto producido a consecuencia del silencio, sin perjuicio de la aplicación de las regías generales sobre revocación, declaración de nulidad y lesividad.
>
> b) Tratándose de silencio administrativo negativo, la resolución expresa posterior al vencimiento del plazo se adoptará por la Administración, sin vinculación alguna al sentido de los efectos producidos por el silencio».

En sentido similar se reguló en el Código Administrativo de Ecuador (art. 210).

En todo caso, a falta de acto expreso, la garantía contra el silencio de la Administración al no resolver un recurso, consiste en asegurar el ejercicio del derecho de acceso a la justicia contenciosa administrativa.

Sin embargo, la garantía del silencio negativo, cuando se trata de una solicitud o de una petición en materia de procedimientos autorizatorios, puede considerarse como una garantía muy relativa pues, en la práctica, los administrados no obtienen ninguna garantía a sus derechos con el hecho de que se considere que el silencio de la Administración produce tácitamente el rechazo a su solicitud. Por ejemplo, si se solicita una autorización y la Administración no responde, lo que interesa es la obtención el permiso y el interesado no obtiene nada con que se presuma que se ha negado su petición. Además, esta presunción de negativa de la petición, que es un acto tácito denegatorio, que carece de motivos y de motivación sería materialmente irrecurrible, pues no habría «vicios» que alegar, razón por la cual no habría garantía efectiva del derecho del administrado frente al silencio administrativo respecto de las peticiones.

En realidad, en los casos de abstención o negativa de la Administración a decidir, la verdadera garantía jurídica del administrado está en poder exigir al juez que obligue a la Administración a decidir, mediante el ejercicio de un recurso contencioso administrativo, no contra un acto que no existe, sino contra la carencia de la Administración. Esta posibilidad, por ejemplo, nunca se ha aceptado por el sistema contencioso administrativo francés, que requiere la existencia de un acto expreso o tácito para que puedan intentarse los recursos jurisdiccionales. Sin embargo, al inicio de la aplicación del Tratado de la Comunidad Económica del Carbón y del Acero (CECA), y con motivo de la competencia de la Corte de Justicia de las Comunidades Europeas, se creyó encontrar en el artículo 35 del Tratado de la CECA un recurso contra la carencia, precisamente, contra la abstención o negativa de las Altas Autoridades de la Comunidad en adoptar determinadas decisiones; pero ello no prosperó definitivamente, imponiéndose la tradición francesa.

Este problema plantea la necesidad de buscar alternativas de garantías en materia del silencio en el caso de peticiones, es decir, del trámite del procedimiento constitutivo del acto que no están reguladas en las leyes de procedimiento administrativo. La regulación general, en materia de silencio negativo, ha estado, sin duda, básicamente en el procedimiento de impugnación del acto administrativo cuando se permite acudir a la vía contencioso-administrativa.

En este sentido, debe destacarse que en el sistema venezolano de las acciones contencioso-administrativas, se han planteado vías para obtener garantías frente a las conductas omisivas de la Administración, a través del recurso por abstención o negativa (recurso contra la carencia), expresamente establecido en la Ley Orgánica de la Corte Suprema de Justicia de Venezuela desde hace décadas, y que le atribuye competencia a los tribunales contencioso-administrativos para:

> «Conocer de la abstención o negativa de los funcionarios nacionales a cumplir determinados actos a que estén obligados por las leyes, cuando sea procedente, en conformidad con ellas» (art. 42 ord. 23, y, en el mismo sentido, art. 182 ord. 1 de la Ley Orgánica de la Corte Suprema de Justicia, Venezuela).

Como lo ha precisado la jurisprudencia contencioso-administrativa:

> «El recurso de abstención se inscribe dentro del género de las acciones contencioso-administrativas, cuya característica común es la de permitir el control de la legalidad y la de restablecer los intereses legítimos violados. De modo que es perfectamente posible revisar la legalidad en un procedimiento de un recurso de abstención, cuya finalidad no es la nulidad de actuación alguna, sino

de calificar de legítima o no, una omisión tácita o expresa de la Administración en actuar, para que de resultar ilegal, el Tribunal supla tal abstención o negativa, proveyendo el acto o el trámite omitido o negado... En conclusión, que el recurso de abstención, llamado de carencia, puede intentarse contra una negativa expresa o presunta (inactividad) de la Administración a cumplir un acto. Lo determinante es, pues, que el fin de la pretensión sea la de lograr por la intervención del Tribunal Contencioso-Administrativo el cumplimiento del acto que la Administración ha dicho que no cumple, o que simplemente se abstiene de cumplir, siempre y cuando el recurrente tenga derecho a ello, y exista la norma que contemple el deber de la Administración de « (Sentencia de la Corte Primera de lo Contencioso-Administrativo de 28 de octubre de 1987, *Revista de Derecho Público*, núm. 32, Caracas, 1987, p. 118).

El recurso contencioso-administrativo en carencia, en esta forma completa el cuadro de las garantías de los administrados ante la negativa expresa o tácita (inacción) de la Administración a decidir un asunto, cuando la sola presunción de decisión tácita denegatoria o positiva, no satisfaga los derechos o intereses de los administrados.

Este recurso tiene cierta equivalencia con la acción de cumplimiento regulada en la Constitución de Colombia, (art. 87) y desarrollada en la Ley 393 (1997), que regula esta acción, la cual procede «contra toda acción u omisión de la autoridad que incumpla o ejecute actos o hechos que permitan deducir inminente incumplimiento de una ley o acto administrativo».

Pero, en general, tanto la regulación venezolana, mediante la acción en carencia contra las omisiones administrativas, o la acción de cumplimiento colombiana, que consagra la garantía frente a la omisión en el procedimiento constitutivo, son de carácter excepcional. Con ellas, en todo caso, se busca que al particular en el procedimiento constitutivo, por ejemplo, le otorguen una autorización, y no que se presuma que no se la van a dar y no poder accionar para que se la concedan. La acción por omisión tiene por objeto permitir al particular acudir ante el juez para que éste ordene que le concedan lo que pide, si verdaderamente el particular tiene derecho a ello y reúne los requisitos. En su defecto, la acción tiene por objeto que el juez sustituya a la Administración, lo que sucede con la acción en carencia, mediante la cual el juez contencioso-administrativo, en definitiva, otorga lo que la Administración no le concede al particular. Es decir, se trata de una acción muy efectiva, y lo más probable es que la evolución de la acción de cumplimiento en Colombia llegue a la misma solución.

En todo caso, en este supuesto no se trata de una acción de tutela que, en el caso de Venezuela, sería un amparo contra la omisión, que presenta el problema de que debe fundamentarse en la violación de derechos constitucionales.

VI. SOBRE EL DESISTIMIENTO, LA RENUNCIA Y EL ABANDONA DEL PROCEDIMIENTO

En cuanto al derecho de los interesados de desistir de sus peticiones o de renunciar a su derecho ante la Administración, el mismo se recoge en todas las leyes. Por ejemplo, en la de Honduras se dispone que en cualquier momento la parte interesada puede desistir de su petición, lo cual deberá formular por escrito ante el órgano competente para resolver (art. 76).

En sentido similar se establece en el Código colombiano (art. 8), en la ley de Brasil (art. 51), en la Ley mexicana (art. 57) en la de Venezuela (art. 63), en la Ley de Chile (art. 42); en la Ley de Bolivia (art. 42); en la Ley de El Salvador (art. 115); en la Ley de Panamá (art. 159); en el Código de Ecuador (art. 211); agregando dichas leyes y la de Costa Rica, también, el derecho de los interesados en renunciar a su derecho (art. 337); o a los «derechos disponibles» como lo indica la Ley de Brasil (art. 51).

En algunos casos se prevén regulaciones bastante extensas, como en Uruguay (arts. 86-90) donde se exige que la Administración acepte el desistimiento, similar a la homologación procesal en los desistimientos judiciales, en la siguiente forma:

> «*Artículo 88.* La Administración aceptará de plano el desistimiento o la renuncia y declarará concluido el procedimiento, salvo lo previsto en el artículo 86, o que se hubieren presentado en el mismo terceros interesados que insten a su continuación, en el plazo de diez días a contar de la vista que del desistimiento otorgará la Administración.
>
> Si la cuestión en trámite fuese de interés general, la Administración seguirá el procedimiento de oficio».

De esta norma, implícitamente se infiere que la Administración podría, en algunos supuestos, negar el desistimiento. Y esto se hace evidente en el segundo párrafo, cuando indica que una vez desistido el procedimiento la Administración puede, de oficio, abrirlo en cualquier momento. Pero lo que no puede hacer la Administración, es no aceptar el desistimiento o renuncia que haga una persona de su petición.

La posibilidad de que la Administración continúe el procedimiento a pesar del desistimiento o de la renuncia cuando esté envuelto una cuestión de interés general se acepta expresamente en el Código Colombiano, el cual exige una resolución motivada (art. 8), y en las Leyes de Costa Rica (art. 339,3), de Honduras (art. 77), de Venezuela (art. 66), de Brasil (art. 51,2), de Chile (art. 44), de El Salvador (art. 115, 116).

En todo caso, el desistimiento solo afecta a los interesados que lo formulen (art. 338 Ley de Costa Rica), sin que esta renuncia o desistimiento pueda lesionar el derecho de otros interesados en el procedimiento. Este principio, cuando hay pluralidad de interesados, se recoge también en las leyes de Venezuela (art. 63) y de Honduras (art. 78).

En la última de las leyes de procedimientos administrativos, que es la del Perú, se recogen todos estos principios del desistimiento del procedimiento administrativo, en forma detallada, de la siguiente manera:

> ´*Artículo 189.* Desistimiento del procedimiento o de la pretensión
>
> *189.1.* El desistimiento del procedimiento importará la culminación del mismo, pero no impedirá que posteriormente vuelva a plantearse igual pretensión en otro procedimiento.
>
> *189.2* . l desistimiento de la pretensión impedirá promover otro procedimiento por el mismo objeto y causa.
>
> *189.3* . l desistimiento solo afectará a quienes lo hubieren formulado.

189.4 . El desistimiento podrá hacerse por cualquier medio que permita su constancia y señalando su contenido y alcance. Debe señalarse expresamente si se trata de un desistimiento de la pretensión o del procedimiento. Si no se precisa, se considera que se trata de un desistimiento del procedimiento.

189.5 . El desistimiento se podrá realizar en cualquier momento antes de que se notifique la resolución final en la instancia.

189.6 . La autoridad aceptará de plano el desistimiento y declarará concluido el procedimiento, salvo que, habiéndose apersonado en el mismo terceros interesados, instasen éstos su continuación en el plazo de diez días desde que fueron notificados del desistimiento.

La autoridad podrá continuar de oficio el procedimiento si del análisis de los hechos considera que podría estarse afectando intereses de terceros o la acción suscitada por la iniciación del procedimiento extrañase interés general. En ese caso, la autoridad podrá limitar los efectos del desistimiento, el interesado y continuará el procedimiento».

El Código de Ecuador regula también el «abandono» del procedimiento, cuando la persona interesada deje de impulsarlo por dos meses, a excepción de los casos en que las administraciones públicas tengan pronunciamientos pendientes o por el estado del procedimiento no sea necesario el impulso de la persona interesada (art. 212).

VII. EL PRINCIPIO DE LA TERMINACIÓN ANTICIPADA POR CONCILIACIÓN

En muchos casos, los procedimientos administrativos se desarrollan originándose una controversia entre interesados con intereses o derechos contrapuestos, en los cuales se plantea un conflicto entre partes, que la Administración debe resolver. Son los denominados «procedimientos trilaterales» en la Ley del Perú, que se regulan como uno de los procedimientos especiales (art. 219).

Entre las normas de esta ley relativas a dicho procedimiento, se destaca la obligación que se impone a la Administración de «favorecer y facilitar la solución conciliada de la controversia» (art. 221.2), regulándose la figura de la siguiente manera:

Artículo 228. Conciliación o transacción extrajudicial

«228.1. En los casos en los que la Ley lo permita y antes de que se notifique la resolución final, la autoridad podrá aprobar acuerdos, pactos, convenios o contratos de los administrados que importen una transacción extrajudicial o conciliación, con el alcance, requisitos, efectos y régimen jurídico específico que en cada caso prevea la disposición que lo regule, pudiendo tales actos poner fin al procedimiento administrativo y dejar sin efecto las resoluciones que se hubieren dictado en el procedimiento. El acuerdo podrá ser recogido en una resolución administrativa.

228.2. Los citados instrumentos deberán constar por escrito y establecer como contenido mínimo la identificación de las partes intervinientes y el plazo de vigencia.

228.3. Al aprobar los acuerdos a que se refiere el numeral 228.1, la autoridad podrá continuar el procedimiento de oficio si del análisis de los hechos considera que podría estarse afectando intereses de terceros o la acción suscitada por la iniciación del procedimiento entrañase interés general».

Esta regulación es excepcional en la legislación de América Latina, pues en general, las Leyes de procedimiento no regulan la conciliación como forma de solución de controversias ante la Administración en los procedimientos administrativos.

VIII. EL PRINCIPIO DE LA CADUCIDAD DEL PROCEDIMIENTO

Como se ha analizado, todo procedimiento administrativo tiene una finalidad específica que debe cumplirse conforme al principio del informalismo, a los efectos de la producción de los resultados establecidos en la norma. Sin embargo, el procedimiento no puede permanecer abierto indefinidamente, por lo que en los casos en los cuales el particular interesado debe cumplir determinadas actuaciones, de manera que si no las cumple, rige el principio de la caducidad del procedimiento.

Este principio se recoge en algunas leyes de procedimiento administrativo, como la Ley de Honduras la cual prescribe, en general, que:

> ´Transcurrido un plazo o la prórroga otorgada en tiempo, quedará caducado el derecho y perdido irrevocablemente el trámite o recurso que hubiere dejado de utilizarse, sin necesidad de apremio, haciéndose constar de oficio el transcurso del término y continuándose el procedimiento respectivo» (art. 49).

En la Ley argentina, por otra parte, se establece que «transcurridos sesenta (60) días desde que un trámite se paralice por causa imputable al administrado, el órgano competente le notificará que, si transcurrieren otros treinta (30) días de inactividad, se declarará de oficio la caducidad de los procedimientos, archivándose el expediente» (art. 1.e). Se garantiza, en esta normas, la necesidad de que previo a la declaración de la caducidad, la Administración debe poner en mora al particular.

En todo caso, operada la caducidad, el interesado podría formular nuevamente sus pretensiones en un nuevo expediente, por lo que la caducidad regulada es solo del procedimiento y no del derecho o de la acción. Por ello, la Ley General de en Costa Rica regula que «la caducidad del procedimiento no producirá por sí sola la caducidad o prescripción de las acciones del particular» (art. 341).

Así en la Ley General de Costa Rica también se regula la caducidad del procedimiento, que se produce cuando «se paralizare por más de seis meses en virtud de causa imputable al interesado que lo ha promovido» y siempre que la abstención de actuación por parte del interesado no tenga su causa en el hecho de haberse operado el silencio positivo o negativo o cuando el expediente se encuentre listo para la resolución final (art. 340).

En cuanto a Honduras, la Ley también prescribe que se declarara la caducidad de la instancia cuando por causa imputable al interesado se hubiere paralizado un procedimiento promovido por éste durante treinta días, salvo que el asunto pueda afectar el interés general y así lo decida la autoridad administrativa (art. 80 y 77). Con este mismo lapso, se regula la institución en la Ley peruana, calificándosela de «abandono del procedimiento» (art. 191).

En el caso de la Ley de El Salvador, cuando se produzca la paralización la Administración debe requerir al interesado «que en el plazo de diez días realice el trámite correspondiente», advirtiéndole que, «transcurridos treinta días desde el vencimiento concedido para atender el requerimiento, se declarará la caducidad» (art. 117).

Sin embargo, se precisa en el artículo 81 de la Ley de Honduras que no procederá la declaración de la caducidad de la instancia, en los casos siguientes:

«a) Cuando no constare en el expediente que el interesado fue debidamente requerido para la aportación de documento o cumplimiento del trámite legalmente indispensable para la continuación del procedimiento, con apercibimiento de que de no cumplirlo dentro del plazo de quince días, se declarará la caducidad de la instancia.

b) Cuando el interesado cumpliere el trámite o requisito o justificare las causas que se lo impidan, antes de producirse la declaración de la caducidad de la instancia aunque hubiere transcurrido el plazo legal para acordarla».

La Ley reitera el principio de que la declaración de la caducidad de la instancia no impide que el interesado pueda ejercer sus pretensiones en un nuevo procedimiento, pero la instancia caducada, no interrumpe el plazo de prescripción (art. 82).

DÉCIMA PARTE

LOS PRINCIPIOS SOBRE LOS ACTOS ADMINISTRATIVOS

I. LOS ACTOS ADMINISTRATIVOS EN LAS LEYES DE PROCEDIMIENTO ADMINISTRATIVO

1. *El régimen de los actos administrativos*

La codificación del procedimiento administrativo en América Latina, como se ha señalado, no solo tiene por objeto regular los aspectos procesales de los trámites y actuaciones realizados por la Administración para la producción de sus actos, sino que ha incidido, materialmente, sobre el régimen mismo de los actos administrativos, regulando sus elementos o requisitos, el proceso de su elaboración, su forma o presentación, su eficacia, su ejecución y su impugnación en vía administrativa. Incluso, algunas leyes definen el acto administrativo, establecen sus clasificaciones y, por supuesto, regulan el tema de las nulidades con gran detalle. Realmente, por tanto, bajo el nombre de leyes de procedimiento administrativo se han dictado leyes reguladoras de la actividad administrativa y, en particular, de los actos administrativos.

Para solo destacar un ejemplo, el artículo 120 de la Ley General de Costa Rica, formula la siguiente clasificación de los actos administrativos: externos e internos, según que vayan destinados o no al administrado; y en concretos y generales, según que vayan destinados o no a un sujeto identificado. El acto concreto está sometido, en todo caso, al general y el interno al externo (art. 120).

Es decir, que lo que realmente regulan estas leyes es el régimen de los actos administrativos dictados por los órganos de la Administración Pública Nacional, Central o Descentralizada (Ley General de Costa Rica, art. 1.21; Ley de Argentina, art. 1); extendiéndose su aplicación, en algunos casos, a los órganos nacionales con autonomía funcional, comprendiendo estos últimos, órganos de rango constitucional que no están integrados a los tres órganos clásicos del Estado (Legislativo, Ejecutivo y Judicial) pero que cumplen funciones administrativas: Contralorías Generales, Ministerio Público, Consejo Superior de la Magistratura, etc. (Ley de Venezuela, art. 1; Código de Colombia, art. 1), los cuales incluso, en la nueva Constitución de Venezuela de 1999, aparecen calificados como órganos del Poder Público (art. 136).

Además, en general, en los Estados con forma federal las leyes nacionales no se aplican a los actos administrativos de los Municipios o de las entidades político-territoriales (Estados o Provincias en los Estados Federales), aún cuando en algunos casos tienen aplicación supletoria respecto de las mismas (Ley de Venezuela, art. 1).

Por supuesto, tratándose de leyes relativas a los actos administrativos, es evidente que dado su ámbito orgánico de aplicación, relativo a los órganos del Poder Ejecutivo (Administración Pública) y otros órganos administrativos de rango constitucional, en general quedarían fuera de la regulación de dichas leyes, el régimen de los actos administrativos en sentido material dictados por los órganos del Poder Legislativo y del Poder Judicial en ejercicio de funciones administrativas, así como el de los actos administrativos dictados por entidades privadas pero en ejercicio de prerrogativas del Poder Público.

La Ley del Perú (art. I, Título Preliminar) y el Código de Colombia (arts. 1 y 82), sin embargo, en este último supuesto, someten a sus prescripciones, a los actos administrativos de las entidades privadas cuando cumplan funciones administrativas. La impugnación en vía contencioso-administrativa, sin embargo, como lo establece el Código colombiano, es posible respecto de todos los actos administrativos, tanto los «expedidos en cualquiera de las ramas del Poder Público» como los emanados de «las entidades privadas cuando cumplan funciones públicas» (art. 128.1).

En definitiva, todas estas leyes hacen un especial énfasis sobre el acto administrativo o, como dice la Ley de Honduras, «los actos de la Administración sujetos al derecho administrativo» (art. 22), de manera que cuando se las analiza globalmente, el tema del acto administrativo es el común denominador que generalmente se considera.

2. La definición del acto administrativo

Algunas leyes, incluso, como se ha dicho, definen el acto administrativo. Como lo hace la Ley de Uruguay:

> «Artículo 120. Acto administrativo es toda manifestación de voluntad de la Administración que produce efectos jurídicos».

Se acoge, de esta manera, una definición de «acto administrativo», desde el punto de vista orgánico, referido a la Administración; criterio que se sigue igualmente en la Ley de Chile (art.3), en la Ley de Bolivia (art. 27) y en la Ley de El Salvador (art. 21).

Igualmente en Venezuela, la Ley Orgánica dispone:

> «*Artículo 7.* Se entiende por acto administrativo, a los fines de esta Ley, toda declaración de carácter general o particular emitida de acuerdo con las formalidades y requisitos establecidos en la Ley, por los órganos de la Administración Pública».

Estas definiciones orgánicas en nuestro criterio, son totalmente inconvenientes, pues conducen a disponer que las leyes se aplican solo a la Administración Pública como organización que ejerce el Poder Ejecutivo.

En contraste, podría señalarse el Código Colombiano que si bien no define al acto administrativo, da pie para identificar una definición funcional del mismo vinculada al ejercicio de la función administrativa. En este sentido se identifica como acto administrativo a cualquier manifestación de voluntad para producir efectos jurídicos, que se dicte en ejercicio de la función administrativa, por cualquier órgano del Estado e, incluso, por los particulares (arts. 1 y 82). En sentido similar, en la Ley de la República Dominicana se incluye el siguiente «Concepto Acto Administrativo»:

> «Acto administrativo es toda declaración unilateral de voluntad, juicio o conocimiento realizada en ejercicio de función administrativa por una Administración Pública, o por cualquier otro órgano u ente público que produce efectos jurídicos directos, individuales e inmediatos frente a terceros» (art. 8)

Un criterio similar se sigue en la Ley de Panamá (art. 201) y en el Código de Ecuador (art. 98).

En nuestro criterio, ésta es la definición más conveniente. A la misma conclusión se ha llegado, por supuesto, en países como Venezuela, mediante su elaboración doctrinal o jurisprudencial, al determinar la existencia de actos administrativos emanados de particulares, de los órganos legislativos, y de los tribunales cuando ejercen función administrativa.

Por ello, si se trata de definir al acto administrativo, más conveniente resultaría la definición de la ley peruana, que establece en su artículo 1°, que son actos administrativos, las declaraciones de las entidades que, en el marco de normas de derecho público, están destinadas a producir efectos jurídicos sobre los intereses, obligaciones o derechos de los administrados dentro de una situación concreta. En cambio, la misma norma dispone que no son actos administrativos los actos de administración interna de las entidades destinados a organizar o hacer funcionar sus propias actividades o servicios y los comportamientos y actividades materiales de las entidades.

3. *Los requisitos de los actos administrativos*

Los actos administrativos, tal como lo precisa el Código colombiano, están configurados por «las conductas y las abstenciones capaces de producir efectos jurídicos y en cuya realización influyen de modo directo e inmediato la voluntad o la inteligencia» (art. 83), lo que lo distingue de los hechos administrativos; y su validez depende de «que se conformen sustancialmente con el ordenamiento jurídico, incluso en cuanto al móvil del funcionario público» (art. 128, Ley General Costa Rica).

En la precisión de esta conformidad con el ordenamiento jurídico, es decir, en su conformidad con la legalidad, por supuesto, juegan un papel fundamental los elementos de los actos administrativos, tanto de fondo como de forma, los cuales se encuentran regulados en las diversas leyes de procedimiento administrativo. Éstos incluso se enumeran, muy didácticamente en algunas Leyes como la de El Salvador, en la cual se establece que:

> «Art. 22. Sin perjuicio de lo que se establezca en leyes especiales, en la producción de los actos administrativos, deben observarse los siguientes requisitos: a). Competencia e investidura del órgano competente. b) Presupuesto de hecho. c) Causa. d) Fin. e) Motivación. f) Procedimiento, y, g) Forma de expresión».

En sentido similar, se expresa el artículo 99 del Código de Ecuador; en el artículo 201.1 de la Ley de Panamá; y el artículo 28 de la Ley de Bolivia en el cual se enumeraron los siguientes: «elementos esenciales del acto administrativo»:

«a) Competencia: Ser dictado por autoridad competente;

b) Causa: Deberá sustentarse en los hechos y antecedentes que le sirvan de causa y en el derecho aplicable;

c) Objeto: El objeto debe ser cierto, lícito y materialmente posible.;

d) Procedimiento: Antes de su emisión deben cumplirse los procedimientos esenciales y sustanciales previstos, y los que resulten aplicables del ordenamiento jurídico;

e) Fundamento: Deberá ser fundamentado, expresándose en forma concreta las razones que inducen a emitir el acto, consignando, además, los recaudos indicados en el inciso b) del presente artículo; y,

f) Finalidad: Deberá cumplirse con los fines previstos en el ordenamiento jurídico».

II. LOS REQUISITOS DE FONDO DE LOS ACTOS ADMINISTRATIVOS

En *primer lugar,* están los elementos de fondo de los actos administrativos o requisitos de validez que se refieren, en general, a la competencia, a la manifestación de voluntad, a la base legal, a la causa o presupuestos de hecho y de derecho, a la finalidad y al objeto de los actos administrativos, respecto de los cuales el derecho positivo ha venido precisando aspectos que, anteriormente, solo la jurisprudencia y la doctrina habían definido.

1. *Los principios relativos a la competencia*

El primer requisito o elemento de fondo de los actos administrativos, como lo afirman expresamente la Ley de Argentina (art. 7.a) y la Ley de El salvador (art. 9), es que deben «ser dictados por autoridad competente; agregando la Ley de Honduras, que ello debe ocurrir «respetando los procedimientos previstos en el ordenamiento jurídico» (art. 24). La competencia, así, es uno de los elementos esenciales de todo acto administrativo, entendiendo por tal competencia la aptitud legal de los órganos administrativos para dictar un acto administrativo. Por tanto, como lo declara la Ley de Panamá, «ninguna autoridad podrá celebrar o emitir un acto para el cual carezca de competencia de acuerdo con la ley o los reglamentos» (art. 36).

La competencia, entonces, es la primera condición de validez de los actos administrativos, los cuales deben ser dictados por la autoridad, órgano o funcionario público designado a los efectos de su emisión.

Este principio fundamental está expresamente establecido en las leyes. Por ejemplo, la Ley de México dispone entre los elementos y requisitos del acto administrativo, el que deben:

«Ser expedidos por órgano competente, a través de servidor público, y en caso de que dicho órgano fuere colegiado, reúna las formalidades de la ley o decreto para emitirlo» (art. 3,I)

De ello deriva que el tema de la competencia no es un tema solo de principios sino de rango legal. Así se insiste en la Ley de Costa Rica, que establece, que:

«Artículo 129. El acto deberá dictarse por el órgano competente y por el servidor regularmente designado al momento de dictarlo, previo cumplimiento de todos los trámites sustanciales previstos al efecto y de los requisitos indispensables para el ejercicio de la competencia».

La Ley del Perú, en el artículo 3,1, relativo a los «requisitos de validez de los actos administrativos» también se refiere a la competencia, así:

«1. Competencia. Ser emitido por el órgano facultado en razón de la materia, territorio, grado, tiempo o cuantía, a través de la autoridad regularmente nominada al momento del dictado y en caso de órganos colegiados, cumpliendo los requisitos de sesión, quórum y deliberación indispensables para su emisión».

A. *La competencia expresa y la no presunción de competencia*

El primer principio relativo a la competencia en materia administrativa, es que la misma no se presume; por el contrario, debe emanar de una norma expresa que la atribuya al órgano, es decir, como lo indica el artículo 5.1 de la Ley de Bolivia, debe «derivar o resultar expresamente de la Constitución Política del Estado, las leyes y las disposiciones reglamentarias;» o como lo afirmó la antigua Corte Suprema de Justicia de Venezuela, «debe emerger del texto expreso de una regla de derecho, ya sea la Constitución, la Ley, el Reglamento o la Ordenanza», por lo que « a falta de disposición expresa, la autoridad carece de cualidad para efectuar el acto» (Sentencia de 28 de enero de 1968, Gaceta Oficial, núm. 27.367 de 13 de febrero de 1964 y sentencia de 11 de agosto de 1965, Gaceta Oficial, núm. 27.845 de 22 de septiembre de 1965). Este principio respecto de la competencia, en todo caso, contrasta con el de la capacidad en el derecho privado, la cual se presume, siendo la incapacidad la excepción. En el ámbito del derecho público, al contrario, la competencia requiere texto expreso, y así se regula, además, textualmente en las leyes de procedimiento administrativo.

Como lo ha señalado antigua Corte Suprema de Justicia de Venezuela:

«La competencia es, ciertamente, la medida de la potestad atribuida por la Ley a cada órgano, de modo que no habrá competencia ni, desde luego, actuación administrativa válida, si no hay previamente el señalamiento, por norma legal expresa, de la atribución que se reconoce al órgano y de los límites que la condicionan. En este mismo orden de ideas, al ser la competencia resultado de una declaración normativa, el ejercicio de atribuciones en defecto de dicha declaración implica, por una parte una acción administrativa de facto y, por la otra, una extralimitación de atribuciones o, la más grave, usurpación de funciones» (Sentencia de la Sala Político Administrativa, *Revista de Derecho Público*, N° 43, Caracas, 1990, pág. 65).

Este principio lo reafirma la Ley argentina al establecer expresamente que:

«La competencia de los órganos administrativos será la que resulte, según los casos, de la Constitución Nacional, de las Leyes y de los Reglamentos dictados en su consecuencia»... (art. 3).

La Ley del Perú también puntualiza sobre la fuente de competencia administrativa, que tiene su fuente en la Constitución y en la ley, y es reglamentada por las normas administrativas que de aquéllas se derivan (art. 61,1); y el artículo 65 del Código de Ecuador, precisó, además, que «La competencia es la medida en la que la Constitución y la ley habilitan a un órgano para obrar y cumplir sus fines, en razón de la materia, el territorio, el tiempo y el grado (art. 65).

En este campo, según la jurisprudencia venezolana:

«El principio de la legalidad se presenta con toda su rigidez, ordenándole al órgano que haga solo aquello para lo cual está facultado, bien por norma expresa o bien por un margen de libre apreciación que ha de acordarle igualmente una disposición expresa» (Sentencia de la Corte Primera de lo Contencioso-Administrativo de 16 de diciembre de 1982 en *Revista de Derecho Público*, núm. 13, Caracas, 1982, p. 118).

Al hablar de la competencia se puede también hacer referencia al tema de los denominados «poderes implícitos» y que se refieren, básicamente, a la potestad reglamentaria atribuida a los Ministros derivada de su carácter de superior jerárquico, obligados a tomar todas las medidas necesarias para el buen funcionamiento de la Administración. Como lo precisa el artículo 66 del Código de Ecuador: «Si alguna disposición atribuye competencia a una administración pública, sin especificar el órgano que la ejercerá, corresponde a la máxima autoridad de esa administración pública determinarlo». Una norma similar está en la Ley de El Salvador (art. 42)

También pueden considerarse como poderes implícitos, los que derivan del principio del «paralelismo de las competencias», según el cual, a falta de disposiciones expresas que determinen la autoridad competente, por ejemplo, para remover un funcionario, ese poder corresponde, de pleno derecho, a la autoridad investida del poder de nominación.

De ello resulta que un principio fundamental de interpretación de la competencia es el principio jerárquico, del cual precisamente, derivan estos poderes implícitos, como el nombramiento o remoción de funcionarios inferiores, la potestad reglamentaria, y la potestad de dictar instrucciones.

Pero la presunción de la competencia en la organización administrativa también puede referirse al inferior jerárquico, como lo dispone la ley peruana, en los casos de competencia desconcentrada en el sentido de que cuando una norma atribuya a una entidad alguna competencia o facultad sin especificar qué órgano a su interior debe ejercerla, debe entenderse que corresponde «al órgano de inferior jerarquía de función más similar vinculada a ella en razón de la materia y de territorio», y, en caso de existir varios órganos posibles, al superior jerárquico común (art. 62,1).

Particularmente, conforme a la misma Ley compete a estos órganos resolver los asuntos que consistan en la simple confrontación de hechos con normas expresas o asuntos tales como: certificaciones, inscripciones, remisiones al archivo, notificaciones, expedición de copias certificadas de documentos, comunicaciones o la devolución de documentos. Además, cada entidad es competente para realizar tareas materiales internas necesarias para el eficiente cumplimiento de su misión y objetivos (art. 63,2,3).

En todo caso, en relación con el principio de que la competencia tiene que derivar de texto expreso, la determinación del mismo depende de la organización política o administrativa de cada Estado. En unos casos, el texto expreso que define la competencia es el texto constitucional. En materia de competencias político-territoriales, por ejemplo, en un Estado Federal, como Argentina, Brasil, México y Venezuela, evidentemente que es la Constitución la que define los principios relativos a la distribución de competencias entre el nivel nacional, el estadal (provincial) y el municipal, de manera que en esta asignación de competencias, las normas atributivas de las mismas son de rango constitucional. Cualquier extralimitación en el ejercicio de las competencias respectivas entre los tres niveles de descentralización política, por tanto, constituiría una usurpación de funciones y un vicio de inconstitucionalidad.

Además, para la determinación la norma atributiva de competencia, el otro principio fundamental en la materia es el de la reserva legal, en el sentido de que en todo supuesto en que la regulación de una materia esté reservada al legislador, solo la *ley formal* puede atribuir competencia para dictar actos administrativos, sin que pueda hacerlo el reglamento, el cual solo debe limitarse a desarrollar lo que se establezca en las leyes.

Esto es evidente en las materias reservadas a la ley, por lo que solo una ley puede establecer las competencias sancionatorias, tributarias y que impliquen limitación a los derechos y garantías de las personas. También puede haber reserva constitucional, en el sentido de que determinadas distribuciones de la competencia deben estar en el propio texto constitucional.

Estos principios de la necesidad de texto expreso y de la reserva legal aparecen consagrados en las leyes de procedimientos administrativos. Un ejemplo de ello está en la Ley de Costa Rica, al establecer que «la competencia será regulada por ley, siempre que contenga la atribución de potestades de imperio» (art. 59,1).

> «Además, en dicha Ley se detalla cómo se limita la competencia por razón del territorio, del tiempo, de la materia y del grado; y también por la naturaleza de la función que corresponda a un órgano dentro del procedimiento administrativo en que participa» (art. 60,1 y 2).

En definitiva, no solo se trata de consideraciones doctrinales las que definen la competencia, sino que ella se regula en los textos legales, estableciéndose también sus limitaciones.

B. *La competencia obligatoria y la sanción de nulidad*

La consecuencia fundamental de la atribución de competencia a los órganos administrativos por ley, es que el ejercicio de la misma no es potestativo para la Administración, sino que el principio general es que la competencia es de ejercicio obligatorio, no constituyendo una facultad del funcionario, salvo que así esté establecido por ley, como una potestad discrecional.

Esto lo puntualiza el artículo 3 de la Ley argentina al establecer que el ejercicio de la competencia:

> «Constituye una obligación de la autoridad o del órgano correspondiente y es improrrogable, a menos que la delegación o sustitución estuvieren expresamente autorizadas; la avocación será procedente a menos que una norma expresa disponga lo contrario».

Por ello, la Ley de Honduras dispone que «la competencia es irrenunciable y se ejercerá por los órganos que la tengan atribuida por Ley» (art. 3); lo que también declara la Ley de Bolivia (art. 5.II), la Ley de El Salvador (art. 42), y el Código de Ecuador (art. 68). Sobre ello, la Ley de Costa Rica agrega que, además de ser obligatoria, es irrenunciable, es intransmisible y es imprescriptible y «solo por ley podrán establecerse compromisos de no ejercerla» (art. 66). El mismo principio lo recoge la Ley Orgánica de la Administración Pública de Venezuela, al precisar que la competencia es irrenunciable, indelegable, improrrogable y no puede ser relajada por convención alguna, salvo los casos expresamente previstos en las leyes y demás actos normativos (art. 26). En consecuencia, toda actividad realizada por un órgano manifiestamente incompetente o usurpada por quien carece de autoridad pública es nula y sus efectos se tendrán por inexistentes (art. 26).

La mayor precisión en esta materia, está en el artículo 63 de la Ley del Perú, que dispone el carácter inalienable de la competencia administrativa, con estas normas:

> «*63.1.* Es nulo todo acto administrativo o contrato que contemple la renuncia a la titularidad, o la abstención del ejercicio de las atribuciones conferidas a algún órgano administrativo.
>
> *63.2.* Solo por ley mediante mandato judicial expreso, en un caso concreto, puede ser exigible a una autoridad no ejercer alguna atribución administrativa.
>
> *63.3.* La demora o negligencia en el ejercicio de la competencia o su no ejercicio cuando ello corresponda, constituye falta disciplinaria imputable a la autoridad respectiva».

En consecuencia, conforme al artículo 65 de la misma Ley peruana el ejercicio de la competencia es una obligación directa del órgano administrativo que la tenga atribuida como propia, salvo el cambio de competencia por motivos de delegación o avocación, según lo previsto en la Ley. Por tanto, el encargo de gestión, la delegación de firma y la suplencia no suponen alteración de la titularidad de la competencia (art. 65,1,2).

En todo caso, conforme a la misma Ley peruana, la competencia de las entidades consagradas en la Constitución no puede ser cambiada, alterada o modificada (art. 65,3).

C. *La desviación de la competencia*

La consecuencia del principio de que la competencia es improrrogable, es decir, que es de ejercicio obligatorio, es que el funcionario no puede deshacerse de ella, a menos que la delegación o la avocación estuvieren expresamente autorizadas.

Así lo expresa la Ley 9.784 de Brasil, al establecer que la competencia es «irrenunciable», y se ejerce por los órganos administrativos a los que le fue atribuida como propia, salvo los casos de delegación y avocación legalmente admitidos (art. 11). Por tanto, el principio en los casos de competencias legalmente previstas, es que toda desviación de la misma por delegación o avocación debe ser autorizada expresamente por la ley; teniendo, además, carácter temporal (art. 70, Ley del Perú).

a. *La avocación*

En materia de avocación, el principio tradicional del derecho administrativo ha sido que la autoridad administrativa superior no puede libremente sustituirse en las autoridades subordinadas en el ejercicio de su poder de decisión, salvo disposición expresa de la Ley, como se establece en la Ley de El Salvador (art. 45).

Por ello, en la Ley de Brasil se establece que solo de manera excepcional y por motivos relevantes debidamente justificados se podrá admitir la avocación temporal de competencias atribuidas a los órganos jerárquicamente inferiores (art. 15). Hasta cierto punto, este es el principio que recoge la Ley de Honduras, al señalar que:

> «Artículo 6. Salvo disposición legal en contrario, el órgano superior no podrá avocarse en el conocimiento de asuntos atribuidos por la Ley a la competencia exclusiva de un órgano inferior».

En sentido similar la ley peruana dispone, en el Artículo 69 relativo a la avocación de competencia, que:

> «69.1. Con carácter general, la ley puede considerar casos excepcionales de avocación de conocimiento, por parte de los superiores, en razón de la materia, o de la particular estructura de cada entidad.
>
> 69.2. La entidad delegante podrá avocarse al conocimiento y decisión de cualquier asunto concreto que corresponda decidir a otra, en virtud de delegación».

Sin embargo, en la Ley argentina en materia de avocación se establece el principio contrario, en el sentido de que «la avocación será procedente a menos que una norma expresa disponga lo contrario» (art. 3). En sentido similar se regula en la Ley de Bolivia (art. 9) y en el Código de Ecuador (art. 73).

En esta misma orientación de permisividad general del avocamiento, el artículo 41 de la LOAP autoriza al Presidente de la República, al Vicepresidente Ejecutivo, a los Ministros, a los Viceministros, a los Gobernadores, a los Alcaldes, y a los superiores jerárquicos de los órganos y entes de la Administración Pública, para poder avocarse al conocimiento y resolución de un asunto cuya resolución corresponda ordinariamente o por delegación a sus órganos jerárquicamente subordinados, cuando razones de índole técnica, económica, social, jurídica o de interés público lo hagan pertinente.

La avocación comprende las actividades materiales y las decisiones que correspondan al ejercicio de las atribuciones aplicables al caso, de conformidad con las formalidades que determinen la LOAP y el Reglamento respectivo.

El mismo artículo 41 de la LOAP dispone que, en todo caso, la avocación se debe realizar mediante acuerdo motivado que debe ser notificado a los interesados en el procedimiento, si fuere el caso, con anterioridad al acto administrativo definitivo que se dicte.

Contra el acuerdo de avocación no opera recurso, aunque podrá impugnarse en el recurso que, en su caso, se interponga contra el acto administrativo definitivo que se dicte (art. 41).

b. *La asignación genérica de competencia y su desviación*

En realidad, puede considerarse que ni la avocación ni la delegación requieren texto expreso en los casos en los cuales la atribución legal de competencia se asigne, no a un órgano determinado, como a un Ministro, directamente, sino a la organización específica, es decir, «al Ministerio» como un todo. En estos casos, conforme al tema de los poderes implícitos, la competencia se presume atribuida al superior jerárquico (el Ministro) (Ley General de Costa Rica, arts. 62 y 70), y éste normalmente, la distribuye entre los distintos órganos que conforman el Ministerio, por vía de reglamento.

Por ello, la Ley de Honduras dispone que el superior jerárquico:

«Podrá delegar el ejercicio de sus funciones para asuntos concretos, siempre que la competencia sea atribuida genéricamente al Ramo de la Administración de que forman parte el superior y el inferior (art. 4); y conforme a la Ley de Costa Rica:

«La distribución interna de competencia, así como la creación de servicios sin potestades de imperio, se podrá hacer por reglamento autónomo, pero el mismo estará subordinado a cualquier Ley futura sobre la materia» (art. 59.2).

En estos supuestos, además de ser el reglamento de organización la fuente de la competencia de los distintos órganos; habiendo sido el Ministro el que distribuye la competencia, se presume que tiene el poder genérico de avocación, en el mismo sentido que tiene el ejercicio de las competencias derivadas de la propia jerarquía administrativa, tales como revisar las decisiones del inferior; dirigir con carácter general la actividad de los inferiores mediante instrucciones y circulares; y delegar el ejercicio de competencias que se atribuya en los inferiores.

Un caso particular en esta materia lo consagra la Ley de Brasil (art. 17), donde se establece que en los supuestos en que no exista una competencia legal específica, el procedimiento administrativo deberá ser iniciado por ante la autoridad de menor grado jerárquico para decidir. Por lo tanto, en este caso, como ya se señaló respecto del Perú (art. 62), las atribuciones generales de competencia no las asume el superior jerárquico sino el inferior.

En todo caso, el principio del ejercicio obligatorio de la competencia solo se ve desviado cuando exista la posibilidad de delegación de la misma hacia el inferior jerárquico, o cuando haya la posibilidad de avocación de la competencia por parte del superior jerárquico. Estas son las dos formas clásicas de desviación de la competencia, que encuentran regulación incluso con gran detalle en algunas leyes. La Ley de Costa Rica, incluso, destina uno de sus capítulos a regular: «De la Distribución y de los Cambios de la Competencia», con una Sección Primera sobre la «Desconcentración»; y una Sección Segunda sobre «Cambios de Competencia en General», donde establece que las competencias pueden ser transferidas por «a) Delegación; b) Avocación; c) Sustitución del titular o de un acto; d) Subrogación; y e) Suplencia» (art. 84). Y luego destina las Secciones subsiguientes de manera específica, con varios artículos, para analizar cada una de estas figuras, en el sentido de regular cuándo se producen y qué requisitos requieren.

c. *La delegación*

Particular referencia debe hacerse a la delegación, como posibilidad que tiene el superior jerárquico de desviar el ejercicio de la competencia que le ha sido asignada por ley, en un órgano inferior, para lo cual se requiere texto expreso que la autorice. La Ley General de la Administración Pública de Costa Rica, en esta materia, ha positivizado los principios que pueden ser considerados como fundamentales en la materia así (arts. 89 y 90):

«a) La delegación deberá ser publicada en el Diario Oficial;

b) La delegación podrá ser revocada en cualquier momento por el órgano delegante.

c) No podrán delegarse potestades delegadas, es decir, no se permite la subdelegación.

d) No podrá hacerse una delegación total ni tampoco de las competencias esenciales del órgano, que le dan nombre o que justifican su existencia.

e) No podrá hacerse delegación sino en órganos o funcionarios que sean inferiores dentro de una misma organización, y entre órganos de la misma clase, por razón de la materia, del territorio y de la naturaleza de la función.

f) El órgano colegiado no puede delegar sus funciones».

Principios similares están recogidos en la Ley de Brasil (art. 14), en la Ley de El Salvador (art. 43), en el Código de Ecuador (art. 69), y en la Ley de Bolivia (art. 7). La Ley del Perú, también los recoge con precisión, en el Artículo 67 dedicado a la delegación de competencia:

«67.1. Las entidades pueden delegar el ejercicio de competencia conferida a sus órganos en otras entidades cuando existan circunstancias de índole técnica, económica, social o territorial que lo hagan conveniente.

67.2. Son indelegables las atribuciones esenciales del órgano que justifican su existencia, las atribuciones para emitir normas generales, para resolver recursos administrativos en los órganos que hayan dictado los actos objeto de recurso, y las atribuciones a su vez recibidas en delegación.

67.3. Mientras dure la delegación, no podrá el delegante ejercer la competencia que hubiese delegado, salvo los supuestos en que la ley permite la avocación.

67.4. Los actos administrativos emitidos por delegación indican expresamente esta circunstancia y son considerados emitidos por la entidad delegante.

67.5. La delegación se extingue: a) Por revocación o avocación; b) Por el cumplimiento del plazo o la condición previstos en el acto de delegación».

Además, debe destacarse el principio de que en los actos administrativos adoptados por delegación, debe hacerse constar expresamente esta circunstancia, como lo precisan la Ley Orgánica de Procedimientos Administrativos de Venezuela (art. 18,7), la Ley 9.784 de Brasil (art. 14,3°) y la Ley de Honduras (art. 5). Esta última, además, recoge el principio general de que «la responsabilidad que se derive de la emisión de los actos será imputable al órgano delegado»(art. 5).

En algunas leyes, y siguiendo los principios generales en esta materia, se precisan las materias que no pueden ser objeto de delegación, como lo indica la Ley de Brasil (art. 13) respecto de:

«I. a edição de atos de carácter normativo;

II. a decisão de recursos administrativos;

III. as matérias de competêcia exclusiva do ógção ou autoridade».

El artículo 72 del Código de Ecuador, estableció, igualmente, la prohibición de la delegación en los siguientes casos:

«1. Las competencias reservadas por el ordenamiento jurídico a una entidad u órgano administrativo específico.

2. Las competencias que, a su vez se ejerzan por delegación, salvo autorización expresa del órgano titular de la competencia.

3. La adopción de disposiciones de carácter general.

4. La resolución de reclamos en los órganos administrativos que hayan dictado los actos objeto de dicho reclamo.

En ningún caso, el objeto de la delegación de gestión puede referirse a prestaciones en los contratos públicos, cuando se la instrumenta con respecto a una contraprestación dineral».

En materia de delegación deben destacarse las previsiones de la Ley Orgánica de la Administración Pública de Venezuela, de octubre de 2001, la cual distingue tres tipos de delegación: la inter orgánica, la subjetiva y la de gestión.

En cuanto a la delegación interorgánica, el artículo 34 autoriza al Presidente de la República, al Vicepresidente Ejecutivo, los Ministros, los Viceministros, los Gobernadores, los Alcaldes y los superiores jerárquicos de los órganos y entes de la Administración Pública para delegar las atribuciones que les estén otorgadas por ley a los órganos o funcionarios inmediatamente inferiores bajo su dependencia, de conformidad con las formalidades que determine la LOAP y su Reglamento (art. 34).

Los funcionarios del órgano al cual se haya delegado una atribución serán responsables por su ejecución (art. 37).

Los actos administrativos derivados del ejercicio de las atribuciones delegadas, a los efectos de los recursos correspondientes, se tendrán como dictados por la autoridad delegante (art. 37).

En cuanto a la delegación intersubjetiva, el artículo 33, por otra parte, denomina así el acto mediante el cual la Administración Pública Nacional, la de los Estados, la de los Distritos metropolitanos y la de los Municipios deleguen las competencias que les estén otorgadas por ley a sus respectivos entes descentralizados funcionalmente, de conformidad con las formalidades que determine la presente Ley y su reglamento (art. 33).

La delegación intersubjetiva, en los términos establecidos por la LOAP, transfiere la responsabilidad por su ejercicio al ente delegado. Los funcionarios o funcionarias del ente delegado encargados del ejercicio de la competencia delegada serán responsables personalmente por su ejecución, sin perjuicio de la responsabilidad personal del funcionario o de los funcionarios que integren los órganos encargados de su ejecución en dicho ente (art. 36)

En cuanto a la delegación de gestión y de firma, el artículo 38 de la LOAP autoriza al Presidente de la República, al Vicepresidente Ejecutivo, los Ministros, los Viceministros, los Gobernadores, los Alcaldes y las autoridades de superior jerarquía de la República, de los Estados, de los Distritos metropolitanos, de los Municipios y de los entes de la Administración Pública, para delegar la gestión, total o parcial de determinadas atribuciones a los órganos bajo su dependencia, así como la firma de documentos en funcionarios o funcionarias adscritos a los mismos, de conformidad con las formalidades previstas en la LOAP y su Reglamento (art. 38). La encomienda de gestión también se ha regulado en la Ley de El Salvador, en cuyo artículo 49 se dispone:

«Art. 49. Por razones de eficacia o cuando no se posean los medios técnicos idóneos, los órganos administrativos podrán encomendar a otros órganos, aunque no pertenezcan a la misma institución, la realización de actividades de carácter material, técnico o de servicios.

La encomienda de gestión no supone la cesión de la titularidad de la competencia ni de los elementos sustantivos de su ejercicio, de modo que será responsabilidad del órgano encomendante dictar cuantos actos o resoluciones sean necesarias, para dar soporte jurídico a la actividad material encomendada».

Conforme al artículo 38 de la Ley Orgánica de la Administración Pública de Venezuela, en ningún caso procede la delegación de firmas en los supuestos de actos administrativos de carácter sancionatorio ni en los casos en los cuales no procede la delegación inter orgánica a intersubjetiva previstos en el artículo 35 de la LOAP.

En todo caso, los actos administrativos que se firmen por delegación de gestión indicarán esta circunstancia y señalarán la identificación del órgano delegante (art. 42).

El acto contentivo de la delegación cualquiera sea su tipo, intersubjetiva o interórganica, y de la delegación de gestión, debe ser motivado, identificar los órganos o entes entre los que se transfiera el ejercicio de la competencia o la gestión administrativa y determinar la fecha de inicio de su vigencia.

En los casos de delegación, en que no se determine la fecha de inicio de su vigencia, se entiende que ésta comienza desde su publicación en la Gaceta Oficial de la República o el medio de divulgación oficial del Estado, del Distrito metropolitano o del Municipio correspondiente (art. 42).

Conforme al artículo 35 de la LOAP y sin perjuicio de lo dispuesto en la Constitución o en leyes especiales, la delegación intersubjetiva o interórganica no procede en los siguientes casos:

> «1. Cuando se trate de la adopción de disposiciones de carácter normativo.
>
> 2. Cuando se trate de la resolución de recursos en los órganos administrativos que hayan dictado los actos objeto de recurso.
>
> 3. Cuando se trate de competencias o atribuciones ejercidas por delegación.
>
> 4. En aquellas materias que así se determinen por norma con rango de ley».

Las delegaciones intersubjetivas y su revocación deben publicarse en la Gaceta Oficial de la Administración Pública correspondiente (art. 35). Las resoluciones administrativas que se adopten por delegación deben indicar expresamente esta circunstancia y se consideran dictadas por el órgano delegante (art. 35). La delegación será revocable en cualquier momento por el órgano que la haya conferido (art. 35).

Debe mencionarse igualmente la previsión del artículo 74 del Código de Ecuador, que regula por vía excepcional la delegación de actividades a entes privado. Dicha norma, en efecto establece:

> «Cuando sea necesario, en forma excepcional y motivada, para satisfacer el interés público, colectivo o general, cuando no se tenga la capacidad técnica o económica o cuando la demanda del servicio no pueda ser cubierta por empresas públicas o mixtas con mayoría pública, el Estado o sus instituciones podrán delegar a sujetos de derecho privado, la gestión de los sectores estra-

tégicos y la provisión de los servicios públicos, sin perjuicio de las normas previstas en la ley respectiva del sector.

La delegación de actividades económicas que no correspondan a servicios públicos o sectores estratégicos, esto es, aquellas que no se encuentren reservadas constitucional o legalmente al Estado, no está sujeta al criterio de excepcionalidad previsto en el inciso precedente, sino a los criterios de eficiencia y eficacia administrativas».

d. *La desconcentración*

Además de la delegación y la avocación, la desconcentración y la descentralización también constituyen formas de desviación de la competencia, que requieren texto expreso.

La desconcentración, que está definida con precisión en la Ley de Nicaragua (art. 40) y el Código de Ecuador (at. 84), es una desviación permanente de la competencia, que se produce cuando es la ley la que directamente atribuye la competencia específica a un órgano inferior, por ejemplo, de un Ministerio. Se trata de una desviación que se dirige a un órgano y no a un funcionario, atribuyéndose al órgano inferior en una relación de jerarquía, la resolución de asuntos, poniendo fin a la vía administrativa y rompiendo el principio jerárquico. Materialmente, por ello, la desconcentración es una ruptura permanente del principio jerárquico que debe estar contenida en una ley.

Por supuesto, cuando hay una ruptura del principio jerárquico por causa de una disposición de ley, es decir, cuando hay desconcentración, no procedería el avocamiento por parte del funcionario de superior jerarquía. En otras palabras, el funcionario superior jerárquico, cuando haya desconcentración de competencia legalmente establecida, no podría asumir por vía de avocamiento la competencia que ha sido atribuida por ley al funcionario inferior.

Es el caso, por ejemplo, en Venezuela, de las Comisiones u órganos permanentes de la Administración Pública como por ejemplo, la Superintendencia de Protección y Promoción de la Libre Competencia, la Comisión Nacional de Valores y la Comisión Nacional de Telecomunicaciones, y demás administraciones independientes, las cuales, si bien en principio están integradas a la organización de un Ministerio, sin embargo, sus decisiones o resoluciones agotan la vía administrativa, en el sentido que por ley tienen la competencia para decidir, sin que tales decisiones puedan ser revisadas en vía jerárquica por el Ministro de adscripción; ya que éste no podría avocarse al conocimiento de las materias que les conciernen a estas Administraciones.

Incluso, en la Ley sobre Protección del Niño y del Adolescente de 1998 de Venezuela se crea la Comisión Nacional de Derechos del Niño y del Adolescente, como entidad autónoma respecto de todos los órganos del Poder Público, incluso del Poder Ejecutivo, lo que realmente no tiene sentido pues ello solo la Constitución podría disponerlo.

La Ley General de la Administración Pública de Costa Rica, incluso, precisa que habría desconcentración mínima, «cuando el superior no pueda avocar competencias del inferior, ni revisar o sustituir la conducta del inferior, de oficio o a instancia de parte» (art. 83,2); y habría desconcentración, máxima «cuando el inferior esté sustraído además a órdenes, instrucciones o circulares del superior». (art. 83,3).

e. *La descentralización*

La descentralización, que también es otra forma de desviación de la competencia requiere así mismo, de ley expresa y normalmente debe ser hecha mediante ley. Se trata, tal como se ha definido en la Ley de Nicaragua (art. 4ª0 y en el Código de Ecuador (art. 83), de una desviación de la competencia cuando la misma se atribuye a un órgano con personalidad jurídica propia, distinta del que descentraliza. Se trata de la denominada *descentralización funcional* que requiere la creación, por ley, por ejemplo, de un instituto autónomo o un establecimiento público con personalidad jurídica propia.

Por ello, la Constitución venezolana, por ejemplo, establece como principio que los institutos autónomos solo pueden crearse por ley (art. 142); exigiendo que una ley nacional establezca «las condiciones para la creación de entidades descentralizadas para la realización de actividades sociales o empresariales, con el objeto de asegurar la razonable productividad económica y social de los recursos públicos que en ellas se inviertan» (art. 300).

Conforme a estas normas constitucionales, la Ley Orgánica de la Administración Pública de Venezuela de 2001, establece detalladamente el régimen general de la organización de la administración pública descentralizada tanto nacional, como estadal y municipal.

Conforme se ha dicho, la descentralización administrativa funcional tiene por objeto la creación de personas jurídicas a las cuales se transfiere la titularidad de determinadas competencias y la responsabilidad de ejecutarlas (arts. 29 y 32 LOAP), pudiendo realizarse esta descentralización funcional mediante la creación de personas jurídicas con forma de derecho público o con forma de derecho privado.

En la LOAP solo se regula una de las formas jurídicas de derecho público para la descentralización administrativa funcional constituida por la figura del instituto autónomo, el cual se define en el artículo 95 de la LOAP, como una persona jurídica de derecho público de naturaleza fundacional, creado por ley nacional, estadal u ordenanza municipal conforme a las disposiciones de esta Ley, dotado de patrimonio propio e independiente de la República, de los estados, de los distritos metropolitanos y de los municipios, según sea el caso, con las competencias o actividades determinadas en la ley que lo cree.

Sin embargo, las formas jurídicas de derecho público estatales no se agotan en los institutos autónomos, pues también los establecimientos públicos corporativos, como las universidades nacionales y aquellas personas jurídicas de derecho público específicas, como el Banco Central de Venezuela (establecimientos públicos asociativos), son formas jurídicas de derecho público estatales para la descentralización funcional.

La creación de los institutos autónomos, como se dijo, solo puede realizarse mediante ley conforme lo establece el artículo 142 de la Constitución, a cuyo efecto, el artículo 96 de la LOAP dispone que la ley nacional, estadal u ordenanza que cree un instituto autónomo debe contener:

«1. El señalamiento preciso de su finalidad, competencias y actividades a su cargo.

2. La descripción de la integración de su patrimonio y de sus fuentes ordinarias de ingresos.

3. Su estructura organizativa interna a nivel superior, con indicación de sus unidades administrativas y señalamiento de su jerarquía y atribuciones.

4. Los mecanismos particulares de control de tutela que ejercerá el órgano de adscripción.

5. Los demás requisitos que exija la presente Ley».

En cuanto a las formas jurídicas de derecho privado de la Administración Pública descentralizada funcionalmente, la LOAP regula a las sociedades mercantiles del Estado, a las fundaciones del Estado y a las asociaciones civiles del Estado. En particular, el artículo 100 de la LOAP define a las empresas del Estado como las sociedades mercantiles en las cuales la República, los estados, los distritos metropolitanos y los municipios, o alguno de los entes descentralizados funcionalmente regulados en la Ley Orgánica, solos o conjuntamente, tengan una participación mayor al 50% del capital social. La Ley Orgánica, en consecuencia autoriza a la República, a los Estados, a los municipios, a los distritos metropolitanos, para constituir sociedades anónimas y de responsabilidad limitada, incluso como únicos accionistas (art. 103).

En todo caso, la creación de las empresas del Estado debe ser autorizada respectivamente por el Presidente de la República en Consejo de Ministros, los gobernadores y los alcaldes según corresponda, mediante decreto o resolución de conformidad con la ley (art. 101). Estas empresas del Estado pueden constituirse con un único accionista, estableciéndose así, en el artículo 104 de la LOAP, la excepción al régimen del contrato de sociedad que establece el Código de Comercio para la constitución de sociedades mercantiles. Las empresas del Estado adquieren la personalidad jurídica con la protocolización de su acta constitutiva en el registro mercantil correspondiente a su domicilio, donde se debe archivar un ejemplar auténtico de sus estatutos y de la Gaceta Oficial de la República o del medio de publicación oficial correspondiente donde aparezca publicado el decreto que autorice su creación (art. 101).

Pero además de la descentralización funcional debe también destacarse la *descentralización política*, que se produce al transferirse competencias de una entidad política territorial a otra en un Estado descentralizado. Por ejemplo, en la Federación venezolana se dispone que la Asamblea Nacional podrá atribuir a los Municipios o a los Estados determinadas materias de la competencia nacional, a fin promover la descentralización (art. 157); competencia que se ejerció con la Ley Orgánica de Descentralización, Delimitación y Transferencia de Competencia de los órganos del Poder Público de 1989.

Esta desviación de la competencia, de rango constitucional, porque se refiere a las competencias asignadas al Poder Nacional en la Constitución (art. 156), cuando se produce, origina una modificación de la Constitución por lo que la ley respectiva adquiere rango constitucional. En la Constitución Venezolana, además, se define el proceso de descentralización política como una política nacional, para profundizar la democracia, acercando el poder a la población y creando las mejores condiciones, tanto para el ejercicio de la democracia como para la prestación eficaz y eficiente de los cometidos estatales (art. 158).

D. *El carácter de orden público*

Por último, en relación con la competencia como requisito de los actos administrativos, debe mencionarse el vicio de incompetencia que resulta de la violación de los principios anteriores relativos a la competencia, legalmente prescritos.

Hay leyes que prevén este principio expresamente, como la Ley de Costa Rica, en la cual se establece que, en vía administrativa, «la incompetencia será declarable de oficio en cualquier momento por el órgano que dictó el acto, por el superior jerárquico o, a instancia de parte, por la autoridad de contralor» (art. 67,1). En igual sentido se regula en la Ley de Honduras (art. 7).

Por ello, el vicio de incompetencia se considera siempre como un vicio de orden público, de manera que la Ley de Argentina en su artículo 14,6 considera que:

> «El acto administrativo es nulo, de nulidad absoluta e insanable... cuando fuere emitido mediando incompetencia en razón de la materia, del territorio, del tiempo o del grado, salvo, en este último supuesto, que la delegación o sustitución estuvieren permitidas».

La Ley de Honduras, en cambio, solo califica el vicio como de la nulidad absoluta cuando se trate de incompetencia «absoluta» (art. 34,a), y la Ley de Venezuela, cuando se trate de «incompetencia manifiesta» (art. 19.4) la cual, como lo señaló la antigua Corte Suprema de Justicia de Venezuela:

> «Puede ser alegada en cualquier estado y grado de la causa, inclusive en alzada y acarrea la posibilidad para el juez de pronunciar la dicha nulidad absoluta, aún de oficio» (Vid. Sentencia de la Sala Político Administrativa de 26 de marzo de 1984, ratificada en sentencia de 5 de diciembre de 1985. Además la sentencia de la Corte Primera de lo Contencioso Administrativo de 9 de diciembre de 1985, *Revista de Derecho Público*, núm. 25, Caracas, 1986, pp. 144 y 108).

La importancia procesal de este vicio alegado en vía contencioso-administrativa, además, radica en que invierte la carga de la prueba que normalmente corresponde al recurrente, por la presunción de legalidad de los actos administrativos. Así lo tiene decidido la jurisprudencia venezolana al sentar el principio de que cuando el recurrente alega la incompetencia del funcionario, se invierte la carga de la prueba y es entonces a la Administración a quien le corresponde probar la competencia (*Vid.* Sentencia de la Corte Primera de lo Contencioso Administrativo de 9 de diciembre de 1985, *idem*, p. 108).

Por otra parte, el Código colombiano trae una norma (art. 33) preventiva para el caso de la incompetencia y es aquella disposición que obliga al funcionario incompetente a informar al peticionante de su imposibilidad de resolver la petición por no ser el competente para ello:

> «Si el funcionario a quien se dirige la petición, o ante quien se cumple el deber legal de solicitar que inicie la actuación administrativa, no es el competente, deberá informarlo en el acto al interesado, si éste actúa verbalmente; o dentro del término de diez (10) días, a partir de la recepción si obró por escrito; en este último caso el funcionario a quien se hizo la petición deberá enviar el escrito, dentro del mismo término, al competente, y los términos establecidos para decidir se ampliarán en diez (10) días».

Una regulación similar está en la Ley de Honduras (art. 7).

En esta Ley se establecen, además, los pasos a seguir cuando un órgano administrativo entienda que es el competente para el conocimiento de un asunto que se tramite ante cualquier inferior, en cuyo caso, debe pedirle «las razones que ha tenido para conocer el asunto», con fundamento en lo cual el superior resolverá lo procedente en un lapso de tres días (art. 8). También se regula la situación inversa, cuando un órgano estime que le corresponde el conocimiento de un asunto que se tramite ante un superior, en cuyo caso se limitará a exponerle las razones, para que el superior sea el que resuelva (art. 9).

E. *Los conflictos de competencia*

El requisito de la competencia también incide en el problema de la resolución de los conflictos de competencia que se puedan suscitar entre los órganos administrativos.

De nuevo en esta materia está presente el principio jerárquico, como se señaló respecto de la Ley de Honduras, ya que se le atribuye al superior jerárquico la resolución de los conflictos de competencia.

Así, la Ley de Costa Rica establece el principio general en el sentido de que los conflictos de competencia entre órganos del Poder Ejecutivo o de un mismo ente deben ser siempre resueltos, en vía administrativa, y no pueden ser llevados en ningún caso a los Tribunales; y como principio, dispone que los:

> «Conflictos administrativos entre órganos del Poder Ejecutivo o de un mismo ente, se resolverán por el superior jerárquico común de los órganos en conflicto» (art. 71)

Lo interesante de la regulación establecida en la Ley de Costa Rica es la prohibición que consagra de que los conflictos interadministrativos se lleven a los tribunales y, por ello, la obligación de que los mismos se resuelvan en vía administrativa.

La Ley de Costa Rica, además, hace una distinción entre los conflictos de competencia que pueden presentarse dentro de un mismo ministerio (arts. 73 a 75); los conflictos de competencia entre distintos ministerios (arts. 76 y 77); los conflictos de competencia entre el Estado y otros entes, o entre éstos (arts. 78 a 80); y, los conflictos de competencia planteados por el interesado (arts. 81 y 82); en fin, contempla toda una gama de posibilidades de conflictos.

Esta ley es un caso único de regulación detallada del tema de los conflictos de competencia, con el principio básico de que los mismos deben resolverse en vía administrativa. Esto es muy válido sobre todo en los Estados Unitarios, como Costa Rica, donde aún en el supuesto de conflictos entre el Presidente y entidades descentralizadas o entre ministros y entidades descentralizadas, es el Presidente de la República el que debe resolver el conflicto.

De igual manera, este principio de la resolución administrativa de los conflictos entre ministerios o entre entidades administrativas o autárquicas (como se les llama en Argentina), es decir, el principio de que estos conflictos debe resolverlos el Ejecutivo está consagrado también en la Ley argentina (arts. 4 y 5) y en la Ley de Honduras (art. 10). El tema de los confictos de competencia también se encuentra expresamente regulado en las Leyes de Bolivia (art. 44), de El Salvador (art. 50), y en el Código de Ecuador (art. 85)

En Venezuela, la Ley Orgánica de la Administración Pública regula la solución de los conflictos de atribuciones, estableciendo que cuando el órgano que esté conociendo de un asunto se considere incompetente debe remitir las actuaciones al que estime con competencia en la materia. Si este último órgano se considera a su vez incompetente, el asunto debe ser resuelto por el órgano superior jerárquico común a ambos (art. 44).

Los interesados pueden solicitar a los órganos que estén instruyendo el procedimiento que declinen el conocimiento del asunto en favor del órgano competente. Del mismo modo, pueden solicitar a este último que requiera la declinatoria del órgano que esté conociendo del asunto (art. 44).

Los conflictos antes mencionados solo pueden suscitarse entre unidades administrativas integrantes del mismo órgano o ente y con respecto a asuntos sobre los cuales no haya recaído decisión administrativa definitiva o finalizado el procedimiento administrativo (art. 44).

Debe destacarse, por otra parte, la disposición de la Ley de Honduras que permite la adopción de medidas provisionales durante la solución de los conflictos de competencia, así:

> «Artículo 13. Cuando hubiere peligro de grave e irreparable daño mientras el conflicto está pendiente de decisión, el órgano que está conociendo del asunto deberá adoptar de oficio o a petición de parte interesada las medidas provisionales que estime procedentes, dando inmediata comunicación a los demás y, en su caso, a los interesados».

Ahora bien, en cuanto a la regulación en Estados federales o descentralizados como es el caso de Argentina, la ley nacional solo se refiere a los conflictos entre las autoridades del Poder nacional, mas no regula los conflictos interterritoriales. La razón principal es que se trata de un Estado federal donde el Poder nacional es distinto al Poder de las provincias o el Poder municipal. Es el mismo caso de Venezuela, donde hay una trilogía de distribución vertical del poder público.

En esos casos de conflictos entre los Poderes nacional, estadal y municipal evidentemente que no son de carácter interadministrativo, son interterritoriales, de carácter político y la solución debe corresponder a los órganos de control constitucional. En Venezuela es la Sala Constitucional del Tribunal Supremo de Justicia, quien tiene atribuida formalmente la competencia para resolver las controversias constitucionales que se susciten entre cualesquiera de los órganos del Poder Público (art. 336, ord. 9).

Pero incluso, tratándose de conflictos entre entidades territoriales en el Estado federal venezolano, en relación con competencias administrativas, la Constitución de Venezuela requiere que sean resueltos por la jurisdicción contencioso administrativa. Así el artículo 266, ordinal 4 atribuye al Tribunal Supremo de Justicia en Sala Político Administrativa, competencia para:

> «Dirimir las controversias administrativas que se susciten entre la República, algún Estado, Municipio u otro ente público, cuando la otra parte sea alguna de esas mismas entidades, a menos que se trate de controversias entre Municipios de un mismo Estado, caso en el cual la ley podrá atribuir su conocimiento a otro tribunal».

Por último, debe destacarse la regulación del artículo 64 de la Ley peruana que norma el conflicto de competencias entre la autoridad administrativa y la autoridad judicial, en la siguiente forma:

«*64.1.* Cuando, durante la tramitación de un procedimiento, la autoridad administrativa adquiere conocimiento que se está tramitando en sede jurisdiccional una cuestión litigiosa entre dos administrados sobre determinadas relaciones de derecho privado que precisen ser esclarecidas previamente al pronunciamiento administrativo, solicitará al órgano jurisdiccional comunicación sobre las actuaciones realizadas.

64.2. Recibida la comunicación, y solo si estima que existe estricta identidad de sujetos, hechos y fundamentos, la autoridad competente para la resolución del procedimiento podrá determinar su inhibición hasta que el órgano jurisdiccional resuelva el litigio.

La resolución inhibitoria es elevada en consulta al superior jerárquico, si lo hubiere, aun cuando no medie apelación. Si es confirmada la resolución inhibitoria es comunicada al Procurador Público correspondiente para que, de ser el caso y convenir a los intereses del Estado, se apersone al proceso».

2. *Los principios relativos a la manifestación de la voluntad*

El segundo de los requisitos fundamentales o condiciones de validez de los actos administrativos lo constituye la manifestación de voluntad, la cual deriva de la propia definición del acto. Un acto administrativo simplemente no existe si no hay una manifestación de voluntad emanada de un órgano administrativo.

Esta manifestación, por supuesto, en principio debe ser expresa (art. 8, Ley Argentina), y no presunta. Sin embargo, en la Ley de Honduras se establece que:

«Artículo 28. En los casos previstos por la Ley, el comportamiento de la Administración Pública, que sea unívoco e incompatible con una voluntad distinta, producirá los mismos efectos de una resolución expresa».

Por otra parte, esta manifestación de voluntad de la Administración que constituye el acto administrativo, es para producir efectos jurídicos, y ello es precisamente lo que lo distingue de los hechos administrativos, que también son acaecimientos que producen efectos jurídicos, pero que no son producto de una manifestación de voluntad. En este sentido, el artículo 83 del Código Colombiano define los hechos administrativos como:

«Los acontecimientos y las omisiones capaces de producir efectos jurídicos, pero en cuya realización no influyen de modo directo e inmediato la voluntad o la inteligencia».

La manifestación de voluntad es, entonces, una exigencia para que exista el acto administrativo; la cual tiene que haber sido emitida libremente por el órgano administrativo competente. El principio lo establece el artículo 130 de la Ley General de Costa Rica al prescribir que:

«El acto deberá aparecer objetivamente como una manifestación de voluntad libre y consciente, dirigida a producir el efecto jurídico deseado para el fin querido por el ordenamiento».

La consecuencia, por supuesto, es que los vicios del consentimiento provenientes del derecho civil, también se aplican a la manifestación de voluntad en el acto administrativo, pudiendo resultar viciado cuando sean el producto de un error, de una actividad dolosa o de la violencia.

La violencia o la intimidación, por ejemplo, cuando se ejercen sobre el funcionario para forzar la emisión de un acto administrativo, por supuesto que lo vician de nulidad absoluta. En consecuencia, todo acto producto de la violencia, de requisición directa o indirecta de la fuerza o producto de la reunión de individuos en actitud subversiva, como lo decía la Constitución Venezolana de 1961 (art. 120), debe ser declarado nulo de nulidad absoluta.

En cuanto al error como vicio de la manifestación de voluntad, éste se produce cuando la voluntad real de la Administración es radicalmente distinta a la formalmente declarada. Por ejemplo, cuando se nombra a una persona para una función pública, distinta a la que se quiere nombrar, por homonimia. En este caso, en realidad, puede decirse que no habría error de derecho o de hecho que constituyen vicios en la base legal o en los motivos de hecho de los actos administrativos, sino más propiamente error en la manifestación de voluntad de la Administración.

También puede producirse el vicio de dolo en la manifestación de voluntad de la Administración, cuando el acto es producto de maquinaciones dolosas del administrado o del funcionario que lo dicta. Esto puede darse en procedimientos iniciados a solicitud de parte interesada, en los cuales esta tiene la carga de la prueba de los presupuestos del acto y para ello suministra informaciones o documentos falsos; también se produce este vicio por actuaciones del funcionario, cuando son contrarias a la buena fe (lo que puede conllevar, además, una desviación de poder), o cuando tenga por existentes, para adoptar su decisión, hechos o antecedentes que son inexistentes o falsos.

Estos vicios en la manifestación de voluntad en los actos administrativos que, en general, acarrean la nulidad absoluta de los mismos, han sido resumidos por el artículo 14,1 de la Ley de Argentina, al establecer que se producen:

> «Cuando la voluntad de la Administración resultare excluida por error esencial; dolo, en cuanto se tengan como existentes hechos o antecedentes inexistentes o falsos; violencias física o moral ejercida sobre el agente; o por simulación».

En la Ley de Costa Rica se establece un enunciado similar (art. 130); al igual que en la Ley de México al disponer, como elemento o requisito del acto, el que debe «ser expedido sin que medie error sobre el objeto, causa o motivo, o sobre el fin del acto»; y además, que debe «ser expedido sin que medie dolo o violencia en su emisión» (art. 3). En cuanto al error manifiesto, el artículo 95 de dicha Ley lo identifica como un motivo para que la Administración deje sin efectos el acto administrativo.

De lo anterior resulta, en todo caso, que no solo es a través de la construcción derivada del Código Civil que se pueden elaborar las condiciones de validez de la manifestación de voluntad en los actos administrativos, sino que este principio comienza a ser consagrado expresamente en leyes en el campo del derecho administrativo.

3. *Los principios relativos a la base legal*

El requisito de la base legal se refiere al fundamento de derecho, a la causa jurídica o al motivo de derecho de los actos administrativos. Por ello, la Ley de Honduras dispone que los actos deberán sustentarse «en el derecho aplicable» (art. 25).

En efecto, la base legal de los actos administrativos es su fundamento de derecho, es decir, las normas legales o reglamentarias que autorizan la actuación del funcionario. En otras palabras, es el «motivo de derecho» del acto administrativo, que autoriza la decisión concreta que contiene. Esta base o fundamento legal constituye, junto con los presupuestos de hecho, uno de los elementos que deben exteriorizarse formalmente en la motivación del acto administrativo (Ley de Venezuela, arts. 9 y 18.5).

Ahora bien, para que un acto administrativo sea válido y produzca efectos no solo tiene que tener un fundamento legal, que debe efectivamente existir al momento de dictarse el acto (no antes o después), sino que debe ser el que efectivamente autoriza la actuación, es decir, debe además ser exacto. La existencia y la exactitud de la base legal son, así, un requisito o elemento de validez del acto administrativo, de manera que su inexistencia, por ejemplo, cuando la base legal no existe, haya sido derogada o aún no ha sido promulgada, produce su nulidad; al igual que su inexactitud, derivada del hecho de que el funcionario se atribuya una base legal que en ningún caso puede fundamentar su acto.

Como lo tiene precisado la jurisprudencia francesa desde hace años: en primer lugar, la base legal debe ser exacta, de manera que si la Administración funda su decisión en un texto cuando debió fundarlo en otro distinto, el acto está viciado; y en segundo lugar, la base legal debe existir, de manera que si aún no existe y, por ejemplo, se aplica prematuramente una ley que aún no ha entrado en vigencia; o ya no existe, porque, por ejemplo, el texto está derogado o cesó en aplicación, el acto administrativo también está viciado.

La antigua Corte Suprema de Justicia de Venezuela en sentencia de 17-03-90, sobre el primer aspecto señalado resolvió lo siguiente:

> «Los actos de efectos particulares como requisito de forma deben contener en su mismo texto cuál es la base legal aplicable en criterio de la Administración; sin embargo, a pesar de haberse cumplido con ese requisito, puede suceder que el acto carezca de base legal, ya que las normas invocadas por la Administración no atribuyen la competencia alegada y al analizarse el resto del ordenamiento jurídico se determina que dicho órgano no tiene esa competencia, es decir, un acto administrativo de efectos particulares puede establecer perfectamente los presupuestos de derecho, con lo cual se cumple con el requisito formal de la motivación, pero si las normas señaladas ni ninguna otra confieren competencia para dictar el acto administrativo, dicho acto carecerá de base legal y, en consecuencia, será susceptible de anulación» (Sentencia de la Sala Político Administrativa, *Revista de Derecho Público*, N° 42, Caracas, 1990, págs. 104 y 105).

Debe agregarse, además, a los vicios en la base legal de los actos administrativos, los casos de ilegalidad o inconstitucionalidad de la misma, es decir, por ejemplo, cuando el acto administrativo se fundamenta en un reglamento viciado en sí mismo de ilegalidad, y que es anulado por el órgano judicial. La Ley Orgánica de la Corte Suprema de Justicia de Venezuela, que regula el proceso contencioso-administrativo, por ejemplo, permite el ejercicio del recurso de anulación contra un acto administrativo de efectos particulares cuando se alega la ilegalidad o inconstitucionalidad del acto general que le sirve de fundamento (art. 132), lo que configura este supuesto de vicio de la base legal, por ilegalidad de la misma.

También está vinculada a la base legal o los motivos de derecho del acto administrativo, la correcta y adecuada interpretación y alcance que el autor del acto debe darle a su fundamento legal. Por tanto, aún cuando la base legal exista, sea exacta y legal, el acto administrativo podría estar viciado en la misma, por error de derecho, es decir, por el errado alcance o sentido que se atribuye a la norma legal que autoriza la actuación, o en palabras de la jurisprudencia venezolana, «cuando el órgano que emite el acto interpreta erradamente determinada norma jurídica, es decir, la aplica mal» (Sentencia de la Corte Primera de lo Contencioso Administrativo, de 26 de mayo de 1983, p. 142, *Revista de Derecho Público*, núm. 15, Caracas, 1983, p. 142), lo que no es otra cosa que una falsa interpretación de la Ley.

Este vicio de la base legal de los actos administrativos, denominado «error de derecho» también lo ha calificado la jurisprudencia venezolana como un vicio «de falso supuesto» el cual:

> «Puede referirse indistintamente al error de hecho o al error de derecho de la Administración, es decir, a la falsa, inexacta o incompleta apreciación por parte de la Administración del elemento causa del acto integralmente considerada» (Sentencia de la Corte Primera de lo Contencioso Administrativo de 12 de abril de 1988, *Revista de Derecho Público*, núm. 34, Caracas, 1988, pp. 92-94).

4. *Los principios relativos a los presupuestos de hecho*

El presupuesto de hecho de los actos administrativos constituye sus motivos de hecho, que son parte esencial de su causa, la cual está configurada no solo por la base legal o fundamentos de derecho del acto, antes señalados, sino por sus presupuestos de hecho.

En cuanto a su previsión expresa en las leyes, su consagración está en la Ley argentina, según la cual, constituye un requisito esencial del acto administrativo el que «deberá sustentarse en los hechos y antecedentes que le sirvan de causa y en el derecho aplicable» (art. 7,b). Este principio también se recoge, textualmente, en el artículo 25 de la Ley de Honduras.

Ahora bien, en cuanto a los presupuestos de hecho de los actos administrativos, ante todo, y para que éstos se emitan, el funcionario está obligado a determinarlos con precisión; determinación que en esa etapa de la actuación no comportaría ningún elemento de apreciación ni juicio sobre los mismos, sino de simple constatación de los hechos que constituyen el presupuesto fáctico del acto.

En esta determinación la Administración debe siempre comprobar los hechos de manera de constatar que sean ciertos y no falsos; y debe calificarlos correctamente para adoptar su decisión conforme a la base legal y atribución de competencia que tiene.

De lo anterior deriva, ante todo, que los hechos también deben existir, ser exactos y estar debidamente comprobados por la Administración. Esto entra dentro del área del control que ejerce el juez contencioso administrativo y que se refiere, además del control de error de derecho, al control del error manifiesto de apreciación, a la desviación de poder y al control de la existencia y exactitud material de los hechos.

Por lo tanto, los actos administrativos están viciados cuando se fundan en hechos inexistentes, por ejemplo, si se sanciona a un funcionario por falta no cometida, o si se fundan en hechos inexactos, que no hayan sido comprobados por la Administración.

Como lo ha establecido la jurisprudencia venezolana: toda decisión administrativa debe estar «determinada por la comprobación previa de las circunstancias de hecho previstas en la norma, claramente estatuidas para obligar a la Administración a someter sus actos, en cada caso, al precepto jurídico preexistente», por lo que en un caso concreto, al no existir prueba alguna de los hechos que motivan una decisión, ésta resulta «manifiestamente infundada» y por tanto viciada de nulidad «por haberse fundado en hechos no comprobados» (Sentencia de la antigua Corte Suprema de Justicia de Venezuela en Sala Político-Administrativa, de 22 de mayo de 1963, Gaceta Forense, núm. 40, 1963, p. 237).

Los hechos que motivan un acto administrativo, por tanto, primero, deben existir realmente y ser exactos o como lo dice la Ley de Costa Rica, que el motivo debe «existir tal y como ha sido tomado en cuenta para dictar el acto» (art. 133).

Segundo, los hechos deben estar debidamente comprobados, y si bien le corresponde básicamente a la Administración la carga de dicha prueba, ello no excluye el derecho y a veces la obligación de los administrados a aportar las pruebas. La Administración, por tanto, no puede dar por probados los hechos con sus solos elementos administrativos, sino que debe tomar en cuenta las pruebas del expediente administrativo en su globalidad, estando obligada a decidir, siempre, «conforme a lo probado en el expediente» (Sentencia de la antigua Corte Suprema de Justicia de Venezuela en Sala Político-Administrativa, de 8 de junio de 1964, en *Gaceta Forense*, núm. 44, 1964, pp. 119-121).

Por ello, otra de las áreas de control del juez contencioso administrativo es el que se refiere al control del error manifiesto de apreciación de los hechos, como límite al ejercicio del poder discrecional, para frenar la arbitrariedad en la comprobación de los hechos, cuando esta se realiza más allá de los límites de la razonabilidad.

Este vicio en la comprobación de los presupuestos de hecho ha sido también calificado por la jurisprudencia venezolana, como vicio de «falso supuesto», el cual consiste en la falsedad de los supuestos o motivos en que se basó el funcionario que dictó el acto; considerándose que para que pueda invalidarse una decisión por falso supuesto, «es necesario que resulten totalmente falsos el o los supuestos que sirvieron de fundamento a lo decidido», excluyéndose la anulación solo cuando algunos de los hechos fueron falsos, pero no así el resto de los que motivaron el acto administrativo (Sentencia de la Corte Primera de lo Contencioso-Administrativo de 7 de noviembre de 1985 en *Revista de Derecho Público,* núm. 24, Caracas, 1985, p. 125. En igual sentido, sentencia de la antigua Corte Suprema de Justicia de Venezuela en Sala Político-Administrativa, de 7 de noviembre de 1988, *Revista de Derecho Público*, núm. 34, Caracas, 1988, p. 94).

Pero además de que los hechos existan y sean debida y racionalmente comprobados, el autor del acto administrativo debe realizar una segunda operación, y es «adecuarlos al supuesto legal» (Sentencia de la antigua Corte Suprema de Justicia de Venezuela, de 3 de julio de 1961, *Gaceta Forense*, núm. 33, 1961, p. 20); es decir, lo que se denomina la calificación jurídica de los hechos conforme a lo cual el funcionario debe verificar si los hechos son de naturaleza tal que justifiquen legalmente la decisión, lo cual también es controlable por el juez contencioso-administrativo.

Este control también concierne a la aplicación de los conceptos jurídicos indeterminados, que no constituyen discrecionalidad.

Por tanto, en relación a los presupuestos de hecho de los actos administrativos como elementos de validez, estos deben existir, ser exactos, estar debidamente comprobados; pruebas conforme a las cuales la Administración debe decidir, calificando los hechos conforme a lo prescrito en el fundamento legal del acto. Consecuencialmente, todo acto administrativo dictado con base en hechos inexactos, falsos, no comprobados o apreciados erradamente, está viciado de ilegalidad.

En particular, en esta operación de calificación jurídica de los hechos, la antigua Corte Federal de Venezuela, en 1957 consideró como exceso de poder los supuestos en los cuales un funcionario, sin violar precepto legal alguno, hace uso indebido del poder que le es atribuido, porque tergiverse o altere la verdad de los presupuestos de hecho (Sentencia de 9 de agosto de 1957 en *Gaceta Forense*, núm. 17, 1957, pp. 132-137). El vicio, también calificado de «falso supuesto», se produce cuando hay:

> «Una mala apreciación de los elementos materiales existentes en el procedimiento administrativo, de modo que se haga producir a la decisión, efectos diferentes a los que hubiera producido si dicha apreciación hubiera sido hecha correctamente» (Sentencia de la Corte Primera de lo Contencioso-Administrativo, de 4 de noviembre de 1986, *Revista de Derecho Público*, núm. 28, Caracas, 1986, p. 91).

En definitiva, como lo afirma la jurisprudencia venezolana:

> «La correcta apreciación de los hechos que fundamentan las decisiones administrativas constituyen un factor esencial para la legalidad y corrección de las mismas, y consecuentemente, un medio adecuado para poder verificar su control judicial con miras al mantenimiento de tales fines» (Sentencia de la antigua Corte Suprema de Justicia en Sala Político-Administrativa, de 9 de junio de 1988, *Revista de Derecho Público*, núm. 35, Caracas, 1988, p. 97).

En esa misma decisión, la Corte agregó:

> «Constituye ilegalidad el que los órganos administrativos apliquen las facultades que ejercen, a supuestos distintos de los expresamente previstos por las normas, o que distorsionen la real ocurrencia de los hechos o el debido alcance de las disposiciones legales, para tratar de lograr determinados efectos sobre la base de realidades distintas a las existentes o a las acreditadas en el respectivo expediente administrativo, concreción del procedimiento destinado a la correcta creación del acto».

En la Ley de Costa Rica, por su parte, incluso se exige que la causa tenga proporción con el contenido del acto, haciendo referencia el artículo 133, al tema de la proporcionalidad así:

> «1. El motivo deberá ser legítimo y existir tal y como ha sido tomado en cuenta para dictar el acto.
>
> 2. Cuando no esté regulado deberá ser proporcionado al contenido y cuando esté regulado en forma imprecisa deberá ser razonablemente conforme con los conceptos indeterminados empleados por el ordenamiento».

En fin, todo lo referente a la determinación, a la constatación y a la comprobación de los hechos, a todo el tema probatorio, y a la calificación de los hechos para emitir el acto, gira en torno a este requisito de la causa, los presupuesto de hecho o los motivos del acto administrativo.

5. *Los principios relativos al objeto*

Otro de los elementos del acto administrativo, como de todo acto jurídico, es el objeto o contenido, es decir, el efecto práctico que se pretende con el mismo. Por ejemplo, el nombramiento de un funcionario, el decomiso de un bien, la demolición de un inmueble o el otorgamiento de un permiso.

Como lo ha señalado la antigua Corte Suprema de Justicia de Venezuela en sentencia de su Sala Político Administrativa de 13-8-91:

> «Uno de los elementos de todo acto administrativo es su contenido. Y se entiende por contenido del acto administrativo... el efecto práctico que el sujeto emisor se propone lograr a través de su acción, y el cual puede ser positivo o negativo, en el sentido de que mediante el acto se puede aceptar o negar una solicitud o se puede disponer que se realice algún hecho o acto o puede negarse tal realización. Constituyen requisitos para la validez del «contenido de un acto administrativo» que éste sea determinado o determinable, posible y lícito; en forma tal, que la imposibilidad física de dar cumplimiento el acto administrativo, constituye un vicio que determine su nulidad absoluta, pues, la presunción de legitimidad que apareja el acto administrativo no puede prevalecer contra la lógica y, por eso, el ordinal 3° del artículo 19 de la Ley Orgánica de Procedimientos Administrativos sanciona con la nulidad absoluta a los actos cuyo contenido sean de imposible o ilegal ejecución (*Revista de Derecho Público*, N° 47, Caracas, 1991, pág. 111).

Este elemento del acto administrativo se encuentra consagrado en las leyes de procedimiento administrativo, las cuales recogen los principios que derivan del ámbito del derecho civil pero que la jurisprudencia administrativa ha venido adoptando, y de allí su consagración en estas leyes.

Por eso, el principio general de que el objeto del acto administrativo tiene que ser determinado o determinable, debe ser posible y tiene que ser lícito. Así lo expresa, por ejemplo, la Ley de Costa Rica:

> «1. El contenido deberá de ser lícito, posible, claro y preciso y abarcar todas las cuestiones de hecho y derecho surgidas del motivo, aunque no hayan sido debatidas por las partes interesadas.
>
> 2. Deberá ser, además, proporcionado al fin legal y correspondiente al motivo, cuando ambos se hallen regulados» (art. 132).

La Ley de Honduras exige en el mismo sentido, que el objeto de los actos administrativos «debe ser lícito, cierto y físicamente posible» (art. 24); e igualmente la Ley de Panamá (art. 201.1), siguiendo así, el texto de la Ley argentina que establece lo siguiente:

> «El objeto debe ser cierto y física y jurídicamente posible; debe decidir todas las peticiones formuladas, pero puede involucrar otras no propuestas, previa audiencia del interesado y siempre que ello no afecte derechos adquiridos» (art. 7,c).

En la Ley mexicana, a su vez, se establece el mismo principio, al exigirse que el acto administrativo debe:

> «Tener objeto que pueda ser materia del mismo; determinado o determinable; preciso en cuanto a las circunstancias de tiempo y lugar, y previsto por la Ley». (art. 3,II).

La Ley peruana, en todo caso, es bien detallada al regular el objeto o contenido de los actos administrativos, así:

> «5.1. El objeto o contenido del acto administrativo es aquello que decide, declara o certifica la autoridad.
>
> 5.2. En ningún caso será admisible un objeto o contenido prohibido por el orden normativo, ni incompatible con la situación de hecho prevista en las normas; ni impreciso, obscuro o imposible de realizar.
>
> 5.3. No podrá contravenir en el caso concreto disposiciones constitucionales, legales, mandatos judiciales firmes; ni podrá infringir normas administrativas de carácter general provenientes de autoridad de igual, inferior o superior jerarquía, e incluso de la misma autoridad que dicte el acto.
>
> 5.4. El contenido debe comprender todas las cuestiones de hecho y derecho planteadas por los administrados, pudiendo involucrar otras no propuestas por éstos que hayan sido apreciadas de oficio, siempre que otorgue posibilidad de exponer su posición al administrado y, en su caso, aporten las pruebas a su favor».

La consecuencia de estas exigencias legales respecto del objeto, es que un acto administrativo cuyo contenido sea indeterminado, de imposible ejecución, ilegal en sí mismo o de ilegal ejecución, no puede ser válido y estaría viciado. Así, la Ley venezolana indica que los actos administrativos están viciados de nulidad absoluta, «cuando su contenido sea de imposible o de ilegal ejecución» (art. 19.3); o como lo dice la Ley de Honduras, «aquellos cuyo objeto sea imposible o configure un delito» (art. 34, ord. b). Por ejemplo, el nombramiento como funcionario de una persona fallecida o un decreto de expropiación de unos inmuebles que ya han sido expropiados. (*Vid.* Sentencia de la antigua Corte Suprema de Justicia de Venezuela en Sala Político-Administrativa, de 8 de enero de 1970, Caso Nelson C.A., *Gaceta Oficial*, núm. 29.122, de 16 de enero de 1970).

6. *Los principios relativos a la finalidad de la actividad administrativa*

La actividad administrativa en el Estado de Derecho está condicionada por la ley, siempre, a la obtención de determinados resultados. Por ello el artículo 131,2 de la Ley de Costa Rica prescribe que «los fines principales del acto serán fijados por el ordenamiento». El mismo enunciado está en la Ley de panamá (art. 201.1).

Estos fines, por tanto, determinados en el ordenamiento jurídico, implican que un acto administrativo será válido, como también lo señala la Ley General de Costa Rica, solo cuando «se conforme sustancialmente con el ordenamiento jurídico, incluso en cuanto al móvil del funcionario que lo dicta» (art. 128).

Es en este sentido que la Ley peruana define el requisito de la finalidad de los actos administrativos así:

«3.3. Finalidad Pública. Adecuarse a las finalidades de interés público asumidas por las normas que otorgan las facultades al órgano emisor, sin que pueda habilitársele a perseguir mediante el acto, aún encubiertamente, alguna finalidad sea personal de la propia autoridad, a favor de un tercero, u otra finalidad pública distinta a la prevista en la Ley. La ausencia de normas que indique los fines de una facultad no genera discrecionalidad».

Ahora bien, en relación con la finalidad del acto administrativo se puede hacer una distinción entre el fin genérico de la acción administrativa y la finalidad específica del acto. Estos fines de la actividad administrativa pueden ser específicos, teniendo en cuenta la particular actuación de la Administración, o en todo caso, son los fines genéricos «de servicio público o que informan la función administrativa» (Sentencia de la antigua Corte Federal de Venezuela de 28 de septiembre de 1954, *Gaceta Forense,* núm. 5, 1954, pp. 217-218).

Sobre el tema del fin genérico puede ubicarse una norma contenida en el Código colombiano que se refiere a la finalidad en general de la actuación de la Administración, que debe regir todo el procedimiento administrativo, pero que se aplica también, en particular, al acto administrativo, al establecer expresamente en su artículo 2 que:

> «Los funcionarios tendrán en cuenta que la actuación administrativa tiene por objeto el cumplimiento de los cometidos estatales como lo señalan las leyes, la adecuada prestación de los servicios públicos y la efectividad de los derechos e intereses de los administrados, reconocidos por la Ley».

Esta es la finalidad general de todo procedimiento administrativo y de todo acto administrativo, por lo que aún cuando el ordenamiento jurídico no establezca un fin específico a la acción administrativa concreta, el funcionario no tiene discrecionalidad respecto de los fines, sino que siempre está sometido a la consecución de los fines genéricos de servicio público que, como lo establece expresamente la Ley General de la Administración Pública de Costa Rica, «el juez deberá determinarlos con vista de los otros elementos del acto y del resto del ordenamiento» (art. 131.2).

Pero aparte de la finalidad general, el acto administrativo debe tener, a su vez, un fin específico. Cada acto administrativo debe emitirse para la consecución de un fin que debe estar establecido en la ley. Es por ello que la consecuencia de la necesaria obtención de determinados resultados por la Administración, como lo ha indicado la jurisprudencia venezolana, es que:

> «La Administración Pública no puede procurar resultados distintos de los perseguidos por el legislador, aún cuando aquéllos respondan a la más estricta licitud y moralidad pues lo que se busca es el logro de determinado fin, que no puede ser desviado por ningún motivo, así sea plausible éste» (Sentencia de la antigua Corte Federal de Venezuela de 28 de septiembre de 1954, *Gaceta Forense,* núm. 5, 1954, pp. 217-218).

En la Ley argentina, el mismo artículo que se ha analizado sobre los requisitos del acto administrativo, establece sobre el tema de la finalidad, que debe:

> «Cumplirse con la finalidad que resulte de las normas que otorgan las facultades pertinentes del órgano emisor, sin poder perseguir encubiertamente

otros fines, públicos o privados, distintos de los que justifican el acto, su causa y objeto. Las medidas que el acto involucre deben ser proporcionalmente adecuadas a aquella finalidad» (art. 7.f).

En el caso mexicano se establece que, entre los elementos y requisitos del acto, el mismo debe «cumplir con la finalidad de interés público regulado por las normas en que se concreta, sin que puedan perseguirse otros fines distintos» (art. 3,III).

En cuanto a la Ley de Honduras, ésta indica que «la finalidad de los actos será aquella que resulte de las normas que le atribuyen potestades al órgano emisor» (art. 27).

En consecuencia, como lo establece expresamente la Ley General de Costa Rica, «la persecución de un fin distinto del principal, con detrimento de éste, será desviación de poder» (art. 131.3).

Se utiliza así, en esta Ley, la terminología acuñada en Francia para identificar el vicio en la finalidad del acto administrativo, y que sanciona de ilegalidad tanto los casos en los cuales el acto administrativo sea extraño al interés general, como los casos en los cuales aún adoptados en interés general, los fines que motivan la actuación no sean los que justifican el otorgamiento de los poderes de actuar al funcionario específico.

A diferencia del sistema francés, sin embargo, donde el vicio es pura creación jurisprudencial, en América Latina se lo ha consagrado legislativamente e, incluso, en algunos casos, en las Constituciones como sucede en la Constitución de Venezuela, la cual, al definir el objeto de la jurisdicción contencioso-administrativa indica, entre otros, el de «anular los actos administrativos generales o individuales contrarios a derecho, incluso por desviación de poder» (art. 259). Una norma con igual redacción estaba consagrada en la Constitución de 1961, y con base a ella la jurisprudencia venezolana ya se había ocupado de precisar la existencia de este vicio de desviación de poder, así:

> «Hay desviación de poder cuando el acto aún siendo formal y sustancialmente acorde con la Ley, sin embargo, no lo es desde el punto de vista teleológico por cuanto la Administración, al dictarlo, no persigue con ello el fin a cuyo logro le fue acordada la facultad para hacerlo, sino un fin distinto que es por sí mismo contrario a derecho. A través de este vicio la jurisprudencia que lo concibió y posteriormente la doctrina que delineó sus modalidades y finalmente, la norma expresa que lo consagra, tienden a establecer un control sobre la intención de la Administración, algo que va más allá del simple examen de la apariencia del acto, para permitir que se escudriñe en los motivos reales y concretos que tuvo su autor. La desviación de poder, para que se tipifique no requiere ni siquiera que el fin distinto perseguido por el proveimiento sea contrario a la ley, basta con que sea contrario al objetivo que con el acto específico que se dicta se trata de conseguir» (Sentencia de la Corte Primera de lo Contencioso-Administrativo de 14 de junio de 1982, Revista de Derecho Público, núm. 11, Caracas, 1982, p. 134. Vid. también, sentencia de la antigua Corte Suprema de Justicia de Venezuela de 15 de noviembre de 1982, *Revista de Derecho Público*, núm. 12, Caracas, 1982, pp. 134-135).

Por ello, por ejemplo, la Corte Primera de lo Contencioso-Administrativo de Venezuela, anuló un acto administrativo disciplinario, porque el mismo:

«No fue la limpia aplicación de un procedimiento disciplinario sino que encubrió una venganza de las autoridades, circunstancias éstas constitutivas de desviación de poder, figura que el art. 206 de la Constitución (de 1961) sanciona como un vicio capaz de acarrear la nulidad del acto (sentencia de 13-8-86, *Revista de Derecho Público*, núm. 28, Caracas, 1986, p. 92).

En definitiva, ha exigido la misma Corte Primera en Venezuela, que para que:

«El vicio de desviación de poder se tipifique es necesario que un acto aparentemente válido en cuanto a su forma y contenido persiga sin embargo un objetivo torcido, desviado, distinto al que tuvo en miras el legislador cuando le otorgó al órgano facultad de actuar. De allí que, no puede alegarse válidamente tal vicio si no se demuestra que el objetivo del acto no fue el querido por el legislador sino una razón oculta, de distinta naturaleza a la prevista en la norma legal. Es necesario demostrar desde el punto de vista valorativo que el objetivo fue «desviado», esto es, «torcido», destinado a una meta diferente a la que se propuso la norma» (*Revista de Derecho Público*, N° 13, Caracas, 1983, pág. 121).

III. LOS REQUISITOS DE FORMA DE LOS ACTOS ADMINISTRATIVOS

Los requisitos de forma de los actos administrativos, denominados también de legalidad externa, están configurados tanto por las formalidades necesarias para la producción de los mismos, como por los elementos formales de la exteriorización de los actos, en particular, la forma escrita y la motivación. Se pueden distinguir, por tanto, las formalidades de los actos administrativos, constituidas por las diversas operaciones que condicionan la emisión y la entrada en vigor del acto; de las formas, que son las menciones del escrito que traducen las diversas condiciones de regularidad del acto, particularmente, la motivación o la exteriorización de motivos.

1. *Las formalidades y la sujeción al procedimiento*

El primero de estos requisitos es la necesaria sujeción del acto al procedimiento. Tal como lo expresa la Ley argentina, antes de la emisión del acto administrativo «deben cumplirse los procedimientos esenciales y sustanciales previstos y los que resulten implícitos del ordenamiento jurídico» (art. 7.d).

En sentido similar, se establece en el art. 24 de la Ley de Honduras y en el artículo 3,5 de la Ley peruana. Asimismo, el art. 129 de la Ley General de Costa Rica establece que el acto administrativo deberá dictarse «previo cumplimiento de todos los trámites sustanciales previstos al efecto».

En este sentido, el procedimiento se identifica con las formalidades que deben cumplirse previamente a la adopción del acto. Por ello, en la Ley Federal de México se encuentra un postulado igual, al indicar entre los elementos y requisitos del acto administrativo, el «ser expedido sujetándose a las disposiciones relativas al procedimiento administrativo previstas en la ley» (art. 3,VII).

Ahora bien, siempre deben de considerarse como sustanciales las formalidades establecidas para garantizar los derechos de los administrados, como por ejemplo, las que prescriben la audiencia de los mismos, como información previa a una decisión o para asegurar el derecho a la defensa (*audi alteram parte*).

En este sentido, precisamente, en la Ley de Costa Rica se distinguen las formalidades sustanciales y otras que no son sustanciales, considerándose como «sustanciales o esenciales todas las formalidades relativas a las garantías de los administrados», y entre éstas, aquellas cuya omisión «causare indefensión» (art. 223).

Además, también deben considerarse como esenciales las formalidades cuyo incumplimiento podría cambiar el sentido de la decisión. De allí que, por ejemplo, cualquier incumplimiento de una forma que origine indefensión sería una violación a una forma sustancial. Por ello la precisión que hace la Ley General de Costa Rica sobre formalidades sustanciales al entender como tal aquéllas «cuya realización correcta hubiera impedido o cambiado la decisión final en aspectos importantes» (art. 223.2)».

Como se ha señalado, con frecuencia, los textos legales exigen en el curso del procedimiento la intervención previa y obligatoria de órganos consultivos, cuya opinión puede ser vinculante o no vinculante para el órgano que dicta el acto. En las leyes de Costa Rica y Argentina, además, se regula como esencial la opinión jurídica previa.

En efecto, en la Ley General de Costa Rica se establece que es necesario para que un acto administrativo agote la vía administrativa y sea definitivo en vía administrativa «que el órgano que lo emita consulte previamente al Asesor Jurídico de la correspondiente administración» (art. 356,1).

En la de Argentina se considera como:

«Esencial el dictamen proveniente de los servicios permanentes de asesoramiento jurídico cuando el acto pudiere afectar derechos subjetivos e intereses legítimos» (art. 7.d).

En estos casos, por supuesto, no se prevé el carácter vinculante del dictamen jurídico. Es decir, según estas leyes, los órganos de opinión jurídica deben ser obligatoriamente consultados, pero como una consulta obligatoria no vinculante.

En otros casos, la formalidad sustancial consiste en exigir, para la emisión de un acto administrativo por un órgano, la formulación de una propuesta de parte de otro órgano administrativo. Esta proposición puede consistir solamente en dejar la iniciativa de la decisión al órgano proponente, o puede consistir en una proposición llamada imperativa, de manera que la intervención del órgano proponente tiene por efecto esencial, limitar el poder de decisión del órgano que toma la decisión. Es el caso generalizado de los concursos para la nominación de funcionarios, cuya evaluación y proposición corresponde a un jurado o comisión calificadora que es la que luego propone el nombramiento a la autoridad decisora, sin que ésta pueda variar en forma alguna la propuesta.

En todo caso, y salvo determinación expresa de la ley, el órgano administrativo al cual corresponda tomar una decisión, tiene libertad de consultar a otras autoridades u organismos, como lo señala la Ley de Venezuela, y solicitar los «informes, documentos o antecedentes que estime convenientes para la mejor resolución del asunto» (art. 54). Sin embargo, la omisión de los informes y antecedentes no suspende la tramitación, salvo disposición expresa en contrario, sin perjuicio de la responsabilidad en que incurra el funcionario por la omisión o demora (art. 56).

2. *La forma escrita*

No solo el principio de escrituridad es general al procedimiento administrativo, sino que también se aplica al acto administrativo, el cual, en principio, debe ser escrito y llevarse a documento. Por ello, conforme a la Ley de Uruguay «la forma es el modo o manera de documentarse y dar a conocer la voluntad administrativa» (art. 27).

Conforme a ello, casi todas las leyes exigen expresamente la forma escrita de los actos administrativos, como las de Costa Rica (art. 134), del Perú (art. 4,1), de Uruguay (art. 27), de Argentina (art. 8), de México, de El Salvador (art 24), de Panamá (art. 69) y de Brasil (art. 22,1º), las cuales expresamente establecen que «el acto se manifestará por escrito», pero permitiendo, en general, otras formas cuando la naturaleza o las circunstancias lo exijan, como la forma verbal.

La Ley de Honduras, dispone también como principio que:

> «Artículo 23. Los actos se producirán por escrito, indicando la autoridad que los emite y su fecha, salvo que la Ley, las circunstancias o la naturaleza del acto exijan o permitan una forma distinta».

De allí resulta que el acto administrativo debe ser escrito, pudiendo, sin embargo, ser mecánico o verbal, siempre que con la decisión no se afecten los derechos o intereses de los administrados.

En todo caso, debe destacarse lo regulado en la Ley de Uruguay sobre la posibilidad de forma verbal del acto administrativo, solo «si mediare urgencia o imposibilidad de hecho» en cuyo caso, siempre, con posterioridad, debe «documentarse por escrito el acto en la primera oportunidad posterior en que sea posible» para así dejar constancia por escrito de lo que se ha decidido (art. 28).

3. *El contenido formal y la firma*

El principio sobre la forma de los actos administrativos está resumido en el artículo 8 de la Ley de Argentina, que establece que:

> «El acto administrativo se manifestará expresamente y por escrito; indicará el lugar y fecha en que se lo dicta y contendrá la firma de la autoridad que lo emite; solo por excepción y si las circunstancias lo permitieren podrá utilizarse una forma distinta».

Una formulación similar está en el artículo 4,2 de la Ley del Perú, y en el artículo 134 de la Ley General de Costa Rica al exigir que el acto administrativo se exprese por escrito, indicando «el órgano agente, el derecho aplicable, la disposición, la fecha y la firma, mencionando el cargo del suscritor».

El artículo 18 de la Ley venezolana, en este sentido, expresa más detalladamente este requisito, al indicar que todo acto administrativo deberá contener:

> «1. Nombre del Ministerio u organismo a que pertenece el órgano que emite el acto; 2. Nombre del órgano que emite el acto; 3. Lugar y fecha donde el acto es dictado; 4. Nombre de la persona u órgano a quien va dirigido; 5. Expresión sucinta de los hechos, de las razones que hubieren sido alegadas y de los fundamentos legales pertinentes; 6. La decisión respectiva, si fuere el caso; 7. Nombre del funcionario o funcionarios que los suscriben, con indicación de la

titularidad con que actúen, e indicación expresa, en caso de actuar por delegación, del número y fecha del acto de delegación que confirió la competencia. 8. El sello de la oficina».

La norma agrega, además, que el original del respectivo instrumento contendrá la firma autógrafa del o de los funcionarios que lo suscriban; previendo que en el caso de aquellos actos cuya frecuencia lo justifique, se podrá disponer mediante decreto, que la firma de los funcionarios sea estampada por medios mecánicos que ofrezcan garantías de seguridad.

En igual sentido se regula en la Ley del Perú:

«4.4. Cuando deban emitirse varios actos administrativos de la misma naturaleza, podrá ser empleada firma mecánica o integrarse en un solo documento bajo una misma motivación, siempre que se individualice a los administrados sobre los que recae los efectos del acto. Para todos los efectos subsiguientes, los actos administrativos serán considerados como actos diferentes».

Esta exigencia final de la firma, por supuesto, se complementa con la necesaria firma en los casos de refrendo ministerial, lo que en general es de rango constitucional.

Debe destacarse, dentro de las exigencias de forma de los actos administrativos, el requerimiento de la Ley venezolana de que deben contener la expresión sucinta de los fundamentos legales pertinentes (art. 18.5). Es lo que se denomina en el derecho francés, el sistema de «visas» del acto administrativo, que exige, entre otros aspectos, la expresión formal de la base legal del acto, es decir, de las normas legales o reglamentarias que autorizan su emisión.

La Ley de México, a su vez, también formula toda una enumeración de aquello que debe contener un acto administrativo. En el artículo 3° se precisan los aspectos siguientes: acto escrito; firma autógrafa de la autoridad que lo expida; mención del órgano del cual emana; ser expedido sin que medie error respecto a la identificación del expediente; lugar y fecha de emisión; contenido de la decisión; y mención de los recursos que procedan.

Un caso que debe destacarse por el detalle que contiene, es el artículo 124 de la Ley de Uruguay, donde no solo se enumera qué debe contener el acto, sino que se detalla cómo debe conformarse el acto, con una parte expositiva y una dispositiva.

En cuanto a la parte expositiva, la norma precisa que debe contener:

«1) Un «Visto». La finalidad del «Visto» es situar la cuestión que va a ser objeto del acto;

2) Uno o varios «Resultandos» puestos a continuación del «Visto», en los que se deben exponer los hechos que constituyan los antecedentes del acto administrativo de que se trate. Los decretos y ordenanzas pueden prescindir de los «Resultandos»;

3) Uno o varios «Considerandos», en los que se desarrollan los fundamentos de derecho, las doctrinas aplicables, las razones de mérito y la finalidad perseguida;

4) Un «Atento», en el que se citan o se hace referencia a las reglas de derecho y a las opiniones o asesoramientos recabados en que el acto se fundamenta».

En todo caso, cuando no existe ninguna cuestión de hecho ni se plantea ningún problema de derecho la norma permite que pueda prescindirse de los «Resultandos» y de los «Considerandos» y consistir la parte expositiva en un «Visto» y un «Atento».

En cuanto a la parte dispositiva, el mismo artículo 124 de la Ley de Uruguay señala que debe ir numerada en las resoluciones y articulada en los Decretos y Ordenanzas, con la siguiente precisión:

> «El acápite de la parte dispositiva debe mencionar al órgano que adopta el acto administrativo, a lo que seguirá un «Decreta» o un «Resuelve», si el acto es dictado por el Poder Ejecutivo, y un «Dispone» o un «Resuelve» si el acto es dictado por un Ministerio.
>
> No se admitirá en la parte expositiva ninguna otra expresión que las citadas precedentemente».

El Reglamento de la Comunidad Andina sigue la orientación de la legislación de Venezuela antes indicada, en cuanto al detalle del contenido escrito de las resoluciones (art. 7).

4. *La motivación de los actos administrativos*

Por último, entre los requisitos de forma de los actos administrativos está la motivación, calificada en la Ley de Honduras como obligatoria, exigiendo que se expresen suscintamente tanto los hechos antecedentes en los cuales se sustenta el acto y que le sirven de causa, como el derecho aplicable. Solo se excluyen de esta obligación, los actos que sean manifestación de opiniones o de conocimiento técnico (art. 25 y 26).

Lo mismo se precisa en el Código de Ecuador (art. 100); y en la Ley venezolana, al exigir que el acto administrativo contenga «expresión suscinta de los hechos, de las razones que hubieren sido alegadas y de los fundamentos legales pertinentes» (art. 18, 5°). En igual sentido, la Ley del Perú (art. 3,4).

La motivación de los actos administrativos, por tanto, como requisito de forma, consiste en la necesaria expresión formal en el texto de los mismos, de sus motivos, tanto los que son de derecho, incluso los que configuran la base legal, como los motivos de hecho que provocan la actuación administrativa (supuestos de hecho).

Además, la motivación es una garantía al ejercicio del derecho a la defensa de los interesados, particularmente ante decisiones que restrinjan el ejercicio de las libertades públicas; las medidas de policía: las medidas sancionatorias; los actos relativos a autorizaciones cuando establecen condiciones restrictivas o imponen sujeciones; las que retiren o abroguen una decisión creadora de determinados derechos; las que priven un derecho o establezcan la caducidad; las que opongan una prescripción; o las que rechacen una ventaja cuya atribución constituya un derecho para las personas que reúnen las condiciones legales para su obtención. En fin, las decisiones administrativas que impliquen una lesión a los derechos individuales o una restricción a la esfera jurídica de los administrados requieren ser motivados.

Inicialmente fue la jurisprudencia la que fue construyendo el principio de la motivación de los actos administrativos, pero luego han sido las leyes de procedimientos administrativos los que lo han consolidado. Por ejemplo, la Ley General de Costa Rica, en su artículo 136, establece que serán motivados con mención, sucinta al menos, de sus fundamentos:

«a. Los actos que impongan obligaciones o que limiten, supriman o denieguen derechos subjetivos; b. Los que resuelvan recursos; c. Los que se separen del criterio seguido en actuaciones precedentes o del dictamen de órganos consultivos; d. Los de suspensión de actos que hayan sido objeto del recurso; e. Los reglamentos y actos discrecionales de alcance general; y f. Los que deban serlo en virtud de ley».

La misma norma exige que la motivación podrá consistir en la referencia explícita o inequívoca a los motivos de la petición del administrado, o bien a propuestas, dictámenes o resoluciones previas que hayan determinado realmente la adopción del acto, a condición de que se acompañe su copia.

Una disposición similar, enunciativa de los casos en los que es necesaria la motivación de los actos administrativos la tiene, igualmente, la Ley de Bolivia (art. 30), en la Ley de El Salvador, en la cual se agrega a los actos que «revoquen o modifiquen actos anteriores», o «se dicten en ejercicio de una potestad discrecional;» (art. 23): y en la Ley de Panamá respecto de los actos administrativos «que afecten derechos subjetivos; los que resuelvan recursos; los que se separen del criterio seguido en actuaciones precedentes de idéntica naturaleza o del dictamen de organismos consultivos» (art. 155); y la Ley de Brasil, expresando que:

Art. 50. Os atos administrativos deverão ser motivados, com indicação dos fatos e dos fundamentos jurídicos, quando: I. neguem, limitem ou afetem direitos ou interesses; II. imponham ou agrevem deveres, encargos ou sanções; III. Decidam processos adminis-trativos de concurso ou seleção pública; IV. dispensem ou declarem a inexighilidade de proceso licitatório; V. decidam recursos administrativos; VI. decorram de reexame de oficio; VII. deixem de aplicar jurisprudencia firmada sobre a questão ou discrepem de pareceres, laudos, propostas e relatórios oficiais; VII. importem anulação, revogação, suspensão ou convalidação de ato administrativo».

En estos casos, conforme al mismo artículo:

«§ 1° A motivação debe ser explicita, clara e congruente, podendo consistir em declaração de concordância com fundamentos de anteriores pareceres, informações, deciões ou propostas, que neste caso, serão parte integrante do ato.

§ 2° Na solução de vários assuntos da mesma natureza, pode ser utilizado meio mecánico que reproduza os fundamentos das decisões, desde que não prejudique direito ou garantía dos interessados.

§ 3° A motivação das decisões de ógãos colegiados e comissões ou de decisões orais constará da respectiva ata ou de termo escrito».

Por otro lado, en otros países rige el principio general de que todo acto administrativo debe ser motivado, sin necesidad de precisar lista alguna. Este es el caso de Venezuela, donde la Ley Orgánica de Procedimientos Administrativos dispone:

«Los actos administrativos de carácter particular deberán ser motivados, excepto los de simple trámite, o salvo disposición expresa de la Ley. A tal efecto, deberán hacer referencia a los hechos y a los fundamentos legales del acto» (art. 9).

En igual sentido se expresa el Código de Ecuador (art. 23), la Ley de Panamá (art. 201.1) La Ley de México exige que todo acto administrativo deberá estar «fundado y motivado» (art. 3). Igualmente, la Ley de Argentina que dispone que los actos administrativos:

> «Deberán ser motivados, expresándose en forma concreta las razones que inducen a emitir al acto, consignando, además, los hechos y antecedentes que le sirven de causa y en el derecho vigente» (art. 7,e)

El mismo principio lo establece la Ley de Uruguay:

> «Artículo 123. Todo acto administrativo deberá ser motivado, explicándose las razones de hecho y de derecho que lo fundamentan. No son admisibles fórmulas generales de fundamentación, sino que deberá hacerse una relación directa y concreta de los hechos del caso específico en resolución, exponiéndose además las razones que con referencia a él en particular justifican la decisión adoptada».

La idea de la prohibición de las «fórmulas generales de fundamentación» es un tema que se ha exigido siempre en la jurisprudencia, pero aquí se encuentra una norma expresa al respecto.

En esta forma, la motivación de los actos administrativos constituye una exigencia del derecho a la defensa, con fundamento expreso en los textos legales. Por ello, en la del Perú se la regula, en detalle, en su artículo 6 en la forma siguiente:

> «6.1. La motivación deberá ser expresa, mediante una relación concreta y directa de los hechos probados relevantes del caso específico, y la exposición de las razones jurídicas y normativas que con referencia directa a los anteriores justifican el acto adoptado.
>
> 6.2. Puede motivarse mediante la declaración de conformidad con los fundamentos y conclusiones de anteriores dictámenes, decisiones o informes obrantes en el expediente, a condición de que se les identifique de modo certero, y que por esta situación constituya parte integrante del respectivo acto.
>
> 6.3. No son admisibles como motivación, la exposición de fórmulas generales o vacías de fundamentación para el caso concreto o aquellas fórmulas que por su oscuridad, vaguedad, contradicción o insuficiencia no resulten específicamente esclarecedoras para la motivación del acto».

La norma concluye indicando que no precisan motivación los siguientes actos: las decisiones de mero trámite que impulsan el procedimiento; cuando la autoridad estima procedente lo pedido por el administrado y el acto administrativo no perjudica derechos de terceros; y cuando la autoridad produce gran cantidad de actos administrativos sustancialmente iguales, bastando la motivación única (art. 6.4).

Otras leyes más recientes, a pesar de que sobre la motivación solo consagren que se exige en general, como es el caso de la Ley de República Dominicana (art. 9.II), en la misma se ha incorporado una norma novedosa sobre el *principio de la racionalidad* vinculado a la motivación, en la siguiente forma:

> «Artículo 3.4. Principio de racionalidad: Que se extiende especialmente a la motivación y argumentación que debe servir de base a la entera actuación administrativa. La Administración debe actuar siempre a través de buenas

decisiones administrativas que valoren objetivamente todos los intereses en juego de acuerdo con la buena gobernanza democrática».

IV. EL PRINCIPIO DE LA PRESUNCIÓN DE LA LEGALIDAD Y LEGITIMIDAD

Si el principio de la eficacia en el procedimiento administrativo tiende a asegurar la obtención de un determinado resultado y que el acto pueda surtir efectos dentro de la finalidad perseguida; el principio de la presunción de la legalidad y legitimidad persigue afianzar la posibilidad de que el acto surta efectos y que se presuma válido, legítimo y legal una vez que se ha perfeccionado y se ha dictado, para que así pueda cumplirse la finalidad del procedimiento.

La presunción de legalidad y legitimidad, por tanto, origina la presunción de validez y con ella la eficacia del acto. Como lo indica la Ley de Honduras:

> «Artículo 30. Se presume la legitimidad de los actos administrativos.
>
> La Administración tiene potestad de ejecutarlos a través de sus órganos competentes, previo apercibimiento».

Por su parte, el artículo 9 de la Ley del Perú formula el principio de la «presunción de validez», indicando que «todo acto administrativo se considera valido en tanto su pretendida nulidad no sea declarada por autoridad administrativa o jurisdiccional, según corresponda;» y la Ley de Bolivia, indicando sobre el «principio de legalidad y presunción de legitimidad» que:

> «las actuaciones de la Administración Pública por estar sometidas plenamente a la Ley, se presumen legítimas, salvo expresa declaración judicial en contrario» (art. 4.g), y que:
>
> «Los actos de la Administración Pública sujetos a esta Ley se presumen válidos y producen efectos desde la fecha de su notificación o publicación» (art. 32.I).

Sobre el mismo principio la Ley de Chile una disposición es más completa, al indicar:

> «Los actos administrativos gozan de una presunción de legalidad, de imperio y exigibilidad frente a sus destinatarios, desde su entrada en vigencia, autorizando su ejecución de oficio por la autoridad administrativa, salvo que mediare una orden de suspensión dispuesta por la autoridad administrativa dentro del procedimiento impugnatorio o por el juez, conociendo por la vía jurisdiccional» (art. 3).

1. *La validez y la eficacia*

La validez de un acto administrativo consiste en su conformidad con el ordenamiento jurídico, consecuencia del respeto a la legalidad o del sometimiento a las exigencias del derecho. Por ello, el artículo 8 de la Ley del Perú señala sobre la «validez del acto administrativo» que «es válido el acto administrativo dictado conforme al ordenamiento jurídico» En el mismo sentido sobre la «presunción de validez» se declara en la Ley de la República Dominicana (art. 10).

La eficacia, por su parte, consiste en la producción de efectos del acto administrativo o en la aplicación del acto a sus destinatarios para que surta efectos respecto a ellos.

En esta forma, el acto válido puede ser o no eficaz, dependiendo de las condiciones de eficacia que se regulen en los ordenamientos. Por ejemplo, cuando se haya dictado un acto válido pero que no se ha notificado, el mismo no puede surtir sus efectos; no es eficaz, pero es válido. A la vez, el acto puede ser inválido por no estar acorde con el ordenamiento jurídico, pero puede producir efectos mientras no sea formalmente declarado nulo por la autoridad competente para ello.

A este respecto la Ley General de Costa Rica dispone que:

> «Será válido el acto administrativo que se conforme sustancialmente con el ordenamiento jurídico, incluso en cuanto al móvil del funcionario que lo dicta» (art. 128).

Esto implica que la adecuación al ordenamiento jurídico (al principio de la legalidad) condiciona la validez, precisamente, a través del cumplimiento de los requisitos que para ello se regulan en las leyes de procedimientos administrativos.

Por otra parte, el acto válido, en principio, surte efectos hasta tanto no sea declarada la invalidez del mismo por la autoridad competente. Así lo dice, por ejemplo, expresamente la Ley Federal mexicana:

> «Artículo 8. El acto administrativo será válido hasta tanto su invalidez no haya sido declarada por autoridad administrativa o jurisdiccional, según sea el caso».

En síntesis, el acto administrativo, una vez dictado, es válido y, en principio, produce efectos. Dicha validez perdura como consecuencia del principio de la eficacia hasta que el acto no sea revocado o declarado nulo por la autoridad administrativa o judicial o, simplemente, hasta que el acto se extinga normal o naturalmente sin que tenga que ser anulado o revocado por autoridad alguna.

2. *Los requisitos de eficacia*

Como se ha dicho, el acto administrativo válido o conforme con el ordenamiento jurídico, en principio, produce efectos, pero éstos pueden estar sometidos a variadas condiciones que deban cumplirse a los efectos de que el mismo pueda producir sus consecuencias jurídicas y que deben cumplirse, sea en la propia Administración o respecto de destinatarios del acto.

A. *Los requisitos en la Administración: la aprobación y la autorización*

En primer lugar, se destacan aquellos requisitos de eficacia que deben cumplirse en el seno de la propia Administración y que, en general, se configuran como autorizaciones y aprobaciones.

En efecto, con frecuencia las leyes exigen que para que un acto administrativo surta efectos tiene que ser autorizado previamente por otro órgano administrativo, o tiene que ser aprobado por otra entidad pública. Incluso, en muchos casos, tratándose de algunos actos del Ejecutivo, se requiere de autorizaciones previas o aprobaciones posteriores de los órganos legislativos. En todo caso, se trata del régimen de las aprobaciones y autorizaciones como condición de eficacia de los actos administrativos.

Esto encuentra regulación expresa en muchas leyes. Por ejemplo, en el caso mexicano, la Ley Federal de Procedimientos Administrativos, establece:

«Artículo 10. Si el acto administrativo requiere aprobación de órganos o autoridades distintos del que lo emita, de conformidad a las disposiciones legales aplicables, no tendrá eficacia sino hasta en tanto aquélla se produzca».

En igual sentido se establece la Ley de la República Dominicana (art. 27), y en la Ley de Honduras al disponer su artículo 31 que «los actos sujetos a aprobación no producirán sus efectos en tanto la misma no se haya ejercido».

Normalmente, por supuesto, la aprobación es un acto posterior al acto sujeto a aprobación, el cual solo puede comenzar a surtir efectos cuando ella se produzca. En cambio, la autorización es una condición previa a la propia emisión del acto autorizado.

En el caso de la Ley General de Costa Rica, también se regula en forma expresa la aplicación de dicho requisito de autorización, que debe ser previa, como condición de eficacia. Así, el artículo 145 de la Ley General establece:

«Artículo 145. 1. Los efectos del acto administrativo podrán estar sujetos a requisitos de eficacia, fijados por el mismo acto o por el ordenamiento.

2. Los requisitos de eficacia producirán efecto retroactivo a la fecha del acto administrativo, salvo disposición expresa en contrario del ordenamiento.

3. Cuando el acto requiera autorización de otro órgano la misma deberá ser previa.

4. Cuando el acto requiera aprobación de otro órgano, mientras ésta no se haya dado, aquél no será eficaz, ni podrá comunicarse, impugnarse ni ejecutarse».

B. *Los requisitos en relación con los destinatarios: la publicación y la notificación*

Pero en relación con los destinatarios del acto administrativo, los requisitos de eficacia se rigen por el principio del conocimiento (principio de publicidad) por parte de los interesados, para que el acto tenga eficacia.

Por ejemplo, la Ley argentina señala sobre la «eficacia del acto» que:

«Artículo 11. Para que el acto administrativo de alcance particular adquiera eficacia debe ser objeto de notificación al interesado y el de alcance general, de publicación».

Por tanto, en general, el comienzo de los efectos de los actos administrativo regulados en las leyes de procedimientos administrativos, está vinculado a la notificación o la publicación de los mismos; constituyendo una obligación de la Administración practicar la notificación de los actos de efectos individuales (art. 18, Ley del Perú; art. 45, Ley de Chile; art. 97, Ley de El Salvador; Ley de Panamá, art. 89; Código de Ecuador, art. 164) o efectuar la publicación (art. 18, Ley del Perú; art. 34, Ley de Bolivia; art. 48, Ley de Chile; art. 103, Ley de El Salvador).

Sin embargo, a pesar de que la notificación y la publicación sean requisitos de eficacia, los administrados podrían, antes de cumplirse con estos requisitos, pedir el cumplimiento de estos actos si tienen conocimiento de los mismos y no causan perjuicios a terceros (art. 11 de la Ley de Argentina). En esta forma, en ausencia de notificación o publicación, puede haber un cumplimiento voluntario sobre todo en el caso de los actos de efectos particulares.

En igual sentido, en la Ley Federal mexicana en su artículo 9, se regula el principio de que se exceptúa del requisito de notificación, en los casos de:

> «El acto administrativo por el cual se otorgue un beneficio al particular, caso en el cual su cumplimiento será exigible por éste al órgano administrativo que lo emitió desde la fecha en que se dictó o aquélla que tenga señalada para iniciar su vigencia; así como los casos en virtud de los cuales se realicen actos de inspección, investigación o vigilancia conforme a las disposiciones de ésta u otras leyes, los cuales son exigibles a partir de la fecha en que la Administración Pública Federal los efectúe».

En igual sentido, si bien la Ley peruana requiere la «notificación legalmente realizada» para que se produzca la eficacia del acto administrativo (art. 16.1), precisa sin embargo que:

> «Artículo 16.2. El acto administrativo que otorga beneficio al administrado se entiende eficaz desde la fecha de su emisión, salvo disposición diferente del mismo acto».

De manera excepcional, sobre la notificación, la exigencia de la misma no se formula en general, sino que se limita a una serie de actos administrativos. Es el caso de la Ley de Panamá, en la cual además de detallarse extensamente los requisitos y condiciones de la notificación (arts. 90-99), en su artículo 91 se dispone que:

> «Solo se notificarán personalmente: 1. La resolución en que se ordene el traslado de toda petición, se ordene la corrección de la petición y, en gene-ral, la primera resolución que se dicte en todo proceso; 2. La resolución en que se cite a una persona para que rinda declaración de parte, para reconocer un documento, para rendir testimonio y aquélla en que se admita demanda de reconvención; 3. La resolución en que se ponga en conocimiento de una parte el desistimiento del proceso de la contraria, y la pronunciada en casos de ilegitimidad de personería, a la parte mal representada o a su representante legítimo; 4. La primera resolución que se dicte en un proceso que ha estado paralizado por un mes o más; 5. La que decida una instancia; 6. Las demás que expresamente ordene la ley».

Salvo esta excepción, puede decirse que en general, todas las leyes se recogen los mismos principios sobre la notificación de los actos administrativos de efectos particulares. En el caso de Costa Rica, de nuevo se destaca que la Ley General dedica un Capítulo entero al tema «Sobre la eficacia» de los actos administrativos, que inicia con el artículo 140, cuyo texto es el siguiente:

> «Artículo 140. El acto administrativo producirá su efecto después de comunicado al administrado, excepto si le concede únicamente derechos, en cuyo caso lo producirán desde que se adopte».

Una norma similar está en la Ley de El Salvador (art. 26), y en la Ley de la República Dominicana (art. 12).

Conforme a esto y en beneficio del particular, si el acto administrativo es, por ejemplo, consecuencia de una petición de un derecho, la declaración o la concesión del derecho por la Administración aún sin notificación formal del acto, produce efectos si su contenido es solo el otorgamiento del derecho a quien lo pide. Esto, para que la exigencia de la notificación no se convierta en una limitación a que el acto administrativo pueda comenzar a surtir efectos de inmediato, en el caso de actos que solo otorgan derechos.

Adicionalmente, la Ley General de Costa Rica precisa en su artículo 334, que «es requisito de eficacia del acto administrativo su debida comunicación al administrado, para que sea oponible a éste». Además, en su artículo 141, señala expresamente que «la debida comunicación será el punto de partida para los términos de impugnación del acto administrativo»; es decir, la notificación de los actos de efectos individuales como condición para el inicio de sus efectos, coincide con el momento en el cual se inician los términos para los lapsos de impugnación de los actos administrativos.

Por su parte, la Ley Federal mexicana con toda precisión, establece que «el acto administrativo será válido, eficaz y exigible a partir de que surta efectos la notificación legalmente efectuada...» (art. 9). En sentido similar se establece en el Código de Ecuador (art. 101).

Por supuesto, la notificación es indispensable para que el acto de efectos particulares surta efectos, salvo, como lo dice la Ley de Honduras, «respecto de las personas para las que no fuese exigible la notificación personal», en cuyo caso la publicación producirá los efectos de la notificación (art. 33). Por ello, la Ley de la República Dominicana aclara que:

> «Artículo 11.I. La publicación de los actos podrá sustituir a la notificación cuando el acto tenga por destinatarios a una pluralidad indeterminada de personas o en los casos de procedimientos de concurrencia competitiva, indicándose en este último caso el medio válido para la publicación».

Por supuesto, en general, la notificación no es necesaria respecto de los actos administrativos de efectos generales, los cuales comienzan sus efectos precisamente a partir de la publicación de los mismos. La distinción la recoge la Ley Orgánica de Venezuela, previéndose que la publicación es un requisito de eficacia no solo de los actos normativos, que son los que normalmente aparecen publicados en el *Diario* o *Gaceta Oficial*, sino para los actos generales de efectos particulares, porque en definitiva se dirigen a un número determinable de sujetos (art. 72). En la legislación peruana, en los casos de actos que tengan varios destinatarios, el principio es que deben ser notificados personalmente a todos (art. 22).

En efecto, respecto al tema de la publicación, el principio es que el acto administrativo de efectos generales debe publicarse, sobre todo el de carácter normativo, o el que sea de carácter general no normativo cuando afecte a un número determinable de personas. Dicha publicación debe efectuarse en el *Diario* o *Gaceta Oficial* cuando se trate de actos administrativos nacionales; si se trata de actos administrativos dictados por entidades territoriales descentralizadas, si existen dichas *Gacetas Oficiales* en la entidad, deberá hacerse la publicación estableciéndose sustitutivamente, como lo desarrolla el Código colombiano, la posibilidad de la publicación en un periódico de amplia circulación en el territorio donde sea competente quien expidió las decisiones (art. 46).

Es de interés destacar, sobre la publicación de los actos administrativos, la previsión de la Ley de Chile sobre «autenticación» al disponer que:

> «Los actos publicados en el Diario Oficial se tendrán como auténticos y oficialmente notificados, obligando desde esa fecha a su íntegro y cabal cumplimiento, salvo que se establecieren reglas diferentes sobre la fecha en que haya de entrar en vigencia» (art. 49).

En cuanto a las notificaciones de los actos administrativos hay principios comunes que puedan identificarse en casi todas las leyes:

En *primer lugar*, el principio de la notificación personal al interesado o al apoderado o al representante legal, mediante acto escrito, oficio, telegrama, carta o cualquier otro medio. Esto se encuentra expresamente establecido en el Código colombiano (art. 44), en la Ley Orgánica de Venezuela (art. 73), en la Ley General de Costa Rica (art. 243), en la Ley de panamá (art. 98), y en la Ley de Honduras (arts. 87 y 88).

La Ley de El Salvador autoriza «las notificaciones por correo postal, público o privado, con acuse de recibo»(art. 98.1), y la Ley peruana agrega «correo electrónico» o «cualquier otro medio que permita comprobar fehacientemente su acuse de recibo y quien lo recibe, siempre que el empleo de cualquiera de estos medios hubiese sido solicitado expresamente por el administrado» (art. 20,1,2).

En *segundo lugar*, la precisión del lugar de la notificación, es decir, dónde deben hacerse las notificaciones, que puede ser en el domicilio o residencia del interesado o en el lugar que estos hayan señalado como «domicilio procesal», similar al que puede indicarse conforme a los Códigos de Procedimiento Civil.

En *tercer lugar*, la recepción de la notificación debe ser personal, pero las leyes, en general, permiten que esta notificación pueda hacerse a la persona que se encuentre en el domicilio o la residencia. Es el caso de Venezuela, donde para agilizar los efectos del acto, si la persona destinataria no está en ese lugar, puede dejarse la notificación del acto con quien lo reciba, siempre que sea el domicilio o la residencia de la persona (art. 75). En igual forma se establece en la Ley peruana (art. 21,4), en la Ley de Bolivia (art. 33.IV), y en la Ley de Chile (art. 46). Esto, para distanciar el principio de la notificación de los actos administrativos de los principios de la citación procesal contenidos en las normas del procedimiento civil, que son mucho más rigurosos.

En todo caso, cuando se desconozca el domicilio o la residencia del destinatario, las leyes de procedimiento administrativo establecen mecanismos alternativos de fijación de edictos en el Despacho del órgano administrativo (art. 45 del Código colombiano; art. 88 Ley de Honduras) o de publicación del acto (art. 22.1.2 de la Ley del Perú) o del edicto (art. 35 de la Ley Federal mexicana, art. 76, Ley Orgánica de Venezuela). En estos casos, el emplazamiento se debe publicar en un periódico, igual que el emplazamiento en el proceso judicial.

En el caso colombiano, la institución del edicto colocado en lugar público puede considerarse de eficacia relativa, por lo que hay que destacar la importancia de la regulación en el caso venezolano, donde la notificación no procede por edicto colocado en una oficina pública, sino que es obligatorio publicarlo en un diario de mayor circulación (art. 76). En el caso de México se exige la publicación en el Diario Oficial y en un periódico de mayor circulación (art. 37).

Un aspecto importante a destacar es que si bien la publicación es una forma de suplir la ausencia de notificación personal, lo que no puede la Administración es recurrir libremente a la publicación sustituyendo la exigencia de notificación personal (Ley del Perú, art. 20.2). Es decir, si el acto administrativo es de efectos particulares y tiene destinatarios, tiene que haber notificación personal y no puede la Administración pretender que con el hecho de publicarlo en la Gaceta Oficial, la cual además muy poca gente lee, pueda presumirse que se notificó el acto. Por tanto, como principio, la publicación no puede sustituir la exigencia de la notificación personal.

En *cuarto lugar*, la precisión del contenido de la notificación. En todas las legislaciones se sigue el principio de la legislación española, según el cual la notificación debe contener el texto íntegro del acto administrativo que se notifica, con la indicación de los recursos que proceden contra el mismo. Es el caso particularmente de la Ley venezolana (art. 73), del Código colombiano (arts. 44 y 47), de la Ley de Honduras (art. 89) de la Ley General de Costa Rica (art. 245), de la Ley peruana (art. 24), de la Ley de El Salvador (art. 104).

Por otra parte, si la propia Administración se equivoca en la indicación al particular de cuál es el recurso que tiene que interponer y el particular usa erradamente el recurso indicado, expresamente se señala en la Ley venezolana que el tiempo que pueda transcurrir no se cuenta a los efectos de la caducidad, cuando se corrija la introducción del recurso (art. 77). Por tanto, el error en que pueda inducir la Administración al particular, no lo afecta en el sentido de que pueda llegarse a considerar que habrían caducado los recursos. En forma general esta situación se regula en la Ley peruana, no solo en relación con los recursos, sino con cualquier acto procedimental, así:

> «24.2. Si en base a información errónea, contenida en la notificación, el administrado practica algún acto procedimental que sea rechazado por la entidad, el tiempo transcurrido no será tomado en cuenta para determinar el vencimiento de los plazos que correspondan».

La indicación sobre el necesario contenido de los actos administrativos la traen expresamente todas las legislaciones, particularmente en forma expresa en los casos de Venezuela (art. 74), Perú (arts. 26 y 27) y Colombia (art. 48), al regular las notificaciones defectuosas. En consecuencia, si la notificación no contiene todos los elementos establecidos, no produce efectos y no comienzan a correr para el particular los lapsos de impugnación; salvo a partir de la fecha en que se haga manifestación expresa en tal sentido por el notificado o se interponga el recurso procedente, como lo indica la Ley de Honduras (art. 91).

Por último, debe destacarse la regulación detallada de la legislación mexicana sobre la posibilidad de que el particular interesado, aún sin notificación, pueda darse por notificado, conocer voluntariamente el acto y ejercer los recursos de impugnación ante la Administración (art. 41).

La regulación deriva de la discusión sobre si la Administración puede presumir que el particular conocía el acto y si por esa vía, puede alegar la caducidad, por ejemplo, de su impugnación. En principio, dicha presunción no debe darse, salvo que haya manifestación concreta de alguna actuación del particular ante la Administración (art. 27.2, Ley del Perú). Pero como principio, la Administración no puede alegar la caducidad de los recursos con fundamento en que «presume» que el particular conocía el acto, salvo que el particular se haya dado por notificado formalmente ante la Administración o haya dado por conocido el acto formalmente y lo haya impugnado ante los órganos jurisdiccionales.

Por tanto, si el particular actúa en el procedimiento y se da por notificado, aun cuando no haya sido notificado personalmente, la Administración sí puede estimar que tuvo conocimiento del acto desde el momento en que ha actuado y que su recurso feneció o caducó si no lo ha ejercido en el tiempo establecido. Es lo que en la Ley de Chile se denomina «notificación tácita» indicando que:

> «Aun cuando no hubiere sido practicada notificación alguna, o la que existiere fuere viciada, se entenderá el acto debidamente notificado si el interesado a quien afectare, hiciere cualquier gestión en el procedimiento, con posterioridad al acto, que suponga necesariamente su conocimiento, sin haber reclamado previamente de su falta o nulidad» (art. 47).

Lo mismo ocurre en los casos de «notificaciones defectuosas», respecto de las cuales la Ley de El Salvador dispone como principio que:

> «Art 102. La notificación realizada por un medio inadecuado o de forma defectuosa será nula, salvo que el interesado se dé por enterado oportunamente del contenido del acto de que se trate, de forma expresa o tácita, ante el órgano correspondiente, con lo cual se entendería que ha quedado subsanado el defecto».

En general, por ello, incluso, el artículo 19 de la Ley peruana expresamente «dispensa de notificación» en los siguientes casos:

> «19.1. La autoridad queda dispensada de notificar formalmente a los administrados cualquier acto que haya sido emitido en su presencia, siempre que exista acta de esta actuación procedimental donde conste la asistencia del administrado.
>
> 19.2. También queda dispensada de notificar si el administrado tomara conocimiento del acto respectivo mediante su acceso directo y espontáneo al expediente, recabando su copia, dejando constancia de esta situación en el expediente».

C. *La condición y el término en los actos administrativos*

Los actos administrativos, como todo acto jurídico, pueden tener supeditado el inicio de sus efectos o la duración de los mismos, a condición o término. Sin embargo, en el derecho administrativo, la materia requiere texto expreso por lo que, en ningún caso la Administración puede someter la eficacia de sus actos, discrecionalmente, a estas modalidades.

La regulación de la materia en las leyes de procedimientos administrativos, sin embargo, es excepcional. La disposición más precisa está en la Ley peruana, en cuyo artículo 2, se regulan las modalidades del acto administrativo, así:

> «2.1. Cuando una ley lo autorice, la autoridad, mediante decisión expresa, puede someter el acto administrativo a condición, término o modo, siempre que dichos elementos incorporables al acto, sean compatibles con el ordenamiento legal, o cuando se trate de asegurar con ellos el cumplimiento del fin público que persigue el acto.
>
> 2.2. Una modalidad accesoria no puede ser aplicada contra el fin perseguido por el acto administrativo».

De resto se puede mencionar la Ley Federal mexicana, donde está una previsión expresa de que el acto administrativo puede estar sometido a condición o término, pero regulado en una forma indirecta cuando precisa las formas de extinción del acto administrativo. En tal sentido, el artículo 11 señala que el acto se extingue de pleno derecho cuando la formación del acto está sometida a una condición o término suspensivo y éste no se realiza, o cuando está sometido al acaecimiento de una condición resolutoria, en cuyo caso se extingue. Es decir, es una regulación indirecta de la condición y el término, por vía de la previsión de la extinción del acto.

Por tanto, puede decirse que, salvo en la Ley del Perú, el principio positivo de que el acto administrativo puede estar sometido a condición o término no se encuentra regulado en forma expresa en las leyes de procedimientos administrativos. Ello confirma la conclusión de que la condición o término en relación a los efectos de los actos administrativos, solo puede existir por texto expreso lo que, en definitiva, es una limitación a la potestad discrecional.

3. *La firmeza de los actos administrativos*

La firmeza del acto administrativo se produce cuando el mismo es totalmente irrevisable, es decir, cuando no puede ser impugnado por los particulares y no pueda ser revocado por la Administración. Este principio de la firmeza justifica que el acto pueda ser totalmente ejecutado, y que haya que cumplirlo necesariamente. Por ello, la Ley General de Costa Rica señala al respecto que «la Administración deberá dar cumplimiento a los actos administrativos firmes...» (art. 228); y la Ley de Panamá dispone que:

> «Las órdenes y demás actos administrativos en firme, del Gobierno Central o de las entidades descentralizadas de carácter individual, tienen fuerza obligatoria inmediata, y serán aplicados mientras sus efectos no sean suspendidos, no se declaren contrarios a la Constitución Política, a la ley o a los reglamentos generales por los tribunales competentes» (art. 46)

Incluso, algunas legislaciones vinculan la eficacia del acto con la firmeza, como ocurre con la Ley de Honduras que establece que «los actos de la Administración de carácter particular adquieren eficacia al ser firmes» (art. 31).

Ahora bien, la definición precisa de la firmeza de los actos administrativos normalmente no se encuentra en textos legales expresos. En general, como se dijo, está vinculada al concepto de la inimpugnabilidad del acto administrativo; aquél que ya no es recurrible. En tal sentido, la única de las leyes que trae una definición de la firmeza es el Código colombiano que precisa en su artículo 62 que los actos administrativos quedarán firmes:

> «1) Cuando contra ellos no proceda ningún recurso; 2) Cuando los recursos interpuestos se hayan decidido; 3) Cuando no se interpongan recursos, o cuando se renuncie expresamente a ellos; 4) Cuando haya lugar a la perención, o cuando se acepten los desistimientos».

Este mismo principio es el que se aplica en todos los demás países, aún cuando en la legislación no se incluya una definición expresa.

4. *La suspensión de efectos de los actos administrativos*

Los actos administrativos, como se ha dicho, por la presunción de legitimidad y veracidad que tienen, al ser notificados comienzan a surtir efectos y pueden ser ejecutados, de manera que como principio, el ejercicio de recursos contra los mismos no suspende sus efectos. Este es el principio general en las leyes de procedimientos administrativos, de América Latina.

Por ello, el régimen de Colombia puede considerarse excepcional, al establecer el principio contrario, de los efectos suspensivos de los recursos, consagrado en el artículo 55 del Código, que establece que «los recursos se concederán en el efecto suspensivo...». Por supuesto, este régimen excepcional, en el balance entre interés general y el interés particular, está más en favor de la garantía de los derechos de los particulares.

En general, el resto de las leyes de América Latina establecen el principio contrario, que es el clásico, de los efectos no suspensivos de los recursos. Así, por ejemplo, el artículo 87 de la Ley Orgánica venezolana establece que «la interposición de cualquier recurso no suspenderá la ejecución del acto impugnado, salvo previsión legal en contrario», como, precisamente, la prevista en el Código Orgánico Tributario para los actos administrativos de naturaleza tributaria.

En igual sentido, la Ley General de Costa Rica establece en general, que «los recursos administrativos no tendrán efecto suspensivo de la ejecución» (art. 148); y la Ley peruana precisa que:

> «la interposición de cualquier recurso, excepto los casos en que una norma legal establezca lo contrario, no suspenderá la ejecución del acto impugnado» (art. 216,1).

En cuanto a los recursos contencioso-administrativos, en general, también tienen los mismos efectos no suspensivos, pero teniendo el juez contencioso-administrativo amplísimos poderes cautelares de suspensión.

Por otra parte, como se dijo, siempre existe la posibilidad de que intentada una reclamación, un recurso o una solicitud, la Administración puede decidir la suspensión de efectos de los actos impugnados. En algunos casos, en leyes como la de Venezuela, por ejemplo, se limita la posibilidad de suspensión de efectos para los casos en los cuales se formule un alegato de nulidad absoluta o cuando el acto si se ejecuta se estime que pueda causar gravamen o perjuicio irreparable. En estos casos, la Administración puede suspender los efectos del acto (art. 87 de la Ley venezolana).

Esto es paralelo a lo que podría llamarse la suspensión de facto, que es la común: dictado un acto administrativo y recurrido el mismo, aún cuando formalmente el recurso no tenga efectos suspensivos, no es común ver a la Administración ejecutándolo, sobre todo cuando puede afectar el patrimonio del particular, cuando por ejemplo, pueda implicar una demolición o una multa. Por otra parte, es muy difícil ver a la Administración cobrando una multa cuando hay un recurso pendiente, produciéndose de hecho la suspensión.

En todo caso, en la legislación de Costa Rica se establece el mismo principio del carácter no suspensivo de los recursos administrativos, admitiéndose, sin embargo, la posibilidad para la Administración, de poder «suspender la ejecución cuando la misma puede causar perjuicios graves o de imposible o difícil reparación» (art. 148).

En la Ley argentina, el mismo principio está consagrado así:

> «Artículo 12. La Administración podrá, de oficio o a pedido de parte y mediante resolución fundada, suspender la ejecución por razones de interés público, o para evitar perjuicios graves al interesado, o cuando se alegare fundadamente una nulidad absoluta».

Una norma idéntica está consagrada en la Ley de Honduras (art. 30). La Ley peruana, por su parte, destina al tema la siguiente normativa desarrollada con todo detalle:

> «216.2. No obstante lo dispuesto en el numeral anterior, la autoridad a quien competa resolver el recurso podrá suspender de oficio o a petición de parte la ejecución del acto recurrido cuando concurra alguna de las siguientes circunstancias:
>
> a) Que la ejecución pudiera causar perjuicios de imposible o difícil reparación.
>
> b) Que se aprecie objetivamente la existencia de un vicio de nulidad trascendente.
>
> 216.3. La decisión de la suspensión se adoptará previa ponderación suficientemente razonada entre el perjuicio que causaría al interés público o a terceros la suspensión y el perjuicio que causa al recurrente la eficacia inmediata del acto recurrido.
>
> 216.4. Al disponerse la suspensión podrán adoptarse las medidas que sean necesarias para asegurar la protección del interés público o los derechos de terceros y la eficacia de la resolución impugnada.
>
> 216.5. La suspensión se mantendrá durante el trámite del recurso administrativo o el correspondiente proceso contencioso-administrativo, salvo que la autoridad administrativa o judicial disponga lo contrario si se modifican las condiciones bajo las cuales se decidió».

Debe destacarse, sin embargo, que esta potestad de la Administración de suspender los efectos de los actos administrativos impugnados, encuentra una restricción extrema en la ley venezolana, al exigir obligatoriamente que el órgano respectivo requiera del interesado la constitución de caución suficiente, haciendo responsable al funcionario de la insuficiencia de la caución (art. 87).

5. *La extinción natural del acto administrativo*

Otro tema vinculado a la presunción de validez y legitimidad y al cumplimiento de los efectos del acto administrativo, como lo señala la Ley Federal mexicana, es que el acto produce sus efectos como acto válido, hasta tanto sea declarada su invalidez por una decisión administrativa o judicial, según que se revoque o se anule (art. 8).

Sin embargo, esto hay que contrastarlo con los mecanismos de extinción natural de los actos administrativos, es decir, que sin que haya una revocación o una anulación, el acto puede extinguirse por diversas razones: porque se agotó su objeto; porque se extinguió su finalidad; porque se extingue su plazo, en caso de tenerlo; porque se produce el término extintivo o la condición resolutoria. También se produce la extinción natural del acto, cuando se trata de un acto que solo beneficia a un particular y éste puede renunciar al derecho que le otorga. También constituye una forma de extinción natural del acto, el denominado decaimiento, cuando lo que se extingue es el presupuesto de hecho o el presupuesto de derecho del acto, y al desaparecer uno de estos elementos esenciales, el acto decae.

Todos estos medios de extinción natural se enumeran en la Ley Federal mexicana así:

> «Artículo 11. El acto administrativo de carácter individual se extingue de pleno derecho, por las siguientes causas: I. Cumplimiento de su finalidad; II. Expiración del plazo; III. Cuando la formación del acto administrativo esté sujeto a una condición o término suspensivo y éste no se realiza dentro del plazo señalado en el propio acto; IV. Acaecimiento de una condición resolutoria; V. Renuncia del interesado, cuando el acto hubiere sido dictado en exclusivo beneficio de éste y no sea en perjuicio del interés público; y VI. Por revocación, cuando así lo exija el interés público, de acuerdo con la ley de la materia».

En sentido similar, el Código de Ecuador indica que:

> Art. 103. Causas de extinción del acto administrativo. El acto administrativo se extingue por: 1. Razones de legitimidad, cuando se declara su nulidad. 2. Revocatoria, en los casos previstos en este Código. 3. Cumplimiento, cuando se trata de un acto administrativo cuyos efectos se agotan. 4. Caducidad, cuando se verifica la condición resolutoria o se cumple el plazo previsto en el mismo acto administrativo o su régimen específico. 5. Ejecución de los derechos o cumplimiento de las obligaciones que se deriven de él, de conformidad con la ley, si no se ha previsto un régimen específico».

Otra forma de extinción regulada especialmente en la Ley argentina, es la caducidad del acto administrativo cuando el interesado no cumple las condiciones fijadas en el mismo (art. 21), lo que es un principio general del derecho administrativo. La Ley exige, sin embargo, la previa constitución en mora del particular y la concesión de un plazo suplementario razonable para el cumplimiento (art. 21).

6. *La prescripción de los actos administrativos sancionatorios*

Otro tema en relación con la extinción de los actos administrativos en los procedimientos administrativos que regulan las leyes en América Latina, es el que se refiere a la prescripción de las sanciones administrativas.

En la Ley Federal mexicana, por ejemplo, se prevé que «la facultad de la autoridad para imponer sanciones administrativas prescribe en 5 años» (art. 79). En el Código colombiano también se regula la prescripción, aun cuando se la califica como «caducidad», al disponer su artículo 38 que:

> «Salvo disposición especial en contrario, la facultad que tienen las autoridades administrativas para imponer sanciones, caduca a los tres (3) años de producido el acto que pueda ocasionarlas».

En sentido similar, el Decreto uruguayo regula la prescripción de las faltas administrativas, en un lapso de 8 años, previendo que la prescripción «se suspende por la resolución que disponga una investigación administrativa o la instrucción de un sumario por la falta administrativa en cuestión» (art. 172).

En la Ley del Perú, no solo se regula detalladamente el procedimiento sancionatorio en general, sino que también con gran precisión, el artículo 231 regula el tema de la prescripción, así:

«233.1. La facultad de la autoridad para determinar la existencia de infracciones administrativas prescribe en el plazo que establezcan las leyes especiales, sin perjuicio de los plazos para la prescripción de las demás responsabilidades que la infracción pudiera ameritar. En caso de no estar determinado, prescribirá en cinco años computados a partir de la fecha en que se cometió la infracción o desde que cesó, si fuera una acción continuada.

233.2. El plazo de prescripción solo se interrumpe con la iniciación del procedimiento sancionador, reanudándose el plazo si el expediente se mantuviera paralizado durante más de un mes por causa no imputable al administrado.

233.3. Los administrados plantean la prescripción por vía de defensa y la autoridad debe resolverla sin más trámite que la constatación de los plazos, debiendo en caso de estimarla fundada, disponer el inicio de las acciones de responsabilidad para dilucidar las causas de la inacción administrativa».

En la Ley Orgánica venezolana, no se regula con carácter general la prescripción de las sanciones administrativas, existiendo solo normas específicas en ordenamientos especiales. Por ejemplo, la prevista en el art. 117, Parágrafo Único de la Ley Orgánica de Ordenación Urbanística de 1987, dispone que:

«Las acciones contra las infracciones de la presente ley prescribirán a los 5 años a contar de la fecha de la infracción, a menos que la prescripción fuese interrumpida por actuaciones de la autoridad administrativa urbanística o municipal correspondiente».

En cambio, lo que sí regula la Ley Orgánica de Procedimientos Administrativos de Venezuela es la prescripción respecto de «las acciones provenientes de los actos administrativos creadores de obligaciones a cargo de los administrados», lo cual se produce «en el término de cinco años (art. 70). Agrega la Ley Orgánica que:

«Artículo 71. Cuando el interesado se oponga a la ejecución de un acto administrativo alegando la prescripción, la autoridad administrativa a la que corresponda el conocimiento del asunto procederá, en el término de treinta (30) días, a verificar el tiempo transcurrido y las interrupciones y suspensiones habidas, si fuere el caso, y a decidir lo pertinente».

V. EL PRINCIPIO DE LA IRREVOCABILIDAD DE LOS ACTOS ADMINISTRATIVOS

Otro de los principios que también es parte fundamental del régimen de los actos administrativos, es el principio de la irrevocabilidad de los actos administrativos o de la no revisión de los mismos, una vez que éstos han sido dictados, salvo en los casos autorizados por la ley.

1. *La revisión de oficio de los actos administrativos*

En efecto, el principio de la irrevocabilidad de los actos administrativos encuentra una excepción general en todos aquellos casos en los cuales la Administración puede revisarlos, de oficio, por estar autorizada legalmente.

En tal sentido, el procedimiento administrativo, en general, puede decirse que se desarrolla en dos fases: en *primer lugar*, el procedimiento constitutivo de los actos administrativos, tendiente a la formación y emisión de los mismos; y, en *segundo lugar*, el procedimiento de revisión de los actos administrativos que se desarrolla una vez que estos se dictan, y que tiene por objeto ratificarlos, corregirlos, reformarlos o modificarlos, revocarlos o anularlos.

Este procedimiento de revisión puede iniciarse de oficio o a instancia de parte, en este último caso mediante el ejercicio por los interesados, de los recursos administrativos de reconsideración, jerárquico o de revisión, o mediante la petición de que se declare su nulidad absoluta.

La revisión de oficio de los actos administrativos está establecida en las leyes de procedimiento administrativo y si bien la Administración puede iniciarlos *motu propio*, puede haber también requerimientos de los interesados, es decir, instancia de parte.

El *primer* supuesto de revisión de oficio de los actos administrativos se refiere a la posibilidad que tiene la Administración, siempre, de modificar los que son de efectos generales, es decir, los actos normativos o reglamentarios. Estos pueden ser reformados o derogados, dadas las características de generalidad e impersonalidad de las situaciones jurídicas que regulan. Por supuesto, estas modificaciones pueden también ser solicitadas por los interesados, en virtud «del derecho de petición en interés general» como lo califica el Código colombiano (arts. 5 a 8). En estos casos, se destaca la garantía que tienen los ciudadanos de ser oídos antes de la modificación mediante el sistema de audiencias y consultas públicas que regulan algunas leyes.

En *segundo lugar*, como se ha visto, las leyes de procedimiento administrativo prevén la posibilidad para la Administración, en cualquier momento, de corregir o rectificar los errores materiales, de hecho, de cálculo, o aritméticos en que se hubiere incurrido en la configuración de los actos administrativos (por ejemplo, art. 157, Ley General de Costa Rica; art. 201, Ley del Perú; art. 73, Código de Colombia; art. 84, Ley de Venezuela). Los interesados, por supuesto, también pueden solicitar esta revisión de los actos administrativos. A tal efecto, algunas leyes como la de Chile, prevén expresamente la posibilidad para la Administración que hubiere dictado una decisión que ponga término a un procedimiento, de poder «de oficio o a petición del interesado, aclarar los puntos dudosos u obscuros y rectificar los errores de copia, de referencia, de cálculos numéricos y, en general, los puramente materiales o de hechos que aparecieren de manifiesto en el acto administrativo» (art. 62). En igual sentido se regula en el Código de Ecuador (art. 133).

En *tercer lugar*, los actos administrativos que no originen derechos subjetivos o intereses legítimos, personales o directos a favor de particulares, pueden ser revocados en cualquier momento por la Administración, sea por la misma autoridad que los dictó o por el superior jerárquico (por ejemplo art. 82 Ley de Venezuela; art. 18 Ley de Argentina). Esta decisión también puede adoptarse de oficio o a petición de parte.

En *cuarto lugar*, la Administración puede «de oficio o a instancia de parte», reconocer o declarar la nulidad absoluta de los actos administrativos, en los casos enumerados en las leyes de procedimiento administrativo. Así se establece expresamente, por ejemplo, en las legislaciones de Venezuela (art. 83) de Argentina (art. 17), de Costa Rica (art. 174) y de Honduras (art. 119). En todo caso, si el acto administrativo ha sido confirmado por sentencia judicial contencioso-administrativa, en ningún caso es revisable por la Administración (art. 205,1).

Es de destacar, además, que el hecho de que las leyes mencionadas permitan expresamente iniciar a instancia de parte este procedimiento de revisión de los actos administrativos en los casos de vicios de nulidad absoluta, pone de manifiesto la existencia efectiva de un «recurso administrativo» específico, cuyo objetivo es el pedir la declaración de nulidad absoluta de un acto administrativo conforme a los casos taxativamente enumerados en las leyes, pero con la especialísima característica de que la petición puede formularse en cualquier momento, sin que exista lapso de caducidad o prescripción alguno, excepto en la legislación de Brasil (5 años) y del Perú (1 año). Esto conlleva consecuencias importantes, en cuanto a la posterior recurribilidad de los actos administrativos nulos, de nulidad absoluta, en vía judicial.

En efecto, si en cualquier momento se puede requerir de la Administración que reconozca y declare la nulidad absoluta de los actos administrativos, aun cuando estos estén firmes, ello significa que la instancia del interesado abre siempre la posibilidad de emisión de un nuevo acto administrativo que declare o no la nulidad absoluta, contra el cual puede, en definitiva, ejercerse los recursos jurisdiccionales contencioso-administrativos que procedan. Por ello, en consecuencia, ante actos administrativos viciados de nulidad absoluta, siempre será posible obtener una revisión judicial de los mismos.

Por último, en *quinto lugar*, debe señalarse que aún en los casos en los que se admite la revisión de oficio de los actos administrativos, si el ejercicio de tal potestad produce efectos inequitativos o lesiona derechos de interesados, la misma no debe ejercerse. Como lo señala la Ley de Honduras:

> «Artículo 125: Las potestades de anulación, revocación y modificación de oficio no podrán ser ejercidas cuando por prescripción de acciones; por el tiempo transcurrido u otras circunstancias, su ejercicio resultase contrario a la equidad, al derecho de los particulares o a las leyes».

2. *El acto administrativo firme y la cosa juzgada administrativa*

La firmeza de los actos administrativos se produce cuando los mismos son irrecurribles o inimpugnables por los interesados. Como lo indica el artículo 212 de la Ley del Perú:

> «Artículo 212. Acto Firme. Una vez vencidos los plazos para interponer los recursos administrativos se perderá el derecho a articularlos quedando firme el acto».

Por su parte, el acto administrativo definitivo es el que pone fin o resuelve un asunto, y eso lo distingue del acto de trámite. La firmeza, en cambio, tiene que ver con la inmodificabilidad del acto administrativo, con las excepciones antes señaladas de revisión de oficio o particularmente a petición de parte.

Ahora bien, si el acto administrativo firme crea derechos a favor de particulares, se dice que crea cosa juzgada administrativa, lo que lo hace irrevocable por la Administración, al punto de que una de las causales de nulidad absoluta de los actos administrativos, como se ha dicho, por ejemplo, en la Ley venezolana, es «cuando resuelvan un caso precedentemente decidido con carácter definitivo y que haya creado derechos particulares» (art. 19,2).

3. *El principio de intangibilidad de los actos administrativos: los límites a la revocación y los derechos adquiridos*

Puede decirse que una consecuencia del principio de la irretroactividad de los actos administrativos, es el principio general de que los derechos o situaciones jurídicas subjetivas adquiridos o declarados por actos administrativos individuales, no pueden ser eliminados posteriormente por otros actos administrativos. Es el principio general de la intangibilidad de las situaciones jurídicas nacidas de actos individuales, o de la irrevocabilidad de los actos administrativos de efectos particulares creadores de derechos a favor de los administrados; principio que ha tenido consagración legal expresa en las leyes de procedimiento administrativo de América Latina.

La fórmula de la Ley argentina puede considerarse que resume, en general, la posición del derecho administrativo latinoamericano, al prescribir que:

> «El acto administrativo regular, del que hubieren nacido derechos subjetivos a favor de los administrados, no puede ser revocado, modificado o sustituido en sede administrativa una vez notificado» (art. 18).

Una variante de esta formulación está en la Ley del Perú, la cual prescribe que «los actos administrativos declarativos o constitutivos de derechos o intereses legítimos no pueden ser revocados, modificados o sustituidos de oficio por razones de oportunidad, mérito o conveniencia» (art. 203,1).

De estas fórmulas derivan varias consecuencias:

En *primer lugar*, el principio de la intangibilidad de las situaciones jurídicas derivadas de un acto administrativo solo se aplica a los actos creadores de derecho a favor de particulares, por lo que los actos administrativos que no creen derechos a favor de particulares pueden ser revocados en cualquier momento. Como lo establece la Ley venezolana:

> «Los actos administrativos que no originen derecho subjetivos o intereses legítimos, personales y directos para un particular, podrán ser revocados en cualquier momento, en todo o en parte, por la misma autoridad que los dictó, o por el respectivo superior jerárquico» (art. 82).

El mismo principio lo recoge el Reglamento de la Comunidad Andina (art. 34).

En *segundo lugar*, el principio de la irrevocabilidad de los actos administrativos creadores de derecho, por supuesto, solo se aplica a los actos administrativos válidos y regulares, capaces de dicha creación, por lo que, si el acto está viciado de nulidad absoluta, no puede crear dichos derechos y es esencialmente revocable (art. 83 Ley venezolana).

En *tercer lugar*, el principio de la irrevocabilidad de los actos administrativos creadores de derechos a favor de particulares, se considera que tiene completa aplicabilidad a partir del momento en el cual el acto administrativo quede firme, es decir, a partir del momento en que su legalidad no pueda ser cuestionada directamente ante el juez administrativo. En consecuencia, el acto creador de derechos a favor de particulares, en principio, podría ser revocado por razones de legalidad dentro del lapso de caducidad previsto para la interposición del recurso de anulación; o como lo señala la Ley de Honduras, «cuando infrinja manifiestamente la ley, siempre que no aparezca firme y con sentido» (art. 121).

En *cuarto lugar*, el principio de la irrevocabilidad rige en tanto en cuanto el particular que deriva derechos del acto administrativo, no consienta su revocación, tal como lo regula el Código de Colombia (art. 73).

Por último, y en cuanto a los principios relativos a la irrevocabilidad de los actos administrativos regulares y firmes creadores de derecho a favor de los particulares, debe señalarse que las legislaciones latinoamericanas admiten como excepción, los casos en los cuales la revocación esté acompañada de una indemnización.

Así lo establece expresamente la Ley argentina (art. 18), la Ley del Perú (art. 205) y la Ley General de Costa Rica (art. 155), la cual establece que, si el acto revocatorio no contiene el reconocimiento y el cálculo de la indemnización completa de los daños y perjuicios causados, el acto revocatorio estaría viciado de nulidad absoluta (art. 155.1). En Honduras, la ley expresamente señala que la revocación de un acto administrativo, solo dará lugar a indemnización cuando la misma esté prevista expresamente en la Ley (art. 123).

En Venezuela, en cambio, frente al establecimiento del principio general de la nulidad absoluta el acto revocatorio de uno precedente creador de derecho a favor de particulares (art. 19,2), podría argumentarse que tal nulidad no se produciría, si la revocación estuviese acompañada de la indemnización correspondiente, por la eliminación del derecho, por supuesto, con suficiente motivación conforme al interés público.

Por tanto, aún cuando el acto cree derechos a favor de particulares, podría ser revocado por la Administración mediando indemnización, porque nunca se podría impedir a la Administración, en último término, hacer prevalecer el interés general sobre el interés particular. Así como la Administración puede expropiar cualquier bien o derecho, ello, también podría aplicarse analógicamente en este caso.

La regulación, en Venezuela, lo que busca es proteger a los particulares contra la arbitrariedad de la Administración de revocar discrecionalmente sus actos administrativos, pero no debe interpretarse en el sentido de impedir a la Administración la posibilidad de revocación del acto creador de derechos, pues indemnizando al particular se sustituiría su derecho adquirido por el acto anterior, con un título distinto.

En cuanto a las excepciones al principio de la irrevocabilidad de los actos administrativos declarativos o constitutivos de derechos o intereses legítimos, debe destacarse las previsiones de la Ley del Perú, al establecer en el artículo 203, que excepcionalmente, cabe la revocación de actos administrativos, con efectos a futuro, en cualquiera de los siguientes casos:

> «2.1. Cuando la facultad revocatoria haya sido expresamente establecida por una norma con rango legal y siempre que se cumplan los requisitos previstos en dicha norma.
>
> 2.2. Cuando sobrevenga la desaparición de las condiciones exigidas legalmente para la emisión del acto administrativo cuya permanencia sea indispensable para la existencia de la relación jurídica creada.
>
> 2.3. Cuando apreciando elementos de juicio sobrevinientes se favorezca legalmente a los destinatarios del acto y siempre que no se genere perjuicios a terceros».

En estos casos, dispone el artículo 203,3 que esta revocación solo puede ser declarada por la más alta autoridad de la entidad competente, previa oportunidad a los posibles afectados para presentar sus alegatos y evidencia en su favor.

VI. EL PROCEDIMIENTO DE DECLARACIÓN DE LESIVIDAD

Frente al principio de la irrevocabilidad de los actos administrativos creadores o declarativos de derechos a favor de los particulares, en las leyes más recientes de procedimiento administrativo de América Latina, siguiendo la orientación de la legislación española, se ha regulado el llamado procedimiento de «declaración de lesividad».

En este sentido, en la Ley de El Salvador, en esta materia de «declaración de lesividad de los actos favorables que adolecen de nulidad relativa», en su artículo 120, establece que la Administración Pública, en el lapso de cuatro años desde la fecha en que se dictó el acto, puede impugnar, a través de la vía contencioso-administrativa, bien a iniciativa propia o bien a instancia de interesado, los actos favorables que adolezcan de un vicio de nulidad relativa. Para ello, dispone la Ley:

> «Antes de plantear la pretensión, será necesario que el superior jerárquico del órgano que dictó el acto haya declarado que este es lesivo para el interés público. En el caso de no contar con superior jerárquico, el acuerdo será emitido por el mismo funcionario que emitió el acto. Antes de adoptar el acuerdo de lesividad, se dará audiencia a quienes tengan un interés legítimo respecto al acto. El plazo de esta audiencia no podrá ser inferior a quince días».

En la misma línea de regulación expresa de la «declaración de lesividad de actos favorables», el artículo 45 de la Ley de República Dominicana dispone lo siguiente:

> «Los órganos administrativos podrán declarar, por iniciativa propia o a solicitud de interesado, lesivos para el interés público los actos favorables para los interesados nulos o anulables, a fin de proceder a su ulterior impugnación ante la jurisdicción contencioso-administrativa.
>
> Párrafo I. Si el vicio del acto determinara su nulidad, el proceso de lesividad puede iniciarse en cualquier momento, siempre y cuando no se haya producido prescripción de acciones, o si por cualquier circunstancia su activación contraríe la equidad, la buena fe o la confianza legítima.
>
> Párrafo II. Si el vicio fuera de anulabilidad, el proceso de lesividad debe iniciarse antes de transcurrido un año desde el dictado del acto.
>
> Párrafo III. La Administración podrá inadmitir motivadamente las solicitudes de inicio del proceso de lesividad cuando carezcan manifiestamente de fundamento, sean contrarias a la buena fe o a la confianza legítima».

Una regulación sobre el tema de la declaratoria de lesividad, o «revocatoria de los actos favorables» se encuentra en el Código de Ecuador (art. 115).

DÉCIMA PRIMERA

PRINCIPIOS SOBRE LA EJECUCIÓN DE LOS ACTOS ADMINISTRATIVOS

I. EL PRINCIPIO EJECUTIVO

La consecuencia de la presunción de legalidad y de legitimidad del acto administrativo es el principio de la ejecutividad, es decir, la posibilidad de que el mismo, sin que exista una declaración judicial, pueda ser ejecutado, precisamente por el carácter ejecutivo que tiene. En otras palabras, se trata de la posibilidad no solo de que los actos de la Administración se consideren ejecutivos y se obvie el proceso de cognición para que el derecho esté declarado; sino, para que, también en estos casos, se obvie el proceso de ejecución y la Administración pueda ejecutar sus propios actos, por sí misma, e incluso, en forma forzosa, sin necesidad de acudir a los tribunales, con facultad, incluso de ser necesario, como principio general, de recurrir a la fuerza pública.

Para ello, por supuesto, tiene que haberse adoptado una decisión que ponga término al procedimiento. Como lo indica la Ley de Panamá:

> «las entidades públicas no iniciarán ninguna actuación material que afecte derechos o intereses legítimos de los particulares, sin que previamente haya sido adoptada la decisión que le sirve de fundamento jurídico. Quien ordene un acto de ejecución material, estará en la obligación, a solicitud de parte, de poner en conocimiento del afectado el acto que autorice la correspondiente actuación administrativa» (art. 48).

En igual sentido se regula en el artículo 50 de la Ley de Chile, en el artículo 54 de la Ley de Bolivia, y en el artículo 30 de la Ley de El Salvador.

Es decir, se insiste, las leyes exigen que para que la Administración inicie actuaciones materiales que menoscaben, limiten o perturben el ejercicio del derecho de los particulares, previamente debe haberse adoptado la decisión que les sirva de fundamento (art. 78 Ley de Venezuela). De allí que se obligue a los órganos que ordenen actos de ejecución material, comunicar por escrito al interesado el acto administrativo que autorice la actuación administrativa, o publicarlo, que es cuando comienzan a producir efectos (art. 51, Ley de Chile).

Por lo demás, como lo indica la Ley de El Salvador, el principio es que solo procede la ejecución de los actos válidos y eficaces no procediendo respecto de «aquellos que, por carecer de algún elemento esencial, deban considerarse inexistentes. La ejecución en estas circunstancias producirá responsabilidad para quien la haya ordenado o ejecutado» (art. 31). Por supuesto tampoco procede la ejecución de los actos cuyos efectos han sido suspendidos por la propia autoridad administrativa o por la autoridad judicial (art. 29, Ley República Dominicana)

De lo anterior deriva el principio de que toda la actuación material que no esté precedida de un acto administrativo válido y eficaz, puede considerarse como una vía de hecho.

Ahora sobre el principio de la ejecutoriedad, el mismo se establece, en el artículo 51 de la Ley de Chile al disponer que:

> «Los actos de la Administración Pública sujetos al Derecho Administrativo causan inmediata ejecutoriedad, salvo en aquellos casos en que una disposición establezca lo contrario o necesiten aprobación o autorización superior».

En la Ley General de la Administración Pública de Costa Rica también se define la ejecutoriedad como la potestad de la Administración:

> «De ejecutar por sí, sin recurrir a los tribunales, los actos administrativos eficaces, válidos o anulables, aún contra la voluntad o resistencia del obligado, sujeta a la responsabilidad que pudiera resultar» (art. 146.1).

En el mismo sentido, la Ley de Bolivia dispone que «las resoluciones definitivas de la Administración Pública, una vez notificadas, serán ejecutivas», (art. 55 1); que «la Administración Pública ejecutará por si misma sus propios actos administrativos conforme a reglamentación especial establecida para cada sistema de organización administrativa aplicable a los órganos de la Administración Pública» (art. 155.III); y que la Administración Pública podrá proceder a su ejecución forzosa por medio de los órganos competentes en cada caso» (art. 55.1);

El principio, en todo caso, se encuentra expresado en las leyes, como en la Ley argentina que establece:

> «Artículo 12. El acto administrativo goza de presunción de legitimidad: su fuerza ejecutoria faculta a la Administración a ponerlo en práctica por sus propios medios -a menos que la ley o la naturaleza del acto exigieren la intervención judicial- e impide que los recursos que interpongan los administrados suspendan su ejecución y efectos, salvo que una norma expresa establezca lo contrario».

En igual sentido se regula en la Ley de Honduras, donde se establece que al presumirse la legitimidad de los actos administrativos «la Administración tiene potestad de ejecutarlos a través de sus órganos competentes, previo apercibimiento» (art. 30). En la Ley peruana se dispone que «los actos administrativos tendrán carácter ejecutorio, salvo disposición legal expresa en contrario, mandato judicial o que estén sujetos a condición o plazo conforme a ley» (art. 192).

El Código colombiano, sin embargo, define, tanto el principio de la ejecutividad como el de la ejecutoriedad del acto administrativo derivado de la presunción de legitimidad: condiciones que expresamente reconoce el Código colombiano como característica de los actos administrativos, al destacar el «carácter ejecutivo y ejecutorio de los actos administrativos» (art. 64), distinguiendo claramente entre ejecutividad y ejecutoriedad.

La ejecutividad, por tanto, es el carácter ejecutivo de los actos de la Administración, lo que implica la sustitución de lo que en vía judicial ordinaria sería el proceso de cognición ante un juez para la declaración del derecho que se pretende. En el derecho administrativo se considera que el acto administrativo dictado es, en sí mismo, el derecho declarado con fuerza de título ejecutivo, sin que la Administración tenga necesidad de acudir ante el juez para que declare el derecho. El principio de ejecutividad o principio de la «*décision exécutoire*» del derecho francés, está así regulado en las leyes de América Latina, aun cuando no siempre en forma expresa.

En todo caso, la ejecutividad del acto administrativo está relacionada con la eficacia: si el acto deja de ser eficaz pierde su carácter de ejecutivo. Así se regula en la Ley del Perú (aún cuando calificando la ejecutividad como ejecutoriedad), cuyo artículo 193 regula la pérdida de efectividad y ejecutoriedad del acto administrativo, en los siguientes casos:

> «193.1.1. Por suspensión provisional conforme a ley,
>
> 193.1.2. Cuando transcurrido cinco años de adquirido firmeza, la administración no ha iniciado los actos que le competen para ejecutarlos.
>
> 193.1.3. Cuando se cumpla la condición resolutiva a que estaban sujetos de acuerdo a ley».

De lo anterior resulta, en todo caso, que una vez dictado el acto administrativo, por su carácter ejecutivo, la Administración puede proceder a su ejecución, siempre que la misma pueda hacerse en vía administrativa.

Esto conduce, en realidad, al otro principio, el de la ejecutoriedad, es decir, la posibilidad que tiene la Administración de ejecutar los actos administrativos por sí misma, en los casos en los cuales la ley o la naturaleza del acto no exijan ejecución judicial. En efecto, muchos actos administrativos requieren de ejecución judicial, sobre todo aquéllos que, por ejemplo, impliquen efectos sobre el patrimonio de las personas. En Venezuela, este tipo de actos requieren de ejecución judicial; por ejemplo, para el cobro de una multa o de un impuesto, la Administración tiene que recurrir a la vía judicial para la ejecución, no existiendo mecanismos de apremio por parte la Administración, directamente, sobre el patrimonio del particular.

Sin embargo, es evidente que en muchos casos la legislación establece expresamente supuestos en los cuales la ejecución del acto administrativo requiere de intervención judicial. Sin embargo, si la ejecución judicial no está expresamente prevista, el principio es el de la posibilidad para la Administración de ejecutar sus propias decisiones.

Así está prescrito, como principio, en la Ley de El Salvador (art. 31); y en la Ley Orgánica de Venezuela, al establecer que:

> «La ejecución forzosa de los actos administrativos será realizada de oficio por la Administración, salvo que por expresa disposición legal deba ser encomendada a la autoridad judicial» (art. 79).

II. LOS MEDIOS DE EJECUCIÓN Y LA EJECUCIÓN FORZOSA

Sobre los medios de ejecución de los actos administrativos, la Ley de Honduras, por ejemplo, establece que:

Artículo 93. Las resoluciones de los órganos de la Administración Pública se ejecutarán por los medios siguientes: a. Ejecución forzada sobre el patrimonio mediante el procedimiento de apremio; b. Ejecución subsidiaria; y, c. Cumplimiento forzoso».

En sentido similar se establece en la Ley de la República Dominicana (art. 29) y en el Código de Ecuador (art. 237). Estas normas, en realidad, lo que se regulan es uno de los medios de ejecución, que es la ejecución forzosa de los actos administrativos por la propia Administración. Esto procede, conforme lo indica el artículo 194 de la Ley del Perú, en los siguientes casos:

«1. Que se trate de una obligación de dar, hacer o no hacer, establecida a favor de la entidad.

2. Que la prestación sea determinada por escrito de modo claro e íntegro.

3. Que tal obligación derive del ejercicio de una atribución de imperio de la entidad o provenga de una relación de derecho público sostenida con la entidad.

4. Que se haya requerido al administrado el cumplimiento espontáneo de la prestación, bajo apercibimiento de iniciar el medio coercitivo específicamente aplicable.

5. Que no se trate de acto administrativo que la Constitución o la ley exijan la intervención del Poder Judicial para su ejecución».

Sin embargo, en ausencia de una enumeración precisa como la anterior, el problema que se plantea al analizar la ejecución forzosa, es el de determinar cuándo puede la Administración ejecutar sus actos o cuándo debe para ello acudir a la autoridad judicial.

En el caso de Venezuela, como se dijo, se establece que la ejecución forzosa «será realizada de oficio por la Administración, salvo que por expresa disposición legal deba ser encomendada a la autoridad judicial» (art. 79). Con ello se establece la excepción al principio de la ejecución forzosa por la propia Administración, debiendo ésta acudir a la autoridad judicial para que ésta ejecute el acto administrativo. Sin embargo, esa excepción se convierte muchas veces en la regla porque siempre que se trata de afectar el patrimonio de las personas, por ejemplo, resulta necesario que se realice a través de la vía judicial. En la legislación venezolana no hay norma alguna que permita a la Administración ejercer apremio formal sobre el patrimonio de un particular, como sucede por ejemplo, en Costa Rica, para ejecutar sus actos administrativos.

En todo caso, es frecuente que leyes latinoamericanas establezcan diversos supuestos de ejecución forzosa de los actos administrativos exigiéndose que, en forma previa, se conmine o intime al interesado a la ejecución voluntaria, es decir, que haya una puesta en mora con carácter previo (art. 150,1 Ley General de Costa Rica).

En el caso de Venezuela, la norma que regula los medios de ejecución forzosa de los actos por la Administración cuando ella proceda, indica que se llevará a cabo conforme a las normas siguientes:

«1. Cuando se trate de actos susceptibles de ejecución indirecta con respecto al obligado, se procederá a la ejecución, bien por la administración o por la persona que ésta designe, a costa del obligado.

2. Cuando se trate de actos de ejecución personal y el obligado se resistiere a cumplirlos, se le impondrán multas sucesivas mientras permanezca en rebeldía y, en el caso de que persista en el incumplimiento, será sancionado con nuevas multas iguales o mayores a las que ya se le hubieren aplicado, concediéndole un plazo razonable, a juicio de la administración, para que cumpla lo ordenado. Cada multa podrá tener un monto de hasta diez mil bolívares (Bs. 10.000,oo), salvo que otra ley establezca una mayor, caso en el cual se aplicará ésta».

Igual principio está establecido en el Código colombiano, al señalar que «cuando un acto administrativo imponga una obligación a un particular y éste se resistiere a cumplirla, se le impondrán multas sucesivas mientras permanezca en rebeldía, concediéndole plazos razonables para que cumpla lo ordenado» (art. 65).

No hay, sin embargo, en este Código la previsión del apoderamiento directo sobre el patrimonio. De las normas de procedimiento administrativo vigentes en América Latina, pude decirse que solo está previsto este principio, con carácter general, en el caso de la Ley General de Costa Rica, que establece como medios de la ejecución administrativa los siguientes:

«a) Ejecución forzada mediante apremio sobre el patrimonio del administrado, cuando se trate de un crédito líquido de la Administración, todo con aplicación de las normas pertinentes del Código de Procedimientos Civiles sobre embargo y remate, con la salvedad de que el título ejecutivo podrá ser la certificación del acto constitutivo del crédito expedida por el órgano competente para ordenar la ejecución» (art. 149).

En el caso de la Ley peruana, su artículo 196 precisa los siguientes medios de ejecución forzosa de los actos administrativos, que se adoptarán «respetando siempre el principio de razonabilidad»: ejecución coactiva; ejecución subsidiaria; multa coercitiva y compulsión sobre las personas

En particular, en cuanto a las multas, el artículo 199 de dicha Ley dispone que cuando así lo autoricen las leyes, y en la forma y cuantía que éstas determinen, la entidad puede, para la ejecución de determinados actos, imponer multas coercitivas, reiteradas por períodos suficientes para cumplir lo ordenado, en los siguientes supuestos: a) actos personalísimos en que no proceda la compulsión sobre la persona del obligado; b) actos en que, procediendo la compulsión, la Administración no la estimara conveniente; y c) actos cuya ejecución pueda el obligado encargar a otra persona.

Ahora bien, entre los diversos supuestos de ejecución forzosa previstos en las Leyes de América Latina, los cuales en general «únicamente proceden cuando el destinatario del acto administrativo no cumpla voluntariamente con la obligación derivada del mismo» (art. 235, Código Ecuador), pueden establecerse los siguientes principios:

En *primer lugar*, en cuanto a la ejecución por constreñimiento sobre el patrimonio mediante multas, como se ha dicho, si se trata de actos de ejecución personalísima y el obligado se resiste a cumplirlo, la Administración le puede imponer multas sucesivas por los montos legalmente prescritos (art. 32.1 Ley de El Salvador). Mientras permanezca en rebeldía y, en caso de que persista en el incumplimiento, se le pueden imponer nuevas multas iguales o mayores a las que se le hubieren aplicado, concediéndosele un plazo razonable para que cumpla lo ordenado (art 80,2, Ley de Venezuela).

Sin embargo, en definitiva, el cobro efectivo de la multa se hace por vía judicial y para ello el título ejecutivo respectivo es el acto de imposición de la multa. Es decir, este acto goza de ejecutividad (tiene «mérito ejecutivo», art. 68, Código de Colombia art. 68; o es «título de ejecución», art. 32.a Ley de El Salvador), pero el cobro efectivo tiene que hacerse por la vía judicial. Es, en definitiva, el sistema de ejecución de los actos administrativos apoyado por sanciones.

Otras legislaciones como en Ecuador, el Código Administrativo prevé la ejecución de actos administrativos sobre el patrimonio cuando «la persona ejecutada debe satisfacer una determinada cantidad de dinero», regulando en el mismo Código Administrativo el procedimiento de ejecución (art. 236), agregando el supuesto de ejecución mediante multas y clausura de establecimientos disponiendo lo siguiente:

> «Art. 240.- Multa compulsoria y clausura de establecimientos. La administración pública puede imponer multas compulsorias, así como clausurar establecimientos, a efecto de exigir el cumplimiento del acto administrativo.
>
> Estas multas se aplicarán de forma proporcional y progresiva hasta lograr el cumplimiento efectivo del acto administrativo.
>
> Ni las multas compulsorias ni la clausura podrán considerarse como sustitución del acto administrativo por ejecutarse.
>
> La multa compulsoria es independiente de las sanciones que puedan imponerse con tal carácter y compatible con ellas».

Debe destacarse, por otra parte, que en otras legislaciones se prevé expresamente el principio de la ejecución forzosa de los actos administrativos que impongan a los administrados una obligación personalísima de no hacer o soportar, mediante compulsión directa sobre las personas en los casos en que la ley expresamente lo autorice, y siempre con la garantía del debido respeto a la dignidad de la persona humana y a los derechos y garantías constitucionales (art. 200, Ley del Perú).

La Ley de Honduras, en particular, regula el denominado cumplimiento forzoso en estos casos, estableciendo que siempre que la Ley lo autorice «cuando la obligación sea personalísima, de dar, de hacer o de tolerar o no hacer se procederá al cumplimiento forzoso» (art. 109). En estos casos de cumplimiento forzoso «la Administración obtendrá el concurso de la fuerza pública, utilizando la coacción dentro de los límites legales. En estos casos, la Administración también podrá decomisar bienes y clausurar establecimientos» (art. 110).

Por otra parte, si la obligación personalísima consistiera en un hacer, y no se realizase la prestación, el obligado debe resarcir los daños y perjuicios, a cuya liquidación y exacción se puede proceder en vía administrativa (art. 149.1.c Ley de Costa Rica; art. 111 Ley de Honduras). En el Perú, en cambio, los daños y perjuicios, en este caso, deben regularse en vía judicial (art. 200).

En *segundo lugar*, cuando se trate de actos que por no ser personalísimos, son susceptibles de ejecución indirecta con respecto al obligado, la Ley Orgánica de

Venezuela (art. 80,1), la Ley General de Costa Rica (art. 149,1,c), la Ley de Honduras (art. 107), y el Código de Colombia (art. 65), autorizan a la Administración a proceder a la ejecución, bien por sus propios órganos o por la persona que designe, a costa del obligado. Es la denominada «ejecución subsidiaria» que se regula también en la Ley del Perú, (art. 198); distinta a la «ejecución sustitutiva» a la que se refiere la Ley de El Salvador (art. 32.b, y el Código de Ecuador (art. 239), cuando se trate de obligaciones que puedan ser cumplidas por un tercero en lugar del obligado..

En *tercer lugar*, deben destacarse los supuestos de ejecución de obligaciones de dar cantidades de dinero, respecto de los cuales las leyes de Honduras (art. 94) y de Costa Rica (art. 149,1,a) prevén la ejecución forzosa en vía administrativa mediante apremio sobre el patrimonio, exigiéndose, sin embargo, la necesaria intervención de un juez para autorizar la entrada en el domicilio de los deudores y excluyéndose expresamente la posibilidad del ejercicio de interdictos contra las actuaciones de la Administración.

En Colombia también se establece esta ejecución forzosa en materia impositiva, autorizándose a cobrar directamente los montos debidos e, incluso, a proceder forzosamente. Esto, en Venezuela y en las otras leyes, no está establecido de la misma manera. En el caso venezolano el cobro de impuestos solo se puede hacer por vía judicial.

Por último, debe destacarse que, en todo caso de ejecución forzosa de los actos administrativos, como lo exigen expresamente las Leyes de la República Dominicana (art. 29.II) y el Código de Ecuador (art.236), «deberán respetarse los derechos fundamentales y el principio de proporcionalidad, optando en todo caso por el medio menos gravoso que sirva para cumplir» las resoluciones o actos administrativos. Por ello, dada la garantía constitucional de la protección del hogar doméstico, el Código de Ecuador precisa que «si para la ejecución del acto administrativo es necesario entrar en el domicilio del afectado, las administraciones públicas deben obtener el consentimiento del mismo o la autorización judicial» (art. 236).

DÉCIMA SEGUNDA PARTE

PRINCIPIOS SOBRE LOS VICIOS DE LOS ACTOS ADMINISTRAYIVOS Y LAS NULIDADES

I. LA CONSECUENCIA DE LA ILEGALIDAD DE LOS ACTOS ADMINISTRATIVOS: EL RÉGIMEN DE LAS NULIDADES

La precisión, en todas las leyes de procedimiento administrativos, de los requisitos de validez de los actos, es decir, de los requisitos de fondo (la competencia, manifestación de voluntad, base legal, causa, objeto, finalidad) y de los requisitos de forma (formalidades, forma, motivación), conduce a que en las propias leyes se haya establecido el régimen de las nulidades, es decir, se hayan regulado las consecuencias de las violaciones de estos requisitos. En esta forma, todo lo que se refiere a la teoría de las nulidades en el derecho administrativo, es decir, a la teoría de las consecuencias de la ilegalidad, por violación de los requisitos de legalidad o de fondo, está regulado expresamente en las legislaciones.

En efecto, como lo señala la Ley General de Costa Rica:

> «La falta o defecto de algún requisito del acto administrativo, expresa o implícitamente exigido por el ordenamiento jurídico, constituirá un vicio de éste» (art. 158.1).

Sin embargo, no todo vicio afecta la validez de los actos administrativos, o en otros términos, no todas las faltas o defectos en los elementos o requisitos de los actos administrativos, producen la nulidad de los mismos. La invalidez y, consecuentemente, la posibilidad de anular los actos administrativos solo se produce cuando el acto administrativo tenga una «inconformidad sustancial con el ordenamiento jurídico» (art. 158 Ley General de Costa Rica). En otros términos, las infracciones insustanciales no invalidan los actos administrativos ni conducen a que se declare su nulidad, sin perjuicio de la responsabilidad disciplinaria del funcionario (art. 158.5 Ley General de Costa Rica). En este sentido, el art. 16 de la Ley de Argentina establece que:

> «La invalidez de una cláusula accidental o accesoria de un acto administrativo no importará la nulidad de éste, siempre que fuere separable y no afectare la esencia del acto emitido».

II. LA NULIDAD ABSOLUTA Y LA NULIDAD RELATIVA

Ahora bien, una de las consecuencias más importantes del proceso de codificación del derecho administrativo y de la regulación legislativa de los elementos del acto administrativo en América Latina, es la previsión expresa del régimen de las nulidades de los mismos, y, particularmente, el establecimiento, por ley, de los casos de nulidad absoluta y sus consecuencias.

Como se ha dicho, la invalidez del acto administrativo no tiene siempre la misma gravedad de origen ni los mismos efectos, ya que puede manifestarse como resultado de un vicio de nulidad absoluta o de nulidad relativa, según la gravedad de la violación cometida. El problema de la teoría de las nulidades de los actos administrativos radica, entonces, precisamente en determinar cuándo el vicio del acto administrativo acarrea la nulidad absoluta del mismo, y cuándo ello no ocurre, resultando solo un vicio de nulidad relativa o anulabilidad, pues los efectos de uno u otro vicio en el mundo del derecho son totalmente distintos.

En este sentido se pueden distinguir dos grandes sistemas para la determinación de los vicios derivados del incumplimiento de los requisitos de fondo y de forma, y las consecuencias que se derivan de cada uno de ellos.

1. *La nulidad absoluta vinculada a los vicios sustanciales*

Un primer sistema prescribe, en general, que la violación de los requisitos de fondo (o los requisitos constitutivos de los actos), cuando por ejemplo, faltan totalmente, produce la nulidad absoluta.

La Ley General de Costa Rica, al respecto, establece que «habrá nulidad absoluta del acto cuando falten totalmente uno o varios de sus elementos constitutivos, real o jurídicamente» (art. 166).

El otro supuesto que también está establecido en la Ley General de Costa Rica, tiene que ver con la definición de los elementos sustanciales. Esto conduce a la discusión de qué es y qué no es un elemento sustancial, para poder definir la frontera entre nulidad absoluta y nulidad relativa respecto de lo cual, la Ley General de Costa Rica señala que:

> «Habrá nulidad relativa del acto cuando sea imperfecto uno de sus elementos constitutivos, salvo que la imperfección impida la realización del fin, en cuyo caso la nulidad será absoluta» (art. 167).

Conforme a estas normas, entre los vicios de nulidad absoluta estarían, por ejemplo, la incompetencia manifiesta y la ausencia de objeto o de base legal o de la propia manifestación de voluntad.

En todo caso, este primer supuesto identificatorio de la nulidad absoluta, basado en la ausencia de los elementos del acto o en solo su imperfección deja, en la práctica, muy imprecisa la frontera entre los dos tipos de vicios de los actos administrativos, con lo que su determinación sería casuística.

En el caso de la Ley Federal de México, puede decirse que sigue la misma orientación de la Ley General de Costa Rica, declarando materialmente la nulidad de los actos cuando haya «omisión o irregularidad de los elementos y requisitos exigidos» para su validez (art. 5), los cuales también se enumeran, como en la Ley argentina, detalladamente.

Por lo tanto, en la aplicación de la ley también se abre allí la discusión del tema sobre la frontera entre la nulidad absoluta y la nulidad relativa, el cual, en definitiva, es el tema central del régimen de las nulidades en derecho comparado.

2. *La nulidad absoluta como numerus clausus*

El segundo sistema para determinar la nulidad absoluta, se inspira en la Ley española de 1957, y se caracteriza por la enumeración expresa, en la Ley, de los casos precisos que originan dicha nulidad absoluta, es decir, de los casos en los cuales los vicios la producen. De ello resulta que no todo incumplimiento o violación de los requisitos de fondo origina nulidad absoluta, sino solo algunos que están expresamente determinados, como *numerus clausus* en la ley.

Por ejemplo, en el caso español, tradicionalmente se consideraban como nulidades de pleno derecho, los actos dictados por órgano manifiestamente incompetente, es decir, no solo cuando había incompetencia, sino que ésta debía ser manifiesta; o, cuando el objeto o contenido del acto fuere imposible o constituyera delito; o cuando fuese dictado con prescindencia total y absoluta del procedimiento legalmente establecido (art. 47.1 Ley de España de 1957). Se trataba, en resumen, de vicios graves en la competencia, del vicio en el objeto del acto y de vicios en las formalidades sustanciales. La vieja Ley española de Régimen Jurídico de la Administración del Estado, además, agregaba a estos vicios de nulidad absoluta, los casos de violación de la reserva legal y de respeto a la jerarquía de los actos (arts. 23 a 28 y art. 47.2).

Ahora bien, este sistema ha encontrado cabida en las leyes latinoamericanas.

Por ejemplo, el artículo 34 de la Ley de Honduras establece que sin perjuicio de lo establecido en leyes especiales, el acto administrativo es nulo, en los siguientes casos:

«a) Los dictados por órgano absolutamente incompetente;

b) Aquéllos cuyo objeto sea imposible o configure un delito;

c) Los dictados prescindiendo total y absolutamente del procedimiento establecido;

d) Los que se emitan infringiendo las normas que contienen las reglas esenciales para la formación de la voluntad de los órganos colegiados;

e) Los de carácter general que infrinjan los límites señalados a la potestad reglamentaria».

En Venezuela, también se sigue el sistema del *numerus clausus* en los vicios de nulidad, al disponer el artículo 19 de la Ley Orgánica que «los actos de la Administración son absolutamente nulos» en los siguientes casos:

«1. Cuando así esté expresamente determinado por una norma constitucional o legal;

2. Cuando resuelvan un caso precedentemente decidido con carácter definitivo y que haya creado derechos particulares, salvo autorización expresa de la Ley.

3. Cuando su contenido sea de imposible o ilegal ejecución, y;

4. Cuando hubieren sido dictados por autoridades manifiestamente incompetentes, o con prescindencia total y absoluta del procedimiento legalmente establecido».

En igual sentido está establecido en la Ley de Panamá (art. 52), en la Ley de Bolivia donde se habla de «nulidad de pleno derecho» (art. 35), al igual que lo hace la Ley de República Dominicana, la cual incorpora en la enumeración los actos dictados «carentes de motivación cuando sea el resultado del ejercicio de potestades discrecionales» (art. 14); y el Código de Ecuador, que agrega entre otros, al acto que «resulte contrario al acto administrativo presunto cuando se haya producido el silencio administrativo positivo, de conformidad con este Código» (art. 105.6).

En la misma línea se destaca la Ley del Perú, cuyo artículo 10 al regular las causales de nulidad, establece que son vicios del acto administrativo, que causan su nulidad de pleno derecho, los siguientes:

> «1. La contravención a la Constitución, a las leyes o a las normas reglamentarias
>
> 2. El defecto o la omisión de alguno de sus requisitos de validez, salvo que se presente alguno de los supuestos de conservación del acto a que se refiere el Artículo 14°.
>
> 3. Los actos expresos o lo que resulten como consecuencia de la aprobación automática o por silencio administrativo positivo, por los que se adquiere facultades, o derechos, cuando son contrarios al ordenamiento jurídico, o cuando no se cumplen con los requisitos, documentación o trámites esenciales para su adquisición
>
> 4. Los actos administrativos que sean constitutivos de infracción penal, o que se dicten como consecuencia de la misma».

Más recientemente, el listado de vicios de nulidad absoluta o de pleno derecho se ha completado en la Ley de El Salvador, en cuyo artículo 36 se indica que incurren en los mismos, cuando:

> «a) Sean dictados por autoridad manifiestamente incompetente por razón de la materia o del territorio.
>
> b) Se dicten prescindiendo absolutamente del procedimiento legalmente establecido; se utilice uno distinto al fijado por la ley, o se adopten en ausencia de fases esenciales del procedimiento previsto o de aquellas que garantizan el derecho a la defensa de los interesados.
>
> c) Se adopten prescindiendo de las normas que contienen las reglas esenciales para la formación de la voluntad de los órganos colegiados.
>
> d) Tengan un contenido imposible, ya sea porque exista una imposibilidad material de cumplimiento o porque la ejecución del acto exija de los particulares actuaciones que resulten irreconciliables entre sí.
>
> e) Sean constitutivos de infracciones penales o se dicten como consecuencia de estas.
>
> f) Sean contrarios al ordenamiento jurídico por que se adquieren derechos cuando se carezca de los requisitos esenciales para su adquisición.
>
> g) Sean dictados con el propósito de eludir el cumplimiento de una sentencia de la jurisdicción contencioso administrativo.
>
> h) Así lo determine expresamente una ley especial».

Sin embargo, es de destacar que de estas enumeraciones quedarían fuera otras violaciones que también podrían constituir vicios de nulidad absoluta, como el error manifiesto en el acto. Si, por ejemplo, se le otorgó un indulto a una persona que no debía ser indultada de haberse sabido quien era. En ese caso habría un error de hecho, por lo que el acto sería nulo de nulidad absoluta.

Ahora bien, siguiendo la enumeración de la Ley venezolana, se podría identificar un primer supuesto general de nulidad absoluta que se refiere a tal vicio, *cuando así esté expresamente determinado por una norma constitucional* o legal. Esto exige que la Constitución o la Ley, expresamente, en forma específica, determinen la consecuencia de la nulidad por la violación de una norma, lo que está expresamente previsto, por ejemplo, respecto de los actos que violen los derechos y garantías constitucionales y los actos dictados en usurpación de funciones (art. 25 y 138 de la Constitución de Venezuela).

En *segundo lugar,* agrega la legislación venezolana como vicio de nulidad absoluta, los casos de actos administrativos revocatorios de actos precedentes de carácter irrevocable, es decir, actos que hayan creado derechos a favor de particulares (art. 19.2).

En *tercer lugar,* está el vicio en el objeto cuando sea de imposible o ilegal ejecución (art. 19,3).

En *cuarto lugar,* está el vicio de incompetencia manifiesta (art. 19,4), sobre el cual la antigua Corte Suprema de Justicia de Venezuela, en una sentencia de 19-10-98, estableció el siguiente criterio:

> «Inherente a la validez de todo acto administrativo es que emana de una autoridad administrativa competente, es decir, que tenga la potestad para dictarlo en razón de que se encuentre facultada legalmente para ello. La competencia implica el poder legal de realizar un acto jurídico y, respecto de la Administración -cuando actúa en el campo jurídico público-, únicamente existe cuando la ley expresamente la otorga.
>
> En cuanto al vicio de incompetencia básicamente pueden distinguirse tres tipos de irregularidades: la llamada usurpación de autoridad, la usurpación de funciones y la extralimitación de funciones.
>
> La usurpación de autoridad ocurre cuando un acto es dictado por quien carece en absoluto de investidura pública. Este vicio se encuentra sancionado con la nulidad absoluta del acto, conforme a lo dispuesto en el artículo 119 de la Constitución Nacional.
>
> La usurpación de funciones comprende la situación en la que determinado órgano administrativo con investidura pública ejerce funciones igualmente públicas atribuidas a otro Poder del Estado.
>
> Finalmente, la extralimitación de funciones consiste fundamentalmente en la realización por parte de la autoridad administrativa de un acto para el cual no tiene competencia legal expresa.
>
> Todo acto dictado por una autoridad incompetente se encuentra viciado. Ahora bien, el vicio de incompetencia de que adolezca no apareja necesariamente la nulidad absoluta del acto, ya que conforme a lo dispuesto en el ordinal 4° del artículo 19 puesto, es necesario que la incompetencia sea manifiesta. Así si la incompetencia es «manifiesta vale decir notoria y patente, de modo que sin particulares para dictarlo, o que se pueda determinar que el ente que la dictó no estaba facultado para ello, la nulidad será absoluta (ordinal 4° del articulo

19 de la Ley Orgánica de Procedimientos Administrativos). Si la incompetencia no es manifiesta la nulidad será relativa (artículo 20, ejusdem).

En resumen, puede decirse que la usurpación de autoridad determina la nulidad absoluta del acto, conforme a lo previsto en el artículo 119 de la Constitución Nacional; ahora bien la usurpación de funciones y la extralimitación de funciones, como de ostentabilidad como se presente el vicio de incompetencia» (Sentencia de la Sala Político Administrativa, *Revista de Derecho Público*, N° 40, Caracas, 1989, págs. 85 y 86).

En *quinto lugar*, está el vicio de ausencia total y absoluta del procedimiento legalmente prescrito (art. 19,4), sobre el cual la Corte Primera de lo Contencioso Administrativo de Venezuela, estableció lo siguiente:

«Fuera de este caso, los vicios en el procedimiento son de nulidad relativa, respecto de los cuales no existen en nuestro ordenamiento jurídico reglas generales que regulen su incidencia en la anulación de los actos administrativos, habiendo sido la propia jurisprudencia la que ha ido estableciendo los criterios para la valorización de este tipo de vicio.

Por este respecto la posición dominante de esta Corte y de la jurisprudencia de nuestro Máximo Tribunal es considerar que cuando la ley no declara expresamente nulo el acto por falta de un determinado trámite, sino que estea es anulable, la apreciación de su el defecto entraña nulidad, depende de la importancia que revista el trámite o la forma incumplida, el derecho que afecta, que produzca indefensión o que prive de algún elemento esencial de conocimiento que incida en el fondo o contenido de las actuaciones administrativas, desnaturalizándolas es su esencia. Esto en infracción de las mismas solo adquiere relieve cuando su existencia, como antes lo anotamos, ha supuesto una disminución efectiva, real y trascendente de garantía, incidiendo así en la decisión de fondo y alterando evidentemente su sentido en perjuicio del administrado y aun de la propia Administración. En consecuencia, su inobservancia es irrelevante cuando, de todas maneras, se logra la finalidad que el legislador persigue al exigir la forma o el trámite incumplido» (Sentencia de 29-9-87, *Revista de Derecho Público*, N° 32, Caracas, 1987, págs. 81 y 82).

El sistema del *numerus clausus*, también se sigue en el Reglamento de la Secretaría de la Comunidad Andina, al establecer su artículo 12 que las Resoluciones y los actos de la Secretaría General serán nulos de pleno derecho en los siguientes casos:

«a) Cuando contravengan el ordenamiento jurídico de la Comunidad Andina;

b) Cuando su contenido sea de imposible o de ilegal ejecución; y,

c) Cuando hubiesen sido dictados por personas incompetentes o con prescindencia de normas esenciales del procedimiento».

Conforme a esta normativa, estimamos que el primer caso, que origina nulidad absoluta de los actos *cuando contravengan el ordenamiento jurídico de la Comunidad*, constituye, sin duda, una regulación muy general para una nulidad de pleno derecho, porque hasta un vicio de forma podría originar nulidad absoluta. El tercer supuesto hace contraste con lo que contempla la legislación de Venezuela, que se refiere a la incompetencia manifiesta, por lo que no toda incompetencia origina nulidad absoluta sino anulabilidad, en el caso de que no sea manifiesta.

En el caso argentino, la Ley es aún mucho más amplia en la precisión de los casos de vicios de nulidad absoluta, al señalar su artículo 14 que el acto administrativo es nulo, de nulidad absoluta e insanable, en los siguientes casos:

«a) Cuando la voluntad de la Administración resultare excluida por error esencial; dolo, en cuanto se tengan como existentes hechos o antecedentes inexistentes o falsos; violencia física o moral ejercida sobre el agente; o por simulación absoluta;

b) Cuando fuere emitido mediante incompetencia en razón de la materia, del territorio, del tiempo o del grado, salvo, en este último supuesto, que la delegación o sustitución estuvieren permitidas; falta de causa por no existir o ser falsos los hechos o el derecho invocados; o por violación de la ley aplicable, de las formas esenciales o de la finalidad que inspiró su dictado».

Se destaca en la enumeración de esta Ley, el vicio de nulidad absoluta por la *falta de causa, por no existir o ser falsos los hechos o el derecho invocado*. Ésta, como se dijo, por ejemplo, no está en la enumeración de vicios de la Ley venezolana, pero evidentemente que constituye un vicio de nulidad absoluta, porque si la causa del acto es falsa o no existe, es decir, es falso el hecho o el derecho invocado, por supuesto que el acto debe estar viciado de nulidad absoluta.

Por ello, en la Ley de Panamá, entre los vicios que originan la «nulidad de oficio de una resolución en firme en la que se reconozcan o declaren derechos a favor de terceros», está el que se origina «cuando el beneficiario de ella haya incurrido en declaraciones o haya aportado pruebas falsas para obtenerla» (art. 62.2).

3. *La nulidad relativa*

Ahora bien, la consecuencia de la enumeración de los casos de nulidad absoluta, es la indicación residual legislativa de que cualquier otra infracción del ordenamiento jurídico, es decir, cualquier otro vicio de los actos administrativos que no llegue a producir la nulidad absoluta, o como lo dice la Ley argentina, cualquier irregularidad u omisión que no llegue a impedir la existencia de algunos de los elementos esenciales del acto, solamente los harán anulables, es decir, viciados de nulidad relativa (art. 2 Ley de Venezuela; art. 15 Ley de Argentina; art. 36, Ley de Bolivia; art. 37, Ley de El Salvador; Ley de Panamá, art. 53; art. 14, Ley de República Dominicana).

De lo anterior resulta, por tanto, que en general, en las legislaciones de América Latina, los vicios en los elementos de fondo de los actos administrativos cuando son graves y manifiestos, como la incompetencia manifiesta; vicios en la manifestación de voluntad; violación de la Constitución o violación grave de las leyes; inexistencia de los presupuestos de hecho; y ausencia absoluta y total del procedimiento legalmente prescrito, producen la nulidad absoluta de los mismos. De lo contrario, conducen a vicios de nulidad relativa o anulabilidad, incluyendo los casos de desviación de poder y de violación a los límites de la discrecionalidad (art. 160 Ley General de Costa Rica).

Así se establece expresamente en la Ley de Honduras, al indicar:

«*Artículo 35*. Son anulables los actos que incurran en cualquier infracción del ordenamiento jurídico, incluso el exceso y la desviación del poder.

En el exceso de poder se comprende la alteración de los hechos, la falta de conexión lógica entre la motivación y la parte dispositiva del acto, la contradicción no justificada del acto con otro anteriormente dictado y cualquier otro vicio inherente al objeto o contenido del acto».

Es de destacar, sin embargo, en materia de vicios de forma, que si bien la ausencia absoluta y total del procedimiento legalmente prescrito es la que conduce a la nulidad absoluta, la jurisprudencia en algunos países ha admitido que las violaciones de las formalidades sustanciales, como las que están destinadas a proteger los derechos de los administrados, se han asimilado a la nulidad absoluta (Sentencia de la Corte Primera de lo Contencioso Administrativo (Venezuela) de 26 de junio de 1986, *Revista de Derecho Público*, núm. 27, 1986, p. 101).

Esto está regulado en forma expresa en la Ley de Honduras, así:

«*Artículo 36*. El defecto de forma solo determinará la anulabilidad cuando el acto carezca de los requisitos formales indispensables para alcanzar su fin o de lugar a la indefensión de los interesados».

Por tanto, los vicios de forma, en principio, conducen a la anulabilidad de los actos administrativos, salvo que afecten los requisitos formales indispensables para alcanzar el fin del acto, en cuyo caso la irregularidad ni siquiera conduce a la invalidez. Se trata, en definitiva, respecto de los vicios de forma, de la distinción elaborada por la jurisprudencia francesa en cuanto a violación de formalidades sustanciales o no sustanciales, considerándose como sustanciales, como se dijo, aquellas establecidas para proteger a los administrados o cuyo incumplimiento podría modificar la decisión del fondo.

Solo faltaría por indicar los efectos del incumplimiento de los lapsos para la adopción de los actos administrativos. La Ley de Honduras regula la materia indicando que:

«Artículo 37. Las actuaciones administrativas realizadas fuera del tiempo establecido solo implicarán la anulación del acto, si así lo impusieran la naturaleza del término o plazo, y la responsabilidad del funcionario causante de la demora si a ello hubiere lugar».

III. LAS IRREGULARIDADES DEL ACTO

Pero aparte de los vicios de los actos administrativos que puedan dar lugar a nulidad absoluta o relativa, pueden haber otra serie de irregularidades que pueden ser de carácter procedimental, en cuyo caso rige el principio del *conservatio acti*, es decir, que no son irregularidades de tal naturaleza que puedan afectar al acto y que no producen su la nulidad. Es el caso, por ejemplo, de irregularidades en cláusulas accesorias que son separables del acto y que, por ello, no lo afectan ni dan origen a su nulidad. Esto, por lo general, se aplica a los vicios o a las irregularidades de forma en el procedimiento, siempre que se cumpla el fin del acto y el del procedimiento, lográndose el objetivo legalmente establecido (art. 16, Ley argentina, art. 7, Ley de Uruguay, art. 36, Ley de Honduras), y no se lesionen derechos de los particulares.

En estos casos, por más que el acto adolezca de alguna irregularidad (falta de sello, falta de firma, etc.), no tendría sentido plantear su revocación en vía administrativa o su anulación en vía judicial.

IV. LOS EFECTOS DE LAS NULIDADES

La declaratoria de nulidad de los actos administrativos origina una serie de situaciones y consecuencias jurídicas, las cuales resume la Ley de México al indicar en su artículo 5°, lo siguiente:

> «El acto administrativo que se declare jurídicamente nulo será inválido; no se presumirá legítimo ni ejecutable; será subsanable, sin perjuicio de que pueda expedirse un nuevo acto. Los particulares no tendrán obligación de cumplirlo y los servidores públicos deberán hacer constar su oposición a ejecutar el acto, fundando y motivando tal negativa. La declaración de nulidad producirá efectos retroactivos.
>
> En caso de que el acto se hubiera consumado, o bien, sea imposible de hecho o de derecho retrotraer sus efectos, solo dará lugar a la responsabilidad del servidor público que la hubiere emitido u ordenado».

Ahora bien, en esta materia y en términos generales, de las diversas leyes del procedimiento administrativo, resulta lo siguiente:

En *primer lugar*, el acto administrativo viciado de nulidad absoluta no puede presumirse legítimo, por lo que la Administración no puede ordenar su ejecución. Es más, una vez declarado nulo, los funcionarios deben oponerse a su ejecución (art. 12.2, Ley del Perú). En cambio, si el vicio es de nulidad relativa rige el principio de la presunción de legitimidad del acto administrativo mientras lo contrario no sea declarado en vía judicial (art. 7 Ley mexicana). También como lo indica la Ley peruana, los administrados no están obligados al cumplimiento de un acto administrativo declarado nulo (art. 12.2).

Además, la ejecución de los actos administrativos viciados de nulidad absoluta compromete la responsabilidad de los funcionarios ejecutores (arts. 169, 170 y 176, Ley General de Costa Rica; art. 12,3, Ley del Perú). En Venezuela, por ello, si se alega un vicio de nulidad absoluta al ejercerse un recurso administrativo, la Administración puede suspender la ejecución del acto (art. 87, Ley de Venezuela).

En *segundo lugar*, la nulidad absoluta es un vicio que afecta la totalidad del acto y no puede ser convalidado, por lo que el principio de la *conservatio actis* no rige para los casos de nulidad absoluta. La Ley de Honduras, sin embargo, indica, como principio, que la invalidez de una parte del acto no se comunicará a los demás, excepto en el caso de que estas dependan de aquéllas o resulte que, sin la parte viciada, el acto no habría sido dictado (art. 38). En igual sentido se regula en la Ley del Perú, así:

> «13.2 La nulidad parcial del acto administrativo no alcanza a las otras partes del acto que resulten independientes de la parte nula, salvo que sea su consecuencia, ni impide la producción de efectos para los cuales no obstante el acto pueda ser idóneo, salvo disposición legal en contrario».

En cambio, en general, la nulidad relativa puede afectar parcialmente un acto administrativo y en todo caso, puede ser convalidada (arts. 172 y 187, Ley General de Costa Rica; arts. 21 y 81, Ley de Venezuela).

El tema se regula expresamente en la Ley de Bolivia, en cuyo artículo 38, sobre «efectos de la nulidad o anulabilidad» se dispone que:

«I. La nulidad o anulabilidad de un acto administrativo, no implicará la nulidad o anulabilidad de los sucesivos en el procedimiento, siempre que sean independientes del primero.

II. La nulidad o anulabilidad de una parte del acto administrativo no implicará la de las demás partes del mismo acto que sean independientes de aquélla».

En *tercer lugar*, la nulidad absoluta de los actos administrativos puede ser declarada por la Administración, en cualquier momento, es decir, los actos viciados de nulidad absoluta pueden siempre ser revocados de oficio por la Administración. Un ejemplo de esta previsión lo encontramos en la Ley de Chile (art. 53), en el Código de Ecuador (art. 108) y en la Ley de El Salvador (art. 118), en la cual además, se regula un procedimiento detallado para la revisión de oficio (art. 119). En la Ley venezolana, sobre esto, se dispone:

«*Artículo 83*. La administración podrá en cualquier momento, de oficio o a solicitud de particulares, reconocer la nulidad absoluta de los actos dictados por ella».

En este supuesto podría hablarse de la existencia de un recurso administrativo sin plazo alguno de caducidad, para solicitar de la Administración el reconocimiento de la nulidad absoluta de sus actos (art. 81, Ley de Venezuela).

Sin embargo, en la Ley de Brasil el derecho de la Administración de anular actos administrativos de los cuales deriven efectos favorables para sus destinatarios decae a los cinco años, salvo comprobada mala fe (art. 54). En la Ley del Perú también se establece en este sentido que:

«202.3. La facultad para declarar la nulidad de oficio de los actos administrativos prescribe al año, contado a partir de la fecha en que hayan quedado consentidos.

202.4 En caso de que haya prescrito el plazo previsto en el numeral anterior, solo procede demandar la nulidad ante el Poder Judicial vía el proceso contencioso administrativo, siempre que la demanda se interponga dentro de los dos (2) años siguientes a contar desde la fecha en que prescribió la facultad para declarar la nulidad en sede administrativa».

Por otra parte, los actos administrativos creadores de derechos a favor de particulares, así estén viciados de nulidad relativa, son irrevocables por la propia Administración (arts. 173 y 174, Ley General de Costa Rica; arts. 17 y 18, Ley de Argentina; arts. 19.2 y 81, Ley de Venezuela), al punto de que la Ley venezolana vicia de nulidad absoluta la revocación de un acto que cree derechos a favor de particulares, aunque adolezca de un vicio de nulidad relativa. Es el principio de la violación de la cosa juzgada cuando no hay vicio de nulidad absoluta.

En *cuarto lugar*, la anulación de un acto administrativo viciado de nulidad absoluta, en principio, produce efectos *ex tunc*, es decir, tiene efectos declarativos y retroactivos a la fecha del acto; el cual se entiende como nunca dictado (art. 171, Ley General de Costa Rica; art. 12,1, Ley del Perú; Código de Ecuador, art. 107). En cambio, en principio, la anulación de un acto administrativo nulo relativamente produce efectos *ex nunc*, es decir, solo para el futuro, excepto cuando el efecto retroactivo sea necesario para evitar daños al destinatario del acto administrativo, a terceros o al interés público (art. 178, Ley General de Costa Rica).

Por otra parte, dada la naturaleza del vicio de nulidad absoluta, como lo establece el Código de Ecuador, «las personas no están obligadas al cumplimiento de un acto administrativo declarado nulo», y «Los servidores públicos deben oponerse a la ejecución del acto nulo, motivando su negativa» (art. 108).

En *quinto lugar*, en ciertos supuestos, la nulidad absoluta de los actos administrativos permite que se pueda solicitar su nulidad en vía jurisdiccional, en cualquier tiempo, como por ejemplo en los casos de violación de derechos y garantías constitucionales (art. 5°, Ley Orgánica de Amparo sobre Derechos y Garantías Constitucionales, Venezuela), en cuyo caso no habría lapso de caducidad para intentar el recurso contencioso administrativo de anulación.

En cambio, el recurso de nulidad contra los actos administrativos de efectos particulares, cuando se fundamente en vicios de nulidad relativa, debe intentarse en un lapso de tiempo determinado (por ejemplo, 6 meses), sin perjuicio de que con posterioridad pueda oponerse siempre la ilegalidad como excepción (art. 136, Ley Orgánica de la Corte Suprema de Justicia, Venezuela).

En *sexto lugar*, tratándose de vicios de nulidad absoluta, los mismos pueden ser apreciados de oficio por el juez contencioso-administrativo en el curso de un proceso. En cambio, en los casos de vicios de nulidad relativa, tienen que ser alegados por el recurrente para que puedan ser apreciados por el juez contencioso-administrativo (art. 87, Ley Orgánica de la Corte Suprema de Justicia, Venezuela).

En *séptimo lugar*, como ya se ha analizado al estudiar el principio de la eficacia, algunas de leyes regulan expresamente los supuestos de convalidación, saneamiento y conversión de los actos administrativos cuando adolezcan de algunos de los vicios de nulidad relativa. En tal sentido, por ejemplo, lo regula la Ley argentina calificándose el procedimiento como «ratificación» (art. 19,1). Pero la convalidación se excluye en los casos de vicios de nulidad absoluta como expresamente se indica, por ejemplo, en la Ley de El Salvador (art. 36) y en el Código de Ecuador (art. 105)

En *octavo lugar*, otra consecuencia de la nulidad es la responsabilidad del funcionario: si el acto es nulo de nulidad absoluta no puede considerarse ni ejecutivo ni ejecutorio ni se presume legítimo, por lo que su ejecución por el funcionario origina responsabilidad. Esta responsabilidad incluso, está consagrada a nivel constitucional en aquellos casos de actos violatorios de derechos constitucionales (art. 25 Constitución de Venezuela). Por supuesto, esa nulidad absoluta tiene que constatarse, en estos casos, al revocarse el acto en vía administrativa o al anularse en vía judicial.

V. LA REVOCACIÓN DE LOS ACTOS NULOS

Como se ha dicho, el acto nulo de nulidad absoluta puede ser revocado por la Administración en cualquier momento. Así lo establece, entre otras, antes mencionadas, la Ley venezolana (art. 83); la Ley argentina (art. 17); la Ley General de Costa Rica (art. 183,1); y la Ley del Perú (art. 202,1).

La Ley de Brasil establece un término de 5 años para que la Administración pueda ejercer esta potestad (art. 54); término que la Ley del Perú fija en 2 años (art. 202,4).

En el caso de Colombia, el Código dedica un título completo a la revocación de los actos administrativos, con diversas causales indicadas en el artículo 69, así:

«Los actos administrativos deberán ser revocados por los mismos funcionarios que los hayan expedido o por sus inmediatos superiores, de oficio o a solicitud de parte, en cualquiera de los siguientes casos:

1) Cuando sea manifiesta su oposición a la Constitución Política o a la ley;

2) Cuando no estén conformes con el interés público o social, o atenten contra él;

3) Cuando con ellos se cause agravio injustificado a una persona».

De esta norma surgen aspectos que deben precisarse. La «oposición manifiesta» a la Constitución debe consistir, por supuesto, en una oposición burda, grosera; pero la «oposición» a la ley abre un gran campo para que pueda haber infinidad de causas, lo que impediría que pudiera construirse totalmente el régimen de la nulidad absoluta. El segundo supuesto muestra una cláusula que podría originar gran discrecionalidad, por la presencia de conceptos jurídicos indeterminados como el «interés público»; y la tercera y última causal también plantea un espectro muy amplio de posibilidades.

Otra norma que trae el Código Colombiano (art. 71) con respecto al tema de la revocación, establece que:

«La revocación podrá cumplirse en cualquier tiempo, inclusive en relación con actos en firme o aun cuando se hayan acudido a los tribunales contencioso administrativos, siempre que en este último caso no se haya dictado acto admisorio de la demanda».

En contraste con esta norma, como dijimos anteriormente, según la legislación de Venezuela, la potestad revocatoria que tiene la Administración respecto de los actos nulos de nulidad absoluta, no se pierde por el hecho de que se haya intentado un recurso y este esté en proceso de decisión. Si el acto es nulo de nulidad absoluta y no ha creado derechos en favor de los administrados, la Administración puede corregir su error y no es necesario que se sujete a un proceso para eventualmente llegar al mismo resultado, que es la extinción del acto.

Por lo tanto, según la legislación venezolana, el único límite a la potestad revocatoria de la Administración es que el acto haya creado o declarado derechos en favor del o los administrados. En Chile, la Ley de procedimientos enumera, además, otros supuestos en los cuales la revocación no es procedente, indicando los siguientes:

«a) Cuando se trate de actos declarativos o creadores de derechos adquiridos legítimamente;

b) Cuando la ley haya determinado expresamente otra forma de extinción de los actos; o

c) Cuando, por su naturaleza, la regulación legal del acto impida que sean dejados sin efecto».

Por otra parte, en las legislaciones de México y Argentina, se establece el principio de que el acto considerado anulable es considerado válido y, por tanto, gozará de presunción de legitimidad y ejecutividad (art. 7 Ley Federal de México) hasta tanto no sea debidamente anulado en sede judicial (art. 15 Ley de Argentina).

Debe mencionarse por último la regulación que se establece en la Ley de la República Dominicana en relación con lo que se denominan los «actos desfavorables», disponiéndose que:

> «Los órganos administrativos podrán revocar en cualquier momento sus actos de gravamen o desfavorables, siempre que tal revocación no constituya dispensa o exención no permitida por las leyes, o sea contraria a la igualdad, al interés público o al ordenamiento jurídico».

En igual sentido se regula en la Ley de El Salvador (art. 121).

VI. RESPONSABILIDAD POR LOS ACTOS ADMINISTRATIVOS ILEGALES

Un principio general en el tema de la responsabilidad administrativa, es el de la responsabilidad de la Administración y del funcionario, por lo actos administrativos ilegales. En la Ley de Costa Rica se encuentra expresamente consagrada esta responsabilidad del funcionario, cuando dicte actos ilegales, así:

> «Artículo 200. 1. Siempre que se declare la invalidez de actos administrativos, la autoridad que la resuelva deberá pronunciarse expresamente sobre si la ilegalidad era manifiesta o ...
>
> 2. En caso afirmativo, deberá iniciar de oficio el procedimiento que corresponda para deducir las responsabilidades consiguientes.
>
> Artículo 201. La Administración será solidariamente responsable con su servidor ante terceros por los daños que éste cause en las condiciones señaladas por esta ley».

En la Ley del Perú se establece que la resolución que declare la nulidad de un acto administrativo debe, además, disponer lo conveniente para hacer efectiva la responsabilidad del emisor del acto inválido (art. 11,3). La declaración de nulidad de un acto administrativo, aclara la misma Ley peruana, sin embargo, no presupone necesariamente derecho a indemnización (art. 238,2).

El tema se ha regulado detalladamente en la Ley de El Salvador, incluyéndose la siguiente norma sobre «derecho a la indemnización»:

> «Art. 55. Los particulares tendrán derecho a ser indemnizados por la Administración Pública de la lesión que sufran en cualquiera de sus bienes y derechos, siempre que esta sea a consecuencia del funcionamiento normal o anormal de la Administración Pública.
>
> La responsabilidad del Estado es de carácter institucional y predominantemente objetiva, salvo las reglas especiales aplicables, cuando se trata de violación a derechos constitucionales.
>
> No serán indemnizables los daños producidos al particular cuando este tenga el deber legal de soportarlos, ni cuando tales daños se deriven de hechos o circunstancias que no se hubiesen podido prever o evitar, según el estado de los conocimientos de la ciencia o de la técnica existente en el momento en el que se han producido.
>
> La anulación en vía administrativa o judicial de los actos o disposiciones administrativas no supone, por sí misma, derecho a la indemnización».

DÉCIMA TERCERA PARTE

EL PRINCIPIO DEL CONTROL INTERNO: EL DERECHO A RECURSOS

I. EL DERECHO A RECURRIR

La garantía por excelencia del derecho a la defensa, es el derecho de los interesados a impugnar o atacar, en sede administrativa, los actos administrativos emanados como resultado del procedimiento administrativo. Ello permite el ejercicio, por la Administración, del control interno sobre sus actos administrativos. Es lo que la Ley de Chile denomina el «principio de impugnabilidad» al declarar que «todo acto administrativo es impugnable por el interesado mediante los recursos administrativos» regulados en la Ley (art. 15)

Puede decirse que la regulación de este derecho a recurso fue, quizás, el primer cuerpo normativo del derecho de la defensa en materia administrativa; por eso, las regulaciones sobre el procedimiento administrativo en América Latina comenzaron por leyes relativas a recursos administrativos en general. Ese fue el caso, por ejemplo, de la Ley argentina sobre recursos jerárquicos de los años cuarenta. Por ello, el tema de los recursos ha sido una parte esencial de la codificación del procedimiento administrativo.

Si en el procedimiento administrativo se distingue, en general, el procedimiento constitutivo del procedimiento de impugnación del acto administrativo; el régimen de los recursos corresponde precisamente a esta segunda parte del procedimiento, es decir, al procedimiento de impugnación de los actos administrativos. Por eso, su régimen constituye una parte medular de todo el procedimiento administrativo y está influido por todos los principios anteriormente analizados que están en todas las leyes de procedimientos administrativos.

Para garantizar ese derecho a recurrir, las leyes de procedimiento administrativo regulan aspectos de los actos recurribles, en una variada forma. Por ejemplo, la Ley de Bolivia dispone que son recurribles «toda clase de resolución de carácter definitivo (que pongan fin a una actuación administrativa) o actos que tengan carácter equivalente» (art. 56.I), así como los «actos de carácter preparatorio o de mero trámite» cuando «e trate de actos que determinen la imposibilidad de continuar el procedimiento o produzcan indefensión» a9rt. 57); la Ley de la república Dominicana se refiere a la impugnabilidad de «los actos administrativos que pongan fin a un procedimiento, imposibiliten su continuación, produzcan indefensión, lesionen derechos subjetivos o produzcan daños irreparables (art. 47);y la Ley de El salvador, precisa que son «actos recurribles en la vía administrativa los actos definitivos como los de trámite». Éstos últimos, sin embargo, solo pueden impugnarse «de manera autónoma de los actos definitivos cuando pongan fin al procedimiento haciendo imposible su continuación, decidan anticipadamente el asunto de que se trate o cuando produzcan indefensión o un daño irreparable» (art. 123).

Por supuesto, para ejercer este derecho a recurrir respecto de los actos administrativos se exige, siempre, por una parte, como se ha dicho, un acto administrativo previo, de manera que no hay derecho a recurso si no hay acto previo; y, por otra parte, se necesita una decisión motivada, ya que poco se lograría al pretender ejercer un recurso gubernativo sin una decisión motivada, es decir, sin motivos respecto de los cuales se pueda reaccionar o cuestionar.

De ahí la duda sobre la efectividad de la figura del silencio administrativo respecto de las peticiones, que deriva del hecho de que no habiendo acto administrativo, se presume negada una petición por el hecho del silencio administrativo. En definitiva, nada logra el administrado con recurrir contra un acto administrativo presuntamente negado, si no tiene argumentos que alegar porque no hay motivos contra los cuales pueda formular una defensa. En esos casos, el objetivo del interesado, cuando formula una petición de, por ejemplo, una autorización o un permiso, es la obtención de una respuesta positiva de la Administración, por lo que la presunción de un acto negativo no le garantiza nada. Por eso, realmente, la garantía frente al silencio administrativo en el procedimiento constitutivo del acto administrativo, es la acción en carencia o la acción de cumplimiento o, en su caso, si hay violación de derechos constitucionales, la tutela o el amparo contra la omisión para la obtención de una decisión positiva, que es, en definitiva, lo que busca el administrado.

Por tanto, como ya hemos señalado, el ejercicio del derecho a la defensa está íntimamente vinculado al derecho a la motivación de los actos administrativos (art. 1°, f.3, Ley de Argentina; art. 18.5, Ley de Venezuela), condición indispensable para que pueda tener efectividad. Como lo ha señalado la jurisprudencia contencioso administrativa venezolana:

> «El derecho a la defensa en el procedimiento administrativo está íntimamente vinculado al derecho a la motivación, porque el conocimiento oportuno de los motivos de la acción administrativa es lo que puede determinar la eficacia y acierto de las decisiones que se dicten, su correcta adecuación al derecho objetivo y el debido equilibrio entre los intereses públicos y particulares involucrados en la decisión, e iniciativa de los interesados. Basta, por lo tanto, con que el acto administrativo no esté debidamente motivado, para que se considere que tácitamente ha existido indefensión de los particulares que han podido oponerse a la decisión, antes de que ésta llegue a afectar sus intereses legítimos, personales y directos, y de allí la necesidad de hacer referencia también a las razones que han sido alegadas entre los requisitos de la motivación» (Sentencia de la Corte Primera de lo Contencioso Administrativo de 14 de marzo de 1988, *Revista de Derecho Público*, N° 34, Caracas, 1988, p. 86).

Sin motivación de los actos administrativos, por tanto, no habría posibilidad real de ejercer el derecho a la defensa mediante el ejercicio de recursos contra los mismos, es decir, el derecho a recurrir sería nugatorio.

Otro elemento de base respecto del derecho a recurrir, es el que deriva de la formalidad de la notificación del acto, que debe contener el texto íntegro del mismo y, por supuesto, la información sobre los recursos administrativos de los cuales dispone el interesado para poder ejercer su derecho a la defensa, ya sea para dar inicio al procedimiento de revisión o bien para interponer el recurso gubernativo de impugnación de los actos administrativos, y los lapsos de los que dispone para ejercerlos.

En este sentido, por ejemplo, el Código de Colombia establece el derecho de los interesados a ejercer los recursos administrativos que consagra el ordenamiento jurídico, exigiendo que se indique expresamente, en el texto de la notificación o publicación del acto administrativo:

«Los recursos que legalmente proceden contra las decisiones de que se trate, las autoridades ante quienes deben interponerse y los plazos para hacerlo» (art. 47).

En igual sentido se regula en la Ley venezolana (arts. 73 y 74).

Por último, el derecho a recurrir como medio de defensa contra los actos administrativos, exige la previsión formal de medios de recursos administrativos, es decir, de los que puedan formularse ante la propia Administración. Ello conduce a estudiar el régimen de los recursos administrativos como parte del procedimiento de impugnación de los actos administrativos.

II. LOS DIVERSOS RECURSOS ADMINISTRATIVOS

Las leyes de procedimiento administrativo de América Latina regulan diversos tipos de recursos gubernativos o administrativos, como vías formales de petición puestas a disposición de los interesados para solicitar la revisión de los actos administrativos en sede administrativa.

La terminología varía de una ley a la otra, por lo que convencionalmente proponemos la clasificación general en tres clases de recursos: el de reconsideración, el jerárquico y el de revisión. Pero antes de analizar cada uno de estos recursos, debemos referirnos a las diversas clasificaciones legales.

1. *Clasificación general*

En primer lugar, puede distinguirse una clasificación general de los recursos administrativos, diferenciando los que serían recursos ordinarios, de los que serían *recursos extraordinarios*.

Como lo regula con precisión la Ley General de Costa Rica:

«Artículo 343. Los recursos serán ordinarios o extraordinarios. Serán ordinarios el de revocatoria o reposición y el de apelación. Será extraordinario el de revisión».

En el caso colombiano, por ejemplo, el Código establece un régimen propio del *recurso ordinario* y no regula especialmente algún *recurso extraordinario* de carácter administrativo, como el llamado «recurso de revisión» que sí se encuentra en las demás leyes.

Ahora bien, entre los *recursos ordinarios* que consagran las leyes de procedimiento administrativo latinoamericanas, están los siguientes:

En primer lugar, el *recurso de reconsideración* (Ley venezolana), que también regula la Ley peruana, la Ley de Panamá, en la Ley de la República Dominicana y en la Ley de El Salvador; y que se denomina *recurso de reposición* en la Ley de Hondura, en la Ley de Chile y en el Código colombiano; o *recurso de revocatoria* según la Ley General de Costa Rica, y la Ley de Bolivia (Solo en Nicaragua este recurso se denomina «recurso de revisión). Se trata del recurso que se ejerce ante la propia autoridad que dictó el acto, para la reconsideración de la decisión, su revocatoria o la reposición del procedimiento para dictar una nueva decisión.

En segundo lugar, el *recurso jerárquico*, clásicamente conocido con esa denominación en casi todas las legislaciones, pero que en Perú, en Honduras, en El Salvador, en Panamá, Nicaragua, Ecuador y en Colombia se denomina *recurso de apelación*. En general, sin embargo, en todas las leyes administrativas se ha superado o rechazado el término de «apelación» para reducirlo a la vía judicial y distinguirlo, así, del recurso jerárquico en sede administrativa. A su vez, en el caso de México, se conoce este recurso como «recurso de revisión». En todo caso, se trata del recurso que se ejerce ante la autoridad jerárquica superior a la que dictó el acto.

Pero además de los recursos ordinarios, en las leyes de procedimiento administrativo se distingue el *recurso de revisión*, que es un *recurso extraordinario*, porque tiene la característica de que se ejerce contra actos administrativos firmes. En cambio, los ordinarios se ejercen contra actos recurribles que, por ello, no han adquirido firmeza. Por esta razón, este recurso de revisión no encuentra regulación en el Código colombiano, el cual solo establece recursos contra actos administrativos que no sean firmes.

El recurso de revisión, por su carácter extraordinario, requiere de una serie de causales específicas referidas, por ejemplo, a la necesidad de hechos sobrevenidos surgidos con posterioridad a la emisión del acto, y que permiten acudir ante el superior jerárquico para pedir su revisión. El superior jerárquico es, entonces, el llamado a determinar, por ejemplo, si después de emitido el acto se ha dictado una sentencia; se han modificado los presupuestos de hecho del acto administrativo o estos han desaparecido; o han aparecido documentos que no se conocían con anterioridad; es decir, este recurso extraordinario requiere de causales específicas para su procedencia.

2. *El recurso de reconsideración*

El primero de los recursos administrativos es el llamado recurso de reconsideración, de reposición, de revocatoria o de revocación, como vía formal de petición puesta a disposición de los administrados para solicitar de la misma autoridad que adoptó una decisión, que la reconsidere, revise, modifique o revoque.

Se trata del recurso administrativo más común y generalizado, cuya característica fundamental es que pone en funcionamiento el principio de la autotutela de la Administración, porque es el recurso que permite acudir ante «el mismo funcionario que tomó la decisión, para que la aclare, modifique o revoque», como lo dice el Código colombiano (art. 50 CPAC). Por ello, este recurso procede siempre, cualquiera que sea la jerarquía del funcionario que adopte la decisión.

La característica básica del recurso es que se ejerce ante el propio órgano que dictó la decisión. Así está regulado en todas las leyes, pero con terminologías y lapsos de interposición distintos. En el Perú, además, la ley requiere que se sustente «en nueva prueba» (art. 208).

Incluso, en el caso de Venezuela, se distingue el recurso de reconsideración según que el acto impugnado agote o no la vía administrativa. Si el acto no agota la vía administrativa, el recurso de reconsideración debe intentarse como paso previo al recurso jerárquico o de apelación (art. 94). Esta es una disposición excepcional entre el conjunto de leyes latinoamericanas, porque en todas las otras no se establece este carácter de agotamiento previo del recurso de reconsideración para acudir al recurso jerárquico. Por ello, la Ley del Perú dispone que «este recurso es opcional y su no interposición no impide el ejercicio del recurso de apelación» (art. 208).

Por otra parte, si el acto administrativo agota la vía administrativa, aun cuando quede abierta la vía contencioso-administrativa, sin embargo, el particular puede ejercer, antes de ir a la vía judicial, el recurso de reconsideración ante la autoridad que agote la vía administrativa, es decir, ante el superior jerárquico en concreto. De igual manera, este recurso está consagrado, en estos términos, en la Ley de Uruguay (art. 142) y en el Reglamento de la Secretaría de la Comunidad Andina (arts. 37 y 44).

3. *El recurso jerárquico*

El otro recurso administrativo de carácter ordinario es el recurso jerárquico, llamado también «recurso de apelación» en Colombia, Perú y Honduras y «recurso de alzada» en Costa Rica. Se trata del recurso que se intenta ante el superior jerárquico de la organización a la cual pertenece el autor del acto administrativo atacado, a los efectos de obtener su aclaratoria, revisión o revocación. En algunos países, como en el Perú, la Ley exige que el recurso se intente por ante la misma autoridad que expidió el acto para que lo eleve ante el superior jerárquico, y además, que «se sustente en diferente interpretación de las pruebas producidas o cuando se trate de cuestiones de puro derecho» (art. 209).

En todo caso, con este recurso se ponen en marcha los poderes de dirección, revisión y control del superior jerárquico, y las propias relaciones de jerarquía entre los órganos administrativos.

Por tanto, para que proceda el recurso jerárquico tiene que existir relación jerárquica, y si el principio de la jerarquía no tiene vigencia como consecuencia de desviaciones formales de la competencia, no puede intentarse el recurso jerárquico.

Por eso, este recurso no procede cuando ha habido un proceso de descentralización o desconcentración administrativa, los cuales tienen por efecto poner fin a la vía administrativa en determinados niveles de la organización administrativa, distintos al del superior jerárquico. Esto sucede, por ejemplo, en las relaciones entre la Administración descentralizada con los órganos de la Administración central, por lo que en principio este recurso se excluye en los casos de relaciones interorgánicas de tutela. Por ello, en el Código colombiano se excluye la apelación o el recurso jerárquico contra las:

> «Decisiones de los ministros, jefes de departamento administrativo, superintendentes y representantes legales de las entidades descentralizadas o de las unidades administrativas especiales que tengan personería jurídica» (art.50).

La excepción a este principio, que es el general, se encuentra en la regulación, muy inconveniente por lo demás, de Venezuela, la cual, respecto de los institutos autónomos, que son órganos descentralizados, sin embargo, previó la necesidad de un recurso jerárquico, que no es propiamente jerárquico, sino que es un recurso de alzada, «ante el respectivo Ministro de adscripción» (art. 96).

Con esta norma de la Ley Orgánica, por tanto, se hace interminable el camino para acceder a la justicia y se distorsiona la desviación de la competencia que se ha producido, precisamente con motivo de la descentralización funcional. Esta es una regulación que no tiene antecedentes en el derecho comparado, y viola, incluso, el principio de la doble instancia.

Por último, debe agregarse que normalmente el recurso jerárquico intentado ante el superior jerárquico de la organización, tiene como resultado poner fin a la vía administrativa, por lo que al decidirse o no en un lapso de tiempo, deja abierta la vía contencioso-administrativa.

4. *El recurso de revisión*

El recurso administrativo que puede considerarse como de carácter extraordinario, es el denominado recurso de revisión, el cual, a pesar de que se intenta ante el superior jerárquico, se distingue del recurso jerárquico, en primer lugar, porque se intenta contra un acto firme, es decir, contra un acto que ya es irrecurrible, porque ya fue objeto, o lo pudo haber sido, de los recursos administrativos ordinarios. Como consecuencia de ello, en segundo lugar, este recurso de revisión se distingue del recurso jerárquico porque solo puede intentarse con fundamento en unas causales que las leyes prevén, como es el caso de Costa Rica, Argentina, Honduras, Chile, El Salvador, Panamá, Ecuador y Venezuela. En el caso del Perú, sin embargo, el recurso de revisión, aún cuando también es de carácter extraordinario, lo que lo caracteriza es que lo decide una tercera instancia de competencia nacional, si las dos instancias anteriores fueron resueltas por autoridades que no son de competencia nacional (art. 210).

Por ejemplo, en la Ley venezolana (art. 84) este recurso de revisión contra los actos administrativos firmes puede intentarse ante el Ministro respectivo, en los siguientes casos:

> «1. Cuando hubieren aparecido pruebas esenciales para la resolución del asunto, no disponibles para la época de la tramitación del expediente.
>
> 2. Cuando en la resolución hubieren influido, en forma decisiva, documentos o testimonios declarados falsos por sentencia judicial definitivamente firme.
>
> 3. Cuando la resolución hubiere sido adoptada por cohecho, violencia, soborno u otra manifestación fraudulenta y ello hubiere quedado establecido en sentencia judicial, definitivamente firme».

Es decir, en la base de estas causales están hechos o actos sobrevenidos que de haberse conocido en su momento, hubieren cambiado radicalmente las circunstancias o los elementos de hecho y de derecho que dieron origen al acto.

En el mismo sentido, el artículo 22 de la Ley argentina señala que puede disponerse en sede administrativa la revisión de un acto firme:

> «a) Cuando resultaren contradicciones en la parte dispositiva, háyase pedido o no su aclaración;
>
> b) Cuando después de dictado se recobraren o descubrieren documentos decisivos cuya existencia se ignoraba o no se pudieron presentar como prueba por fuerza mayor o por obra de tercero;

c) Cuando hubiere sido dictado basándose en documentos cuya declaración de falsedad se desconocía o se hubiere declarado después de emanado el acto;

d) Cuando hubiere sido dictado mediando cohecho, prevaricato, violencia o cualquier otra maquinación fraudulenta o grave irregularidad comprobada».

En el mismo sentido se expresa la Ley General de Costa Rica (art. 353), donde se establece que podrá interponerse recurso de revisión ante el jerarca de la respectiva Administración contra aquellos actos finales firmes en que concurra alguna de las circunstancias siguientes:

«a) Cuando al dictarlos se hubiere incurrido en manifiesto error de hecho que aparezca de los propios documentos incorporados al expediente;

b) Cuando aparezcan documentos de valor esencial para la resolución del asunto, ignorados al dictarse la resolución o de imposible aportación entonces al expediente;

c) Cuando en el acto hayan influido esencialmente documentos o testimonios declarados falsos por sentencia judicial firme anterior o posterior del acto, siempre que, en el primer caso, el interesado desconociera la declaración de falsedad; y

d) Cuando el acto se hubiera dictado como consecuencia de prevaricato, cohecho, violencia u otra maquinación fraudulenta y se haya declarado así en virtud de sentencia judicial».

Por su parte, en la Ley de Honduras se establece (art. 141), que contra las resoluciones firmes puede interponerse recurso extraordinario de revisión cuando concurra alguna de las circunstancias siguientes:

«a) Que el acto se hubiese dictado con evidente y manifiesto error de hecho, que afecte a la cuestión de fondo, siempre que dicho error resulte plenamente demostrado de los documentos incorporados al expediente;

b) Que después de adoptada la resolución aparezcan documentos decisivos ignorados por fuerza mayor al dictarse la resolución o de imposible aportación entonces al expediente;

c) Que la resolución hubiera recaído en virtud de documento que al tiempo de adoptarse aquélla ignorase alguno de los interesados haber sido reconocido y declarado falso en sentencia judicial firme, o cuya falsedad se reconociese o declarase después;

ch) Que habiéndose adoptado la resolución en virtud de prueba testifical fuesen los testigos condenados en sentencia judicial firme por falso testimonio dado en las declaraciones que sirvió a aquélla de fundamento; y,

d) Que la resolución se hubiese dictado con prevaricación, cohecho, violencia u otra maquinación fraudulenta, y se haya declarado así por sentencia judicial firme».

En todos estos casos se trata de un recurso para que la Administración pueda revisar actos firmes y, por tanto, inimpugnables por la vía de los recursos ordinarios.

III. EL OBJETO DE LOS RECURSOS

En general, el objeto de los recursos administrativos lo constituye un acto administrativo definitivo de efectos particulares. Por ello, el Código de Colombia excluye el recurso respecto de los actos de carácter general (art. 49); aún cuando, al contrario, la Ley de Uruguay excepcionalmente permite el ejercicio de un recurso contra una norma de carácter general (art. 166). Igual se establece en la Ley de Honduras (art. 129).

En el caso de la Ley de Uruguay, expresamente el artículo 166 regula esto en la forma siguiente:

«*Artículo 166.* La resolución que haga lugar al recurso interpuesto contra una norma de carácter general, implicará la derogación, reforma o anulación de dicha norma según los casos. Sus efectos serán generales y, en los casos de anulación o derogación o reforma por razones de legitimidad serán además con efectos retroactivos («ex tunc»), sin perjuicio de que subsistan:

a. los actos firmes y estables dictados en aplicación de la norma impugnada; y

b. los derechos adquiridos directamente al verificarse el supuesto de hecho previsto en dicha norma sin necesidad de acto de ejecución alguno que no resulten incompatibles con el derecho del recurrente.

En todos los casos previstos en este artículo, la resolución del recurso deberá publicarse en el «Diario Oficial».

Por otra parte, en principio, los recursos proceden contra los actos administrativos definitivos, es decir, conforme al Código de Colombia, aquéllos «que ponen fin a una actuación administrativa, los que deciden directa o indirectamente el fondo del asunto» (art. 50).

Excepcionalmente, sin embargo, se admite la posibilidad de impugnar, por vía de recurso, a los actos de trámite, siempre que imposibiliten continuar el procedimiento, causen indefensión o prejuzguen como definitivo. En estos casos, como lo regula la Ley venezolana, se abre la posibilidad de la impugnación de estos actos de trámite (art. 85). En sentido similar se regula en el Código de Colombia (art. 49) y en la Ley del Perú (art. 206,2).

Por lo tanto, el objeto de los recursos ordinarios es, en principio, el acto definitivo y que no sea firme por no haberse vencido los lapsos previstos para su impugnación.

Por otra parte, el recurso jerárquico solo puede intentarse contra un acto que no agote la vía administrativa; y en algunos casos, como en la legislación de Venezuela, el objeto de un recurso jerárquico solo puede ser un acto administrativo que resuelva un recurso de reconsideración previamente intentado (art. 95).

Además, debe mencionarse que, en general, las leyes de procedimiento administrativo de América Latina admiten el ejercicio de los recursos administrativos contra los actos administrativos tácitos denegatorios que resulten del silencio administrativo.

Por último, debe destacarse el artículo 345 de la Ley General de Costa Rica, el cual precisa cuáles son los actos administrativos que pueden ser objeto de recursos ordinarios:

«1. En el procedimiento ordinario cabrán los recursos ordinarios únicamente contra el acto que lo inicie, contra el que deniega la comparecencia oral o cualquier prueba y contra el acto final.

2. La revocatoria contra el acto final del jerarca se regirá por las reglas de la reposición de la Ley Reguladora de la Jurisdicción Contencioso Administrativa.

3. Se considerará como final también el acto de tramitación que suspenda indefinidamente o haga imposible la continuación del procedimiento».

IV. LOS MOTIVOS DE LOS RECURSOS

En cuanto a los motivos de los recursos administrativos, puede decirse que, en general, y con la excepción del régimen del Perú, existe un régimen común, salvo en el caso del recurso de revisión que está condicionado a determinados motivos expresamente establecidos.

En efecto, los recursos ordinarios proceden cuando se alega cualquier infracción del ordenamiento jurídico, es decir, cualquier motivo de ilegalidad, y también, por supuesto, cualquier motivo de mérito, es decir, de oportunidad y conveniencia que el particular pueda alegar ante la Administración. En el caso de la Ley de Panamá, se usa la siguiente fórmula: «Los recursos podrán fundarse en cualquier infracción del ordenamiento jurídico, incluyendo la desviación de poder» (art. 162). En el Perú, sin embargo, deben existir nuevas pruebas para sustentar estos recursos (arts. 208 y 209).

Los recursos administrativos, por tanto, no solo son vías de revisión gubernativa fundamentadas en razones de ilegalidad, sino que pueden ser intentados por motivos de oportunidad y conveniencia. Así lo establece la Ley General de Costa Rica: «por motivos de legalidad o de oportunidad» (art. 342) y la Ley de Brasil: «por razones de legalidad o de mérito» (art. 56). Aclara por ejemplo, el Reglamento de la Comunidad Andina, que los recursos proceden contra los actos «por estar viciados en sus requisitos de fondo o de forma, e incluso por desviación de poder»(art. 39).

En Uruguay, los recursos de anulación se deben fundamentar en que el acto impugnado es contrario a una regla de derecho o implica desviación, abuso o exceso de poder (art. 151). En el caso de la Ley de Honduras, también se precisa el motivo de los recursos así:

«*Artículo 130*. Los recursos de apelación y reposición podrán fundarse en cualquier infracción del ordenamiento jurídico, incluso el exceso de poder y la desviación de poder; y, cuando las resoluciones fueren dictadas en ejercicio de potestades discrecionales, en razones vinculadas a la oportunidad o conveniencia del acto impugnado».

La Ley del Perú, por su parte, dispone que los recursos administrativos pueden intentarse contra los actos administrativos que se supone violan, desconocen o lesionan un derecho o interés legítimo (art. 206,1).

Otro tema vinculado al de los motivos de los recursos, es el de la oportunidad para formular la fundamentación de los mismos. En el procedimiento administrativo, por el principio de la informalidad o flexibilidad consagrado expresamente en algunos países, como en Uruguay, la Ley permite que la fundamentación del recurso, que constituye un derecho del recurrente, pueda cumplirse con posterioridad a su presentación (art. 155). En esta forma no se exige que en el propio texto del recurso se incluya toda su fundamentación, como al contrario sucede en Venezuela y Colombia, donde el propio texto del recurso debe contener toda la fundamentación, al punto de que puede considerarse como una causal de inadmisibilidad y de rechazo, el que el texto del recurso no contenga todos los elementos que exija la Ley, entre ellos la fundamentación. (arts. 49 y 86 de la Ley de Venezuela).

V. LA INTERPOSICIÓN DE LOS RECURSOS Y SU INADMISI-BILIDAD

Lo primero que debe señalarse respecto de la interposición de los recursos administrativos, es lo referente a la identificación del acto objeto de los mismos y que, en principio, deben contener los motivos de reclamo, salvo que la Ley permita su fundamentación posterior.

Además, las leyes de procedimiento administrativo establecen otra serie de elementos que inciden sobre la admisibilidad de los recursos como medios formales de impugnación de los actos administrativos, y que normalmente se refieren a la legitimación, al principio de la participación de los interesados, a las formalidades, al lapso de interposición y a la decisión de los recursos.

1. *La legitimación activa y la intervención de los interesados*

En cuanto a legitimación, puede señalarse que invariablemente el principio general es que la legitimación activa está reservada a los interesados, es decir, a quienes tengan interés personal, legítimo y directo en el acto que se impugna (art. 85, Ley de Venezuela; art. 52, Código de Colombia; art. 127, Ley de Uruguay; art. 129, Ley de Honduras).

Este interés personal, legítimo y directo puede derivar de un derecho subjetivo, del hecho de ser destinatario del acto o de estar en una especial situación de hecho que hace que surja el interés en relación a ese acto administrativo concreto.

Por ello, la Ley uruguaya establece expresamente que:

«*Artículo 152*. Podrán interponer recursos administrativos, los peticionarios y las personas que se consideren directamente lesionadas en sus derechos o intereses por el acto administrativo impugnado».

La Ley de Brasil, además, precisa la legitimación para intentar los recursos, abriéndola a los representantes de intereses colectivos y difusos, así:

«*Art. 58*. Têm legitimidade para interpor recurso administrativo:

I. os titulares de direitos e interesses que forem parte no processo;

II. aqueles cujos direitos ou interesses forem indiretamente afetados pela decisão recorrida;

III. as organizações representativas, no tocante a direitos e interesses coletivos;

IV. os cidadãos ou associações, quanto a direitos ou interesses difusos».

Se destaca, por otra parte, el supuesto del recurso de revisión que en el caso de la Ley de Honduras, se permite que sea interpuesto por el Procurador General de la República «en interés de la legalidad de la actividad administrativa» (art. 145).

En cuanto a la intervención de los interesados en el procedimiento, la Ley uruguaya establece claramente el principio general en esta materia, así:

«Artículo 153. Cuando los recursos se interpusieren contra un acto administrativo declarativo o constitutivo de una situación jurídica subjetiva, se dará intervención en los procedimientos al interesado en que el acto impugnado se mantenga.

En el caso de comparecer deberá hacerlo en la misma forma que el recurrente y tendrá los mismos derechos que éste».

2. *El plazo de interposición y su inicio*

En casi todas las leyes, y con gran variación numérica, se regulan los términos de interposición de los recursos, en lapsos que van desde 3 días, por ejemplo, en Costa Rica (art. 346), hasta 15 días en el caso de Venezuela (art. 94 y 95).

De acuerdo con la regulación concreta que cada país establece, se trata de un lapso de caducidad que se inicia con la notificación del acto administrativo, cuando comienza la etapa de revisión del acto impugnado. Por supuesto, aun sin notificación, el particular puede, en cualquier momento, recurrir el acto dándose por notificado. Inclusive, así lo regula la expresamente Ley de Uruguay, al indicar que:

> «Si el acto no ha sido notificado personalmente ni publicado en el Diario Oficial, según corresponda, el interesado podrá recurrirlo en cualquier momento» (art. 142,2).

Por tanto, este puede considerarse como un principio general que aun cuando no haya habido notificación, el interesado puede darse por notificado e impugnar el acto a través de los recursos que proceden, de manera que no es necesaria o indispensable la notificación directa para poder intentar el recurso.

Sin embargo, en la misma Ley de Uruguay se establece una garantía para el interesado, en estos casos de ausencia de notificación del acto, al expresar que:

> «En ningún caso el conocimiento informal del acto lesivo por parte del interesado suple a la notificación personal o a la publicación en el «Diario Oficial», según corresponda, por lo que no hace correr el cómputo del plazo para recurrir. No obstante, el interesado, si lo estimare del caso, podrá ejercitar sus defensas jurídicas dándose por notificado» (art. 143).

La Ley argentina, por su parte, regula los casos de peticiones fuera de lapso, una vez caducados los recursos, así:

> «Una vez vencidos los plazos establecidos para interponer recursos administrativos se perderá el derecho para articularlos; ello no obstará a que se considere la petición como denuncia de ilegitimidad por el superior, salvo que éste resolviera lo contrario por motivos de seguridad jurídica o que, por estar excedidas razonables pautas temporales, se entienda que medió abandono voluntario del derecho» (art. 1.e.6).

Por otra parte, la Ley argentina también regula el principio de que aún cuando los recursos hubiesen sido mal calificados, adolezcan de defectos formales insustanciales o fueren deducidos ante órgano incompetente por error excusable, sin embargo, su interposición no interrumpe el curso de los plazos (art. 1.e.7).

3. *El escrito de interposición*

En la mayoría de los textos legales se establecen los requisitos formales de la interposición de recursos, exigiendo que deben intentarse por escrito, con las mismas indicaciones requeridas para las solicitudes o peticiones. (art. 86, Ley de Venezuela; art. 52, Código de Colombia; art. 125, Ley de El Salvador). Ninguna de las leyes de procedimiento administrativo permite la interposición verbal de un recurso gubernativo, pues las leyes siempre hablan del escrito del recurso.

En muchos casos los recursos deben cumplir las mismas condiciones de las peticiones que, en particular, se detallan en la legislación: se exige, así, la identificación del acto administrativo recurrido, del órgano ante el cual se dirige, del recurrente, y la expresión de los motivos o fundamentos del recurso. Así se indica, por ejemplo, en la legislación de México (art. 86) y de Uruguay (art. 154) donde, incluso, se señala que cualquiera que sea la forma documental, siempre tiene que cumplirse una serie de requisitos, así:

> «Artículo 154. Cualquiera sea la forma documental utilizada para la interposición de los recursos (escrito en papel simple, formulario o impreso, telegrama colacionado certificado con aviso de entrega, télex, fax, o cualquier otro medio idóneo), siempre deberá constar claramente el nombre y domicilio del recurrente y su voluntad de recurrir traducida en la manifestación de cuáles son los recursos que se interponen y la designación del acto administrativo que impugna».

En todo caso, entre los requisitos formales está la motivación del recurso, al punto de que como sucede en Brasil (art. 60), en Venezuela (art. 86) y en Colombia (art. 53), si no se llenan esos requisitos debe haber una decisión motivada de inadmisibilidad del recurso.

En esta materia, por tanto, varía el principio de la colaboración que rige respecto de las peticiones, y que exige a la Administración colaborar con el interesado a los efectos de advertirle los errores de su petición para que los corrija. En materia de recursos, en cambio, la regulación es mucho más formalista, de manera que si no se presenta el recurso conforme a los requisitos exigidos, no se le devuelve al particular para que lo corrija, si no que se lo declara inadmisible. Por tanto, en esta materia no rige el principio de la colaboración sino, al contrario, se establece la declaratoria de inadmisibilidad del recurso, mediante resolución motivada.

En cuanto al principio *solve et repete*, debe señalarse que aún cuando algunas leyes lo consagran, exigiéndose que con el recurso se «acredite el pago o el cumplimiento de lo que el recurrente reconoce deber» (art. 52 del Código colombiano), en general no tiene vigencia por las razones de inconstitucionalidad que anteriormente se han expuesto.

4. *La interposición conjunta y subsidiaria*

En algunas legislaciones se admite la posibilidad de interposición conjunta o subsidiaria de recursos; un ejemplo de esto se encuentra en la legislación de Uruguay (art. 164), conforme a la cual se puede intentar el recurso de reconsideración y, subsidiariamente, el jerárquico, de la manera siguiente:

> «Artículo 164. En los casos en que se hayan interpuesto en forma conjunta y subsidiaria los recursos de revocación y jerárquico, o de revocación y de anulación, o de revocación, jerárquico y de anulación, el recurrente podrá presentarse ante los órganos competentes para resolver los recursos subsidiarios a efectos de urgir la resolución de los recursos en trámite, a medida que se vayan operando las correspondientes confirmaciones fictas del acto impugnado.

Recibido el petitorio, el órgano referido requerirá, sin más trámite, al órgano que dictó la resolución recurrida, o, en su caso, al órgano competente para decidir el recurso subsidiario siguiente al de revocación...».

Este principio también está establecido en el Código colombiano indicándose que el recurso jerárquico puede interponerse directamente o en subsidio del de reposición (art. 51).

En cambio, debe indicarse que un principio como ese no puede aplicarse en el sistema venezolano, porque en el mismo se exige que el recurso jerárquico solo puede intentarse cuando se niegue el de reconsideración, por lo que nunca se pueden interponer ambos al mismo momento. Solo una vez dictada la decisión del recurso de reconsideración es que se podría intentar el recurso jerárquico.

5. *La autoridad competente*

La autoridad competente para conocer del recurso de reconsideración o de reposición es la misma autoridad que dictó el acto. Por tanto, el recurso se debe intentar directamente ante esa autoridad.

En el caso del recurso jerárquico, hay dos posibilidades para interponerlo: por una parte, se puede intentar ante el inferior para ante el superior, como sucede en el Perú; o como sucede en el caso de la legislación venezolana, se puede intentar directamente ante el superior, es decir, no se acude ante el órgano que dictó el acto recurrido sino que se acude directamente ante el superior jerárquico, para que adopte la decisión. Esto ocurre, igualmente, en los sistemas donde existe el recurso de revisión, que es extraordinario, en cuyo caso también se interpone directamente ante el superior jerárquico para que conozca del recurso, sin necesidad de interponerlo ante el inferior.

La regulación positiva de esta materia, sin embargo, varía en la Ley General de Costa Rica, en la cual la interposición de los recursos ordinarios debe efectuarse ante el órgano director del procedimiento, de manera que cuando se trate de la apelación, aquél se limitará a emplazar a las partes ante el superior y remitirá el expediente sin admitir ni rechazar el recurso, acompañando un informe sobre las razones del recurso (art. 349).

En el caso de Uruguay, la Ley regula esta materia de la manera siguiente:

«*Artículo 160.* Tratándose de actos administrativos dictados por el Poder Ejecutivo, actuando en acuerdo, el recurso de revocación podrá presentarse ante el Ministerio actuante, de ser varios el que figure en primer término, o bien ante la Secretaría de la Presidencia de la República. En este último caso, previo registro de su entrada, será remitido al Ministerio que corresponda, donde se sustanciará y someterá, oportunamente, al acuerdo del Poder Ejecutivo, con el proyecto de resolución respectivo.

Si el acto administrativo hubiese sido dictado por el Consejo de Ministros, el recurso de revocación se presentará ante la Secretaría de la Presidencia de la República, la que procederá en la forma señalada por el respectivo Reglamento del Consejo de Ministros».

Por otra parte, en materia de actos dictados en delegación de atribuciones, el artículo 161 de la Ley de Uruguay establece que los recursos podrán presentarse indistintamente ante el órgano delegante o ante el órgano delegado. En este último caso, el órgano delegado lo sustanciará y someterá oportunamente al órgano delegante con el proyecto de resolución respectivo.

VI. LOS EFECTOS DE LA INTERPOSICIÓN DE LOS RECURSOS

1. *Los efectos suspensivos y no suspensivos*

Otro aspecto fundamental derivado de la interposición de los recursos, es el de los efectos que produce, que pueden ser suspensivos o no suspensivos.

Puede decirse que el principio general en todo el ordenamiento jurídico comparado, es el de los efectos no suspensivos de los recursos administrativos; siendo la legislación colombiana una excepción, al establecer, en general, el principio contrario de que los recursos se concederán con efectos suspensivos (art. 55).

La regla general en América Latina, por tanto, sigue el clásico principio de ejecutoriedad del acto administrativo, que implica que el acto puede ejecutarse a pesar de la impugnación, por lo que los recursos no tienen efectos suspensivos.

En la Ley venezolana, en esta forma, expresamente se señala lo siguiente:

> «*Artículo 87*: La interposición de cualquier recurso no suspenderá la ejecución del acto impugnado, salvo previsión legal en contrario».

La excepción es, por tanto, el carácter suspensivo de los recursos contra los actos administrativos, previéndose con carácter general, en Venezuela, sin embargo, los efectos suspensivos de los recursos solo en materia tributaria. Ello está regulado en el Código Orgánico Tributario, donde se establece que la interposición de los mismos sí tiene efectos suspensivos.

Ahora bien, ante el principio general de los efectos no suspensivos de la ejecución de los actos administrativos con motivo del ejercicio de los recursos administrativos, como antes se ha señalado, las leyes de procedimiento administrativo han establecido la posibilidad de que la autoridad administrativa pueda, de oficio o a petición de parte, suspender los efectos de los actos recurridos, cuando estime que la ejecución pudiere causar gravamen irreparable (art. 61, Ley de Brasil).

También en Venezuela y en Uruguay se establece, además, que cuando se intente un recurso fundamentado en la nulidad absoluta del acto recurrido, la autoridad puede suspender los efectos del mismo, incluso con la previsión de que puede exigir una fianza o caución, con la finalidad de responder por los daños que pueda causar la suspensión de efectos del acto impugnado.

Así lo establece el único aparte del mismo artículo 87 de la Ley Orgánica de Venezuela, anteriormente citado:

> «El órgano ante el cual se recurra podrá, de oficio o a petición de parte, acordar la suspensión de los efectos del acto recurrido en el caso de que su ejecución pudiera causar grave perjuicio al interesado, o si la impugnación se fundamentare en la nulidad absoluta del acto. En estos casos, el órgano respectivo deberá exigir la constitución previa de la caución que consideren suficiente. El funcionario será responsable por la insuficiencia de la caución aceptada».

Esta posibilidad de suspensión de los efectos de los actos por daños graves o por perturbaciones graves, también se prevé en la legislación de Uruguay (art. 150).

En otros países, como en México, la Ley Federal le da efectos suspensivos a la interposición de los recursos, en forma similar al caso colombiano, pero sometido a las siguientes condiciones establecidas expresamente en el artículo 87 de la misma:

«I. Lo solicite expresamente el recurrente;

II. Sea procedente el recurso;

III. No se siga perjuicio al interés social o se contravengan disposiciones de orden público;

IV. No se ocasionen daños o perjuicios a terceros a menos que se garanticen éstos para el caso de no obtener resolución favorable; y

V. Tratándose de multas, el recurrente garantice el crédito fiscal en cualesquiera de las formas previstas en el Código Fiscal de la Federación.

La autoridad deberá acordar, en su caso, la suspensión o la denegación de la suspensión dentro de los cinco días siguientes a su interposición, en cuyo defecto se entenderá otorgada la suspensión».

Por tanto, en el caso mexicano, puede decirse que la suspensión de efectos no es automática, es decir, no es *ex lege;* hay que solicitarla y hay que fundamentarla debidamente.

Además, debe señalarse que en esta regulación se condiciona la suspensión al afianzamiento, con lo cual, de nuevo aparece el fantasma del *solve et repete,* no ya pagando antes del reclamo, sino a través del otorgamiento de cauciones suficientes para garantizar, antes de reclamar o simplemente para reclamar. Las mismas cuestiones de inconstitucionalidad que anteriormente se han expuesto, también afectarían está exigencia.

2. *Los efectos preclusivos*

Otro tema vinculado con la interposición de los recursos, es el del carácter preclusivo o no de dicha imposición respecto a la vía judicial.

En la Ley venezolana, por ejemplo, se establece el principio general de que si se hace uso de los recursos administrativos o gubernativos, es decir, una vez interpuesto un recurso de reconsideración o jerárquico, el interesado no puede acudir a la vía judicial contencioso administrativa mientras no se decida el recurso en sede administrativa o transcurra en su totalidad el lapso prescrito para la decisión (art. 92). En consecuencia, si se opta por la vía administrativa hay que esperar que la Administración decida, para luego acudir a la vía judicial contencioso administrativa o, en su caso, hacer valer el principio del silencio negativo.

El mismo principio se recoge expresamente en la Ley de El Salvador (art. 124) y en el Reglamento de la Comunidad Andina, en el sentido de que interpuesto un recurso, el interesado no podrá impugnar el mismo acto ante el Tribunal de Justicia de la Comunidad Andina, mientras no se produzca la Resolución respectiva o no se venza el plazo que tenga la Secretaría General para resolver (art. 43).

Este principio se sigue igualmente en Colombia, en el sentido de que si se acude a la vía gubernativa hay que esperar que se resuelva el recurso gubernativo antes de acudir al contencioso administrativo.

En cambio, en el caso mexicano, se encuentra una disposición que abre alternativas, en el sentido de que «el recurrente podrá esperar la resolución expresa o impugnar en cualquier tiempo la presunta confirmación del acto impugnado» (art. 94).

Es decir, incluso antes de que transcurra el lapso de decisión se puede acudir ante el juez, por lo que en este caso la interposición del recurso no tendría efectos preclusivos.

VII. LA TRAMITACIÓN DE LOS RECURSOS

Sobre la tramitación de los recursos, las legislaciones recogen todos los principios que hemos señalado para la fase del procedimiento constitutivo del acto administrativo. Hay, sin embargo, disposiciones específicas que deben destacarse.

1. *La autoridad competente*

En principio, la autoridad competente para tramitar los recursos es la que debe decidirlos. Sin embargo, en el caso de Uruguay, la autoridad competente para tramitarlos es la que tiene a su cargo la sustanciación y, por ello «podrá disponer su acumulación y resolver en una sola decisión...» (art. 162), todos los recursos que se intenten contra un acto, así sean intentados por diversos particulares. Se destaca en esta disposición el principio de la acumulación de actos para que haya mayor celeridad en la resolución del procedimiento.

2. *Las pruebas*

Siendo los recursos administrativos vías formales para impugnar los actos administrativos, es evidente que en el procedimiento administrativo que se desarrolla para su resolución, la Administración debe asegurar el derecho de defensa de los interesados. Es por ello que interpuesto un recurso contra un acto administrativo que reconociere un derecho, debe asegurarse la intervención en el procedimiento a los interesados en que se mantenga el acto, a cuyo efecto debe notificárseles a fin de que puedan alegar y presentar los documentos y justificaciones que estimen pertinentes. (art. 62, Ley de Brasil; art. 128, Ley de Uruguay).

Los principios sobre las pruebas son los mismos tanto en el procedimiento de revisión de los actos administrativos como los que están establecidos en el procedimiento constitutivo de los mismos, antes analizados. Sin embargo, por supuesto, en este caso, tratándose del ejercicio de recursos, hay una mayor carga de la prueba para el recurrente, ya que si el recurrente es quien impugna el acto, le corresponde probar sus alegaciones lo que, por supuesto, no exime a la Administración de su potestad de probar (art. 134 de la Ley de Honduras).

Por ejemplo, en el Reglamento de la Comunidad Andina se establece que:

> «Artículo 40. Salvo que un acto sea impugnado por razones de incompetencia de la Secretaría General, o por lo previsto en decisiones sobre temas especiales, al interesado recurrente corresponde probar los vicios que en su opinión afectan al acto recurrido».

Es de destacar en esta reglamentación de la Comunidad Andina, el reconocimiento del principio de la inversión de la carga de la prueba cuando se trate de alegatos de vicios de incompetencia, en cuyo caso, es la Administración la que debe probar su competencia.

Por otra parte, en el Código colombiano se encuentra una clara regulación del tema de las pruebas en el procedimiento administrativo relativo a los recursos administrativos, precisándose su oportunidad, los medios de prueba que se admiten y el término o lapso dentro del cual deberán ser promovidas. En efecto, en cuanto a los recursos de reposición y de apelación, el Código dispone que siempre debe resolverse de plano, a no ser que al interponer el de apelación se haya solicitado la práctica de pruebas, o que el funcionario que ha de decidir el recurso considere necesario decretarlas de oficio (art. 57).

En el procedimiento administrativo de impugnación, al igual que en el procedimiento constitutivo, son admisibles todos los medios de prueba señalados en el Código de Procedimiento Civil (art. 57), siendo los gastos que ocasione la práctica de una prueba a cargo de quien la pide y si son varios o si se decretan de oficio, se deben distribuir en cuotas por igual entre todos los interesados (art. 57)

3. *El término de instrucción y la responsabilidad administrativa*

En el trámite de los recursos, esto es, en el procedimiento administrativo de impugnación, al igual que en el trámite del procedimiento constitutivo del acto administrativo, también se establecen lapsos de instrucción durante el cual debe ser resuelto; lapsos que varían en cada legislación. Por ejemplo, en la Ley de Uruguay, la Administración tiene 30 días para decidir (art. 146); y en la Ley Orgánica de Venezuela, se establece un lapso de 90 días para la resolución del recurso de reconsideración y del jerárquico, contados a partir de su presentación (art. 91).

En todo caso, como siempre existe un lapso dentro del cual debe decidirse, se aplican también, en consecuencia, todos los principios relativos a la responsabilidad del funcionario por retardo u omisión antes mencionados, y que pueden dar origen a responsabilidad administrativa. Por ello, la Ley de Uruguay dispone que se considerará falta grave el retardo u omisión de las providencias del trámite o de la omisión de los informes, diligencias o asesoramientos ordenados (art. 163).

4. *El desistimiento de los recursos*

Las diversas leyes de procedimiento administrativo también regulan la figura del desistimiento de los recursos, como es el caso de la Ley del Perú (art. 190) y del Código de Colombia; este último establece que:

> «*Artículo 54*. El recurrente podrá desistir de los recursos, directamente o mediante apoderado expresamente autorizado para ello».

VIII. LA DECISIÓN DE LOS RECURSOS

1. *El órgano competente*

La competencia para decidir los recursos administrativos corresponde a la autoridad competente para tramitarlos o a la autoridad competente ante la cual se interponga el recurso. Si se trata de un recurso de reconsideración, se debe interponer ante la misma autoridad que dictó el acto, a la cual corresponde decidir; si se trata de un recurso jerárquico o de apelación, es al superior jerárquico a quien le corresponde decidir.

La decisión de los recursos administrativos, por otra parte, corresponde al órgano respectivo conforme a sus propias competencias. Por ello, conforme a la Ley de Honduras:

«Artículo 136. No se podrán resolver por delegación, recursos de apelación o revisión contra actos dictados por el propio órgano a quien se ha conferido las facultades delegadas».

En otro sentido, la Ley venezolana dispone en esta materia que «ningún órgano podrá resolver, por delegación, los recursos intentados contra sus propias decisiones»(art. 88).

En consecuencia, si se intenta un recurso de alzada o de apelación contra un acto que dictó un funcionario inferior de un Ministerio, por ejemplo, el cual, en principio, debe ser resuelto por el Ministro, no podría admitirse que el Ministro delegue la competencia para decidir los recursos en el propio funcionario que dictó el acto. De lo contrario, el recurso jerárquico se convertiría en un recurso de reconsideración o de reposición.

2. *El plazo para decidir y el silencio administrativo negativo*

En cuanto a los aspectos procedimentales, las leyes de procedimiento administrativo de América Latina, en general, establecen lapsos para que la Administración decida los recursos administrativos, consagrando, en general, el principio del silencio administrativo negativo (art. 60, Código de Colombia; art. 352, Ley General de Costa Rica; art. 91, 94 y 95 Ley de Venezuela; art. 215, Ley del Perú; art. 121, Ley de Uruguay), en caso de no decidirse el recurso en el lapso prescrito.

Por tanto, en materia de recursos administrativos, el silencio administrativo negativo es el principio general, ya que el silencio administrativo positivo, como principio, se establece solo en materia de peticiones.

En el caso de los recursos gubernativos, por tanto, vencido el lapso que tiene la Administración para decidir sin que se hubiese producido decisión alguna, se entenderá como rechazado el recurso, sin que ello exima a la autoridad administrativa de su obligación de decidir, ni de la responsabilidad por el retraso.

Así lo establece la Ley de Uruguay, al disponer:

«Artículo 145. Toda autoridad administrativa está obligada a resolver los recursos administrativos que se interpongan contra sus decisiones, previo los trámites que correspondan para la debida instrucción del asunto, dentro del término de ciento veinte días a contar de la fecha de cumplimiento del último acto que ordene la ley o el reglamento aplicable.

Si no lo hiciere, se entenderá rechazado el recurso administrativo. En ningún caso el vencimiento de los plazos respectivos exime al órgano competente para resolver el recurso de que se trate de su obligación de dictar resolución sobre el mismo».

Por tanto, siempre existe la posibilidad de que la propia Administración resuelva el recurso, a pesar de que se haya producido el rechazo. Sin embargo, se puede plantear la discusión de si una vez intentado el recurso contencioso administrativo contra el silencio presunto, la Administración pierde o no la potestad de decidir.

En el caso de Colombia, puede decirse que si se perdería, porque ya estaría el juez contencioso administrativo conociendo del caso; en Venezuela, en cambio, no hay norma alguna que regule este supuesto. Sin embargo, hemos sostenido el criterio de que si la Administración dicta un acto, y se recurre contra éste, pero la decisión nunca se dicta sino que se produce el silencio negativo; al intentarse la acción contenciosa administrativa, cuyo objeto será anular el acto, es decir, hacer desaparecer el acto, durante el juicio la Administración puede reconocer el vicio y revocar el acto administrativo. No tendría sentido la tutela judicial efectiva si se obligara al administrado a seguir un juicio cuando se puede lograr el mismo objetivo con el reconocimiento por parte de la Administración del vicio que afecta el acto que dictó. No hay razón alguna para que esto no se haga así, manteniéndose el principio de la tutela judicial efectiva.

3. *El contenido y la globalidad de la decisión*

La fase final del procedimiento de impugnación es la decisión del recurso, respecto de la cual, la Ley venezolana establece que:

> «Artículo 89. El órgano administrativo deberá resolver todos los asuntos que se sometan a su consideración dentro del ámbito de su competencia o que surjan con motivo de recurso aunque no hayan sido alegados por los interesados».

Aparte de los supuestos de decisión tácita denegatoria producto del silencio administrativo negativo, la decisión de los recursos debe ser expresa, y en ella la Administración está obligada a resolver «todas las cuestiones planteadas por los interesados y cuáles se deriven del expediente» (art. 135 de la Ley de Honduras). En igual sentido se establece en el Reglamento de la Comunidad Andina (art. 42); en la Ley del Perú (art. 217), y en la Ley de México (art. 92).

Aquí, de nuevo, se plantea la necesidad de garantizar el derecho a la defensa, pues puede haber procedimientos de recursos donde hayan solo alegatos de las partes, o pueden plantearse, en los mismos, asuntos que no hayan sido alegados por éstas.

Estos asuntos que no hubiesen sido alegados al inicio del recurso, según señala la Ley venezolana, pueden y deben ser decididos, pero no se garantiza expresamente a las partes el derecho a ser oídas. Esto, en cambio, esta regulado expresamente en casi todas las legislaciones. Por ejemplo, en Argentina, antes de decidirse el recurso, la Administración tiene que dar al interesado la oportunidad para que formule sus alegatos sobre los nuevos motivos de impugnación o sobre los otros asuntos que se hayan podido presentar en el transcurso de la tramitación del recurso.

La decisión, por tanto, debe resolver todas las cuestiones de legalidad o conveniencia aducidas por el recurrente y los interesados o que surjan en el curso del procedimiento, y como resultado de ello, el órgano competente para decidir, como lo establece la Ley venezolana, podrá:

> «Confirmar, modificar o revocar el acto impugnado, así como ordenar la reposición en caso de vicios en el procedimiento, sin perjuicio de la facultad de la administración para convalidar los actos anulables» (art. 90 LOPA).

Esta enumeración del contenido variado de las decisiones la repiten casi todas las leyes: la de Honduras (art. 135); la de Brasil (art. 64); la de México (arts. 88 a 93), la de Uruguay (arts. 165 y 167); la de Costa Rica (art. 351); el Código de Colombia (art. 59); y el Reglamento de la Comunidad Andina (art. 42). Así se expresa, por lo demás, en la Ley de Bolivia, cuando indica que los recursos administrativos «serán resueltos confirmando o revocando total o parcialmente la resolución impugnada, o en su caso, desestimando el recurso si éste estuviese interpuesto fuera de término, no cumpliese las formalidades señaladas expresamente en disposiciones aplicables o si no cumpliese el requisito de legitimación establecido en la ley» (art. 61).

En esta materia, también se plantea el tema de la *reformatio in pejus*, es decir, si dictado un acto administrativo y el particular lo recurre, es o no posible que el superior en su decisión empeore la situación del recurrente en sede administrativa, ya que si bien en vía judicial la proscripción de la *reformatio in pejus* es una garantía, no está así establecido en vía administrativa. Por tanto, puede ocurrir que en sede administrativa, una vez dictado un acto o impuesta una multa por una violación ambiental o urbanística, por ejemplo, el funcionario superior pueda constatar que la infracción es más grave de lo que había sido apreciado por el funcionario inferior y que no corresponde, por tanto, la multa impuesta sino otra de mayor cuantía, y eso podría conducir a que se desmejore la condición del recurrente.

El trámite del recurso es un procedimiento que se lleva a cabo en vía administrativa con motivo de la impugnación del acto administrativo. Por tanto, el procedimiento administrativo, en definitiva no termina con la constitución del acto, pues luego debe iniciarse otra fase que es la de impugnación. En ambas, la Administración debe procurar determinar la verdad de los hechos y aplicar los presupuestos de derecho que se corresponden a esos hechos. Si el funcionario que dictó el acto original se equivocó, en la revisión en vía jerárquica el funcionario superior puede aplicar la medida que sea legalmente adecuada, aún cuando desmejore la condición del particular, distinguiéndose así el procedimiento administrativo del procedimiento judicial, donde sí esta proscrita la *reformatio in peius*.

En todo caso, el artículo 351 de la Ley de Costa Rica es claro al consagrar el principio de la *reformatio in pejus* en sede administrativa, aún cuando en relación con el vicio de nulidad absoluta así:

> «1. Al decidirse el recurso de apelación, se debe resolver sobre su admisibilidad y, de ser admisible, se confirmará, modificará o revocará el acto impugnado. En todo caso:
>
> 2. El recurso podrá ser resuelto aun en perjuicio del recurrente cuando se trate de nulidad absoluta».

El principio contrario en materia sancionatoria, y siguiendo los principios ya señalados de la confianza legítima, lo establece la Ley de Brasil, al prescribir que «de la revisión de un procedimiento no puede resultar el agravamiento de la sanción» (art. 65).

4. *La notificación de la decisión*

Por último, en cuanto a la notificación de la decisión de los recursos administrativos, también en está materia rigen los principios que hemos señalado sobre la notificación de los actos administrativos a los fines del inicio de sus efectos, y a los fines del inicio de los lapsos de impugnación que corresponden contra el acto que resuelva un recurso administrativo o gubernativo, en particular, ante los órganos de la jurisdicción contencioso-administrativa.

DÉCIMA CUARTA PARTE

EL PRINCIPIO DEL AGOTAMIENTO DE LA VÍA ADMINISTRATIVA Y LA TUTELA JUDICIAL EFECTIVA

I. EL PRINCIPIO DEL AGOTAMIENTO DE LA VÍA ADMINISTRATIVA PARA ACCEDER A LA JUSTICIA ADMINISTRATIVA

Un principio general en materia de procedimiento administrativo y del contencioso-administrativo, que en muchos casos se convierte en un obstáculo al acceso a la justicia administrativa, es el de la necesidad de que se agote la vía administrativa antes de que se pueda plantear la revisión judicial del acto administrativo, quedando como un privilegio de la Administración el poder de decir la última palabra sobre el asunto, y que antes de que se lleve el acto a la revisión ante la jurisdicción contencioso-administrativa, la Administración pueda pronunciarse sobre su impugnación.

En efecto, en general, en América Latina se exige como condición de admisibilidad de los recursos contencioso-administrativos, el agotamiento previo de la vía administrativa, lo que en muchos casos exige el ejercicio previo de recursos administrativos. Así, por ejemplo, la Ley de Bolivia dispone en su artículo 69 que, la vía administrativa quedará agotada en los casos siguientes:

«a) Cuando se trate de resoluciones que resuelvan los recursos jerárquicos interpuestos;

b) Cuando se trate de actos administrativos contra los cuales no proceda ningún recurso en vía administrativa conforme a lo dispuesto en esta o en otras leyes;

c) Cuando se trate de resoluciones de los órganos administrativos que carezcan de superior jerárquico, salvo que una ley establezca lo contrario; y,

d) Cuando se trate de resoluciones distintas de las señaladas en los literales anteriores, siempre que una ley así lo establezca».

En igual sentido se regula en la Ley del Perú (art. 218,1). Se trata de un privilegio de la Administración, de poder revisar sus actos administrativos, antes de que se sometan a control judicial.

Ahora bien, el agotamiento de la vía administrativa puede ocurrir sin que se intente recurso administrativo alguno, lo que sucede en los casos de actos dictados por el superior jerárquico, un Ministro por ejemplo, o por órganos desconcentrados cuyas decisiones agoten la vía administrativa y no sean susceptibles de recurso jerárquico. De resto, si se trata de un acto administrativo dictado por un funcionario de inferior jerarquía en una organización administrativa, el interesado, antes de acudir a la vía contencioso-administrativa debe agotar los recursos administrativos, es decir, en el caso de Venezuela, debería interponer el recurso de reconsideración y luego, el jerárquico.

La Ley Orgánica de Venezuela, en estos casos, en efecto, establece que:

> «La vía administrativa quedará abierta cuando interpuestos los recursos que ponen fin a la vía administrativa, éstos hayan sido decididos en sentido distinto al solicitado, o no se haya producido decisión en los plazos correspondientes» (art. 93).

Este principio del agotamiento de la vía administrativa, como paso previo para acudir a la vía contencioso administrativa, por tanto, puede decirse que es general en América Latina, y consagrado expresamente en las legislaciones de Costa Rica (art. 356), Colombia (art. 63 y 135), Bolivia (art. 70), El Salvador (art. 131), Panamá (art. 200), y Argentina (art. 23), las cuales si bien prevén el sistema de recursos administrativos, en muchos casos admiten la impugnación contencioso-administrativa de actos administrativos que *per se* agoten la vía jerárquica, sin que sea necesario intentar un recurso administrativo previo.

Se destaca en este sentido, la norma del artículo 218 de la Ley del Perú, que considera como «actos que agotan la vía administrativa» los siguientes:

> «a) El acto respecto del cual no proceda legalmente impugnación ante una autoridad u órgano jerárquicamente superior en la vía administrativa o cuando se produzca silencio administrativo negativo, salvo que el interesado opte por interponer recursos de reconsideración, en cuyo caso la resolución que se expida o el silencio administrativo producido con motivo de dicho recurso impugnativo agota la vía administrativa; o
>
> b) El acto expedido o el silencio administrativo producido con motivo de la interposición de un recurso de apelación en aquellos casos en que se impugne el acto de una autoridad u órgano sometido a subordinación jerárquica; o
>
> c) El acto expedido o el silencio administrativo producido con motivo de la interposición de un recurso de revisión, únicamente en los casos a que se refiere el Artículo 210° de la presente Ley; o
>
> d) El acto que declara de oficio la nulidad o revoca otros actos administrativos en los casos a que se refieren los Artículos 202° y 203° de esta Ley; o
>
> e) Los actos administrativos de los Tribunales o Consejos Administrativos regidos por leyes especiales».

II. LOS RECURSOS ADMINISTRATIVOS COMO OBSTÁCULO PROCESAL A LA TUTELA JUDICIAL EFECTIVA

Por supuesto, el principio del necesario agotamiento de la vía administrativa, como privilegio procesal de la administración para que el interesado pueda acudir a la vía judicial contencioso-administrativa, se puede convertir en un obstáculo procesal que lesione la garantía constitucional de acceso a la justicia. Por ello, incluso, algunas leyes de procedimientos administrativos, como la mexicana, establecen el ejercicio de recursos administrativos como una opción del interesado y no como una obligación, disponiendo lo siguiente:

> «*Artículo 83*: Los interesados afectados por los actos y resoluciones de las autoridades administrativas que pongan fin al procedimiento administrativo, a una instancia o resuelvan un expediente, podrán interponer recurso de revisión o intentar las vías judiciales correspondientes».

En igual sentido se reguló en la Ley de la República Dominicana, en el artículo 51, al declarar que

> «Los recursos administrativos tendrán carácter optativo para las personas, quienes, a su opción, podrán interponerlos o acudir directamente a la vía contenciosa administrativa. La elección de la vía jurisdiccional hará perder la administrativa, pero la interposición del recurso administrativo no impedirá desistir del mismo en cualquier estado a fin de promover la vía contenciosa, ni impedirá que se interponga el recurso contencioso administrativo una vez resuelto el recurso administrativo o transcurrido el plazo para decidir».

Por su interés, debe destacarse que a esta misma conclusión se llegó en Venezuela vía interpretación jurisprudencial con una sentencia de la Corte Primera de lo Contencioso-Administrativo de Venezuela, de 24 de mayo de 2000, en la cual dicho Tribunal consideró contrario a la garantía del acceso a la justicia y de la tutela judicial efectiva, el establecimiento de recursos o peticiones previas para agotar la vía administrativa antes de poder acudir a la vía judicial. Aún cuando posteriormente la Corte cambió de criterio (sentencia de 26-4-01), aquella sentencia debe comentarse.

En efecto, la Corte Primera realizó una interpretación integral, concordada y progresiva de varios artículos de la Constitución de 1999 (arts. 2, 3, 25, 257 y 259) utilizando como criterio lo expuesto en la Exposición de Motivos, donde la Corte consideró que podría observarse claramente «la voluntad del constituyente de eliminar cualquier obstáculo para el acceso a la jurisdicción y específicamente lo relativo al agotamiento de la vía administrativa», en referencia a lo cual dicha Exposición señaló que:

Con el objeto de hacer efectiva la tutela judicial de los administrados y garantizar su derecho de libre acceso a la justicia, la ley orgánica deberá eliminar la carga que tienen los administrados de agotar la vía administrativa antes de interponer el recurso contencioso administrativo de nulidad, lo cual debe quedar como una opción a elección del interesado, pero no como un requisito de cumplimiento obligatorio.

De igual manera consideró la Corte Primera que el artículo 26 de la Constitución plantea el deber del Estado de garantizar a los ciudadanos el acceso a los órganos de la administración de justicia, obligación que constituye parte fundamental de la República, como Estado democrático, social, de derecho y esencialmente de justicia consagrado por la Constitución. De ello, dedujo lo siguiente:

> «Los recursos contenciosos administrativos son los instrumentos utilizados para poner en marcha la jurisdicción contencioso administrativa, provocando

así el examen de la actividad realizada por la Administración, con el objeto de obtener un pronunciamiento expreso sobre su legalidad; ahora bien, conforme a lo establecido en el artículo 26 de nuestra Carta Magna, dicho pronunciamiento debe ser obtenido de forma expedita y con prontitud, lo cual se ve afectado por la obligatoriedad de interponer un recurso administrativo tras otro o de agotar previamente la gestión conciliatoria, antes de alcanzar la jurisdicción.

De otra parte, la oportunidad que dan estos requisitos a la Administración para corregir su ilegal actividad, se contrapone con la necesidad de una tutela jurisdiccional inmediata; afectándose además el principio de que todo acto administrativo que viole o menoscabe los derechos y garantías consagradas constitucionalmente es nulo de nulidad absoluta, pues para ello habría que esperar la revisión del acto por parte de la Administración.

Asimismo, la aplicación reiterada de los mencionados requisitos, ha demostrado, que rara vez la Administración modifica su criterio o corrige su conducta, pues generalmente ésta se abstiene de emitir pronunciamiento alguno y cuando lo hace, el jerarca siempre se basa en el acto que revisa, por lo que generalmente ratifica oportuna y extemporáneamente el mismo.

Por otra parte, cuando es efectivo el agotamiento de la vía administrativa, se obtiene un proveimiento de la máxima autoridad del ente que se trate, y en la mayoría de los casos, tal posición corresponde a los Ministros, en razón de lo cual, solo correspondería a la Sala Político Administrativa del Tribunal Supremo de Justicia, el conocimiento de casi todos los recursos incoados, congestionándose así la tarea jurisdiccional de nuestro Máximo Tribunal.

También conviene señalar que el artículo 139 de la vigente Constitución, establece que «El ejercicio del Poder Público acarrea responsabilidad individual por abuso o desviación de poder o por violación de esta Constitución o de la ley», en virtud de lo cual, los funcionarios que emitan actos ilegales o inconstitucionales, serían responsables por los daños y perjuicios producto de su ilegal actividad, sin embargo, el agotamiento de la vía administrativa trae como consecuencia que esta responsabilidad se diluya, pues el transcurso del tiempo entre la emisión del acto y la declaratoria de nulidad del mismo, haría difícil la ubicación precisa del funcionario responsable, y además en el caso de actos ratificados en sede administrativa se plantearía la duda de si lo correcto sería sancionar al máximo jerarca y al emisor directo del acto o únicamente al autor originario del acto lesivo.

En conclusión, en atención a los anteriores razonamientos y a la interpretación concordada y progresiva del preámbulo y de los artículos 2, 3, 25, 26, 257 y 259 de la Constitución vigente, considera esta Corte que el agotamiento de la vía administrativa y la realización de la gestión conciliatoria, no deberían constituir formalidades esenciales, ya que el objetivo del recurso contencioso administrativo es retar la legalidad del acto actual, que causa gravamen al particular, restableciéndole prontamente los derechos que le fueron vulnerados, sin que el administrado tenga que ser sometido a la espera y a la expectativa de que la Administración en ejercicio de su potestad de autotutela corrija su errónea actividad».

Con fundamento en las anteriores consideraciones, concluyó la Corte Primera su sentencia, ejerciendo el control difuso de la constitucionalidad de las leyes conforme lo autoriza tanto la Constitución (art. 334) como el Código de Procedimiento Civil (art. 20), acordó la desaplicación al caso concreto de las normas que regulan el agotamiento de la vía administrativa como condición previa de acceso a la justicia contencioso-administrativa (artículos 92 y 93 de la Ley Orgánica de Procedimientos Administrativos, artículo 124, ordinal 2° de la Ley Orgánica de la Corte Suprema de Justicia y parágrafo único del artículo 15 de la Ley de Carrera Administrativa), por considerar que las mismas menoscaban derechos y garantías constitucionales y con la finalidad, por tanto:

> «De flexibilizar los formalismos que impiden el acceso de los particulares a la tutela judicial efectiva y a la justicia material, y con miras a la extensión del alcance de la jurisdicción contencioso administrativa en su función de garante de los derechos individuales de los administrados frente las actuaciones del Poder Público».

Concluyó la Corte Primera, sin embargo, aclarando lo siguiente:

> «Ahora bien, no obstante considerar esta Corte que el agotamiento de la vía administrativa y de la gestión conciliatoria no es necesario para acudir a la vía contencioso administrativa, ello no es óbice para que el particular que se considere afectado en virtud de un acto administrativo, decida agotar previamente la vía administrativa o realizar la gestión conciliatoria antes de acudir a la jurisdicción contenciosa en materia funcionarial, pues el derecho del particular a accionar en la sede de su preferencia debe ser respetado, así como también debe respetarse la potestad de autotutela que detenta la Administración y en ejercicio de la cual ésta puede revisar y corregir por sí misma sus actuaciones administrativas».

III. EL PRINCIPIO DE LA DOBLE INSTANCIA

La garantía del debido procedimiento que se aplica al ámbito de las actuaciones administrativas, como lo establece el artículo 49 de la Constitución de Venezuela, impone, en todo caso, un límite a la cadena de revisiones en vía administrativa, que debe conducir a limitarla a una doble instancia.

Por ello el principio del Código de Colombia es que para agotar la vía administrativa solo es obligatorio interponer el recurso de apelación (jerárquico) (art. 63); estableciendo la Ley General de Costa Rica que «en el procedimiento administrativo habrá en todos los casos una única instancia de alzada, cualquiera que fuere la procedencia del acto recurrido» (art. 350,1).

En cambio, es totalmente contraria a este principio de la doble instancia la previsión de la Ley venezolana, por ejemplo, en los recursos contra los actos administrativos de los institutos autónomos para agotar la vía administrativa, que exige primero el agotamiento de la vía administrativa mediante recurso jerárquico ante la máxima autoridad del instituto autónomo, y luego, el ejercicio de otro recurso jerárquico ante el Ministro de adscripción, lo que es un atentado a la tutela judicial efectiva y a la garantía de acceso a la justicia.

Debe destacarse, por último, que la Ley de Brasil, establece que los recursos administrativos se tramitarán en un máximo de tres (3) instancias (art. 57).

IV. LA PROSCRIPCIÓN DEL *SOLVE ET REPETE*

En general, puede decirse que siguiendo otra tradición de privilegios de la Administración, uno de los principios clásicos del procedimiento administrativo y contencioso-administrativo, ha sido el denominado *solve et repete* (paga y después reclama) que en los casos de imposición de multas o liquidación de impuestos, por el principio de no suspensión de efectos de los actos administrativos, constituye una restricción al acceso a la justicia.

El principio lo recoge la Ley de Honduras al disponer:

> «Artículo 132: Para darle trámite a un recurso interpuesto contra una resolución dictada en ocasión de la Ley del Impuesto sobre la Renta, será requisito indispensable que el interesado acredite haber enterado en la Tesorería General de la República o cualquier otro órgano competente, la cantidad que él hubiere reconocido deber al Estado en la declaración que provoca el ajuste o reparo que impugna o acredite debidamente documentado, el compromiso del pago respectivo».

Este principio, sin embargo, ha tenido una evolución de mitigación que debe destacarse. En *primer lugar,* por la previsión de casos en los cuales el ejercicio de un recurso tiene efectos suspensivos respecto de los actos recurridos, como lo prevé en materia impositiva el Código Orgánico Tributario venezolano. En *segundo lugar,* por el proceso progresivo de prevalencia del principio de la tutela judicial efectiva que ha conducido a considerar inconstitucional el principio del *solve et repete* tanto en España como en Italia.

El principio lo recogía el Código de Colombia al señalar que el recurrente debía «acreditar el pago o el cumplimiento de lo que el recurrente reconoce deber» (art. 52.5); pero la norma fue declarada inconstitucional por la Corte Constitucional.

Ahora bien, el principio tradicional del *solve et repete* dentro de las condiciones de admisibilidad de las acciones contencioso administrativas de anulación, está consagrado en el artículo 122 de la Ley Orgánica de la Corte Suprema de Justicia de Venezuela que establece lo siguiente:

> «Cuando la ley exija como condición para admitir algún recurso contra el acto, que el interesado pague o afiance el pago de una cantidad líquida, deberá presentarse también constancia de que se ha dado cumplimiento a dicho requisito a menos que la misma ya haya sido agregada al expediente administrativo, en cuyo caso así se hará constar en la solicitud».

La consecuencia de ello es que si dichos documentos no se presentan, el juez debía declarar inadmisible el recurso, conforme a lo establecido en el artículo 84, ordinal 5° de la Ley Orgánica de la Corte Suprema de Justicia.

Este requisito de admisibilidad, como se ha dicho, se ha desarrollado como un privilegio de la Administración, el cual progresivamente ha sido cuestionado en todas partes. Así, el Tribunal Constitucional italiano, en 1973, lo declaró inconstitucional, y en España, después de promulgada la Constitución de 1978 que garantiza el derecho a obtener tutela efectiva de los jueces en el ejercicio de derechos e intereses legítimos, se ha zanjado definitivamente la colisión que con dicho derecho se planteaba por la exigencia del pago o afianzamiento previo, lo cual ya, en 1983, fue considerado inconstitucional.

El problema también se ha planteado en Venezuela, con la consideración del principio como inconstitucional, por significar una violación al derecho a la defensa que garantiza la Constitución, al imponer una limitación intolerable al acceso a la justicia y al derecho a la tutela judicial frente a la Administración. Y así, después de dos sentencias de la antigua Corte Suprema en Corte Plena en las cuales la Corte no anuló las normas legales que preveían el principio de *solve et repete*, conforme a los alegatos de que eran inconstitucionales desestimándolos por razones intertemporales de vigencia de las normas impugnadas (V. sentencia de 15-10-85 y de 26-10-88, *Revista de Derecho Público* N° 25, 1985, pp. 149 y 150 y N° 37, 1988, pp. 99-102); la Sala Político Administrativa de la anterior Corte Suprema, en sentencia de 14-10-90, resolvió definitivamente el asunto, y por vía de control difuso de la constitucionalidad, consideró inconstitucional, por violación del derecho a la defensa previsto en el Texto Fundamental, la exigencia legal del *solve et repete* y, en consecuencia, aplicó preferentemente la Constitución, inaplicando la norma legal que lo consagraba, que en el caso concreto, era el artículo 137 de la Ley Orgánica de Aduana.

En dicha sentencia, en efecto, la antigua Corte Suprema señaló lo siguiente:

> «Que el artículo 68 de la Carta Magna postula, con ejemplar criterio de amplitud, el derecho universal a la defensa, cuando confiere rango constitucional al acceso sin limitaciones económicas, de los justiciables ante los órganos de la administración judicial para lograr la tutela de sus derechos e intereses, garantía fundamental que -en criterio de la Sala- se vería afectada, de aplicarse cualquier norma que pretendiera limitarla o desvirtuarla en su propia esencia. Los términos de la norma de rango superior son, sin lugar a dudas, contundentes: «Todos pueden utilizar los órganos de la administración de justicia, para la defensa de sus derechos e intereses, en los términos y condiciones establecidas por la ley, la cual fijará normas que aseguren el ejercicio de este derecho a quienes no dispongan de medios suficientes». Y añade, en párrafo separado: «la defensa es un derecho inviolable en todo estado y grado del proceso».

En tales circunstancias, observa la Sala la inmotivada restricción (derivada del principio *solvé et repete*), constituiría una declaración del legislador que debe ser desatendida por el juez, vista su inconstitucionalidad.

En vista de ello, la Sala acudió a los poderes de control difuso de la constitucionalidad que calificó como un principio general del derecho recogido, por lo demás, en el artículo 20 del Código de Procedimiento Civil, y formalmente reconoció:

> «La preferente aplicación del artículo 68 de la Constitución sobre los artículos 1347 de la Ley Orgánica de Aduanas y 462 de su Reglamento; textos -legal y reglamento- que en cuanto condicionan económicamente el acceso de los particulares al poder Judicial, constituye una violación flagrante del derecho a la defensa, garantizado por la transcrita norma constitucional. En virtud de lo cual, se abstiene la Sala de aplicar los señalados artículos al caso de autos, y así lo declara igualmente» (V. en *Revista de Derecho Público,* N° 44, 1990, pp. 162 a 165).

En esta forma, la antigua Corte Suprema de Justicia declaró que consideraba como inconstitucionalidad la exigencia del requisito del *solve et repete* como condición de admisibilidad del recurso de nulidad y aplicando preferentemente la Constitución, se abstuvo de aplicar las normas legales y reglamentarias que en el caso concreto la preveían.

La decisión de la Corte tiene una importancia fundamental y se inserta en la consideración del contencioso como un medio de tutela judicial de los derechos e intereses particulares frente a la Administración; y si bien, los efectos de la sentencia solo son *inter partes* y no *erga omnes* -en virtud de que no se dictó como consecuencia de una acción de inconstitucionalidad-, su valor de precedente es incuestionable y definitivo en el campo contencioso-administrativo, razón por la cual su doctrina es invocada para la inaplicabilidad de las normas legales que regulan el principio *solve et repete*, por violar el derecho constitucional a la defensa.

V. EL PROCEDIMIENTO ADMINISTRATIVO PREVIO A LAS DEMANDAS CONTRA EL ESTADO

Un último aspecto que debe destacarse en la consideración del derecho a la tutela judicial efectiva, es la regulación tradicional, también como privilegio de la Administración, de un procedimiento administrativo previo a las demandas judiciales que puedan intentarse contra la Administración.

En tal sentido, y dejando aparte el contencioso-administrativo, la Ley argentina dispone que:

> «El Estado Nacional no podrá ser demandado judicialmente sin previo reclamo administrativo dirigido al Ministerio que corresponda.
>
> El reclamo versará sobre los mismos hechos y derechos que se invocarán en la eventual demanda judicial y será resuelto por el Poder Ejecutivo» (art. 30).

La Ley argentina prevé un plazo para la decisión del reclamo, vencido el cual sin que hubiese decisión, el reclamante tiene abierta la vía judicial (art. 31).

Este procedimiento previo a las demandas contra la República ha sido tradicional en Venezuela, establecido en la Ley Orgánica de la Procuraduría General de la República; y se encuentra también detalladamente regulado en la Ley de Honduras (art. 146 y sgts.).

PRINCIPIOS DEL PROCEDIMIENTO ADMINISTRATIVO
EN AMÉRICA LATINA,
de ALLAN R. BREWER-CARÍAS, se imprimió
en la República Argentina en junio de 2020.

www.ingramcontent.com/pod-product-compliance
Lightning Source LLC
LaVergne TN
LVHW090229051026
849517LV00001B/237